GÉRARD DE NERVAL

VOYAGE
EN ORIENT

I

Publié avec le concours du Centre National des Lettres

*Chronologie, introduction,
bibliographie, lexique et notes*
par
Michel JEANNERET
Professeur à l'Université de Genève

GF

FLAMMARION

CHRONOLOGIE

1808 : Naissance, à Paris, le 22 mai, de Gérard Labru. nie. Son père, d'Agen, en Périgord, est méridional ; la famille de sa mère, une « femme du Nord », s'est fixée dans le Valois. L'enfant est mis en nourrice à Loisy, près d'Ermenonville et Mortefontaine.

1810 : Son père, médecin attaché au service de l'armée du Rhin, accompagne les armées napoléoniennes en Allemagne, et sa femme l'a suivi. Elle meurt en Silésie, à 25 ans, et sera inhumée au cimetière catholique polonais de Gross-Glogau. Gérard est confié à son grand-oncle maternel, Antoine Boucher, de Mortefontaine.

1814 : Retour du Dr Labrunie, qui s'installe à Paris, avec l'enfant. Celui-ci reviendra dans le Valois pendant les vacances. Y rencontre les jeunes filles et les paysages qui fonderont le mythe de l'enfance heureuse.

1820-26 : Externe au lycée Charlemagne avec, comme camarade, Théophile Gautier. Premiers essais littéraires, encore scolaires, dont deux, pourtant, sont publiés : *Élégies nationales,* à la gloire de Napoléon, et *L'Académie ou les membres introuvables,* une comédie satirique.

1828 : La traduction du *Faust* de Goethe le fait pénétrer dans les milieux littéraires ; il est présenté à Victor Hugo et se lie à de jeunes romantiques : Pétrus Borel, Célestin Nanteuil.

1830 : Participe à la bataille d'*Hernani*. Publie une traduction de *Poésies allemandes* et un *Choix de poésies de Ronsard, Du Bellay, etc.*

1831-33 : Prend le pseudonyme de Gérard de Nerval, du nom d'un clos appartenant à sa famille maternelle. Quoique étudiant en médecine, fréquente surtout des cercles d'artistes. C'est désormais, pour une dizaine d'années, la vie de bohème. Collabore par des poèmes et des traductions de l'allemand à différentes revues ; commence à écrire du théâtre et rédige un roman, *Le Prince des sots*.

1834 : Voyage en Italie, jusqu'à Naples. Rencontre Jenny Colon, comédienne et chanteuse. C'est pour elle que, amoureux, il fonde une revue, *Le Monde dramatique* qui, bientôt, le ruinera.

1835 : S'installe à l'impasse du Doyenné avec Théophile Gautier, Camille Rogier, Arsène Houssaye, Esquiros : c'est la « Bohème galante ».

1836 : Gagne sa vie, tant bien que mal, comme journaliste. Voyage en Belgique avec Gautier.

1837 : Collaboration théâtrale avec Alexandre Dumas : ils écrivent ensemble un opéra-comique, *Piquillo*, interprété par Jenny Colon.

1838 : Jenny Colon se marie. Voyage en Allemagne avec Dumas. Il en sortira le drame de *Léo Burckart*, représenté l'année suivante.

1839 : Première de *L'Alchimiste*, en collaboration avec Dumas. **Mission officieuse en Autriche, pour le compte du ministère de l'Intérieur. Quitte Paris le 31 octobre, passe par Lyon, Bourg, Genève, Lausanne, Berne, Zurich, Constance, Lindau, Munich, Salzbourg, Linz et arrive à Vienne le 19 novembre. Reçu à l'ambassade de France, où il rencontre la pianiste Marie Pleyel et Liszt. Son ami Alexandre Weill l'introduit dans les milieux littéraires ; collabore à des journaux viennois.**

1840 : Quitte Vienne le 1ᵉʳ mars et rentre à Paris, en partie à pied, faute d'argent. Traduction du *Second*

Faust, publié avec une importante préface. Voyage en Belgique; retrouve à Bruxelles Jenny Colon et Marie Pleyel.

1841 : Graves soucis matériels. Première crise de folie; séjour de huit mois dans la clinique du Dr Esprit Blanche.

1842 : Mort de Jenny Colon. *23-28 décembre :* **Voyage de Paris à Marseille, par Lyon. Pendant tout son voyage, Nerval sera accompagné d'un personnage mal connu, Joseph de Fonfrède.**

1843 : *1ᵉʳ-8 janvier :* **Passage de Marseille à Malte, à bord du *Mentor*.**
9-16 janvier : **Traversée de Malte à Alexandrie, à bord du *Minos*; aperçoit Cérigo et fait escale à Syra.**
16-31 janvier : **Séjour à Alexandrie.**
31 janvier-6 février : **Voyage d'Alexandrie au Caire, sur le Nil.**
7 février-2 mai : **Séjour au Caire. Loge d'abord à l'hôtel Domergue, puis dans une maison louée, dans le quartier copte. Promenades dans les environs du Caire, lectures, rencontres avec la colonie européenne, dans le quartier franc.**
2 mai-mi-mai : **Redescend le delta du Nil jusqu'à Damiette, puis traversée jusqu'à Beyrouth, avec escales à Jaffa et Saint-Jean-d'Acre.**
Mi-mai-début juillet : **Séjour à Beyrouth, où il semble avoir été malade. Excursions dans les montagnes du Liban.**
Début juillet-25 juillet : **Traversée de Beyrouth à Constantinople, avec escales à Chypre, Rhodes et Smyrne.**
25 juillet-28 octobre : **Séjour à Constantinople. Loge à Péra, puis à Stamboul. Pénètre dans différents milieux, turcs et européens, grâce au peintre Camille Rogier. Du 25 septembre au 25 octobre, participe aux fêtes nocturnes du Ramazan.**
28 octobre-5 novembre : **Traversée de Constantinople à Malte, à bord de l'*Eurotas*.**

5-16 novembre : **Quarantaine à Malte.**

16-18 novembre : **Passage de Malte à Naples.**

18 novembre-1er décembre : **Séjour à Naples. Visite Herculanum et Pompéi. Est reçu dans la famille du marquis Gargallo.**

1er-5 décembre : **Passage de Naples à Marseille, à bord du** *Francesco Primo.*

5 décembre-1er janvier : **Séjourne à Marseille, parcourt la Provence, passe la Noël à Nîmes, dans la famille de Camille Rogier, puis rejoint Paris par Lyon.**

1844 : **Commence la rédaction et la publication en articles du** *Voyage en Orient.* Collabore régulièrement à *L'Artiste.* Voyage en Belgique et en Hollande avec Arsène Houssaye.

1845-47 : Quelques petits voyages aux environs de Paris et à Londres. **Les souvenirs d'Orient continuent à paraître, en fragments, dans des revues.**

1848 : **Premier volume :** *Scènes de la vie orientale. Les Femmes du Caire,* **sans écho à cause de la Révolution.** Publie des traductions de poèmes de Heine, avec qui il s'est lié d'amitié.

1849 : Publication d'un roman historique, *Le Marquis de Fayolle,* inachevé. Création des *Monténégrins* à l'Opéra-Comique. Nouvelle crise et bref séjour en clinique. Voyage à Londres avec Gautier.

1850 : **Second volume :** *Scènes de la vie orientale. II. Les Femmes du Liban.* **Autre pièce :** *Le Chariot d'enfant,* **en collaboration avec Méry. Période de dépression nerveuse et de soins médicaux. Voyage en Allemagne et en Belgique ; assiste à Weimar à la première de** *Lohengrin.*

1851 : **Édition définitive du** *Voyage en Orient,* **chez Charpentier, le 14 juin. Représentation de** *L'Imagier de Harlem.* **Nouvelle crise nerveuse, nouveaux soins intermittents.**

1852 : Malade et hospitalisé trois semaines à la maison de santé municipale (Maison Dubois). Connaît, vers la fin de l'année, de grandes difficultés matérielles et morales, au point de demander un secours au ministère. Voyages en Belgique, en Hollande, puis dans le Valois. Travail considérable : publie *Lorely, Les Nuits d'octobre* et *Les Illuminés,* en chantier depuis plusieurs années.

1853 : Brèves échappées dans le Valois. Nouveau séjour à la maison de santé municipale puis, dès août, dans la clinique du Dr Emile Blanche, à Passy, qu'il quitte pour y retourner bientôt. Publie *Petits Châteaux de Bohême* et *Sylvie ;* termine *Les Filles du feu* et *Les Chimères.*

1854 : Chargé d'une mission en Orient, doit y renoncer à cause de sa santé. Demeure chez le Dr Blanche jusqu'en mai. Voyage en Allemagne, puis revient en août à la clinique, d'où ses amis le font sortir en octobre. Mène une existence errante, sans domicile fixe. Parution des *Filles du feu.* Publie le début de *Pandora* et de *Promenades et Souvenirs.* Travaille à *Aurélia.*

1855 : Parution, le 1er janvier puis le 15 février, des deux parties d'*Aurélia.* Misère physique et morale. Le 26 janvier à l'aube, est trouvé pendu rue de la Vieille-Lanterne. Enterré au Père-Lachaise.

INTRODUCTION [1]

I. L'Orient désorienté.

Ce qui, en Orient, *s'origine,* le voyageur occidental, depuis les Croisades, le sait : l'homme, la foi, la Vérité. Une même quête, entamée depuis toujours, conduit les pèlerins et les mages vers un point originel, où tout se noue. Infailliblement orientés, un Chateaubriand, un Lamartine font pivoter leur voyage autour de la Terre sainte. Le monde, pour eux, a un centre, et leur itinéraire, un sens. Flaubert lui-même, peu suspect de bigoterie, inscrit dans son parcours l'étape nécessaire de Jérusalem.

Au cœur de l'Orient nervalien, par contre, un vide. Entre les deux pôles de son voyage, l'Égypte et Constantinople, Gérard [1] s'arrête au Liban et frôle la Palestine. Il est à huit lieues de Nazareth, mais, comme chacun sait, les anges ont transporté la maison de la Vierge « à Lorette, près de Venise [...]. Ce n'est pas la peine d'y aller pour voir qu'il n'y a plus rien ! » (p. 121, t. II). Que d'autres aillent se recueillir au berceau du christianisme. Il tourne, lui, à la périphérie et, dans les lieux saints, désigne une absence. Cheminement oblique, qui défie les lois de la géographie et de la religion.

Cette lacune du voyage, il est vrai que le récit la comble : avec la légende d'Adoniram, avec l'histoire de Salomon et du temple de Jérusalem, voilà l'espace de la

---

1. Je nomme « Gérard » le personnage fictif du récit, et « Nerval », l'auteur.

Bible restauré dans son plein droit et le monde qui, semble-t-il, se réoriente. En son centre, pourtant, l'orthodoxie, plus que jamais, vacille. Salomon est donné pour un fantoche et son dieu, tourné en démiurge mesquin : caricatures dérisoires, où l'autorité des Écritures, déjà, s'altère. A la tradition biblique, Nerval substitue une version hétérodoxe, où convergent l'Islam, la Francmaçonnerie et beaucoup de spéculations ésotériques. Il assigne tout un peuple d'esprits souterrains, hostiles à la Loi, maîtres du feu et producteurs de vie. Se ralliant aux croyances d'une révélation parallèle, il invoque des généalogies cachées, des puissances occultes, de sorte que le Dieu des Juifs, dans cette légende, n'est plus qu'un génie parmi d'autres, et sa création, un avatar singulier dans une histoire bien plus longue, bien plus ancienne, dont l'origine, en dépit de la *Genèse,* se perd dans la nuit des temps. Si un dieu unique s'est jamais fait connaître, si la Vérité gît quelque part, ce n'est pas dans la Bible, ni à Jérusalem, mais dans d'autres grimoires, plus secrets, et ailleurs, dans quelque paradis plus oriental que l'Orient. Malgré l'apparence, l'histoire d'Adoniram ne restitue pas au monde — ni au récit — leur centre de gravité ; elle en précipite plutôt la dérive.

A cette fable, qui est celle du refus, répond l'autre légende du *Voyage* : l'*Histoire du Calife Hakem.* Le contexte change — Le Caire et la tradition musulmane — mais une rupture, ici encore, vient briser l'unité des croyances : un calife s'improvise dieu, élabore une doctrine et, lui aussi, instaure un culte parallèle : la confession druse. Comme les forgerons rebelles issus de Caïn, il fonde sa propre légitimité et, contre la souveraineté d'un dieu unique, revendique son droit à l'autosuffisance ; comme Adoniram, il se prépare à consommer un mariage incestueux, pour perpétuer la pureté de sa race et confirmer la vocation surnaturelle de sa lignée. Or de part et d'autre, ces démiurges ébranlent la religion en place — judaïsme, Islam — sans être assez forts pour l'évacuer. Sous leurs coups, la foi se dédouble et cède à l'incertitude. Où réside le vrai ? Quel prophète écouter ? Hakem, surtout, doute de lui et alimente la confusion.

Mégalomane sous l'effet du haschisch, enfermé dans l'asile des fous, est-il dieu ou imposteur ? détenteur d'une mission authentique ou livré à ses fantômes ? Il transmettra son inquiétude à ses sectateurs et fondera une croyance désorientée, exposée à toutes les influences, contestant à la fois les autres et soi-même.

A travers les deux grandes légendes du *Voyage*, Nerval multiplie donc les foyers d'une spiritualité diffuse. En libérant son penchant pour la révolte prométhéenne, lui que les médecins taxaient de théomanie, il ne fait que grossir le catalogue des religions possibles, toutes crédibles, aucune définitive.

Si le dogme juif et l'orthodoxie musulmane paraissent ainsi fêlés, faut-il chercher ailleurs un centre plus résistant ? Le monde pivoterait-il sur un autre axe ? Quand il aborde en Égypte — premier contact avec la magie de l'Orient — Gérard sait qu'il touche à la source de la culture antique et des traditions ésotériques ; il espère accéder, par cette voie, au noyau de la pensée occidentale :

> N'est-ce pas toujours, d'ailleurs, la terre antique et maternelle où notre Europe, à travers le monde grec et romain, sent remonter ses origines ? Religion, morale, industrie, tout partait de ce centre à la fois mystérieux et accessible, où les génies des premiers temps ont puisé pour nous la sagesse (p. 241).

Requis par sa quête, le voyageur mime, dès le début de son séjour au Caire, le rituel d'une initiation. Dissimulée dans une nuit qui ressemble à un rêve, la ville, comme ses femmes, lui apparaît couverte d'un voile ; une énigme est posée, une révélation s'annonce, que le myste est invité à déchiffrer. A travers le labyrinthe des rues, où se déroulent d'étranges cérémonies, où surgissent d'opportuns médiateurs, il franchit les étapes d'une remontée aux sources et s'expose ainsi aux mêmes obstacles, aux mêmes découvertes, que les adeptes anciens du culte d'Isis, dont le parcours initiatique, de pyramides en hypogées, est, ailleurs dans le texte, longuement reconstitué. Derrière l'opacité du voile, par-delà les dégradations du temps, un Être se cache, une Vérité se profile, dans lesquels reposent, peut-être, les puissances primordiales de l'Orient.

Sur ce thème du retour à l'origine, Gérard, parvenu au Liban, recommencera un autre scénario, articulé sur le même modèle du paradis perdu et de l'unité première :

> J'avais bien senti déjà qu'en mettant le pied sur cette terre maternelle, en me replongeant aux sources vénérées de notre histoire et de nos croyances, j'allais arrêter le cours de mes ans, que je me refaisais enfant à ce berceau du monde, jeune encore au sein de cette jeunesse éternelle (p. 51, t. II).

Pour s'approprier cette vigueur primitive, il échafaude, à Beyrouth comme au Caire, le projet d'un mariage. Car s'unir à une fille du pays, ce ne serait pas seulement prendre racine au centre du monde, mais renouer avec l'harmonie de l'âge d'or et participer de la régénérescence des forces vitales. A la recherche métaphysique de la Vérité se superpose, dans cette quête de l'Éden, un rêve, plus intime, de renaissance, de retour au sein maternel.

Mais le voyageur quittera l'Égypte, puis le Liban, sans avoir consommé de mariage ni découvert l'unité promise. Le voile du Caire n'était finalement qu'un masque ; il dissimulait une réalité médiocre, si bien que loin de révéler le paradis, il découvre une cité babélique, vouée à la poussière, à la pluralité et à la confusion. L'hermétisme égyptien a perdu son antique puissance ; il semble diffus et n'offre à l'explorateur aucune certitude cohérente. Quant au Liban, il déçoit, lui aussi, l'espoir qu'il avait inspiré. Les vestiges de la pureté première y sont occultés par la guerre, par l'antagonisme de cultes et d'institutions qui foisonnent dans la discorde. A supposer que ce pays ait jamais été le berceau de la culture ou la source de la vie, il n'en offre plus que le reflet déchu.

Si la Terre sainte, dont la suprématie repose sur un coup de force illégitime, ne peut servir de point de repère, les autres centres possibles apparaissent donc à leur tour défaillants. Infidèle à sa vocation, l'Orient ne converge pas sur un lieu unique ; il se disperse en plusieurs foyers, tous insuffisants, de sorte que le candidat à l'initiation est contraint de reconnaître qu'il ne reste à découvrir que des bribes de Vérité, des substituts dégradés du Paradis, des traces moribondes de l'Unité perdue. La plénitude est toujours ailleurs, toujours différée : « En Afrique, on rêve l'Inde comme en Europe on rêve l'Afrique ; l'idéal rayonne toujours au-delà de notre horizon actuel » (p. 262). Comment dire mieux que la quête n'a pas de fin et que la Présence convoitée n'est jamais qu'une projection, un investissement imaginaire ?

Il n'y a pas pour le voyageur d'étape définitive, parce que l'Être s'est vaporisé en une poussière de vestiges contingents. Aussi loin qu'il pousse son exploration, dans le temps ou dans l'espace, Gérard découvre que l'Orient est depuis toujours marqué par la chute et la dissémination. Encore cette loi de l'éparpillement est-elle vécue sur un mode bien particulier. Privées d'un modèle originaire qui garantisse leur identité, les choses et les idées flottent dans un milieu indéterminé : elles ne se laissent pas réduire à l'un, mais ne parviennent pas non plus à conquérir leur singularité. Multiples, hétérogènes, oui, et pourtant dénuées de cette *différence* qui fonderait leur propriété. Les systèmes et les êtres nervaliens ne sont ni vraiment semblables ni vraiment distincts. Ils ne renvoient ni à eux-mêmes, ni à un archétype unique, mais se reflètent les uns les autres, selon un mouvement sans fin de répétitions.

Dans l'Orient dévoyé de Nerval, le mal est donc perçu, moins sous la forme du morcellement, de la disjonction, que sous les espèces de l'indistinct et du vague. A la place du noyau primordial gravite une vaste nébuleuse, qui s'est immensément dilatée, puis fissurée, puis éparpillée, tout en maintenant, entre ses parties, une problématique interdépendance. Si l'idée d'un centre un et plein, selon le canon métaphysique, est définitivement évacuée, il s'y substitue une variante corrompue ; le centre nervalien est un espace indéfini, vaporeux, où toutes choses voisinent, plus ou moins distinctes, plus ou moins confondues, échappant à la fois à la loi de l'unité et à celle de l'altérité. Leur statut effectif est donc la *ressemblance*. C'est dire qu'elles s'exposent à un danger formi-

dable, que Nerval connaît trop bien : danger de voir leur
identité s'estomper dans l'indifférencié. Danger de l'in-
terchangeable et de la désappropriation de soi.

Tel est le plaisir, trouble, que le voyageur va prendre
dans sa dérive d'un centre à l'autre. Il y découvre autant
d'anti-centres, où les êtres et les idées, associés en une
symbiose douteuse, s'attirent et s'altèrent réciproque-
ment.

Le pullulement des églises et des sectes de l'Orient
trahit brutalement la dissémination du sacré, mais témoigne aussi de l'étendue infinie des ressemblances. Puissamment intrigué par la diversité des religions, Gérard
travaille pourtant à définir, entre elles, des affinités et à
résorber, envers et contre tout, cette dispersion. Il refuse
de choisir, gomme les différences et se plaît aux hypothèses syncrétistes les plus aventureuses. S'il en vient à
renier, plusieurs fois, son appartenance au christianisme
— « catholique, vraiment je l'avais oublié » (p. 139) —
ce n'est pas pour faire place à d'autres convictions, mais
pour se délier d'une foi exclusive et réductrice. Les missionnaires et les convertisseurs qu'il rencontre çà et là
perpétuent la violence du Dieu jaloux de la Bible ; c'est
pourquoi il les évite. A toutes les variantes du fanatisme, il
oppose l'indulgence des Musulmans, prêts à admettre la
coexistence de différents cultes et la pluralité des croyances. Parvenu à la dernière page de son récit, Nerval réserve
le mot de la fin à une fable sur la tolérance des derviches,
qui mélangent les dogmes et, sans se ranger à aucune
obédience stricte, pratiquent une sorte de religion universelle. Cet exemple, Gérard se l'approprie volontiers, lui
qui se déclare « disposé à tout croire » (p. 381) :

> Oui, je me suis senti païen en Grèce, musulman en Égypte, panthéiste
> au milieu des Druses et dévot sur les mers aux astres-dieux de la
> Chaldée ; mais à Constantinople, j'ai compris la grandeur de cette
> tolérance universelle qu'exercent aujourd'hui les Turcs (p. 363, t. II).

S'il adopte ainsi n'importe quelle confession, c'est qu'il
les juge interchangeables. Sa religiosité est si vaste, si
vague, qu'elle embrasse — et risque de confondre —
tous les systèmes : « Pour moi, Dieu est partout, quelque

nom qu'on lui donne» (p. 191, t. II). Mais ce dieu universel et infiniment dilaté a-t-il encore une présence, une pertinence?

Gérard favorise naturellement, dans son enquête, les religions-carrefours et il traite les rites comme autant de nœuds où convergent plusieurs cultes. Rien n'est jamais simple. Sous une cérémonie contemporaine, il reconnaît telle pratique des Anciens; dans telle opinion, une survivance, une influence... L'attraction qu'exerce sur lui le Liban tient, dit-il, au «mélange de ces populations, qui résument peut-être en elles toutes les croyances et toutes les superstitions de la terre. Moïse, Orphée, Zoroastre, Jésus, Mahomet, et jusqu'au Bouddha indien, ont ici des disciples plus ou moins nombreux» (p. 382). Un capharnaüm de données hétérogènes qui tendent à la fusion: voilà où Gérard se sent chez lui. Et si, dans le microcosme du Liban, il exprime malgré tout une préférence, ce sera pour les Druses, dont la religion, «formée des débris de toutes les croyances antérieures, permet à ses fidèles d'accepter momentanément toutes les formes possibles de culte» (p. 371). Un choix qui n'en est pas un; une religion qui n'en est pas une: serait-ce que Nerval, incapable d'enrayer le flux des ressemblances, ne puisse capter aucune identité fixe et ne sache, au juste, ce qu'il est lui-même?

Un même syncrétisme — lieux composites et croisées d'influences — détermine la géographie du *Voyage en Orient*. Aucune nation, aucune race ne réalise jamais pleinement son intégrité. Les sites qu'aime Gérard sont des espaces ouverts et stratifiés, où circulent l'ensemble du monde et la totalité de l'histoire. A chacune de ses étapes, il s'émerveille de découvrir, simultanément présents et comme destinés à la coexistence, tous les paysages et toutes les cultures, toutes les ethnies et toutes les langues. Les quatre villes qui jalonnent son itinéraire sont présentées, systématiquement, comme des villes-Protée, des villes internationales et sans visage propre. Plaque tournante de l'Europe, centre disséminé aux quatre horizons, Vienne est le rendez-vous de «sept ou huit nations» (p. 94). Le Caire est un bric-à-brac linguistique et racial, une cité vaste comme le monde, ville non-ville que Gérard élira, précisément, pour s'en déclarer «sous tous les rapports un citoyen» (p. 239). A Beyrouth transitent tous les âges, tous les peuples, si bien que, comme à Constantinople, le voyageur ne saura plus au juste où il est : ni à l'Est ni à l'Ouest, ni chez soi ni à l'étranger, mais, une fois de plus, dans un lieu infiniment dilaté — la patrie de n'importe qui et de personne. L'Europe est déjà en Asie et l'Asie en Europe, et chaque pays n'est jamais qu'un équilibre instable de tous les autres pays à la fois. Comme dans l'ordre religieux, le même paradigme de l'impropre hante la géographie de l'Orient et, ici aussi, menace d'abolir son objet dans l'indifférencié.

On mesure mieux, sur la foi de ces exemples, à quelle vision profondément troublée, à quel voyage vertigineux aboutit la déperdition du centre. Puisque les croyances et les lieux sont équivalents et interchangeables, il n'y a pas de raison sérieuse pour partir : tout est joué d'emblée et la nouveauté, captive de la répétition, est à l'avance émoussée. Pourtant, le voyageur part et, une fois en mouvement, n'a pas de raison non plus de s'arrêter. Car aucun pays, aucun spectacle ne lui semble jamais complet. Les phénomènes n'ont pas en soi de sens stable et univoque, ils postulent une autre réalité, qui elle-même en implique une autre, dans une fuite en avant qui n'a aucune chance de trouver sa butée. Nerval ne perçoit pas des significations mais des *signes,* qui renvoient à autre chose ; les objets ne sont que des apparences vacantes, à la recherche d'une plénitude toujours différée. A la place de substances résistantes, le regard ne capte que des rapports et, de ressemblance en ressemblance, de transfert en transfert, se laisse entraîner dans un enchaînement affolant de substitutions.

Cette relation perturbée avec le réel est encore compliquée par la médiation des livres. Selon une loi générale, chez Nerval, l'expérience est perçue — ou en tout cas rapportée — à travers des souvenirs de lecture. Un rideau d'érudition et de modèles livresques s'interpose entre le sujet et le monde, de sorte qu'il est le plus souvent impossible de décider quel est le statut du référent : vécu ou lu ? immédiat ou textuel ? Ce (faux) problème n'est pas spécifiquement nervalien ; il s'étend à tout discours littéraire. Encore est-il particulièrement aigu dans le *Voyage en Orient*, qui mobilise, pour compléter l'observation directe, quantité de sources écrites. Autant, ou plus, que la *mimesis*, Nerval pratique l'*imitatio*. Une bonne partie de son information procède de documents accumulés en bibliothèque et il est établi que des chapitres entiers du *Voyage*, si personnels puissent-ils paraître, répètent tacitement d'autres auteurs, au point que la tentative de dresser le catalogue complet des ouvrages utilisés est, à l'avance, condamnée [1]. Comment, dès lors, cerner l'objet exact du discours ? Comment isoler le « réel » de ses avatars scripturaux ? Il n'y a pas à cela de réponse, car tout énoncé repose sur une référence équivoque : il est peut-être fondé sur l'expérience, peut-être dicté par les

1. On trouvera pourtant, dans les notes de la présente édition et, encore davantage, dans celles de G. Rouger et J. Richer, l'indication des sources essentielles de Nerval. Il utilise naturellement des récits de voyage : des chapitres entiers des *Femmes du Caire*, sur les mœurs égyptiennes, paraphrasent un ouvrage anglais alors tout récent : William Lane, *An Account of the Manners and Customs of the Modern Egyptians* (...) (voir n. 94). La description de Cythère (*Vers l'Orient*, chap. 15 à 18), où Nerval ne s'est jamais arrêté, provient des livres de A. Serieys et A.-L. Castellan (voir n. 62). A quoi s'ajoutent encore bien d'autres sources géographiques : le *Voyage en Syrie et en Égypte* de Volney (voir n. 138), les *Lettres sur l'Égypte* de Savary (voir n. 172), etc.

Les ouvrages d'orientalisme que Nerval consulte ou copie ne se comptent pas. Deux sont particulièrement importants : la *Bibliothèque orientale* de d'Herbelot (voir n. 102 et *passim*), vaste encyclopédie sur l'histoire et les croyances de l'Orient, que Nerval a dû avoir constamment sous la main, et l'*Exposé de la Religion des Druzes* de Silvestre de Sacy (voir n. 11*), source de la légende du calife Hakem, que complète, entre autres, l'*Essai sur l'histoire du Sabéisme* du baron de Bock (voir n. 48*). Mais la liste pourrait s'allonger : *L'Histoire mahométane* de Vattier (voir n. 131), les *Contes inédits des Mille et Une Nuits* de von Hammer (voir n. 30*), le roman initiatique de l'abbé Terrasson, *Sethos* (voir n. 156), la fameuse *Symbolique* de Creuzer (voir n. 47*), etc.

A titre d'exemple, il suffirait, pour mesurer l'ampleur de la documentation, de dresser la liste des emprunts dans la légende d'Adoniram : à côté de l'Ancien Testament et du Coran, on verrait se multiplier les références aux commentaires et à toute espèce de récits parallèles, dans le monde juif comme dans la tradition musulmane, tous ces matériaux s'agglomérant à l'intérieur d'un cadre fourni par la littérature maçonnique, largement exploitée.

livres, et sans doute les deux à la fois, de sorte qu'ici encore le signifié du texte n'a pas d'identité certaine.

Le brouillage par l'interférence des livres s'accentue encore lorsque Nerval quitte le domaine des faits positifs — histoire, ethnographie, géographie — pour se risquer sur le terrain mouvant des légendes orientales. Il n'y a plus ici de témoignage expérimental : l'ambiguïté est ailleurs. Elle réside dans la multitude des sources possibles et dans les variantes qui, d'une tradition apparemment unique, en font plusieurs. Entre les différentes versions, il faudrait bien sûr élaguer et choisir. Mais comment démêler le vrai du faux, les bonnes spéculations des mauvaises ? A Paris puis au Caire, Nerval a absorbé une énorme information orientaliste et ésotérique. Le *Carnet de notes du Voyage en Orient* (voir *Œuvres*, Bibliothèque de la Pléiade) dévoile à vif la difficulté qu'il éprouve à ordonner le foisonnement des théories divergentes. Et le *Voyage* lui-même, quel que soit l'effort de clarté dont il témoigne, n'adopte pas toujours une voie simple : le mythe des générations préadamites et les hypothèses sur la fondation des pyramides, par exemple, sont rapportés selon deux versions distinctes ; entre la représentation musulmane de Salomon comme prince des génies et l'allure dérisoire qu'il lui prête dans la légende d'Adoniram, Nerval n'a pas non plus tranché. Comment le ferait-il, quand les livres n'ont pour garants que d'autres livres et quand les interprétations ne renvoient jamais qu'à d'autres interprétations ? Dans le champ qu'il s'est tracé, parcouru par les jeux de l'intertexte, aucun document primitif ne fait autorité : la vérité se déplace et le discours juxtapose des conjectures.

Ce double mouvement d'absorption illimitée des choses et de désappropriation simultanée de soi, le thème récurrent de la *fête* l'illustre de façon exemplaire. S'il est une situation que le personnage recherche et multiplie, c'est bien celle-là. Dès l'auberge de Lindau, «toute la maison est en fête» (p. 75) ; à Vienne, Gérard passe de kermesses en solennités et participe à une foule d'amusements populaires ; le séjour au Caire, ponctué de plusieurs célébrations, s'ouvre et se ferme sur deux cérémo-

nies — un mariage, une circoncision ; si les réjouissances
sont provisoirement suspendues au Liban, elles reprennent de plus belle à Constantinople, que le récit présente,
de part en part, comme une cité en fête, pendant les
divertissements nocturnes du Ramazan puis à travers les
plaisirs du Baïram. Au nombre des paradigmes qui fon-
dent la ressemblance des villes entre elles, celui de la fête
joue un rôle déterminant.

Or se plonger dans la fête, pour Gérard, c'est faire
l'expérience concrète de la fusion. Le partage des nour-
ritures, la communion de la danse, la chaleur de l'accueil,
tout cela resserre les sympathies et, dans le rapport au
monde ambiant, abolit les distances. La fête comble les
écarts, stimule la communication et transmet à ses parti-
cipants l'euphorie de l'unanimité. La foule en liesse intègre l'étranger et absorbe les différences individuelles. A
chacune des réjouissances où il pénètre, Gérard voit avec
délectation les races et les classes s'accorder, tout en
s'oubliant lui-même, comme cellule distincte, pour se
perdre dans la collectivité. Ce n'est pas sans raison que
coïncident, souvent, une fête et un mariage, modulations
sur le même idéal de l'unité.

Parce qu'il s'immerge ainsi dans le nombre, jusqu'à
s'identifier à autrui, Gérard mime, dans la fête, le jeu des
ressemblances et de la dissémination. Et si la fête vient à
manquer, il sait comment en recréer les conditions. Tel
est bien le désir qui l'anime lorsqu'il choisit, à Vienne, au
Caire et à Constantinople, de quitter la société qui serait
normalement la sienne pour prendre domicile dans un
quartier populaire. Son plaisir, à l'étranger, est de masquer sa différence et de se familiariser avec les mœurs du
pays jusqu'à passer pour un indigène. Il le répète plusieurs fois : il abhorre les Européens qui parcourent
l'Orient sans y pénétrer et qui ne savent pas, autour
d'eux, susciter l'harmonie de la fête. Il se moque des
touristes anglais, invariablement fidèles à eux-mêmes. Il
fuit leurs hôtels, il évite les milieux fermés et se plaît à
s'exposer, dans les ruelles où nul Occidental ne s'aventure, à toute sorte d'intrigues et de quiproquos.

La volupté d'être un autre poussera même Gérard, plus

d'une fois, à se déguiser, pour mieux donner le change et brouiller son personnage. Dès sa première nuit au Caire, il est accueilli à des noces en se faisant passer pour un Arabe ; puis, plus tard, se fait raser la tête et se camoufle de part en part, perdant ainsi « l'apparence chrétienne, afin de pouvoir assister à des fêtes mahométanes » (p. 223). Arrivé à Beyrouth, il s'empresse d'adapter son costume à la mode locale : « Je me trouvai la mine d'un roi d'Orient » (p. 374) et enfin, à Constantinople, change encore d'apparence en revêtant l'habit persan. Ruses de comédie, sans doute, mais dont il faut saisir la portée : cet homme qui, si prestement, se livre à des métamorphoses et se confond avec autrui, c'est son identité qu'il met en jeu, c'est la conscience de soi qu'il sent défaillir.

Dissémination dans l'espace, vaporisation du moi, abolition de la différence... On sent bien que, derrière sa façade sereine, le récit tout entier — et pas seulement les deux légendes — reconstitue les bribes d'une aventure inquiétante, une aventure toute personnelle où les évidences, soudain, se trouvent mises en question : cet ébranlement des certitudes, peut-être, que l'on est convenu d'appeler la folie.

Deux métaphores appuient cette hypothèse. Lorsqu'il assimile, à plusieurs reprises, telle étape de son voyage à un *rêve* ou qu'il l'associe à un spectacle de *théâtre*, Nerval désigne, selon des équivalences communes dans son œuvre, l'activité fantasmatique. Le *Voyage* raconte, entre autres, un parcours à l'intérieur de soi et devance *Aurélia* ou d'autres récits tardifs pour figurer indirectement l'expérience de la folie : voilà ce qu'à travers les ombres de la scène et du songe il nous invite à reconnaître.

Amateur de théâtre, Gérard le sera en route comme il l'était à Paris. A Vienne déjà qui, autant qu'une ville en fête, est une ville de comédie : on joue dans les rues, dans les cabarets, dans les salles et le récit passe d'une représentation à l'autre. Et si, au Caire puis à Constantinople, les programmes varient, l'attraction demeure la même, puisque le voyageur continue à associer les plaisirs du répertoire européen à toutes les variantes du spectacle folklorique et populaire. Mais il faut compter aussi avec un autre théâtre, sans scène et sans acteurs, que le personnage débusque en pleine vie quotidienne : un théâtre à même le monde, un monde théâtralisé. Ses amours de Vienne, Gérard les façonne sur le modèle de Don Juan ; dans l'île grecque de Syra, « il me semble que je marche au milieu d'une comédie » (p. 136) ; un peu plus loin, les mystères des pyramides s'animent par leur ressemblance avec *La Flûte enchantée*. Des fragments d'expérience sont ainsi perçus comme spectacles et, du coup, frappés d'irréalité. Entre les mirages de la scène et les jeux de la vie, la différence s'estompe. Sous son voile, la mariée du Caire, pendant les cérémonies auxquelles il participe, apparaît à Gérard « comme un fantôme rouge » (p. 152) : ni vraiment réelle ni complètement chimérique, mais incertaine à la façon d'une comédienne, douteuse comme un fantasme. Théâtraliser le monde, c'est le vider de sa résistance objective pour le réduire à un spectacle d'ombres. En d'autres termes : l'assimiler à la scène de l'esprit et à la fugacité d'images mentales.

Le symbole complémentaire du rêve est encore plus évident. « A Vienne, cet hiver, j'ai continuellement vécu dans un rêve. Est-ce déjà la douce atmosphère de l'Orient qui agit sur ma tête et sur mon cœur ? » (p. 115). L'onirisme de Vienne était en effet prémonitoire, puisque Gérard, à peine arrivé en Égypte, observe : « C'est bien là le pays des rêves et de l'illusion » (p. 151). *Les Femmes du Caire* s'ouvrent sur une longue aventure nocturne. Lorsqu'il emboîte le pas d'un cortège de noces, à travers le labyrinthe des vieux quartiers illuminés, Gérard ne démêle pas s'il rêve ou s'il est éveillé. Des images mystérieuses se profilent, évanescentes comme autant d'hallucinations : « Il semble que l'on voyage en rêve dans une cité du passé, habitée seulement par des fantômes » (p. 151). A vrai dire peu importe, car le rêve n'est pas moins authentique que l'expérience diurne : « N'éprouvons-nous pas dans cet état toutes les sensations de la vie réelle ? » (p. 164). Visions intérieures, événements extérieurs : l'opposition est ici vidée de sa pertinence.

« L'épanchement du songe dans la vie réelle » (*Auré-lia* 1, 3) s'intensifie à Constantinople, que Gérard visi-tera, pour une bonne part, pendant les fêtes du Ramazan, alors que la lune est « pendant trente jours un véritable soleil nocturne, avec l'aide, il est vrai, des illuminations, des lanternes et des feux d'artifice » (p. 354, t. II). On dort le jour, on suspend l'activité de la raison, pour mieux s'abandonner aux charmes de la fête et de la nuit — et c'est le soir, comme en rêve, que Gérard subira l'envoû-tement de la légende d'Adoniram, héros magique et noc-turne.

Au moment de repartir pour l'Europe, le personnage regarde en arrière : « Et déjà l'Orient n'est plus pour moi qu'un de ces rêves du matin auxquels viennent bientôt succéder les ennuis du jour » (p. 363, t. II). Entre l'intui-tion liminaire de Vienne et cette conclusion, le voyage est donné pour un grand rêve, comme si tout s'était passé dans les mystères de l'esprit. Gérard a cheminé en regar-dant à l'intérieur de soi, mobilisé tout au long par ses propres fantômes. Si l'Orient se désoriente, c'est que Nerval, parfois, sent le monde vaciller.

II. *Le récit rectificateur.*

Cet aimable récit de voyage, cette enfilade d'anecdotes plaisantes, un scénario de la folie ? La lecture qui précède aura semblé incongrue. Il faut le reconnaître : rien de plus serein, rien de moins problématique, à première vue, que le *Voyage en Orient*. Une structure profonde déploie le jeu des fantasmes ; mais elle demeure souterraine, refou-lée dans le secret des figures, camouflée sous les dehors du bon sens et de la facilité. Un discours de la folie jalonne sans doute le récit, mais censuré par une voix qui, beaucoup plus manifeste, témoigne d'une parfaite maî-trise. Dans ses formes, dans les histoires toutes simples qu'il raconte, le texte parle la langue de tout le monde. Perçu dans son énonciation et selon l'effet qu'avec évi-dence il veut exercer sur le lecteur, il démentirait, plutôt, le sens qu'on vient de lui reconnaître.

Pensons à ceci : la folie, au milieu du XIXᵉ siècle, n'a pas encore acquis le statut ni la dignité littéraires que lui conféreront bientôt un Rimbaud, un Nietzsche, un Artaud. S'il pressent que, dans le champ de la connaissance comme dans celui de la poésie, elle détient une formidable puissance de renouvellement, Nerval sait aussi qu'elle confine à l'absurde et menace l'intégrité du moi. On ne libère pas impunément la folie ; on ne lâche pas complètement la bride aux forces de rupture et de dissémination. Pour en interroger, sans péril, la fascinante étrangeté, il importe de conserver le contrôle de l'expérience et d'administrer les preuves d'une entière lucidité. C'est pourquoi le récit, dans son apparence immédiate, raconte une tout autre histoire : celle de la raison retrouvée et de la maîtrise. Comment l'écriture s'empare des signes de la déroute pour les masquer, les redresser ou les inverser, comment la loi des formes impose un ordre à l'indifférencié, voilà ce qu'il faut maintenant établir.

Une première stratégie, pour circonscrire l'espace de la folie, revient à dénoncer la vanité des chimères, annulées, tôt ou tard, par la résistance du réel. Complice du bon sens, le récit démystifie alors le rêve, ébranle les supports de l'activité fantasmatique et, aux ombres parmi lesquelles le sujet s'égarait, substitue la réalité immédiate, peut-être médiocre et pourtant rassurante. Les constats de désillusion, dans le *Voyage en Orient,* ne se comptent pas. Il suffit de retracer, par exemple, la courbe du séjour en Égypte. Gérard pénètre au Caire comme dans un rêve et, captif de ses fantômes, façonne le monde ambiant au gré de son désir : fusion de la fête, communion dans le mariage, promesse d'initiation, tout semble tendre à l'accomplissement de l'idéal. La suite des *Femmes du Caire* ne sera pas de trop pour ramener le voyageur à la conscience du réel et le faire assister à la dégradation progressive des mirages. L'espoir d'unité s'évapore, l'envers du voile déçoit : confrontés à l'expérience diurne, les charmes imaginaires peu à peu se dissipent, au point que l'Égypte, lorsqu'il la quitte, semble au personnage un pays opaque et moribond, une terre de ruines ravagée par le temps et vouée à la division. Comme plus tard au Liban, les investissements subjectifs n'ont pas résisté à l'épreuve des faits.

Une lettre à Gautier place elle aussi le voyage sous le signe du désenchantement : « Moi, j'ai déjà perdu, royaume à royaume, et province à province, la plus belle moitié de l'univers, et bientôt je ne vais plus savoir où réfugier mes rêves » (août 1843). Consciemment exploité comme structure narrative, ce motif change de valeur et, au lieu d'enregistrer passivement une perte, imprime au texte un mouvement positif. Le cliché romantique de la désillusion travaille à désamorcer le prestige des grandes idées ; il confine les fantasmagories dans leur domaine propre : le rêve, l'imaginaire et montre comment le sujet, déçu, reprend pied sur le réel. En Égypte déjà, le récit essaie d'échapper à l'inflation des catégories absolues et figées — la vie, la mort, l'unité, la vérité... — qu'il mitige par l'histoire d'aventures communes, dans un pays ordinaire, moyen et ambivalent. Cette entreprise de démystification resurgit à Constantinople, où Gérard semble accepter la contingence, le relatif : « Splendeur et misères, larmes et joies ; l'arbitraire plus qu'ailleurs, et aussi plus de liberté » (p. 159, t. II). Dépoétiser l'expérience, réduire le rêve à la platitude du banal quotidien, c'est peut-être pactiser avec une morale étroite et censurer les puissances de l'imagination. Mais c'est aussi manifester — et la démonstration est vitale — que l'on sait voir les choses telles qu'elles sont, différentes et fortuites et, sur le débordement des fantasmes, exercer le contrôle de la raison.

La fête est précisément l'un de ces nœuds de l'activité imaginaire que le récit analyse et vide de son pouvoir de fascination. Le sujet qui se fond dans la foule pense réaliser le modèle de fusion qui le hante. Mais le texte opère tôt ou tard une inversion et, au charme de l'universelle communion, substitue le régime de la distance, de l'opacité. Selon une trajectoire qui scande le *Voyage en Orient*, le personnage tombe du rêve dans le réel pour découvrir que les relations humaines fonctionnent mal, qu'entre les individus, l'idéal de ressemblance ou de transparence est un leurre. L'histoire de l'esclave Zeynab peut être lue comme la fable de l'anti-fête, de l'anti-mariage. Tout à l'heure chargé de mystère et gage d'une révélation, le voile, avec elle, s'oppose comme un écran et symbolise la rupture de l'échange. Simultanément, la magie du *tayeb* — mot sésame de la communication — fait place à la malédiction du *mafisch* — signe de la méfiance, du refus et de la division. L'obstacle des langues précipite les êtres dans la solitude; les inégalités sociales, les dissidences ethniques engendrent, dans l'épisode de la Santa Barbara par exemple, soupçons et malentendus. Si large est l'écart qu'entre soi et autrui il faut interposer des truchements et se résigner, finalement, à des dialogues de sourds.

Un mécanisme narratif démystifie ainsi le fantasme d'unité et lui substitue la singularité d'êtres distincts, saisis dans leur identité propre. Ce dispositif permet d'ailleurs une autre opération. Contraint par l'échec de la fête à assumer sa différence, rejeté dans une position d'extériorité, le personnage va adopter un rôle nouveau : celui d'observateur. Le récit élimine alors les mirages de la fusion pour instaurer, entre Gérard et autrui, un rapport, normal, de sujet à objet, de regardant à regardé. Descendre dans les quartiers populaires pour prendre un bain de foule, ce ne sera plus désormais se perdre, mais reconquérir la conscience de soi en se livrant à une activité ethnographique. Gérard ne se prend plus pour un Oriental : le voilà passé orientaliste; il adopte la vision de l'Européen qui regarde un monde *autre*. Il observe des mœurs singulières : vie domestique, esclavage, harem... et, loin de se replier, comme tout à l'heure, dans le cercle de ses obsessions, s'occupe à recueillir tout un matériel documentaire. Même le mariage et la religion, d'abord absorbés dans le théâtre mental, deviennent objets d'analyse et de description. Condamné à la distance, le personnage assiste, comme un *étranger,* à des événements où il ne s'immisce plus. Ce n'est pas pour rien, sans doute, que les deux peintres du récit, au Caire et à Constantinople, s'adonnent à la daguerréotypie. Devenir ethnographe ou photographe, c'est atténuer la fonction du

médiateur pour laisser aux choses le droit de se signifier
par elles-mêmes.

Le narrateur, donc, parle du monde. Du coup, son
récit, mobilisé auparavant par le drame personnel, prend
une allure de roman-feuilleton — il raconte des anecdotes — et de guide de voyage — il informe, décrit, explique. Converti à la réalité, le texte bricole sereinement des
faits divers et témoigne de l'équilibre du sujet, capable
d'un regard transitif et d'un discours objectif.

Le texte renforce encore cette stratégie en multipliant
les renvendications de réalisme. Car l'écrivain qui mime
le réel administre la preuve de sa disponibilité et démon-
tre qu'il sait échapper aux pièges du narcissisme. Il ne se
contente pas de souligner la précision de sa documentation ; il enregistre le vécu, dit-il, jusque dans le rythme de
la narration. Gérard répète souvent qu'il aime voyager à
l'aventure, se laisser guider par les accidents de la route :
« J'aime à dépendre un peu du hasard » (p. 64). Aussi le
récit prétend-il se mouler fidèlement sur cette démarche
capricieuse : « Je prends le parti de te mander au hasard
tout ce qui m'arrive » (p. 84). Puisque le personnage erre
dans un Orient désorienté, le texte réaliste se donnera
l'apparence de vagabonder, lui aussi, sans vouloir corri-
ger artificiellement cette dérive. Mais s'il renonce aux
« ressources immenses des combinaisons dramatiques ou
romanesques » (p. 337), s'il disqualifie les grands modèles littéraires pour reproduire la discontinuité et la contingence, c'est que, par un autre effet de l'art, il se sent
capable, à force d'attention et de rigueur, de reproduire le
monde tel quel. On voit le sens de ce programme : celui
qui laisse parler la vérité garde une prise directe sur les
choses et montre qu'il maîtrise son discours au point de le
plier à la diversité des phénomènes. C'est pourquoi le
narrateur insiste encore sur l'authenticité de son reportage : moi qui ai « l'usage de ne parler que de ce que j'ai
pu voir par moi-même (p. 356, t. II), je propose le « relevé, jour par jour, heure par heure, d'impressions locales, qui n'ont de mérite qu'une minutieuse réalité »
(p. 134, t. II).

Ces déclarations sont d'autant plus significatives

qu'elles sont fausses. De nombreux épisodes, pourtant rapportés à la première personne, sont purement fictifs. Et nous savons qu'une bonne partie de l'information de Nerval, d'origine livresque, est empruntée. Les expériences qu'il s'attribue sont souvent celles des autres et son matériel ethnographique — mariages, esclaves, religion... — de seconde main. Or ce recours, même tacite, à des sources scientifiques et sérieuses dénote lui aussi le besoin d'une garantie objective. Copier les spécialistes, c'est se mettre du côté du savoir et, par ce moyen encore, endiguer le flux des fantasmes. Si le récit classe parmi ses modèles des relations de voyage impersonnelles et des traités anonymes, c'est qu'il doit faire face, lui, à l'hypertrophie de la vision subjective qui menace de l'envahir.

La distance qu'interpose Nerval avec les choses, avec ses aventures du passé, lui permet aussi de s'en amuser : coutumes étranges, situations incongrues, quiproquos comiques... Entre le temps de l'expérience et celui de la rédaction s'écoule un long intervalle, que le narrateur met à profit pour transformer son personnage en objet d'analyse et le donner à voir sans complaisance. L'ironie est l'indice le plus sûr de cette dissociation : elle désamorce la gravité de maints épisodes et les soustrait ainsi à la sphère des enjeux existentiels. Le mariage et la fête, les croyances religieuses et les rites d'initiation sont sans doute saturés d'implications personnelles, mais, discrètement raillés, peuvent aussi prêter à rire. La vision ironique atténue leur charge affective pour les assimiler à autant de divertissements. Du coup, Gérard n'est plus seulement la proie de ses fantasmes ; il adopte une figure plaisante, dérisoire, de sorte que ses aventures, nuancées ou dévalorisées par l'humour, tombent souvent au niveau de l'anecdote. Nul doute que la légèreté de l'intrigue, la désinvolture de nombreuses pages servent, dans le texte, à mitiger le sérieux des problèmes et à témoigner de la sérénité du narrateur.

L'Orient était traditionnellement chargé, en littérature, de deux valeurs bien distinctes : foyer des croyances et de la civilisation, ou pays d'aventures merveilleuses et ga-

lantes. Pour désamorcer la première, qui le fascine et le
déroute, Nerval va donc recourir à la seconde et, selon le
modèle du XVIIIᵉ siècle, exploiter l'image d'Épinal d'une
société licencieuse qui, dans l'ombre des alcôves,
s'adonne à tous les plaisirs. On oublie souvent qu'aux
côtés des légendes où visiblement il incarne ses rêves
— *Hakem, Adoniram* — il multiplie les récits légers,
dans le ton du conte oriental, du roman libertin ou du
vaudeville. S'il n'est pas aussi scabreux que Flaubert, il a
beaucoup à dire sur la séduction des danseuses, les coquetteries du voile, les mœurs aguichantes du harem. Il
prétend, c'est vrai, restituer au sérail sa dignité et sa
chasteté, mais il se plaît, en même temps, à ce folklore de
pacotille. Ce que les *Mille et Une Nuits* apprêtées à la
mode de l'esprit gaulois ont pu produire de clichés grivois
et d'anecdotes futiles, il en fait son bien, de manière à
opposer, à la quête compulsive et fourvoyée de l'idéal, un
démenti voyant. Divertissements d'autant plus codés
— comme déjà à Vienne une série d'aventures galantes
sur le modèle de Don Juan — que Nerval a besoin d'ex-
hiber ses qualités de conteur et de montrer, par toutes
sortes de clins d'œil, qu'il sait, comme tout le monde,
s'amuser aux dépens d'un Orient de carton-pâte.

Gérard lui-même, dans son commerce amoureux, touche parfois au burlesque. Il se laisse hypnotiser par
l'union mystique de Polyphile, de Hakem ou d'Adoniram
et rêve de la consacrer lui-même dans son idylle avec
Saléma? Sans doute, mais il ressemble aussi, ailleurs, à
certains coureurs de filles moins édifiants. S'il se réfère
aux paradigmes de Don Juan et de Casanova, s'il raconte
les paillardises de Caragueuz ou d'autres héros bouffons,
c'est qu'avec eux aussi il pense avoir des affinités. Ainsi
au Caire où, forcé de prendre femme et renvoyé d'un
entremetteur à l'autre, il s'expose à maintes galanteries,
mais diffère toujours son mariage, jusqu'à s'assimiler
finalement à Panurge, le séducteur raté. Conquérant ou
cocu, peu importe. Le voilà tombé au niveau d'une figure
de comédie, bien loin des chimères où tout à l'heure il
s'égarait.

Une scène de vaudeville ici, un personnage de farce

ailleurs : voilà de quoi renforcer le dispositif ironique dans le récit. Encore le modèle théâtral a-t-il une portée bien plus vaste. Les pages écrites selon une technique de dramaturge, les épisodes conçus comme s'ils étaient joués ou destinés à la représentation ne se comptent pas. Rôles typés sur le répertoire comique, péripéties ou dénouements dramatiques, fréquence des dialogues et tableaux scéniques : les indices de l'intertexte théâtral traversent le *Voyage en Orient*. Tout comme Gérard rêvait de voir les pyramides à travers le spectacle de *La Flûte enchantée*, Nerval, dans son activité d'écrivain, se plaît à scénographier le monde. La contamination est particulièrement sensible dans la légende d'Adoniram — version narrative d'un projet conçu à l'origine, d'ailleurs, pour l'opéra : les décors et les situations, les scènes parlées et les rôles de vedettes, tout respire ici le mélodrame ; saturé d'artifice et de théâtralité, le récit se donne à lire comme le livret d'un grand spectacle : c'est aussi beau — et aussi faux — qu'un opéra-comique.

On reconnaît, ici encore, la manœuvre d'affranchissement. Se livrer soi-même, et le monde, en représentation, c'est contempler à distance, comme autant de signes vidés de leur charge émotive, des images inquiétantes. Le théâtre n'est plus, comme tout à l'heure, la figure de l'espace mental. Devenu procédé narratif, il permet d'objectiver les fantasmes et de les neutraliser, même, en matériel littéraire, puisque les voilà dépersonnalisés au point de ressembler à des clichés de comédie. Si l'imitation du discours dramatique, dans le *Voyage*, est si fortement marquée, c'est qu'elle manifeste la conversion de Nerval d'un discours solipsiste à un art de la représentation.

Parmi les formes que mobilise l'écrivain pour redresser la dérive, la mise en scène théâtrale peut être relayée par un autre type de structure : les moules narratifs du récit. La référence romanesque est chargée ici d'une fonction déterminante. Pour garantir un sens à l'expérience et, du trouble premier, dégager une œuvre, Nerval a besoin d'imiter un discours à cohésion forte : le modèle du roman va jouer ce rôle. On reconnaîtra d'abord que le

Voyage n'est pas un journal de voyage. Il est disposé, c'est vrai, selon quelques grandes étapes successives. Mais le principe d'organisation qui commande chacun de ces moments ou tisse entre eux des rapports n'est pas d'ordre temporel et ne s'approche ni du reportage ni de la relation historique. Un réseau serré couvre le texte et témoigne d'une intention délibérée de construction. Le récit comporte à cet égard un aveu fondamental :

> J'aime à conduire ma vie comme un roman, et je me place volontiers dans la situation d'un de ces héros actifs et résolus qui veulent à tout prix créer autour d'eux le drame, le nœud, l'intérêt, l'action en un mot. Le hasard, si puissant qu'il soit, n'a jamais réuni les éléments d'un sujet passable, et tout au plus en a-t-il disposé la mise en scène ; aussi, laissons-le faire, et tout avorte malgré les plus belles dispositions. Puisqu'il est convenu qu'il n'y a que deux sortes de dénouements, le mariage ou la mort, visons du moins à l'un des deux... car jusqu'ici mes aventures se sont presque toujours arrêtées à l'exposition (p. 42, t. II).

Déclaration déconcertante, puisqu'elle nie le projet réaliste énoncé ailleurs et rejette la loi du hasard. Il n'est plus question, pour l'écrivain, de suivre à l'aventure les errances du voyageur. Gérard est taillé sur le canon des héros fictifs et le récit, ordonné selon les règles de l'intrigue littéraire. Que la référence soit narrative ou dramatique, peu importe : il reste que les matériaux du vécu et les souvenirs de lecture vont être systématiquement restructurés sur le modèle des formes signifiantes du texte artistique.

Les indices de cette intervention abondent. L'itinéraire que raconte le récit, par exemple, fausse compagnie au voyage réel pour organiser l'espace selon les lois internes de la narration. Les lieux ne sont jamais simplement juxtaposés. De l'un à l'autre s'étendent de savantes — et artificieuses — transitions : ainsi l'étape de Vienne (qui précède de trois ans, en fait, le départ pour l'Orient), raccordée à la suite par un périple, fictif, de Trieste à Syra et une escale, créée de toutes pièces, à Cythère. Surtout, les villes et les pays se répondent : l'écrivain bannit les accidents, masque les incohérences et redresse, dans le texte, la dispersion spatio-temporelle. Des joints, des parallèles de toutes sortes construisent une géographie plus satisfaisante, sans doute, mais dont le statut est purement littéraire.

La résurgence, très marquée, de quelques thèmes conducteurs assure, elle aussi, cette continuité. Si *Vers l'Orient* — lente marche d'approche à travers l'Europe occidentale — n'apparaît pas comme une digression, c'est que les enjeux de la suite — la fête, le théâtre, toutes les variantes de la fusion — s'y trouvent déjà engagés. Une structure sémantique très élaborée commande l'ensemble du récit et, par des effets de symétrie ou d'opposition, y inscrit un ordre qui porte sens. A la fuite en avant du voyageur répond ainsi, comme un facteur de cohésion, le contrepoint des thèmes antithétiques vie/mort, unité/division, initiation/errance, *tayeb/mafisch*... Du coup, traitées comme éléments d'une architecture, les images qui plus haut trahissaient le désarroi du personnage parlent maintenant le langage des formes et témoignent d'un métier solide. Pareils jalons, d'ailleurs, ne resserrent pas seulement la texture interne ; ils servent aussi d'indicateurs de lecture, ils fournissent un programme de déchiffrement. Introduire l'Égypte sous le double signe de la mort et du voile, par exemple, c'est proposer au destinataire un trajet et, d'emblée, orienter l'interprétation.

Nerval fait donc de sa vie un roman et, ostensiblement, se range aux lois du genre. Le thème du mariage, ici encore, peut servir. Car s'il est un des foyers de l'activité fantasmatique, il peut aussi être traité comme le support, très banal, d'une intrigue romanesque. Sur le moule de « toutes les histoires d'amoureux possibles, depuis le recueil qu'en a fait Plutarque jusqu'à *Werther* » (p. 50, t. II), l'écrivain construit, en fait, deux récits autonomes. L'obligation de trouver une femme et une maison, au Caire, puis l'attraction pour la princesse druse, à Beyrouth, fonctionnent comme des carrefours narratifs d'une grande efficacité : tous les épisodes, de près ou de loin, s'y rattachent et, par leur relation commune à cet axe central, forment une histoire à la fois très plaisante et très composée.

La technique, évidente elle aussi, des personnages récurrents relève du même projet. Suivre, ou retrouver, de lieu en lieu, la même figure, comme l'esclave Zeynab, le poète arménien..., c'est échapper à la déperdition du voyage et renforcer, par un artifice, la cohésion du récit. C'est reconnaître aussi le parti pris de la fiction. Car ces personnages, outre leur rôle structural, rapportent à leur tour des histoires. Des histoires qui divertissent et qui instruisent, des anecdotes qui véhiculent une foule d'informations. Nerval se garde de rompre le charme de la fable par des exposés didactiques. Ce qu'il demande à ses personnages, c'est, justement, de transmettre eux-mêmes le matériel documentaire en le racontant ou en le mettant en scène. Cette masse d'érudition qu'il a prélevée dans les livres, il l'attribue à des médiateurs, des guides, des conteurs, et l'intègre ainsi au déroulement et au ton du récit. Les faits vrais, d'ordre ethnographique, sont ainsi propagés par des interprètes imaginaires : l'authentique et le fictif brouillent leurs frontières, selon une formule ambiguë qui est celle du roman historique ou des pseudo-mémoires. La tournure littéraire du *Voyage en Orient* n'en ressort que mieux.

III. Un texte double.

Dans l'histoire d'une folie, le récit dépose ainsi les signes de la reconquête. La narration travaille à redresser tout ce qui, dans le monde et dans le moi, partait à la dérive ; elle soumet le charme équivoque des ombres aux lois de la communication et transforme les images menaçantes en autant de thèmes littéraires — intrigue romanesque, situations de comédie : le langage trouble de l'inconscient assimilé aux jeux de la fiction.

Ce qu'il avance d'une main, Nerval, de l'autre, se plairait donc à le raturer ou le censurer ? L'écriture est moins simple. Car elle n'a pas seulement mission de critiquer les fantasmagories ; elle a aussi le pouvoir de les conserver. Deux voix parlent, deux exigences se superposent, qui témoignent, l'une pour l'étrange beauté des mirages, l'autre pour la nécessité d'en rester maître.

Ce double projet, inscrit à deux niveaux du texte, obéit pour Nerval à une finalité précise, que les circonstances du départ pour l'Orient d'abord, de la rédaction du *Voyage* ensuite, permettent de définir.

Lorsqu'il s'embarque pour l'Égypte, le 1er janvier 1843, Nerval sort d'une période pour lui déterminante : de février à novembre 1841, il a, pour la première fois, été frappé d'une crise de folie et longuement interné. De cette expérience, il éprouve immédiatement la profonde ambivalence. D'un côté, il est convaincu d'avoir accédé à un monde nouveau, plus authentique que l'ordinaire : « Au fond, j'ai fait un rêve très amusant, et je le regrette ; j'en suis même à me demander s'il n'était pas plus *vrai* que ce qui me semble seul explicable et naturel aujourd'hui » (lettre à Mme A. Dumas, 9 nov. 1841). Dans ce sens, le voyage lui permettra de poursuivre le fil de ses visions et, à l'abri « des médecins et des commissaires qui veillent à ce qu'on n'étende pas le champ de la poésie aux dépens de la voie publique » *(ibid.)*, de retrouver en Orient la trace de ses beaux rêves. Il demande à des pays merveilleux d'actualiser ses fantasmes, puis fabrique un livre pour en capter le charme. Écrire le *Voyage*, ce sera donc, pour Nerval, continuer l'exploration des profondeurs inaugurée par la folie et, sous prétexte d'activité littéraire, donner forme à ce parcours à l'intérieur de soi qui, depuis 1841, commande sa vie spirituelle.

La folie, cependant, a ravagé son existence. A peine est-il revenu à la vie « normale », en 1842, qu'il rencontre, dans son travail, de grosses difficultés. Il a vécu, jusque-là, de son activité de chroniqueur et compte sur elle pour favoriser sa carrière dans le monde des lettres. Or la copie dont il a besoin pour assurer sa subsistance, pour garder sa place dans les journaux et administrer la preuve de son savoir-faire lui fait soudain défaut. Il est inquiet de sa santé, menacé dans son avenir d'écrivain et, livré au dénuement, réduit à accepter des subventions officielles ou les secours de quelques amis. Le voyage, dès lors, obéit à un dessein précis : il permettra de recueillir des matériaux pour des articles, pour un livre, afin de relancer une activité littéraire défaillante ; depuis longtemps d'ailleurs, Nerval parcourait l'Europe pour trouver des sujets de feuilleton : c'était, déjà, le but du voyage à Vienne, en 1839-1840. Mais il ne part pas seulement pour trouver de quoi écrire : en se plongeant dans un monde nouveau, il pourra chasser le guignon et se convaincre, lui-même et autrui, que la folie est jugulée. Dans une lettre de Constantinople à son père, Nerval insiste précisément sur ces deux conquêtes :

> Ce voyage me servira toujours à démontrer aux gens que je n'ai été victime, il y a deux ans, que d'un accident bien isolé. Je me suis remis à travailler [...]. Le meilleur, c'est que j'ai acquis de la besogne pour longtemps, et me suis créé, comme on dit, une spécialité. J'ai fait oublier ma maladie par un voyage (19 août 1843).

Aussitôt rentré, il se met au travail. Mais la genèse du *Voyage* sera longue : pas moins de sept ans, puisque le texte définitif ne paraît qu'en 1851. Les fragments, peu à peu, s'accumulent, distribués d'abord dans les journaux, dans les revues, pour s'organiser progressivement en un itinéraire logique et former, enfin, un livre cohérent. Ce temps de gestation ne sera pas perdu. Nerval multiplie les corrections ; il élague, complète, déplace et, tenacement, améliore sa copie. Au moment de publier l'édition finale, dont tous les chapitres, pourtant, avaient déjà été imprimés, il travaille encore son texte. C'est que l'enjeu est considérable : voilà le premier grand ouvrage qu'il publie, saturé d'expériences personnelles, chargé d'espoirs et d'ambitions.

Entre son retour et 1851, Nerval a donc cohabité avec son livre ; il a à la fois cultivé et distancé son rêve d'Orient et cherché, en écrivant, cet équilibre nécessaire entre le charme des fantasmagories et la rectitude de la narration. Pour la première fois, il élabore, sur une grande échelle, un récit à la première personne, où il s'investit complètement et où il réalise la symbiose du rêve et de la raison. Pour la première fois, il fixe, et avec constance, un autoportrait où fusionnent deux puissances du moi : l'amour des chimères et l'exigence de clarté, la fascination et la critique de l'idéal. Expérience déterminante : il a trouvé la formule qui le conduira, dans la même foulée, à la rédaction des grands récits des dernières années. Ce qui imprimera aux *Filles du Feu*, à *Aurélia*, leur vibration particulière, ce qui consacrera le génie propre de Nerval, la double postulation du *Voyage*, déjà, l'aura inauguré. En définissant, au sein du discours, les rapports du mystère et de l'événement quotidien, en combinant les exigences de l'introspection à celles du reportage, Nerval adopte la perspective qui désormais commandera son œuvre. Garder prise sur le réel tout en refaisant le monde dans son esprit, solliciter la protection de la raison sans sacrifier le sortilège des images : voilà ce qu'il aura appris en écrivant le *Voyage en Orient*. Adoniram, dans ce sens, restera un modèle, lui qui consomme sa descente aux enfers, répond à l'appel des fantômes, puis donne forme à son grand œuvre. Tel aura été, pour Nerval, le gain de son voyage : vivre sa folie en liberté, à travers les mirages de l'Orient, puis, de ces visions, composer un livre, qui à la fois les perpétue et les maîtrise. Livre de la déviance et de la rigueur, du rêve et de la réalité.

Michel JEANNERET.

BIBLIOGRAPHIE

I. Voyageurs romantiques en Orient.

BUTOR (Michel), « Le Voyage et l'écriture », dans *Romantisme* 4 (1972), p. 4-19. Itinéraires comparés de Chateaubriand et Nerval.

CARRÉ (Jean-Marie), *Voyageurs et écrivains français en Égypte,* Le Caire, 1932, 2 vol. Important répertoire d'histoire littéraire.

EL NOUTY (Hassan), *Le Proche-Orient dans la littérature française de Nerval à Barrès,* Paris, Nizet, 1958. Les grands thèmes de la littérature orientaliste.

SAID (Edward), *Orientalism,* New York, Pantheon, 1978. L'idéologie du discours européen sur l'Orient.

II. Études sur Nerval.

CELLIER (Léon), *Gérard de Nerval. L'homme et l'œuvre,* Paris, Hatier-Boivin, 1956. Synthèse sur la vie et l'œuvre.

CHAMBERS (Ross), *Gérard de Nerval et la poétique du voyage,* Paris, Corti, 1969. Le voyage comme itinéraire entre le réel et le rêve.

DURRY (Marie-Jeanne), *Gérard de Nerval et le mythe,* Paris, Flammarion, 1956. Comment Nerval modèle sa vie et son œuvre sur le mythe.

JEAN (Raymond), *Nerval par lui-même,* Paris, Seuil, 1964. Introduction aux enjeux essentiels de l'œuvre.

JEANNERET (Michel), *La Lettre perdue. Écriture et folie*

dans l'œuvre de Nerval, Paris, Flammarion, 1978. L'écriture comme miroir de la folie et comme projet de maîtrise.

KOFMAN (Sarah), *Nerval. Le charme de la répétition*, Lausanne, L'Age d'homme, 1979. Le charme du texte nervalien devant la psychanalyse.

POULET (Georges), « Nerval », dans *Les Métamorphoses du cercle*, Paris, Plon, 1961, p. 244-268. Le cercle comme archétype de la pensée de Nerval.

RICHARD (Jean-Pierre), « Géographie magique de Nerval », dans *Poésie et profondeur*, Paris, Seuil, 1955, p. 13-89. Espaces et matières privilégiés dans l'imaginaire nervalien.

RICHER (Jean), *Gérard de Nerval et les doctrines ésotériques*, Paris, Éd. du Griffon d'or, 1947. Quelques grandes sources alchimiques, hermétiques, maçonniques...

RICHER (Jean), *Nerval. Expérience et création*, Paris, Hachette, 1963. Les mythes et toute l'érudition que draine l'œuvre de Nerval.

SCHÄRER (Kurt), *Thématique de Nerval ou le monde recomposé*, Paris, Minard, 1968. Exposé systématique des grands thèmes.

III. Sur le Voyage en Orient.

Introduction et notes de :
— Henri Lemaitre, dans G. de Nerval, *Œuvres*, Paris, Garnier, 1958, 2 vol., t. II ;
— Jean Richer, dans G. de Nerval, *Œuvres*, Paris, Pléiade, 2 vol., t. II, 1956, puis nouvelles éd. en 1960, 1970 et 1978.
— Gilbert Rouger, dans G. de Nerval, *Voyage en Orient*, Paris, Éd. Richelieu, 1950, 4 vol.

BONNET (Henri), « Nerval et le théâtre d'ombres », dans *Romantisme* 4 (1972), p. 54-64. Pour une poétique du théâtre comme espace fantasmatique.

BONNET (Henri), « Théâtre/Voyage ou Gérard de Nerval au Liban », dans *Revue des Sciences humaines* 167 (1977), p. 321-345. Le Liban théâtralisé.

CONSTANS (François), « Deux enfants du feu : la Reine de Saba et Nerval », dans *Mercure de France* 302 (avril 1948), p. 622-632 et 303 (mai 1948), p. 43-45. Révolte et amour mystique dans la légende d'Adoniram.

SCHAEFFER (Gérald), *Le « Voyage en Orient » de Nerval. Étude des structures*, Neuchâtel, La Baconnière, 1967. La seule étude substantielle sur le *Voyage*, longue et importante.

NOTE SUR LE TEXTE

Nous reproduisons le texte de l'édition définitive du *Voyage en Orient* (Charpentier, 1851, 2 vol.), tel que l'a réimprimé Gilbert Rouger (Éditions Richelieu, Imprimerie nationale de France, 1950, 4 vol.).

Avant 1851, les textes ont tous paru, une ou plusieurs fois, sous forme d'articles, dans des journaux et revues,
— le récit du voyage à Vienne dès 1840;
— le récit du voyage en Orient dès 1844. Avant l'édition Charpentier, la plupart des chapitres sur l'Orient sont regroupés en volume: *Scènes de la vie orientale. Les Femmes du Caire*, 1848, et *Les Femmes du Liban*, 1850.

Au fur et à mesure des publications, Nerval remanie, parfois considérablement, son texte. Les variantes, trop nombreuses, n'ont pas pu être citées dans cette édition. On en trouvera la plupart dans les éditions de G. Rouger (épuisée) et J. Richer (Pléiade).

Différents appendices, de même que le *Carnet de notes du Voyage en Orient*, figurent également dans ces éditions.

J'ai tenu compte, pour l'établissement du texte, des corrections proposées par G. Schaeffer, « Sur le texte du *Voyage en Orient* », dans *Revue d'Histoire littéraire de la France* 64 (1964), p. 283-290.

NOTE SUR LE TEXTE

Nous reproduisons le texte de l'édition Jeanroy, chez Vanier et Glady à Isanancial, 1881, 2 vol., tel que De imprimé par Glady, propre Œuvres inédites de, Imprimé en imuitiques de France, 1890, X vol., [...]

[...] les textes ont été joints une ou plusieurs qui à leur forme d'articles, dans des Mémoires et revues,
— ... récit de voyage à Vienne [...] 1840.
— ... le récit de voyage à l'Orient des 1844, avant l'édition. Comment ou la plupart des chapitres sur l'Orient [...] [...] qu'un second volume Schneege [...] la centième, Le [...] de l'Orient d'autre du texte, 1850.
— As far... l'étude sur des subjections, [...] romantic, [...]
... [...] son texte [...] [...], [...] ombraire et [...] pas ou été [...] dans cette édition, [...] en montra la plupart [...] pas précédée de G. Rouget [...] et Raïm [...]

... [...] en la [...] de [...]
... [...] d'Orient, le nu Appendixes des [...]
[...]

... J'ai tout donné ... [...] à du texte des [...] nouvelles proposées par G. Germaine, «Sur le texte de Voyage en Orient», dans Revue d'Histoire littéraire de la France, X (1966), p. 145-156.

VOYAGE EN ORIENT

INTRODUCTION

A un ami[1]

VERS L'ORIENT[2]

I. ROUTE DE GENÈVE

J'ignore si tu prendras grand intérêt aux pérégrinations d'un touriste parti de Paris en plein novembre[3]. C'est une assez triste litanie de mésaventures, c'est une bien pauvre description à faire, un tableau sans horizon, sans paysage, où il devient impossible d'utiliser les trois ou quatre *vues* de Suisse ou d'Italie qu'on a faites avant de partir, les rêveries mélancoliques sur la mer, la vague poésie des lacs, les *études* alpestres, et toute cette flore poétique des climats aimés du soleil qui donnent à la bourgeoisie de Paris tant de regrets amers de ne pouvoir aller plus loin que Montreuil ou Montmorency.

On traverse Melun, Montereau, Joigny, on dîne à Auxerre; tout cela n'a rien de fort piquant. Seulement, imagine-toi l'imprudence d'un voyageur qui, trop capricieux pour consentir à suivre la ligne, à peu près droite, des chemins de fer, s'abandonne à toutes les chances des diligences, plus ou moins pleines, qui pourront passer le lendemain! Ce hardi compagnon laisse partir sans regret le *Laffitte et Caillard*[4] rapide, qui l'avait amené à une table d'hôte bien servie; il sourit au malheur des autres convives, forcés de laisser la moitié du dîner, et trinque en paix avec les trois ou quatre habitués pensionnaires de l'établissement, qui ont encore une heure à rester à table. Satisfait de son idée, il s'informe en outre des plaisirs de la ville, et finit par se laisser entraîner au début de

M. Auguste dans *Buridan* [5], lequel s'effectue dans le chœur d'une église transformée en théâtre.

Le lendemain notre homme s'éveille à son heure ; il a dormi pour deux nuits, de sorte que la *Générale* est déjà passée. Pourquoi ne pas reprendre Laffitte et Caillard, l'ayant pris la veille ? Il déjeune : Laffitte passe et n'a de place que dans le cabriolet.

« Vous avez encore la *Berline* du commerce », dit l'hôte désireux de garder un voyageur agréable.

La Berline arrive à quatre heures, remplie de compagnons tisseurs en voyage pour Lyon. C'est une voiture fort gaie : elle chante et fume tout le long de la route ; mais elle porte déjà deux couches superposées de voyageurs.

Reste la *Châlonnaise*. — Qu'est-ce que cela ? — C'est la doyenne des voitures de France. Elle ne part qu'à cinq heures ; vous avez le temps de dîner.

Ce raisonnement est séduisant, je fais retenir ma place, et je m'assieds deux heures après dans le coupé, à côté du conducteur.

Cet homme est aimable ; il était de la table d'hôte et ne paraissait nullement pressé de partir. C'est qu'il connaissait trop sa voiture, lui !

« Conducteur, le pavé de la ville est bien mauvais !

— Oh ! monsieur, ne m'en parlez pas ! Ils sont un tas dans le conseil municipal qui ne s'y entendent pas plus... On leur a offert des chaussées anglaises, des *macadam,* des pavés de bois, des *aigledons* de pavés ; eh bien ! ils aiment mieux les cailloux, les moellons, tout ce qu'ils peuvent trouver pour faire sauter les voitures !

— Mais, conducteur, nous voilà sur la terre et nous sautons presque autant.

— Monsieur, je ne m'aperçois pas... C'est que le cheval est au trot.

— Le cheval ?

— Oui, oui, mais nous allons en prendre un autre pour la montée. »

Au relais suivant, je descends pour examiner la Châlonnaise, cette œuvre de haute antiquité. Elle était digne de figurer dans un musée, auprès des fusils à rouet, des canons à pierre et des presses en bois : la Châlonnaise est peut-être aujourd'hui la seule voiture de France qui ne soit pas suspendue.

Alors tu comprends le reste ; ne trouver de repos qu'en se suspendant momentanément aux lanières de l'impériale, prendre sans cheval une leçon de trot de trente-six heures, et finir par être déposé proprement sur le pavé de Châlon à deux heures du matin, par un des plus beaux orages de la saison.

Le bateau à vapeur part à cinq heures du matin. Fort bien. Aucune maison n'est ouverte. Est-il bien sûr que ce soit là Châlon-sur-Saône ?... Si c'était Châlons-sur-Marne !... Non, c'est bien le port de Châlon-sur-Saône, avec ses marches en cailloux, d'où l'on glisse agréablement vers le fleuve ; les deux bateaux rivaux reposent encore, côte à côte, en attendant qu'ils luttent de vitesse ; il y en a un qui est parvenu à couler bas son adversaire tout récemment.

Déjà le pyroscaphe se remplit de gros marchands, d'Anglais, de commis-voyageurs et des joyeux ouvriers de la *Berline*. Tout cela descend vers la seconde ville de France ; mais moi, je m'arrête à Mâcon. Mâcon ! c'est devant cette ville même que je passais il y a trois ans, dans une saison plus heureuse ; je descendais vers l'Italie, et les jeunes filles, en costume presque suisse, qui venaient offrir sur le pont des grappes de raisin monstrueuses, étaient les premières jolies filles du peuple que j'eusse vues depuis Paris. En effet, le Parisien n'a point d'idée de la beauté des paysannes et des ouvrières telles qu'on peut les voir dans les villes du Midi. Mâcon est une ville à demi suisse, à demi méridionale, assez laide d'ailleurs.

On m'a montré la maison de M. de Lamartine, grande et sombre ; il existe une jolie église sur la hauteur. Un regard du soleil est venu animer un instant les toits plats, aux tuiles arrondies, et détacher le long des murs quelques feuilles de vigne jaunies ; la promenade aux arbres effeuillés souriait encore sous ce rayon.

La voiture de Bourg part à deux heures ; on a visité tous les recoins de Mâcon ; on roule bientôt doucement dans

ces monotones campagnes de la Bresse, si riantes en été ;
puis on arrive vers huit heures à Bourg.

Bourg mérite surtout d'être remarqué par son église,
qui est de la plus charmante architecture byzantine, si j'ai
bien pu distinguer dans la nuit, ou bien peut-être de ce
style quasi-renaissance qu'on admire à Saint-Eustache.
Tu voudras bien excuser un voyageur, encore brisé par la
Châlonnaise, de n'avoir pu éclaircir ce doute en pleine
obscurité.

J'avais bien étudié mon chemin sur la carte. Au point
de vue des messageries, des voitures Laffitte, de la poste,
en un mot, selon la route officielle, j'aurais pu me laisser
transporter à Lyon et prendre la diligence pour Genève ;
mais la route dans cette direction formait un coude
énorme. Je connais Lyon et je ne connais pas la Bresse.
J'ai pris, comme on dit, le chemin de traverse... Est-ce le
chemin le plus court ?

Si le journal naïf d'un voyageur enthousiaste a quelque
intérêt pour qui risque de le devenir, apprends que, de
Bourg à Genève, il n'y a pas de voitures directes. Fais un
détour de dix-huit lieues vers Lyon, un retour de quinze
lieues vers Pont-d'Ain, et tu résoudras le problème en
perdant dix heures.

Mais il est plus simple de se rendre de Bourg à
Pont-d'Ain, et là d'attendre la voiture de Lyon.

« Vous en avez le droit, me dit-on ; la voiture passe à
onze heures, vous arriverez à trois heures du matin. »

Une patache vient à l'heure dite, et, quatre heures
après, le conducteur me dépose sur la grande route avec
mon bagage à mes pieds.

Il pleuvait un peu ; la route était sombre, on ne voyait
ni maisons, ni lumière. « Vous allez suivre la route tout
droit, me dit le conducteur avec bonté. A un kilomètre et
demi environ, vous trouverez une auberge ; on vous ou-
vrira, si l'on n'est pas couché. »

Et la voiture continue sa route vers Lyon.

Je ramasse ma valise et mon carton à chapeau...,
j'arrive à l'auberge désignée ; je frappe à coups de pavé
pendant une heure... Mais, une fois entré, j'oublie tous
mes maux...

L'auberge de Pont-d'Ain est une auberge de cocagne. En descendant le lendemain matin, je me trouve dans une cuisine immense et grandiose. Des volailles tournaient aux broches, des poissons cuisaient sur les fourneaux. Une table bien garnie réunissait des chasseurs très animés. L'hôte était un gros homme et l'hôtesse une forte femme, très aimables tous les deux.

Je m'inquiétais un peu de la voiture de Genève. « Monsieur, me dit-on, elle passera demain vers deux heures. — Oh! oh! — Mais vous avez ce soir le courrier. — La poste ? — Oui, la poste. — Ah! très bien. »

Je n'ai plus qu'à me promener toute la journée. J'admire l'aspect de l'auberge, bâtiment en briques à coins de pierre du temps de Louis XIII. Je visite le village composé d'une seule rue encombrée de bestiaux, d'enfants et de villageois avinés : — c'était un dimanche, — et je reviens en suivant le cours de l'Ain, rivière d'un bleu magnifique, dont le cours rapide fait tourner une foule de moulins.

A dix heures du soir, le courrier arrive. Pendant qu'il soupe, l'on me conduit, pour marquer ma place, dans la remise où était sa voiture.

Ô surprise! c'était un panier.

Oui, un simple panier suspendu sur un vieux train de voiture, excellent pour contenir les paquets et les lettres; mais le voyageur y passait à l'état de simple colis.

Une jeune dame en deuil et en larmes arrivait de Grenoble par ce véhicule incroyable; je dus prendre place à ses côtés.

L'impossibilité de se faire une position fixe parmi les paquets confondait forcément nos destinées : la dame finit par faire trêve à ses larmes qui avaient pour cause un oncle décédé à Grenoble. Elle retournait à Ferney, pays de sa famille.

Nous causâmes beaucoup de Voltaire. Nous allions doucement, à cause des montées et des descentes continuelles. Le courrier, trop dédaigneux de sa voiture pour y prendre place lui-même, fouettait d'en bas le cheval qui frisait de temps en temps la crête des précipices.

Le Rhône coulait à notre droite, à quelques centaines

de pieds au-dessous de la route ; des postes de douaniers se montraient çà et là dans les rochers, car de l'autre côté du fleuve est la frontière de Savoie.

De temps en temps nous nous arrêtions un instant dans de petites villes, dans des villages où l'on n'entendait que les cris des animaux réveillés par notre passage. Le courrier jetait des paquets à des mains ou à des pattes invisibles, et puis nous repartions au grand trot de son petit cheval.

Vers le point du jour, nous aperçûmes, du haut des montagnes, une grande nappe d'eau, vaste et coupant au loin l'horizon comme une mer : c'était le lac Léman.

Une heure après, nous prenions le café à Ferney en attendant l'omnibus de Genève.

De là, en deux heures, par des campagnes encore vertes, par un pays charmant, au travers des jardins et des joyeuses villas, j'arrivais dans la patrie de Jean-Jacques Rousseau.

La cuisine est assez bonne à Genève, et la société fort agréable. Tout le monde parle parfaitement français, mais avec une espèce d'accent qui rappelle un peu la prononciation de Marseille. Les femmes sont fort jolies, et ont presque toutes un type de physionomie qui permettrait de les distinguer parmi d'autres. Elles ont, en général, les cheveux noirs ou châtains ; mais leur carnation est d'une blancheur et d'une finesse éclatantes ; leurs traits sont réguliers, leurs joues sont colorées, leurs yeux beaux et calmes. Il m'a semblé voir que les plus belles étaient celles d'un certain âge, ou plutôt d'un âge certain. Alors les bras et les épaules sont admirables, mais la taille un peu forte. Ce sont des femmes dans les idées de Sainte-Beuve, des beautés *lakistes ;* et si elles ont des bas bleus, il doit y avoir de fort belles jambes dedans.

II. L'ATTACHÉ D'AMBASSADE

Tu ne m'as pas encore demandé où je vais : le sais-je moi-même ? Je vais tâcher de voir des pays que je n'aie pas vus ; et puis, dans cette saison, l'on n'a guère le choix des routes ; il faut prendre celle que la neige, l'inondation ou les voleurs n'ont pas envahie. Les récits d'inondations sont, jusqu'ici, les plus terribles. On vient de nous en faire un dont les circonstances sont si bizarres, que je ne puis résister à l'envie de te l'envoyer.

Un courrier chargé de dépêches a passé ces jours derniers la frontière, se rendant en Italie. C'était un simple *attaché,* très flatté de rouler, aux frais de l'État, dans une belle chaise de poste neuve, bien garnie d'effets et d'argent ; en un mot, un jeune homme en belle position : son domestique par-derrière, très enveloppé de manteaux.

Le jour baissait, la route se trouvait en plusieurs endroits traversée par les eaux ; il se présente un torrent plus rapide que les autres : le postillon espère le franchir de même ; pas du tout, voilà l'eau qui emporte la voiture, et les chevaux sont à la nage ; le postillon ne perd pas la tête, il parvient à décrocher son attelage, et l'on ne le revoit plus.

Le domestique se jette à bas de son siège, fait deux brasses et gagne le bord. Pendant ce temps, la chaise de poste, toute neuve, comme nous avons dit, et bien fermée, descendait tranquillement le fleuve en question. Cependant, que faisait l'attaché ?... Cet heureux garçon dormait.

On comprend toutefois qu'il s'était réveillé dès les premières secousses. Envisageant la question de sang-froid, il jugea que sa voiture ne pouvait flotter longtemps ainsi, se hâta de quitter ses habits, baissa la glace de la portière, où l'eau n'arrivait pas encore, prit ses dépêches dans ses dents, et, d'une taille fluette, parvint à s'élancer dehors.

Pendant qu'il nageait bravement, son domestique était allé chercher du secours au loin. De telle sorte qu'en arrivant au rivage notre envoyé diplomatique se trouva *seul* et *nu* sur la terre comme le premier homme. Quant à sa voiture, elle voguait déjà fort loin.

En faisant quelques pas, le jeune homme aperçut heureusement une chaumière savoyarde, et se hâta d'aller demander asile. Il n'y avait dans cette maison que deux femmes, la tante et la nièce. Tu peux juger des cris et des signes de croix qu'elles firent en voyant venir à elles un monsieur déguisé en modèle d'académie.

L'attaché parvint à leur faire comprendre la cause de sa mésaventure, et, voyant un fagot près du foyer, dit à la tante qu'elle le jetât au feu, et qu'on la payerait bien. « Mais, dit la tante, puisque vous êtes tout nu, vous n'avez pas d'argent. » Ce raisonnement était inattaquable. Heureusement le domestique arriva dans la maison, et cela changea la face des choses. Le fagot fut allumé, l'attaché s'enveloppa dans une couverture, et tint conseil avec son domestique.

La contrée n'offrait aucune ressource : cette maison était la seule à deux lieues à la ronde ; il fallait donc repasser la frontière pour chercher des secours. « Et de l'argent ! » dit l'attaché à son Frontin.

Ce dernier fouilla dans ses poches, et, comme le valet d'Alceste [6], il n'en put guère tirer qu'un jeu de cartes, une ficelle, un bouton et quelques gros sous, le tout fort mouillé.

« Monsieur ! dit-il, une idée ! Je me mettrai dans votre couverture, et vous prendrez ma culotte et mon habit. En marchant bien, vous serez dans quatre heures à A***, et vous y trouverez ce bon général T... qui nous faisait tant fête à notre passage. »

L'attaché frémit de cette proposition : endosser une livrée, passer le pantalon d'un domestique, et se présenter aux habitants d'A***, au commandant de la place et à son épouse ! Il avait trop vu *Ruy Blas* pour admettre ce moyen [7].

« Ma bonne femme, dit-il à son hôtesse, je vais me mettre dans votre lit, et j'attendrai le retour de mon domestique que j'envoie à la ville d'A***, pour chercher de l'argent. »

La Savoyarde n'avait pas trop de confiance ; en outre, elle et sa nièce couchaient dans ce lit, et n'en avaient pas d'autre ; cependant la diplomatie de notre envoyé finit par triompher de ce dernier obstacle. Le domestique partit, et le maître reprit comme il put son sommeil d'une heure avant, si fâcheusement troublé.

Au point du jour, il s'éveilla au bruit qui se faisait à la

porte. C'était son valet suivi de sept lanciers. Le général
n'avait pas cru devoir faire moins pour son jeune ami...
Par exemple, il n'envoyait aucun argent.

L'attaché sauta au bas de son lit.

« Que diable le général veut-il que je fasse de sept
lanciers? Il ne s'agit pas de conquérir la Savoie!

— Mais, monsieur, dit le domestique, c'est pour retirer la voiture.

— Et où est-elle, la voiture? »

On se répandit dans le pays. Le torrent coulait toujours
avec majesté, mais la voiture n'avait laissé nulle trace.
Les Savoyardes commencèrent à s'inquiéter. Heureusement notre jeune diplomate ne manquait pas d'expé-
dients. Ses dépêches à la main, il convainquit les lanciers
de l'importance qu'il y avait à ce qu'il ne perdît pas une
heure, et l'un de ces militaires consentit à lui prêter son
uniforme et à rester à sa place dans le lit, ou bien devant
le feu, roulé dans la couverture, à son choix.

Voilà donc l'attaché qui repart enfin pour A***, laissant
un lancier en gage chez les Savoyardes (on peut espérer
qu'il n'en est rien résulté qui pût troubler l'harmonie
entre les deux gouvernements). Arrivé dans la ville, il
s'en va trouver le commandant, qui avait peine à le
reconnaître sous son uniforme.

« Mais, général, je vous avais prié de m'envoyer des
habits et de l'argent...

— Votre voiture est donc perdue? dit le général.

— Mais, jusqu'à présent, on n'en a pas de nouvelles;
lorsque vous m'aurez donné de l'argent, il est probable
que je pourrai la faire retirer de l'eau par des gens du
pays.

— Pourquoi employer des gens du pays, puisque nous
avons des lanciers qui ne coûtent rien?

— Mais, général, on ne peut pas tout faire avec des
lanciers! et quand vous m'aurez prêté quelque autre habit...

— Vous pouvez garder celui-ci; nous en avons encore
au magasin...

— Eh bien! avec les fonds que vous pourrez m'avan-
cer, je vais me transporter sur les lieux.

— Pardon, mon cher ami, je n'ai pas de fonds disponibles ; mais tout le secours que l'autorité militaire peut mettre à votre disposition...

— Pour Dieu, général, ne parlons plus de vos lanciers !... Je vais tâcher de trouver de l'argent dans la ville, et je n'en suis pas moins votre obligé, du reste.

— Tout à votre service, mon cher ami. »

L'attaché produisit très peu d'effet au maire et au notaire de la ville, surtout sous l'habit qu'il portait. Il fut contraint d'aller jusqu'à la sous-préfecture la plus voisine, où, après bien des pourparlers, il obtint ce qu'il lui fallait. La voiture fut retirée de l'eau, le lancier fut dégagé, les Savoyardes bien payées de leur hospitalité, et notre diplomate repartit par le courrier.

On pourrait faire tout un vaudeville là-dessus, en gazant toutefois certains détails. Le lancier laissé en gage ne peut pas rester tout le temps dans un lit : la jeune Savoyarde lui prête une robe. On le trouve fort aimable ainsi. On rit beaucoup ; un mariage s'ébauche, et l'attaché paye la dot.

Mais il n'y a de dénouements qu'au théâtre : la vérité n'en a jamais d'aussi...

Au fond, ces malheurs m'épouvantent ; pourquoi n'attendrais-je pas le printemps dans cette bonne ville de Genève, où les femmes sont si jolies, la cuisine passable, le vin, notre vin de France, et qui ne manque, hélas ! que d'huîtres fraîches, le peu qu'on en voit nous venant de Paris.

Si je change de résolution, je te l'écrirai.

III. PAYSAGES SUISSES

Me voici donc parvenu à Genève : par quels chemins hélas ! et par quelles voitures ! Mais, en vérité, qu'aurais-je à t'écrire, si je faisais route comme tout le monde, dans une bonne chaise de poste ou dans un bon coupé, enveloppé de cache-nez, de paletots et de manteaux, avec une chancelière et un rond sous moi?... J'aime à dépendre un peu du hasard : l'exactitude numérotée des stations des chemins de fer, la précision des bateaux à vapeur arrivant à heure et à jour fixes, ne réjouissent guère un poète, ni un peintre, ni même un simple archéologue, ou collectionneur comme je suis.

La vie sensuelle de Genève m'a tout à fait remis de mes premières fatigues. — Où vais-je? Où peut-on souhaiter d'aller en hiver? Je vais au-devant du printemps, je vais au-devant du soleil... Il flamboie à mes yeux dans les brumes colorées de l'Orient. — L'idée m'en est venue en me promenant sur les hautes terrasses de la ville qui encadrent une sorte de jardin suspendu. Les soleils couchants y sont magnifiques.

Ce sont bien les hautes Alpes que l'on découvre de tous côtés à l'horizon. Mais où est le mont Blanc? me disais-je le premier soir; j'ai suivi les bords du lac, j'ai fait le tour des remparts, n'osant demander à personne : Où est donc le mont Blanc? Et j'ai fini par l'admirer sous la forme d'un immense nuage blanc et rouge, qui réalisait le rêve de mon imagination. Malheureusement, pendant que je calculais en moi-même les dangers que pouvait présenter le projet d'aller planter tout en haut un drapeau tricolore, pendant qu'il me semblait voir circuler des ours noirs sur la neige immaculée de sa cime, voilà que ma montagne a manqué de base tout à coup; quant au véritable mont Blanc, tu comprendras qu'ensuite il m'ait causé peu d'impression.

Mais la promenade de Genève était fort belle à ce soleil couchant, avec son horizon immense et ses vieux tilleuls aux branches effeuillées. La partie de la ville qu'on aperçoit en se retournant est aussi très bien disposée pour le coup d'œil, et présente un amphithéâtre de rues et de terrasses, plus agréable à voir qu'à parcourir.

En descendant vers le lac, on suit la grande rue parisienne, la rue de la Corraterie, où sont les plus riches boutiques. La rue du Léman, qui fait angle avec cette dernière, et dont une partie jouit de la vue du port, est toutefois la plus commerçante et la plus animée. Du reste, Genève, comme toutes les villes du Midi, n'est pavée que

de cailloux. De longs passages sombres, à l'antique,
établissent des communications entre les rues. Les fabriques qui couvrent le fond du lac et la source du Rhône
donnent aussi une physionomie originale à la ville.

Te parlerai-je encore du quartier neuf, situé de l'autre
côté du Rhône, et tout bâti dans le goût de la rue de
Rivoli ; du palais du philanthrope Eynard [8], dont tu
connais les innombrables portraits lithographiés, qui se
vendaient jadis au profit des Grecs et des noirs ? Mais il
vaut mieux s'arrêter au milieu du pont, sur un terre-plein
planté d'arbres, où se trouve la statue de Jean-Jacques
Rousseau. Le grand homme est là, drapé en Romain,
dans la position d'Henri IV sur le pont Neuf ; seulement,
Rousseau est à pied comme il convient à un philosophe. Il
suit des yeux le cours du Rhône, qui sort du lac, si beau,
si clair, si rapide déjà, — et si bleu, que l'empereur
Alexandre y retrouvait un souvenir de la Néwa, bleue
aussi comme la mer !

L'extrémité du lac Léman, tout emboîtée dans les quais
de la ville, est couverte en partie de ces laides cabanes qui
servent de moulins à eau ou de buanderies, ce qui offre un
spectacle plus varié qu'imposant. Au contraire, lorsqu'on
tourne le dos à la ville pour se diriger vers Lausanne,
lorsque le bateau à vapeur sort du port encombré de petits
navires, le coup d'œil présente tout à fait l'illusion de la
grande mer. Jamais pourtant on ne perd entièrement de
vue les deux rives, mais la ligne du fond tranche nettement l'horizon de sa lame d'azur ; des voiles blanches se
balancent au loin, et les rives s'effacent sous une teinte
violette, tandis que les palais et les villes éclatent par
intervalles au soleil levant ; c'est l'image affaiblie de ces
riants détroits du golfe de Naples, que l'on suit si longtemps avant d'aborder. Bientôt le bateau s'arrête à Lausanne, et me dépose sur la rive, avec tout mon bagage,
entre les bras des douaniers. Lorsqu'il devient bien
constaté que je n'importe pas de cigares français (vraie
régie) dont l'Helvétien est avide, on me livre à quatre
commissionnaires, qui tiennent à se partager mes effets.
L'un porte ma valise, l'autre mon chapeau, l'autre mon
parapluie, l'autre ne porte rien. Alors ils me font com-

prendre difficilement, car ici s'arrête la langue française [9], qu'il s'agit de faire une forte lieue à pied, toujours en montant. Une heure après, par le plus rude et le plus gai chemin du monde, j'arrive à Lausanne, et je traverse la charmante plate-forme qui sert de promenade publique et de jardin au Casino.

De là la vue est admirable. Le lac s'étend à droite à perte de vue, étincelant des feux du soleil, tandis qu'à gauche il semble un fleuve qui se perd entre les hautes montagnes, obscurci par leurs grandes ombres. Les cimes de neige couronnent cette perspective d'Opéra, et, sous la terrasse, à nos pieds, les vignes jaunissantes se déroulent en tapis jusqu'au bord du lac. Voilà, comme dirait un artiste, le *ponsif* de la nature suisse; depuis la décoration jusqu'à l'aquarelle, nous avons vu cela partout; il n'y manque que des naturels en costumes; mais ces derniers ne s'habillent que dans la saison des Anglais; autrement, ils sont mis comme toi et moi. Ne va pas croire maintenant que Lausanne soit la plus riante ville du monde. Il n'en est rien. Lausanne est une ville tout en escaliers; les quartiers se divisent par étages : la cathédrale est au moins au septième. C'est une fort belle église gothique, gâtée et dépouillée aujourd'hui par sa destination protestante, comme toutes les cathédrales de la Suisse, magnifiques au-dehors, froides et nues à l'intérieur.

Il y a une foule de girouettes de clinquant et de toits pointus d'un aspect fort gai.

Pensant à dîner, en sortant de l'église, il me fut répondu partout que ce n'était plus l'heure. Je finis par me rendre au Casino, comme à l'endroit le plus apparent; et là le maître, accoutumé aux fantaisies bizarres de MM. les Anglais, ne fit que sourire de ma demande et voulut bien me faire tuer un poulet.

Cette ville étant, après tout, peu récréative, j'ai été charmé de monter dans la diligence et de m'y incruster chaudement entre deux fortes dames de Lausanne qui se rendaient aussi à Berne.

Voici que je quitte enfin cette petite France mystique et rêveuse qui nous a doués de toute une littérature et de toute une politique; je vais mordre cette fois dans la vraie

Suisse à pleines dents. C'est le lac de Neufchâtel que nous laissons sur notre gauche, et qui, toute la nuit, nous jette ses reflets d'argent. On monte et l'on descend, on traverse des bois et des plaines, et la blanche dentelure des Alpes brille toujours à l'horizon. Au point du jour, nous roulons sur un beau pavé, nous passons sous plusieurs portes, nous admirons de grands ours de pierre sculptés partout comme les ours de Bradwardine dans *Waverley* [10] : ce sont les armes de Berne. Nous sommes à Berne, la plus belle ville de la Suisse assurément.

Rien n'est ouvert. Je parcours une grande rue d'une demi-lieue toute bordée de lourdes arcades qui portent d'énormes maisons ; de loin en loin il y a de grandes tours carrées supportant de vastes cadrans. C'est la ville où l'on doit le mieux savoir l'heure qu'il est. Au centre du pavé, un grand ruisseau couvert de planches réunit une suite de fontaines monumentales espacées entre elles d'environ cent pas. Chacune est défendue par un beau chevalier sculpté qui brandit sa lance. Les maisons, d'un goût rococo comme architecture, sont ornées aussi d'armoiries et d'attributs : Berne a une allure semi-bourgeoise et semi-aristocratique qui, d'ailleurs, lui convient sous tous les rapports. Les autres rues, moins grandes, sont du même style à peu près. En descendant à gauche, je trouve une rivière profondément encaissée et toute couverte de cabanes en bois, comme le Léman à Genève ; il en est qui portent le titre de *bains* et ne sont pas mieux décorées que les autres. Cela m'a remis en mémoire un chapitre de Casanova [11], qui prétend qu'on y est servi par des baigneuses nues, choisies parmi les filles du canton les plus innocentes. Elles ne quittent point l'eau par pudeur, n'ayant pas d'autre voile, mais elles folâtrent autour de vous comme des naïades de Rubens. Je doute, malgré les attestations de voyageurs plus modernes, que l'on ait conservé cet usage bernois du XVIIIe siècle. Du reste, un bain froid dans cette saison serait de nature à détruire le sentiment de toute semblable volupté.

En remontant dans la grand-rue, je pense à déjeuner et j'entre à cet effet dans l'auberge des Gentilshommes, auberge aristocratique s'il en fut, toute chamarrée de

blasons et de lambrequins ; on me répond qu'il n'était pas
encore l'heure : c'était l'écho inverse de mon souper de
Lausanne. Je me décide donc à visiter l'autre moitié de la
ville. Ce sont toujours de grandes et lourdes maisons, un
beau pavé, de belles portes, enfin une ville cossue,
comme disent les marchands. La cathédrale gothique est
aussi belle que celle de Lausanne, mais d'un goût plus
sévère. Une promenade en terrasse, comme toutes les
promenades de Suisse, donne sur un vaste horizon de
vallées et de montagnes ; la même rivière que j'avais vue
déjà le matin se replie aussi de ce côté ; les magnifiques
maisons ou palais situés le long de cette ligne ont des
terrasses couvertes de jardins qui descendent par trois ou
quatre étages jusqu'à son lit rocailleux. C'est un fort beau
coup d'œil dont on ne peut se lasser. Maintenant, quand
tu sauras que Berne a un casino et un théâtre, beaucoup
de libraires ; que c'est la résidence du corps diplomatique
et le palladium de l'aristocratie suisse ; qu'on n'y parle
qu'allemand et qu'on y déjeune assez mal, tu en auras
appris tout ce qu'il faut, et tu seras pressé de faire route
vers Zurich.

Pardonne-moi de traverser si vite et de si mal décrire
des lieux d'une telle importante ; mais la Suisse doit t'être
si connue d'avance ainsi qu'à moi, par tous les paysages
et par toutes les impressions de voyage possibles, que
nous n'avons nul besoin de nous déranger de la route pour
voir les curiosités.

Je cherche à constater simplement les chemins du pays,
la solidité des voitures, ce qui se dit, se fait et se mange
çà et là dans le moment actuel.

L'inégal pavé de Zurich nous éveille à cinq heures du
matin. Voilà donc cette ville fameuse qui a renouvelé les
beaux jours de Guillaume Tell en renversant la toque
insolente du professeur Strauss [12] ; voilà ces montagnes
d'où descendaient des chœurs de paysans en armes ; voilà
ce beau lac qui ressemble à celui de Cicéri [13]. Après cela,
l'endroit est aussi vulgaire que possible. Sauf quelques
maisons anciennes, ornées de rocailles et de sculptures
contournées, avec des grilles et des balcons d'un travail
merveilleux, cette ville est fort au-dessous des avantages

de sa position naturelle. Son lac et ses montagnes lui font
d'ailleurs des vues superbes. La route qui mène à
Constance domine longtemps ce vaste panorama et se
poursuit toute la journée au milieu des plus beaux
contrastes de vallées et de montagnes.

   Déjà le paysage a pris un nouveau caractère : c'est
l'aspect moins tourmenté de la verte Souabe ; ce sont les
gorges onduleuses de la Forêt-Noire, si vaste toujours,
mais éclaircie par les routes et les cultures. Vers midi,
l'on traverse la dernière ville suisse, dont la grande rue
est étincelante d'enseignes dorées. Elle a toute la physionomie allemande ; les maisons sont peintes ; les femmes
sont jolies ; les tavernes sont remplies de fumeurs et de
buveurs de bière. Adieu donc à la Suisse, et sans trop de
regrets. Une heure plus tard, la couleur de notre postillon
tourne du bleu au jaune. Le lion de Zœringen [14] brille sur
les poteaux de la route, dans son champ d'or et de
gueules, et marque la limite des deux pays. Nous voilà
sur le territoire de Constance, et déjà son lac étincelle
dans les intervalles des monts.

IV. Le lac de Constance

   Constance ! c'est un bien beau nom et un bien beau
souvenir ! C'est la ville la mieux située de l'Europe, le
sceau splendide qui réunit le nord de l'Europe au midi,
l'occident et l'orient. Cinq nations viennent boire à son
lac [15], d'où le Rhin sort déjà fleuve, comme le Rhône sort
du Léman. Constance est une petite Constantinople, couchée, à l'entrée d'un lac immense, sur les deux rives du
Rhin, paisible encore. Longtemps on descend vers elle
par les plaines rougeâtres, par les coteaux couverts de ces
vignes bénies qui répandent encore son nom dans l'univers ; l'horizon est immense, et ce fleuve, ce lac, cette
ville prennent mille aspects merveilleux. Seulement,
lorsqu'on arrive près des portes, on commence à trouver
que la cathédrale est moins imposante qu'on ne pensait,

que les maisons sont bien modernes, que les rues, étroites comme au Moyen Age, n'en ont gardé qu'une malpropreté vulgaire. Pourtant la beauté des femmes vient un peu rajuster cette impression ; ce sont les dignes descendantes de celles qui fournissaient tant de belles courtisanes aux prélats et aux cardinaux du concile, je veux dire sous le rapport des charmes ; je n'ai nulle raison de faire injure à leurs mœurs.

La table d'hôte du Brochet est vraiment fort bien servie. La compagnie était aimable et brillante ce soir-là. Je me trouvais placé près d'une jolie dame anglaise dont le mari demanda au dessert une bouteille de champagne [16] ; sa femme voulut l'en dissuader, en disant que cela lui serait contraire. En effet, cet Anglais paraissait d'une faible santé. Il insiste, et la bouteille est apportée. A peine lui a-t-on versé un verre, que la jolie lady prend la bouteille et en offre à tous ses voisins. L'Anglais s'obstine et en demande une autre ; sa femme se hâte d'user du même moyen, sans que le malade, fort poli, ose en paraître contrarié. A la troisième, nous allions remercier ; l'Anglaise nous supplie de ne point l'abandonner dans sa pieuse intention. L'hôte finit par comprendre ses signes, et, sur la demande d'une quatrième, il répond au milord qu'il n'a plus de vin de Champagne, et que ces trois bouteilles étaient les dernières. Il était temps, car nous n'étions restés que deux à table auprès de la dame, et notre humanité risquait de compromettre notre raison. L'Anglais se leva froidement, peu satisfait de n'avoir bu que trois verres sur trois bouteilles, et s'alla coucher. L'hôte nous apprit qu'il se rendait en Italie par Bregenz, pour y rétablir sa santé. Je doute que son intelligente moitié parvienne toujours aussi heureusement à le tenir au régime.

Tu me demanderas pourquoi je ne m'arrête pas un jour de plus à Constance, afin de voir la cathédrale, la salle du concile, la place où fut brûlé Jean Huss, et tant d'autres curiosités historiques que notre Anglais de la table d'hôte avait admirées à loisir. C'est qu'en vérité je voudrais ne pas gâter davantage Constance dans mon imagination. Je t'ai dit comment, en descendant des gorges de montagnes du canton de Zurich, couvertes d'épaisses forêts, je l'avais aperçue de loin, par un beau coucher de soleil, au milieu de ses vastes campagnes inondées de rayons rougeâtres, bordant son lac et son fleuve comme une Stamboul d'Occident; je t'ai dit aussi combien, en approchant, on trouvait ensuite la ville elle-même indigne de sa renommée et de sa situation merveilleuse. J'ai cherché, je l'avoue, cette cathédrale bleuâtre, ces places aux maisons sculptées, ces rues bizarres et contournées, et tout ce Moyen Age pittoresque dont l'avaient douée poétiquement nos décorateurs d'Opéra; eh bien! tout cela n'était que rêve et qu'invention: à la place de Constance, imaginons Pontoise, et nous voilà davantage dans le vrai. Maintenant, j'ai peur que la salle du concile ne se trouve être une hideuse grange, que la cathédrale ne soit aussi mesquine au-dedans qu'à l'extérieur, et que Jean Huss n'ait été brûlé sur quelque fourneau de campagne. Hâtons-nous donc de quitter Constance avant qu'il fasse jour, et conservons du moins un doute sur tout cela, avec l'espoir que des voyageurs moins sévères pourront nous dire plus tard: « Mais vous avez passé trop vite! mais vous n'avez rien vu! »

Aussi bien, c'est une impression douloureuse, à mesure qu'on va plus loin, de perdre, ville à ville et pays à pays, tout ce bel univers qu'on s'est créé jeune, par les lectures, par les tableaux et par les rêves. Le monde qui se compose ainsi dans la tête des enfants est si riche et si beau, qu'on ne sait s'il est le résultat exagéré d'idées apprises, ou si c'est un ressouvenir d'une existence antérieure et la géographie magique d'une planète inconnue. Si admirables que soient certains aspects et certaines contrées, il n'en est point dont l'imagination s'étonne complètement, et qui lui présentent quelque chose de stupéfiant et d'inouï. Je fais exception à l'égard des touristes anglais, qui semblent n'avoir jamais rien vu ni rien imaginé.

L'hôte du Brochet a fait consciencieusement éveiller en pleine nuit tous les voyageurs destinés à s'embarquer sur le lac. La pluie a cessé, mais il fait grand vent, et nous marchons jusqu'au port à la lueur des lanternes. Le ba-

teau commence à fumer; l'on nous dirige vers les case-
mates, et nous reprenons sur les banquettes notre sommeil interrompu. Deux heures après, un jour grisâtre
pénètre dans la salle; les eaux du lac sont noires et
agitées; à gauche, l'eau coupe l'horizon; à droite, le
rivage n'est qu'une frange. Nous voilà réduits aux plaisirs
de la société; elle est peu nombreuse. Le capitaine du
bâtiment, jeune homme agréable, cause galamment avec
deux dames allemandes, qui sont venues du même hôtel
que moi. Comme il se trouve assis auprès de la plus
jeune, je n'ai que la ressource d'entretenir la plus âgée,
qui prend le café à ma gauche. Je commence par quelques
phrases d'allemand assez bien tournées touchant la rigueur de la température et l'incertitude du temps.

« Parlez-vous français? me dit la dame allemande.

— Oui, madame, lui dis-je un peu humilié; certainement, je parle *aussi* le français. »

Et nous causons désormais avec beaucoup plus de
facilité.

Il faut dire que l'accent allemand et la prononciation
très différente des divers pays présentent de grandes difficultés aux Français qui n'ont appris la langue que par des
livres[17]. En Autriche, cela devient même un tout autre
langage, qui diffère autant de l'allemand que le provençal
du français. Ce qui contribue ensuite à retarder sur ce
point l'éducation du voyageur, c'est que partout on lui
parle dans sa langue, et qu'il cède involontairement à
cette facilité qui rend sa conversation plus instructive
pour les autres que pour lui-même.

La tempête augmentant beaucoup, le capitaine crut
devoir prendre un air soucieux, mais ferme, et s'en alla
donner des ordres, afin de rassurer les dames. Cela nous
amena naturellement à parler de romans maritimes. La
plus jeune dame paraissait très forte sur cette littérature,
toute d'importation anglaise ou française, l'Allemagne
n'ayant guère de marine. Nous ne tardâmes pas à prendre
terre par Scribe et Paul de Kock. Il faut convenir que,
grâce au succès européen de ces deux messieurs, les
étrangers se font une singulière idée de la société et de la
conversation parisiennes. La dame âgée parlait fort bien

d'ailleurs : *elle avait vu les Français* dans son temps,
comme elle le disait gaiement ; mais la plus jeune avait
une prétention au langage à la mode, qui l'entraînait
parfois à un singulier emploi des mots nouveaux.

« Monsieur, me disait-elle, imaginez-vous que Passau
où nous habitons n'est en arrière sur rien ; nous avons la
société la plus *ficelée* de la Bavière. Munich est si ennuyeux à présent que tous les gens *de la haute* viennent à
Passau ; on y donne des soirées d'un *chique* étonnant !... »

O monsieur Paul de Kock ! voilà donc le français que
vous apprenez à nos voisins ! Mais peut-être ceux de nous
qui parlent *trop bien* l'allemand tombent-ils dans les
mêmes idiotismes ! Je n'en suis pas là encore, heureusement.

« Il n'y a si bonne compagnie dont il ne faille se
séparer ! » disait le roi Dagobert à ses chiens... en les
jetant par la fenêtre. Puisse cet ancien proverbe, que je
cite textuellement, me servir de transition entre le départ
de plusieurs de nos passagers qui nous quittèrent à Saint-
Gall, et le tableau, que je vais essayer de tracer, d'un
divertissement auquel se livraient nos marins sur le pont,
en attendant que le bateau reprît sa course pour Morse-
burg [18]. L'idée en est triviale, mais assez gaie et digne
d'être utilisée dans la littérature maritime. Il y avait trois
chiens sur le bateau à vapeur. L'un d'eux, caniche impré-
voyant, s'étant trop approché de la cuisine, un mousse
s'avisa de tremper dans la sauce sa belle queue en pana-
che. Le chien reprend sa promenade ; l'un des deux autres
s'élance à sa poursuite et lui mord la queue ardemment.
Voyant ce résultat bouffon, l'on empresse d'en faire
autant au second, puis au troisième, et voilà les malheureux animaux tournant en cercle sans quitter prise, chacun avide de mordre et furieux d'être mordu. C'est là une
belle histoire de chiens ! comme dirait le sieur de Bran-
tôme... mais que dire de mieux d'une traversée sur le lac
de Constance par un mauvais temps ? L'eau est noire
comme de l'encre, les rives sont plates partout, et les
villages qui passent n'ont de remarquable que leurs clochers en forme d'oignons, garnis d'écailles de fer-blanc,
et portant à leurs pointes des boules de cuivre enfilées.

Le plus amusant du voyage, c'est qu'à chaque petit port où l'on s'arrête on fait connaissance avec une nouvelle nation. Le duché de Bade, le Wurtemberg, la Bavière, la Suisse se posent là, de loin en loin, comme puissances maritimes... d'eau douce. Leur marine donne surtout la chasse aux mauvais journaux français et suisses qui voltigent sur le lac sous le pavillon neutre ; il en est un, intitulé justement *Les Feuilles du Lac,* journal allemand progressif, qui, je crois bien, n'échappe aux diverses censures qu'en s'imprimant sur l'eau, et en distribuant ses abonnements de barque en barque sans jamais toucher le rivage.

La liberté sur les mers ! comme dit Byron [19].

En rangeant à gauche les côtes de Bade, voici que nous apercevons enfin les falaises brumeuses du royaume de Wurtemberg. Une forêt de mâts entrecoupés de tours pointues et de clochers nous annonce bientôt l'unique port de la Bavière ; c'est Lindau ; plus loin, l'Autriche possède Bregenz.

Nous ne subissons aucune quarantaine, mais les douaniers sévères font transporter nos malles dans un vaste entrepôt. En attendant l'heure de la visite, on nous permet d'aller dîner. Il est midi : c'est l'heure où l'on dîne encore dans toute l'Allemagne. Je m'achemine donc vers l'auberge la plus apparente, dont l'enseigne d'or éclate au milieu d'un bouquet de branches de sapin fraîchement coupées. Toute la maison est en fête, et les nombreux convives ont mis leurs habits de gala. Aux fenêtres ouvertes, j'aperçois de jolies filles à la coiffure étincelante, aux longues tresses blondes, qui en appellent d'autres accourant de l'église ou des marchés ; les hommes chantent et boivent ; quelques montagnards entonnent leur *tirily* plaintif.

La musique dominait encore tout ce vacarme, et, dans la cour, les troupeaux bêlaient. C'est que, justement, j'arrivais un jour de marché. L'hôte me demande s'il faut me servir dans ma chambre. « Pour qui me prenez-vous, vénérable Bavarois ? Je ne m'assois jamais qu'à table d'hôte ! » Et quelle table ! elle fait le tour de l'immense salle. Ces braves gens fument en mangeant ; les femmes valsent (aussi en mangeant) dans l'intervalle des tables. Bien plus, il y a encore des saltimbanques bohêmes qui font le tour de la salle en exécutant la pyramide humaine, de sorte que l'on risque à tout moment de voir tomber un paillasse dans son assiette.

Voilà du bruit, de l'entrain, de la gaieté populaire ; les filles sont belles, les paysans bien vêtus ; cela ne ressemble en rien aux orgies misérables de nos guinguettes ; le vin et la double bière se disputent l'honneur d'animer tant de folle joie, et les plats homériques disparaissent en un clin d'œil. J'entre donc en Allemagne sous ces auspices riants ; le repas fini, je parcours la ville, dont toutes les rues et les places sont garnies d'étalages et de boutiques foraines, et j'admire partout les jolies filles des pays environnants, vêtues comme des reines, avec leurs bonnets de drap d'or et leurs corsages de clinquant.

Il s'agit maintenant de choisir un véhicule pour Munich ; mais je n'ai point à choisir : la poste royale, et partout la poste ; il n'y a nulle part, de ce côté, de diligences particulières ; point de concurrence dont on ait à craindre la rivalité ; — les chevaux ménagent les routes, les postillons ménagent les chevaux, les conducteurs ménagent les voitures, le tout appartenant à l'État ; — nul n'est pressé d'arriver, mais on finit par arriver toujours ; le fleuve de la vie se ralentit dans ces contrées et prend un air majestueux. « Pourquoi faire du bruit ? » comme disait cette vieille femme dans *Werther* [20].

J'ai pourtant fini par arriver à Munich par le chemin de fer d'Augsbourg.

V. Un jour à Munich

A une époque où l'on voyageait fort peu, faute de bateaux à vapeur, de chemins de fer, de chemins ferrés, et même de simples chemins, il y eut des littérateurs, tels que d'Assoucy, Lepays et Cyrano de Bergerac, qui mirent à la mode les voyages dits *fabuleux* [21]. Ces touristes hardis décrivaient la lune, le soleil et les planètes, et procédaient du reste dans ces intentions de Lucien, de Merlin-Coccaie [22] et de Rabelais. Je me souviens d'avoir lu dans un de ces auteurs la description d'une étoile qui était toute peuplée de poètes ; en ce pays-là la monnaie courante était de vers bien frappés ; on dînait d'une ode, on soupait d'un sonnet ; ceux qui avaient en portefeuille un poème épique pouvaient traiter d'une vaste propriété.

Un autre pays de ce genre était habité seulement par des peintres, tout s'y gouvernait à leur guise, et les écoles diverses se livraient parfois des batailles rangées. Bien plus, tous les types créés par les grands artistes de la terre avaient là une existence matérielle, et l'on pouvait s'entretenir avec la Judith de Caravage, le Magicien d'Albert Dürer ou la Madeleine de Rubens [23].

En entrant à Munich, on se croirait transporté tout à coup dans cette étoile extravagante. Le roi-poète [24] qui l'a embellie aurait pu tout aussi bien réaliser l'autre rêve et enrichir à jamais ses confrères en Apollon ; mais il n'aime que les peintres ; eux seuls ont le privilège de battre monnaie sur leur palette : le rapin fleurit dans cette capitale, qu'il proclame l'*Athènes* moderne... mais le poète s'en détourne et lui jette en partant la malédiction de Minerve ; il n'y a là rien pour lui.

En descendant de voiture, en sortant du vaste bâtiment de la Poste royale, on se trouve en face du palais, sur la plus belle place de la ville ; il faut tirer vite sa lorgnette et son *livret,* car déjà le musée commence, les peintures couvrent les murailles, tout resplendit et papillote, en plein air, en plein soleil.

Le Palais-Neuf est bâti exactement sur le modèle du palais Pitti, de Florence ; le théâtre, d'après l'Odéon de Rome ; l'hôtel des Postes, sur quelque autre patron classique ; le tout badigeonné du haut en bas de rouge, de vert et de bleu-ciel. Cette place ressemble à ces décorations impossibles que les théâtres hasardent quelquefois ; un solide monument de cuivre rouge établi au centre, et représentant le roi Maximilien Ier, vient seul contrarier cette illusion. La Poste, toute peinte d'un rouge sang de bœuf, qualifié de *rouge antique,* sur lequel se détachent des colonnes jaunes, est égayée de quelques fresques dans le style de Pompéia, représentant des sujets équestres. L'Odéon expose à son fronton une fresque immense où dominent les tons bleus et roses, et qui rappelle nos paravents d'il y a quinze ans; quant au palais du roi, il est uniformément peint d'un beau vert tendre. Le quatrième côté de la place est occupé par des maisons de diverses nuances. En suivant la rue qu'elles indiquent, et qui s'élargit plus loin, on longe une seconde face du palais plus ancienne et plus belle que l'autre, où deux portes immenses sont décorées de statues et de trophées de bronze d'un goût maniéré, mais grandiose. Ensuite, la rue s'élargit encore; des clochers et des tours gracieuses se dessinent dans le lointain; à gauche s'étend à perte de vue une file de palais modernes propres à satisfaire les admirateurs de notre rue de Rivoli; à droite, un vaste bâtiment dépendant du palais, qui du côté de la rue est garni de boutiques brillantes, et qui forme galerie du côté des jardins, qu'il encadre presque entièrement. — Tout cela a la prétention de ressembler à nos galeries du Palais-Royal; les cafés, les marchandes de modes, les bijoutiers, les libraires sont *à l'instar de Paris*. Mais une longue suite de fresques représentent les fastes héroïques de la Bavière entremêlées de vues d'Italie témoignent, d'arcade en arcade, de la passion de l'ex-roi de ce pays pour la peinture, et pour toute peinture, à ce qu'il paraît. Ces fresques, le livret l'avoue, sont traitées par de simples élèves. C'est une économie de toiles; les murs souffrent tout.

Le Jardin royal, entouré de ces galeries instructives, est planté en quinconce et d'une médiocre étendue; la face du palais qui donne de ce côté, et où les ouvriers travaillent encore, présente une colonnade assez imposante; en faisant le tour par le jardin, on rencontre une autre façade composée de bâtiments irréguliers, et dont fait partie la basilique, le mieux réussi des monuments modernes de Munich.

Cette jolie église, fort petite d'ailleurs, est un véritable bijou; construite sur un modèle byzantin, elle étincelle, à l'intérieur, de peintures à fond d'or, exécutées dans le même style. C'est un ensemble merveilleux de tout point ; ce qui n'est pas or ou peinture est marbre ou bois précieux ; le visiteur seul fait tache dans un intérieur si splendide, qui rappelle sur une échelle moindre la chapelle des Médicis, de Florence.

En sortant de la basilique, nous n'avons plus que quelques pas à faire pour rencontrer de nouveau le théâtre ; car nous venons de faire le tour du palais, auquel se rattachent tous ces édifices comme dépendances immédiates. Pourquoi n'entrerions-nous pas dans cette vaste résidence ? Justement le roi va se mettre à table, et c'est l'heure où les visiteurs sont admis dans les salles où il n'est pas, bien entendu.

On nous reçoit d'abord dans la salle des gardes, toute garnie de hallebardes, mais gardée seulement par deux factionnaires et autant d'huissiers. Cette salle est peinte en grisailles figurant des bas-reliefs, des colonnes et des statues absentes, selon les procédés surprenants et économiques de M. Abel de Pujol[25]. Assis sur une banquette d'attente, nous assistons aux allées et venues des officiers et des *courtisans*. Et ce sont en effet de véritables courtisans de comédie, par l'extérieur du moins. Quand M. Scribe nous montre, à l'Opéra-Comique, des intérieurs de cours allemandes, les costumes et les tournures de ses comparses sont beaucoup plus exacts qu'on ne croit[26]. Une dame du palais, qui passait avec un béret surmonté d'un oiseau de paradis, une collerette ébouriffante, une robe à queue et des diamants jaunes, m'a tout à fait rappelé madame Boulanger[27]. Des chambellans chamarrés d'ordres semblaient prêts à se faire entendre sur quelque ritournelle d'Auber.

Enfin, le service du roi a passé, escorté par deux gardes. C'est alors que nous avons pu pénétrer dans les autres salles. Ce qu'il faut le plus remarquer, c'est la salle décorée de fresques de Schnorr sur les dessins de Cornélius[28], dont les sujets sont empruntés à la grande épopée germanique des Niebelungen. Ces peintures, admirablement composées, sont d'une exécution lourde et criarde, et l'œil a peine à en saisir l'harmonie ; de plus, les plafonds, chargés de figures gigantesques furibondes,

écrasent leurs salles mesquines et médiocrement décorées ; il semble partout à Munich que la peinture ne coûte
rien ; mais le marbre, la pierre et l'or sont épargnés
davantage. Ainsi ce palais superbe est construit en briques, auxquelles le plâtre et le badigeon donnent l'aspect
d'une pierre dure et rudement taillée ; ces murailles éclatantes, ces colonnes de portore et de marbre de Sienne,
approchez-vous, frappez-les du doigt, c'est du stuc.
Quant au mobilier, il est du goût le plus *empire* que je
connaisse, les glaces sont rares, les lustres et les candélabres semblent appartenir au matériel d'un cercle ou d'un
casino de province ; les richesses sont au plafond.

Le repas du roi étant fini, nous pouvons commencer le
nôtre ; il n'y a qu'un seul restaurateur dans la ville, qui est
un Français, autrement il faut prendre garde aux heures
des tables d'hôte. La cuisine est assez bonne à Munich, la
viande a bon goût ; c'est là une remarque plus importante
qu'on ne croit en pays étranger. On ne sait pas assez que
la moitié de l'Europe est privée de biftecks et de côtelettes passables, et que le veau domine dans certaines
contrées avec une déplorable uniformité.

Les deux cafés de la Galerie-Royale ne sont pas fort
brillants, et n'ont aucun journal français. Un vaste cabinet de lecture et une sorte de casino, qu'on appelle le
Musée, contiennent en revanche la plupart des feuilles
françaises que la censure laisse entrer librement. De
temps en temps, il est vrai, quelque numéro manque, et
les abonnés lisent à la place cet avis : que le journal a été
saisi, à Paris, à la poste et dans les bureaux. Cela se
répète si souvent, que je soupçonne le parquet de Munich
de calomnier celui de Paris. Il résulte encore de ce sub-
terfuge que les braves Munichois ont des doutes conti-
nuels sur la tranquillité de notre capitale ; la lueur est si
paisible, si gaie et si ouverte, qu'ils ne comprennent pas
les agitations les plus simples de notre vie politique et
civile ; la population ne fait aucun bruit, les voitures
roulent sourdement sur la chaussée poudreuse et non
pavée. Le Français se reconnaît partout à ce qu'il déclame
ou chantonne en marchant ; au café il parle haut ; il oublie
de se découvrir au théâtre ; même en dormant, il remue

sans cesse, et un lit allemand n'y résiste pas dix minutes.
Imagine-toi des draps grands comme des serviettes, une
couverture qu'on ne peut border, un édredon massif qui
pose en équilibre sur le dormeur; eh bien! l'Allemand se
couche et tout cela reste sur lui jusqu'au lendemain; de
plus, connaissant sa sagesse, on lui accorde des oreillers
charmants, brodés à l'entour et découpés en dentelles sur
un fond de soie rouge ou verte; les plus pauvres lits
d'auberge resplendissent de ce luxe innocent.

Je sens bien que tu es pressé de faire connaissance avec
la Glyptothèque et la Pinacothèque; mais ces musées sont
fort loin du centre de la ville, et il faut le temps d'y
arriver. Dans sa pensée d'agrandissement à l'infini pour
sa capitale, le roi Louis a eu soin de construire à de
grandes distances les uns des autres ses principaux monuments, ceux du moins autour desquels on espère que
les maisons viendront un jour se grouper. La ville de
Munich était naturellement une fort petite ville, de la
grandeur d'Augsbourg tout au plus; la lyre du roi-poète
en a élevé les murailles et les édifices superbes. Il eût,
comme Amphion, fait mouvoir les pierres à ce grand
travail, mais il n'y avait pas de pierres dans tout le pays.
C'est là le grand malheur de cette capitale improvisée
d'un royaume encore si jeune; de là la brique rechampie,
de là le stuc et le carton-pierre, de là des rues boueuses,
ou poudreuses, selon la saison; le grès manque, la municipalité hésite entre divers projets soumis par les compagnies de bitume, et Munich n'est encore pavé, comme
l'enfer, que de bonnes intentions.

Après bien des places indiquées à peine, bien des rues
seulement tracées et où l'on donne des terrains gratuits,
comme dans les déserts de l'Amérique, à ceux qui veulent y bâtir, on arrive à la Glyptothèque, c'est-à-dire au
musée des statues; on est tellement Grec à Munich, que
l'on doit être bien Bavarois à Athènes; c'est du moins ce
dont se sont plaints les Grecs véritables. Le bâtiment est
tellement antique dans ses proportions, que les marches
qui conduisent à l'entrée ne pourraient être escaladées
que par des Titans: un petit escalier dans un coin répare
cet inconvénient, que je me garderai bien d'appeler un

vice de construction. A l'intérieur, les salles sont vastes et pratiquées dans toute la hauteur du monument. Elles sont enduites partout de cette teinture de rouge foncé que les livrets continuent à garantir *vrai rouge antique*. Les ornements qui s'en détachent sont toujours de ce style Pompéia sur lequel nous avons été blasés par nos cafés, nos passages, et par les décorations du Gymnase.

La Glyptothèque renferme une collection d'antiques fort précieuse et des chefs-d'œuvre de Canova, parmi lesquels se trouvent la Frileuse, la Vénus-Borghèse, un buste de Napoléon et un autre du prince Eugène. Quelques statues du trop célèbre Thorwaldsen [29] partagent avec celles de Canova les honneurs d'une salle particulière, où leurs noms sont accolés à ceux de Phidias et de Michel-Ange. On ignore probablement à Munich les noms français de Puget et de Jean Goujon.

La Pinacothèque, c'est-à-dire le musée de peinture, est situé à peu de distance de la Glyptothèque. Son extérieur est beaucoup plus imposant, quoique le style grec en soit moins pur. Ces deux édifices sont d'un architecte nommé Léon de Glenze [30].

Ici, je n'aurai plus qu'à louer : les salles sont grandes, et ne sont ornées que de peintures de maîtres anciens. Une galerie extérieure, qui n'est pas ouverte encore au public, est toutefois fort gracieusement peinte et décorée, et l'ornement antique y est compris à la manière italienne avec beaucoup de richesse et de légèreté. Il serait trop long d'énumérer tous les chefs-d'œuvre que renferme la Pinacothèque. Qu'il suffise de dire que la principale galerie renferme une soixantaine de Rubens choisis et des plus grandes toiles. C'est là que se trouve le *Jugement dernier* de ce maître, pour lequel il a fallu exhausser le plafond de dix pieds. Là se rencontre aussi l'original de la *Bataille des Amazones*.

Après avoir parcouru les grandes salles consacrées aux grands tableaux, on revient par une suite de petites salles divisées de même par écoles, et où sont placées les petites toiles. Cette intelligente disposition est très favorable à l'effet des tableaux.

Que reste-t-il à voir encore dans la ville ? On est fatigué

de ces édifices battant neufs, d'une architecture si grecque, égayés de peintures antiques si fraîches. Il y aurait
encore pour tout Anglais à admirer six ministères avec ou
sans colonnes, une maison d'éducation pour les filles
nobles, la bibliothèque, plusieurs hospices ou casernes,
une église romane, une autre byzantine, une autre renaissance, une autre gothique. Cette dernière est dans le
faubourg : on aperçoit de loin sa flèche aiguë. Tu m'en
voudrais d'avoir manqué de visiter une église gothique de
notre époque. Je sors donc de la ville sous un arc de
triomphe dans le goût italien du XIVᵉ siècle, orné d'une
large fresque représentant les batailles bavaroises. Un
quart de lieue plus loin, je rencontre l'église bâtie aussi
comme tous les autres monuments de briques rechampies
de plâtre. Cette église est petite et n'est pas entièrement
finie à l'intérieur. On y pose encore une foule de petits
saints-statuettes en plâtre peint. Le carton-pierre y domine : c'est là une grande calamité. Les vitraux sont
mieux que le gothique : d'après les nouveaux procédés et
les découvertes de la chimie, on parvient à obtenir de
grands sujets sur un seul verre, au lieu d'employer de
petits vitraux plombés ; le dallage est fait en bitume de
couleur ; les sculptures de bois sont figurées parfaitement
en pâte colorée ; les flambeaux et les crucifix sont en
métal anglais, se nettoyant comme l'argent. J'ai pu monter dans la flèche, qui m'a rappelé celle de la cathédrale
de Rouen refaite par M. Alavoine.

Revenons à Munich. La flèche en fer creux est un
sacrifice du progrès, et je ne veux pas trop l'en blâmer.
En revanche, elle a toujours les deux belles tours de sa
cathédrale, le seul monument ancien qu'elle possède, et
qu'on aperçoit de six lieues. Au temps où fut bâti ce
noble édifice, on mettait des siècles à accomplir de telles
œuvres ; on les faisait de pierre dure, de marbre ou de
granit ; alors aussi on n'improvisait pas en dix ans une
capitale qui semble une décoration d'Opéra prête à
s'abîmer au coup de sifflet du machiniste.

Du reste, je comprends que l'ancien duché de Bavière,
qui est passé royaume par la grâce de Napoléon, ait à
cœur de se faire une capitale avec une ancienne petite

ville mal bâtie, qui n'a pas même de pierres pour ses maçons ; mais Napoléon lui-même n'aurait pu faire que la population devînt en rapport avec l'agrandissement excessif de la ville ; il eût simplement déporté là des familles qui y seraient mortes d'ennui, comme les tortues du Jardin des Plantes ; il n'aurait pu faire un fleuve de l'humble ruisseau qui coule à Munich, et que l'on tourmente en vain avec des barrages, des fonds de planches et des estacades, pour avoir le droit, un jour, d'y bâtir un pont dans le goût romain. Hélas ! sire roi de Bavière ! ceci est une grande consolation pour nous autres pauvres gens ; vous êtes roi, prince absolu, chef d'une monarchie *à États* que vous ne voulez pas que l'on confonde avec les monarchies constitutionnelles ; mais vous ne pouvez faire qu'il y ait de l'eau dans votre rivière et de la pierre dans le sol où vous bâtissez !

Je pars pour Vienne, d'où j'espère gagner Constantinople en descendant le Danube. J'ai vu Saltzbourg, où naquit Mozart et où l'on montre sa chambre chez un chocolatier. La ville est une sorte de rocher sculpté, dont la haute forteresse domine d'admirables paysages.

Mais Vienne m'appelle, et sera pour moi, je l'espère, un avant-goût de l'Orient.

VI. LES AMOURS DE VIENNE [31]

Tu m'as fait promettre de t'envoyer de temps en temps les impressions *sentimentales* de mon voyage, qui t'intéressent plus, m'as-tu dit, qu'aucune description pittoresque. Je vais commencer. Sterne et Casanova me soient en aide pour te distraire. J'ai envie simplement de te conseiller de les relire, en t'avouant que ton ami n'a point le style de l'un ni les nombreux mérites de l'autre, et qu'à les parodier il compromettrait gravement l'estime que tu fais de lui. Mais enfin, puisqu'il s'agit surtout de te servir en te fournissant des observations où ta philosophie puisera des maximes, je prends le parti de te mander au hasard tout ce qui m'arrive, intéressant ou non, jour par jour, si je le puis, à la manière du capitaine Cook, qui écrit avoir vu un tel jour un goéland ou un pingouin, tel autre jour n'avoir vu qu'un tronc d'arbre flottant; ici la mer était claire, là bourbeuse. Mais, à travers ces signes vains, ces flots changeants, il rêvait des îles inconnues et parfumées, et finissait par aborder un soir dans ces retraites du pur amour et de l'éternelle beauté.

Le 21. — Je sortais du théâtre [32] de Leopoldstadt. Il faut dire d'abord que je n'entends que fort peu le patois qui se parle à Vienne. Il est donc important que je cherche quelque jolie personne de la ville qui veuille bien me mettre au courant du langage usuel. C'est le conseil que donnait Byron aux voyageurs [33]. Voilà donc trois jours que je poursuivais dans les théâtres, dans les casinos, dans les bals, appelés vulgairement *Sperls,* des *brunes* et des *blondes* (il n'y avait presque ici que des blondes), et j'en recevais en général peu d'accueil. Hier, au théâtre de Leopoldstadt, j'étais sorti, après avoir marqué ma place : une charmante jeune fille blonde me demande, à la porte, si le spectacle est commencé. Je cause avec elle, et j'en obtiens ce renseignement, qu'elle était ouvrière, et que sa maîtresse, voulant la faire entrer avec elle, lui avait dit de l'attendre à la porte du théâtre. J'accumule sur cette donnée les offres les plus exorbitantes ; je parle de premières loges et d'avant-scène ; je promets un souper plendide, et je me vois outrageusement refusé. Les femmes ici ont des superlatifs tout prêts contre les insolents, ce dont, au reste, il ne faut pas trop s'effrayer.

Cette personne paraissait fort inquiète de ne pas voir arriver sa maîtresse. Elle se met à courir le long du boulevard ; je la suis en lui prenant le bras, qui semblait très beau. Pendant la route, elle me disait des phrases en toutes sortes de langues, ce qui fait que je comprenais à la rigueur. Voilà son histoire. Elle est née à Venise, et elle a été amenée à Vienne par sa maîtresse, qui est française ; de sorte que, comme elle me l'a dit fort agréablement, elle ne sait bien aucune langue, mais un peu trois langues. On n'a pas d'idée de cela, excepté dans les comédies de Machiavel et de Molière. Elle s'appelle *Catarina*

Colassa [34]. Je lui dis en bon allemand (qu'elle comprend bien et parle mal) que je ne pouvais désormais me résoudre à l'abandonner, et je construisis une sorte de madrigal assez agréable. A ce moment, nous étions devant sa maison ; elle m'a prié d'attendre, puis elle est revenue me dire que sa maîtresse était en effet au théâtre, et qu'il fallait y retourner.

Revenus devant la porte du théâtre, je proposais toujours l'avant-scène, mais elle a refusé encore, et a pris au bureau une deuxième galerie ; j'ai été obligé de la suivre, en donnant au contrôleur ma première galerie pour une deuxième, ce qui l'a fort étonné. Là, elle s'était livrée à une grande joie en apercevant sa maîtresse dans une loge, avec un monsieur à moustaches. Il a fallu qu'elle allât lui parler ; puis elle m'a dit que le spectacle ne l'amusait pas, et que nous ferions mieux d'aller nous promener ; on jouait pourtant une pièce de madame Birchpfeiffer [35], mais il est vrai que ce n'est pas amusant. Nous sommes donc allés vers le Prater, et je me suis lancé, comme tu le penses, dans la séduction la plus compliquée.

Mon ami ! imagine que c'est une beauté de celles que nous avons tant de fois rêvées, — la femme idéale des tableaux de l'école italienne, la Vénitienne de Gozzi [36], *bionda e grassota,* la voilà trouvée ! je regrette de n'être pas assez fort en peinture pour t'en indiquer exactement tous les traits. Figure-toi une tête ravissante, blonde, blanche, une peau incroyable, à croire qu'on l'ait conservée sous des verres ; les traits les plus nobles, le nez aquilin, le front haut, la bouche en cerise ; puis un col de pigeon gros et gras, arrêté par un collier de perles ; puis des épaules blanches et fermes, où il y a de la force d'Hercule et de la faiblesse et du charme de l'enfant de deux ans. J'ai expliqué à cette beauté qu'elle me plaisait, surtout — parce qu'elle était pour ainsi dire *Austro-Véni-tienne,* et qu'elle réalisait en elle seule le Saint-Empire romain, ce qui a paru peu la toucher.

Je l'ai reconduite à travers un écheveau de rues assez embrouillé. Comme je ne comprenais pas beaucoup l'adresse qui devait me servir à la retrouver, elle a bien voulu me l'écrire à la lueur d'un réverbère, — et je te l'envoie ci-jointe pour te montrer qu'il n'est pas moins difficile de déchiffrer son écriture que sa parole. J'ai peur que ces caractères ne soient d'aucune langue; aussi tu verras que j'ai marqué sur la marge un itinéraire pour reconnaître sa porte plus sûrement.

Maintenant voici la suite de l'aventure. Elle m'avait donné rendez-vous dans la rue, à midi. Je suis venu de bonne heure monter la garde devant son bienheureux n° 189. Comme on ne descendait pas, je suis monté. J'ai trouvé une vieille sur un palier, qui cuisinait à un grand fourneau, et comme *d'ordinaire une vieille en annonce une jeune,* j'ai parlé à celle-là, qui a souri et m'a fait attendre. Cinq minutes après, la belle personne blonde a paru à la porte et m'a dit d'entrer. C'était dans une grande salle; elle déjeunait avec sa dame et m'a prié de m'asseoir derrière elle sur une chaise. La dame s'est retournée : c'était une grande jeune personne osseuse, et qui m'a demandé en français mon nom, mes intentions et toutes sortes de tenants et d'aboutissants; ensuite elle m'a dit : « C'est bien; mais j'ai besoin de mademoiselle jusqu'à cinq heures aujourd'hui; après, je puis la laisser libre pour la soirée. » La jolie blonde m'a reconduit en souriant, et m'a dit : « A cinq heures. »

Voilà où j'en suis; je t'écris d'un café où j'attends que l'heure sonne; mais tout cela me paraît bien berger.

Le 22. — Voilà bien une autre affaire. Mais reprenons le fil des événements. Hier, à cinq heures, la Catarina ou plutôt la Katty, comme on l'appelle dans sa maison, m'est venue trouver dans un *Kaffeehaus* où je l'attendais. Elle était très charmante, avec une jolie coiffe de soie sur ses beaux cheveux, — le chapeau n'appartient ici qu'aux femmes du monde. — Nous devions aller au théâtre de la Porte-de-Carinthie voir représenter *Belisario* [37], opéra; mais voici qu'elle a voulu retourner à Leopoldstadt, en me disant qu'il fallait qu'elle rentrât de bonne heure. La Porte-de-Carinthie est à l'autre extrémité de la ville. Bien! nous sommes entrés à Leopoldstadt; elle a voulu payer sa place, me déclarant qu'elle n'était pas une *grisette* (traduction française), et qu'elle voulait payer, ou n'entrerait pas. O Dieu! si toutes les dames comprenaient

une telle délicatesse!... Il paraît que cela continue à
rentrer dans les mœurs spéciales du pays.

Hélas! mon ami, nous sommes de bien pâles don Juan.
J'ai essayé la séduction la plus noire, rien n'y a fait. Il a
fallu la laisser s'en aller, et s'en aller seule! du moins
jusqu'à l'entrée de sa rue. Seulement elle m'a donné
rendez-vous à cinq heures pour le lendemain, qui est
aujourd'hui.

A présent, voici où mon Iliade commence à tourner à
l'Odyssée. A cinq heures, je me promenais devant la
porte du n° 189, frappant la dalle d'un pied superbe;
Catarina ne sort pas de sa maison. Je m'ennuie de cette
faction (la garde nationale te préserve d'une corvée pareille par un mauvais temps!); j'entre dans la maison, je
frappe; une jeune fille sort), me prend la main et descend
jusqu'à la rue avec moi. Ceci n'est point encore mal. Là
elle m'explique qu'il faut m'en aller, que la maîtresse est
furieuse, et que du reste Catarina est allée chez moi dans
la journée pour me prévenir. Moi, voilà là-dessus que je
perds le fil de la phrase allemande; je m'imagine, sur la
foi d'un verbe d'une consonance douteuse, qu'elle veut
dire que Catarina ne peut pas sortir et me prie d'attendre
encore; je dis: C'est bien! et je continue à battre le pavé
devant la maison. Alors la jeune fille revient, et comme je
lui explique que sa prononciation me change un peu le
sens des mots, elle rentre et m'apporte un papier énonçant
sa phrase. Ce papier m'apprend que Catarina est allée me
voir à l'*Aigle Noir*, où je suis logé. Alors je cours à
l'*Aigle Noir*; le garçon me dit qu'en effet une jeune fille
est venue me demander dans la journée; je pousse des cris
d'aigle, et je reviens au n° 189; je frappe; la personne qui
m'avait parlé déjà redescend; la voilà dans la rue
m'écoutant avec une patience angélique; j'explique ma
position; nous recommençons à ne plus nous entendre sur
un mot; elle rentre, et me rapporte sa réponse écrite.
Catarina n'habite pas la maison; elle y vient seulement
dans le jour, et pour l'instant elle n'est pas là. Revien-
dra-t-elle dans la soirée? on ne sait pas; mais j'arrive à un
éclaircissement plus ample. La jeune personne, un modèle, du reste, de complaisance et d'aménité (com-

prends-tu cette fille dans la rue jetant des cendres sur le feu de ma passion ?), me dit que la dame, la maîtresse, a été dans une grande colère (et elle m'énonce cette colère par des gestes expressifs) : — Mais enfin ?... — C'est qu'on a su que Catarina a un autre amoureux dans la ville. — Oh ! pardieu ! dis-je là-dessus (tu me comprends, je ne m'étais pas attendu à obtenir *un cœur tout neuf*)... Eh bien ! cela suffit, je le sais, je suis content, je prendrai garde à ne pas la compromettre. — Mais non, a répliqué la jeune ouvrière (je t'arrange un peu tout ce dialogue ou plutôt je le resserre), c'est ma maîtresse qui s'est fâchée parce que le *jeune homme* est venu hier soir chercher la Catarina, qui lui avait dit que sa maîtresse la devait garder jusqu'au soir ; il ne l'a pas trouvée, puisqu'elle était avec vous, et ils ont parlé très longtemps ensemble.

Maintenant, mon ami, voilà où j'en suis : je comptais la conduire au spectacle ce soir, puis à la *Conversation*, où l'on joue de la musique et où l'on chante, et je suis seul à six heures et demie, buvant un verre de rosolio dans le *Gastoffe*, en attendant l'ouverture du théâtre. Mais la pauvre Catarina ! Je ne la verrai que demain, je l'attendrai dans la rue où elle passe pour aller chez sa maîtresse et je saurai tout !

Le 23. — Je m'aperçois que je ne t'avais pas encore parlé de la ville. Il fallait bien cependant un peu de mise en scène à mes aventures romanesques, car tu n'es pas au bout.

Le premier aspect de Vienne n'a rien que de très vulgaire. On traverse de longs faubourgs aux maisons uniformes ; puis, au milieu d'une ceinture de promenades, derrière une enceinte de fossés et de murailles, on rencontre enfin la ville, grande tout au plus comme un quartier de Paris. Suppose que l'on isole l'arrondissement du Palais-Royal, et que, lui ayant donné des murs de ville forte et des boulevards larges d'un quart de lieue, on laisse alentour les faubourgs dans toute leur étendue, et tu auras ainsi une idée complète de la situation de Vienne, de sa richesse et de son mouvement. Ne vas-tu pas penser tout de suite qu'une ville construite ainsi n'offre point de transition entre le luxe et la misère, et que ce quartier du centre, plein d'éclat et de richesses, a besoin, en effet, des bastions et des fossés qui l'isolent pour tenir en respect ses pauvres et laborieux faubourgs?

Je me sentis tout à coup attristé au moment où j'entrais dans cette capitale. C'était vers trois heures, par une brumeuse journée d'automne; les vastes allées qui séparent les deux cités étaient remplies d'hommes élégants et de femmes brillantes, que leurs voitures attendaient le long des chaussées; plus loin la foule bigarrée se pressait sous les portes sombres, et tout d'un coup, à peine l'enceinte franchie, je me trouvai au plein cœur de la grande ville : et malheur à qui ne roule pas en voiture sur ce beau pavé de granit, malheur au pauvre, au rêveur, au passant inutile; il n'y a de place là que pour les riches et pour leurs valets, pour les banquiers et pour les marchands. Luxe inouï dans la ville centrale et pauvreté dans les quartiers qui l'entourent, voilà Vienne au premier coup d'œil.

Rien n'est triste aussi comme d'être forcé de quitter, le soir, le centre ardent et éclairé, et de traverser encore, pour regagner les faubourgs, ces longues promenades, avec leurs allées de lanternes qui s'entrecroisent jusqu'à l'horizon : les peupliers frissonnent sous un vent continuel; on a toujours à traverser quelque rivière ou quelque canal aux eaux noires, et le son lugubre des horloges avertit seul de tous côtés qu'on est au milieu d'une ville. Mais en atteignant les faubourgs, on se sent comme dans un autre monde, où l'on respire plus à l'aise; c'est le séjour d'une population bonne, intelligente et joyeuse; les rues sont à la fois calmes et animées; si les voitures circulent encore, c'est dans la direction seulement des bals et des théâtres; à chaque pas, ce sont des bruits de danse et de musique, ce sont des bandes de gais compagnons qui chantent des chœurs d'opéra; les caves et les tavernes luttent d'enseignes illuminées et de transparents bizarres : ici l'on entend des chanteuses styriennes, là des improvisateurs italiens; la comédie des singes, les hercules, une première chanteuse de l'Opéra de Paris; un Van-Amburg[38] morave avec ses bêtes, des saltimbanques; enfin tout ce que nous n'avons à Paris que les jours de grandes fêtes est prodigué aux habitués des tavernes sans la moindre rétribution. Plus haut, l'affiche d'un *Sperl*, encadrée de verres de couleurs, s'adresse à la fois à la haute noblesse, aux honorables militaires et à l'aimable public ; les bals *négligés*, les bals consacrés à telle ou telle sainte : c'est le goût du pays.

Entrons au théâtre populaire de Leopoldstadt où l'on joue des farces locales *(local posse)* très amusantes et où je vais très souvent [39], attendu que je suis logé dans le faubourg de ce nom, le seul qui touche à la ville centrale, dont il n'est séparé que par un bras du Danube.

VII. Suite du Journal

Ce 23. — Hier au soir, me trouvant désœuvré dans ce théâtre, et presque seul entre les vrais çivilisés, le reste se composant de Hongrois, de Bohêmes, de Grecs, de Turcs, de Tyroliens, de Roumains, et de Transylvaniens, j'ai songé à recommencer ce rôle de Casanova, déjà assez bien entamé l'avant-veille. Casanova est bien plus probable qu'il ne semble dans les usages de ces pays-ci. Je me suis assis successivement près de deux ou trois femmes seules ; j'ai fini par lier conversation avec l'une d'elles dont le langage n'était pas trop viennois ; après cela j'ai voulu la reconduire, mais elle m'a permis seulement de lui toucher le bras un instant sous son manteau, encore un très beau bras parmi toutes sortes de soieries et de poils de chat ou fourrures. Nous nous sommes promenés très longtemps, puis je l'ai mise devant sa porte, sans qu'elle ait voulu, du reste, me laisser entrer ; toutefois elle m'a donné rendez-vous pour ce soir à six heures.

Et de deux. Celle-là ne vaut pas tout à fait l'autre comme beauté, mais elle paraît être d'une classe plus relevée. Je le saurai ce soir. Mais cela ne te confond-il pas, qu'un étranger fasse connaissance intime de deux femmes en trois jours, que l'une vienne chez lui, et qu'il aille chez l'autre ? Et nulle apparence suspecte dans tout cela. Non, on me l'avait bien dit, mais je ne le croyais pas ; c'est ainsi que l'amour se traite à Vienne ! Eh bien ! c'est charmant. A Paris, les femmes vous font souffrir trois mois, c'est la règle ; aussi peu de gens ont la patience de les attendre. Ici, les arrangements se font en trois jours, et l'on sent dès le premier que la femme céderait, si elle ne craignait pas de vous faire l'effet d'une *grisette ;* car c'est là, il paraît, leur grande préoccupation. D'ailleurs, rien de plus amusant que cette poursuite facile dans les spectacles, casinos et bals ; cela est tellement reçu, que les plus *honnêtes* ne s'en étonnent pas le moins du monde ; les deux tiers au moins des femmes viennent seules dans les lieux de réunion, ou vont seules dans les rues. Si vous tombez par hasard sur une *vertu,* votre recherche ne l'offense pas du tout, elle cause avec vous tant que vous voulez. Toute femme que vous abordez se laisse prendre le bras, reconduire ; puis, à sa porte, où vous espérez entrer, elle vous fait un salut très gentil et très railleur, vous remercie de l'avoir reconduite et vous dit que son mari ou son père l'attend dans la maison. Tenez-vous à la revoir, elle vous dira fort bien que, le lendemain ou le surlendemain, elle doit aller dans tel bal ou tel théâtre. Si au théâtre, pendant que vous causez avec une femme seule, le mari ou l'amant, qui s'était allé promener dans les galeries, ou qui était descendu au café, revient tout à coup près d'elle, il ne s'étonne pas de vous voir causer familièrement ; il salue et regarde d'un autre côté, heureux sans doute d'être soulagé quelque temps de la compagnie de sa femme.

Je te parle ici un peu déjà par mon expérience et beaucoup par celle des autres ; — mais à quoi cela peut-il tenir ? car vraiment je n'ai vu rien de pareil même en Italie ; — sans doute à ce qu'il y a tant de belles femmes dans la ville que les hommes qui peuvent leur convenir sont en proportion beaucoup moins nombreux. A Paris les jolies femmes sont si rares qu'on les met à l'enchère ; on les choie, on les garde et elles sentent aussi tout le prix de leur beauté. Ici les femmes font très peu de cas d'elles-mêmes et de leurs charmes, car il est évident que cela est commun comme les belles fleurs, les beaux animaux, les beaux oiseaux, qui, en effet, sont très communs si l'on a soin de les cultiver ou de les bien nourrir. Or, la fertilité du pays rend la vie si facile, si bonne, qu'il n'y a pas de femmes mal nourries, et qu'il ne s'y produit pas par conséquent de ces races affreuses qui composent nos artisanes ou nos femmes de la campagne. Tu n'imagines pas ce qu'il y a d'extraordinaire à rencontrer à tous moments dans les rues des filles éclatantes et d'une carnation merveilleuse qui s'étonnent même que vous les remarquiez.

Cette atmosphère de beauté, de grâce, d'amour, a quelque chose d'enivrant : on perd la tête, on soupire, on est amoureux fou, non d'une, mais de toutes ces femmes à la fois. *L'odor di femina* est partout dans l'air, et on l'aspire de loin comme don Juan. Quel malheur que nous ne soyons pas au printemps ! Il faut un paysage pour compléter de si belles impressions. Cependant la saison n'est pas encore sans charmes. Ce matin je suis entré dans le grand jardin impérial au bout de la ville ; on n'y voyait personne. Les grandes allées se terminaient très loin par des horizons gris et bleus charmants. Il y a au-delà un grand parc montueux coupé d'étangs et plein d'oiseaux. Les parterres étaient tellement gâtés par le mauvais temps que les rosiers cassés laissaient traîner leurs fleurs dans la boue. Au-delà, la vue donnait sur le Prater et sur le Danube ; c'était ravissant malgré le froid. Ah ! vois-tu, nous sommes encore jeunes, plus jeunes que nous ne le croyons...

Ce 7 décembre. — Je transcris ici cinq lignes sur un autre papier. Il s'est écoulé bien des jours depuis que les quatre pages qui précèdent ont été écrites. Tu as reçu des lettres de moi, tu as vu le côté riant de ma situation, et près d'un mois me sépare de ces premières impressions de mon séjour à Vienne. Pourtant il y a un lien très immédiat entre ce que je vais te dire et ce que je t'ai écrit. C'est que le dénouement que tu auras prévu en lisant les premières pages a été suspendu tout ce temps... Tu me sais bien incapable de te faire des histoires à plaisir et d'épancher mes sentiments sur des faits fantastiques,

n'est-ce pas ? Eh bien ! si tu as pris intérêt à mes premières amours de Vienne, apprends...

Ce 13 décembre. — Tant d'événements se sont passés
depuis les quatre premiers jours qui fournissaient le
commencement de cette lettre, que j'ai peine à les ratta-
cher à ce qui m'arrive aujourd'hui. Je n'oserais te dire
que ma carrière don-juanesque se soit poursuivie toujours
avec le même bonheur... La Katty est à Brünn en ce
moment auprès de sa mère malade ; je devais l'y aller
rejoindre par ce beau chemin de fer de trente lieues qui est
à l'entrée du Prater ; mais ce genre de voyage m'agace les
nerfs d'une façon insupportable. En attendant, voici encore une aventure qui s'entame et dont je t'adresse fidèlement les premiers détails.

Comme observation générale, tu sauras que dans cette
ville aucune femme n'a une démarche naturelle. Vous en
remarquez une, vous la suivez ; alors elle fait les coudes
et les zigzags les plus incroyables de rues en rues. Puis,
choisissez un endroit un peu désert pour l'aborder, et
jamais elle ne refusera de répondre. Cela est connu de
tous. Une Viennoise n'éconduit personne. Si elle appartient à quelqu'un (je ne parle pas de son mari, qui ne
compte jamais) ; si, enfin, elle est trop affairée de divers
côtés, elle vous le dit et vous conseille de ne lui demander
un rendez-vous que la semaine suivante, ou de prendre
patience sans fixer le jour. Cela n'est jamais bien long ;
les amants qui vous ont précédé deviennent vos meilleurs
amis.

Je venais donc de suivre une beauté que j'avais remarquée au Prater, où la foule s'empresse pour voir les
traîneaux, et j'étais allé jusqu'à sa porte sans lui parler,
parce que c'était en plein jour. Ces sortes d'aventures
m'amusent infiniment. Fort heureusement, il y avait un
café presque en face de la maison. Je reviens donc, à la
brune, m'établir près de la fenêtre. Comme je l'avais
prévu, la belle personne en question ne tarde pas à sortir.
Je la suis, je lui parle, et elle me dit avec simplicité de lui
donner le bras, afin que les passants ne nous remarquent
pas. Alors elle me conduit dans toutes sortes de quartiers :
d'abord chez un marchand du Kohlmarkt, où elle achète

des mitaines; puis chez un pâtissier, où elle me donne la moitié d'un gâteau; enfin, elle me ramène dans la maison d'où elle était sortie, reste une heure à causer avec moi sous la porte et me dit de revenir le lendemain au soir. Le lendemain, je reviens fidèlement, je frappe à la porte, et tout à coup je me trouve au milieu de deux autres jeunes filles et de trois hommes vêtus de peaux de mouton et coiffés de bonnets plus ou moins valaques. Comme la société m'accueillait cordialement, je me préparais à m'asseoir: mais point du tout. On éteint les chandelles et l'on se met en route pour des endroits éloignés dans le faubourg. Personne ne me dispute la conquête de la veille, quoique l'un des individus soit sans femme, et enfin nous arrivons dans une taverne fort enfumée. Là, les sept ou huit nations qui se partagent la bonne ville de Vienne semblaient s'être réunies pour un plaisir quelconque. Ce qu'il y avait de plus évident, c'est qu'on y buvait beaucoup de vin doux rouge, mêlé de vin blanc plus ancien. Nous prîmes quelques carafes de ce mélange. Cela n'était point mauvais. Au fond de la salle, il y avait une sorte d'estrade où l'on chantait des complaintes dans un langage indéfini, ce qui paraissait amuser beaucoup ceux qui comprenaient. Le jeune homme qui n'avavait pas de femme s'assit auprès de moi, et comme il parlait très bon allemand, chose rare dans ce pays, je fus content de sa conversation. Quant à la femme avec qui j'étais venu, elle était absorbée dans le spectacle qu'on voyait en face de nous. Le fait est que l'on jouait derrière ce comptoir de véritables comédies. Ils étaient quatre ou cinq chanteurs, qui montaient, jouaient une scène et reparaissaient avec de nouveaux costumes. C'étaient des pièces complètes, mêlées de chœurs et de couplets. Pendant les intervalles, les Moldaves, Hongrois, Bohémiens et autres mangeaient beaucoup de lièvre et de veau. La femme que j'avais près de moi s'animait peu à peu, grâce au vin rouge et grâce au vin blanc. Elle était charmante ainsi, car naturellement elle est un peu pâle. C'est une vraie beauté slave; de grands traits solides indiquent la race qui ne s'est point mélangée.

Il faut encore remarquer que les plus belles femmes ici

sont celles du peuple et celles de la haute noblesse. Je
t'écris d'un café où j'attends l'heure du spectacle; mais
décidément l'encre est trop mauvaise, et j'ajourne la suite
de mes observations.

VIII. SUITE DU JOURNAL

Trente et un décembre, jour de la Saint-Sylvestre. —
Diable de conseiller intime de *sucre candi!* comme disait
Hoffmann [40], ce jour-là même. Tu vas comprendre à quel
propos cette interjection.

Je t'écris, non pas de ce cabaret enfumé et du fond de
cette cave fantastique dont les marches étaient si usées,
qu'à peine avait-on le pied sur la première, qu'on se
sentait sans le vouloir tout porté en bas, puis assis à une
table, entre un pot de vin vieux et un pot de vin nouveau,
et à l'autre bout étaient « l'homme qui a perdu son reflet »
et « l'homme qui a perdu son ombre » discutant fort gravement [41]. Je vais te parler d'un cabaret non moins enfumé, mais beaucoup plus brillant que le *Ratskeller* de
Brême ou l'*Auersbach* de Leipzick [42]; d'une certaine
cave que j'ai découverte près de la Porte-Rouge, et dont il
est bon de te faire la description, car c'est celle-là même
dont j'ai déjà dit quelques mots dans ma lettre précédente... Là s'ébauchait la préface de mes amours.

C'est bien une cave, en effet, vaste et profondément
creusée : à droite de la porte est le comptoir de l'hôte,
entouré d'une haute balustrade toute chargée de pots
d'étain; c'est de là que coulent à flots la bière impériale,
celle de Bavière et de Bohême, ainsi que les vins blancs
et rouges de la Hongrie, distingués par des noms bizarres.
A gauche de l'entrée est un vaste buffet chargé de viandes, de pâtisseries et de sucreries, et où fument continuellement les würschell, ce mets favori du Viennois.
D'alertes servantes distribuent les plats de table en table,
pendant que les garçons font le service plus fatigant de la
bière et du vin. Chacun soupe ainsi, se servant pour pain

de gâteaux anisés ou glacés de sel, qui excitent beaucoup
à boire. Maintenant, ne nous arrêtons pas dans cette
première salle, qui sert à la fois d'office à l'hôtelier et de
coulisse aux acteurs. On y rencontre seulement des danseuses qui se chaussent, des jeunes premières qui mettent
leur rouge, des soldats qui s'habillent en figurants; là est
le vestiaire des valseurs, le refuge des chiens ennemis de
la musique et de la danse, et le lieu de repos des marchands juifs, qui s'en vont, dans l'intervalle des pièces,
des valses ou des chants, offrir leurs parfumeries, leurs
fruits d'Orient, ou les innombrables billets de la grande
loterie de Miedling [43].

Il faut monter plusieurs marches et percer la foule pour
pénétrer enfin dans la pièce principale : c'est comme
d'ordinaire une galerie régulièrement voûtée et close
partout; les tables serrées règnent le long des murs, mais
le centre est libre pour la danse. La décoration est une
peinture en rocaille; et au fond, derrière les musiciens et
les acteurs, une sorte de berceau de pampres et de treillages. Quant à la société, elle est fort mélangée, comme
nous dirions; rien d'ignoble pourtant, car les costumes
sont plutôt sauvages que pauvres. Les Hongrois portent la
plupart leur habit semi-militaire, avec ses galons de soie
éclatante et ses gros boutons d'argent; les paysans bohêmes ont de longs manteaux blancs et de petits chapeaux
ronds couronnés de rubans ou de fleurs. Les Styriens sont
remarquables par leurs chapeaux verts ornés de plumes et
leurs costumes de chasseurs du Tyrol; les Serbes et les
Turcs se mêlent plus rarement à cette assemblée bizarre
de tant de nations qui composent l'Autriche, et parmi
lesquelles la vraie population autrichienne est peut-être la
moins nombreuse.

Quant aux femmes, à part quelques Hongroises, dont
le costume est à moitié grec, elles sont mises en général
fort simplement; belles presque toutes, souples et bien
faites, blondes la plupart, et d'un teint magnifique, elles
s'abandonnent à la valse avec une ardeur singulière. A
peine l'orchestre a-t-il préludé qu'elles s'élancent des
tables, quittant leur verre à moitié vide et leur souper
interrompu, et alors commence, dans le bruit et dans

l'épaisse fumée du tabac, un tourbillon de valses et de galops dont je n'avais point d'idée.

La valse finie, on se remet à manger et à boire, et voici que des chanteurs ou des saltimbanques paraissent au fond de la salle, derrière une sorte de comptoir garni d'une nappe et illuminé de chandelles ; ou bien, plus souvent encore, c'est une représentation de drame ou de comédie qui se donne sans plus d'apprêts. Cela tient à la fois du théâtre et de la parade ; mais les pièces sont presque toujours très amusantes et jouées avec beaucoup de verve et de naturel. Quelquefois on entend de petits opéras-bouffes à l'italienne, *con Pantaleone e Pulcinella*. L'étroite scène ne suffit pas toujours au développement de l'action ; alors les acteurs se répondent de plusieurs points ; des combats se livrent même au milieu de la salle entre les figurants en costume ; le comptoir devient la ville assiégée ou le vaisseau qu'attaquent les corsaires. A part ces costumes et cette mise en scène, il n'y a pas plus de décorations qu'aux théâtres de Londres du temps de Shakspeare, pas même l'écriteau qui annonçait alors que là était une ville et là une forêt.

Quand la pièce est terminée, comédie ou farce, chacun chante les couplets au public, sur un air populaire, toujours le même, qui paraît charmer beaucoup les Viennois ; puis les artistes se répandent dans la salle et s'en vont de table en table recueillir les félicitations et les kreutzers. Les actrices ou chanteuses sont la plupart très jolies, elles viennent sans façon s'asseoir aux tables, et il n'est pas un des ouvriers, étudiants ou soldats qui ne les invite à boire dans leurs verres ; ces pauvres filles ne font guère qu'y tremper leurs lèvres, mais c'est une politesse qu'elles ne peuvent refuser.

Tels sont, mon ami, les plaisirs intelligents de ce peuple. Il ne s'engourdit point, comme on le croit, avec le tabac et la bière ; il est spirituel, poétique et curieux comme l'Italien, avec une teinte plus marquée de bonhomie et de gravité ; il faut remarquer ce besoin qu'il semble avoir d'occuper à la fois tous ses sens, et de réunir constamment la table, la musique, le tabac, la danse, le théâtre.

En sortant de ces tavernes, on s'étonne de trouver toujours au-dessus de la porte un grand crucifix, et souvent aussi dans un coin une image de sainte en cire et vêtue de clinquant. C'est qu'ici, comme en Italie, la religion n'a rien d'hostile à la joie et au plaisir. La taverne a quelque chose de grave, comme l'église éveille souvent des idées de fête et d'amour. Dans la nuit de Noël, il y a huit jours, j'ai pu me rendre compte de cette alliance étrange pour nous. La population en fête passait de l'église au bal sans avoir presque besoin de changer de disposition; et d'ailleurs les rues étaient remplies d'enfants qui portaient les sapins bénits, ornés, dans leur feuillage, de bougies, de gâteaux et de sucreries. C'étaient les arbres de Noël, offrant par leur multitude l'image de cette forêt mobile qui marchait au-devant de Macbeth. L'intérieur des églises, de Saint-Étienne surtout, était magnifique et radieux. Ce que j'admirais, ce n'était pas seulement l'immense foule en habits de fête, l'autel d'argent étincelant au milieu du chœur, les centaines de musiciens suspendus pour ainsi dire aux grêles balustrades qui règnent le long des piliers, mais cette foi sincère et franche qui unissait toutes les voix dans un hymne prodigieux. L'effet de ces chœurs aux milliers de voix est vraiment surprenant pour nous autres Français, accoutumés à l'uniforme basse-taille des chantres ou à l'aigre fausset des dévotes. Ensuite les violons et les trompettes de l'orchestre, les voix de cantatrices s'élançant des tribunes, la pompe théâtrale de l'office, tout cela, certes, paraîtrait fort peu religieux à nos populations sceptiques. Mais ce n'est que chez nous qu'on a l'idée d'un catholicisme si sérieux, si jaloux, si rempli d'idées de mort et de privation, que peu de gens se sentent dignes de le pratiquer et de le croire. En Autriche, comme en Italie, comme en Espagne, la religion conserve son empire, parce qu'elle est aimable et facile, et demande plus de foi que de sacrifices.

Ainsi toute cette foule bruyante, qui était venue, comme les premiers fidèles, se réjouir aux pieds de Dieu de l'*heureuse naissance*, allait finir sa nuit de fête dans les banquets et dans les danses, aux accords des mêmes instruments. Je m'applaudissais d'assister une fois encore à ces belles solennités que notre Église a proscrites, et qui véritablement ont besoin d'être célébrées dans les pays où la croyance est prise au sérieux par tous.

Je sens bien que tu voudrais savoir la fin de ma dernière aventure. Peut-être ai-je eu tort de t'écrire tout ce qui précède. Je dois te faire l'effet d'un malheureux, d'un cuistre, d'un voyageur léger qui ne représente son pays que dans les tavernes et qu'un goût immodéré de bière impériale et d'impressions fantasques entraîne à de trop faciles amours. Aussi vais-je bientôt passer à des aventures plus graves... et quant à celle dont je te parlais plus haut, je regrette bien de ne pas t'en avoir écrit les détails à mesure ; mais il est trop tard. Je suis trop en arrière de mon journal, et tous ces petits faits que je t'aurais détaillés complaisamment alors, je ne pourrais plus même les ressaisir aujourd'hui. Contente-toi d'apprendre que comme je reconduisais la dame assez tard, il s'est mêlé dans nos amours un chien qui courait comme le barbet de Faust et qui avait l'air fou. J'ai vu tout de suite que c'était de mauvais augure. La belle s'est mise à caresser le chien, qui était tout mouillé, puis elle m'a dit qu'il avait sans doute perdu ses maîtres, et qu'elle voulait le recueillir chez elle. J'ai demandé à y entrer aussi, mais elle m'a répondu : *nicht !* ou, si tu veux, *nix !* avec un accent résolu qui m'a fait penser à l'invasion de 1814. Je me suis dit : C'est ce gredin de chien noir qui me porte malheur. Il est évident que, sans lui, j'aurais été reçu.

Eh bien ! ni le chien ni moi ne sommes entrés. Au moment où la porte s'ouvrait, il s'est enfui comme un être fantastique qu'il était, et la beauté m'a donné rendez-vous pour le lendemain.

Le lendemain, j'étais furieux, agacé ; il faisait très froid ; j'avais affaire. Je ne vins pas à l'heure, mais plus tard dans la journée. Je trouve un individu mâle qui m'ouvre et me demande, ainsi que la tête de chameau de Cazotte : *Chè vûoi* [44] ? Comme il était moins effrayant j'étais prêt à répondre : Je demande mademoiselle... Mais, ô malheur ! je me suis aperçu que j'ignorais totalement le nom de ma maîtresse. Cependant, comme je te l'ai dit, je la connaissais depuis trois jours. Je balbutie, le monsieur me regarde comme un intrigant ; je m'en vais. Très bien.

Le soir, je rôde autour de la maison ; je la vois qui rentre ; je m'excuse, et je lui dis fort tendrement : Mademoiselle, serait-il indiscret maintenant de vous demander votre nom ? — Vhahby. — Plaît-il ? — Vhahby. — Oh ! oh ! celui-là, je demande à l'écrire. Ah çà ! vous êtes donc Bohême ou Hongroise ? Elle est d'Ollmutz, cette chère enfant... Vhahby, c'est un nom bien bohême, en effet, et cependant la fille est douce et blonde, et dit son nom si doucement, qu'elle a l'air d'un agneau s'exprimant dans sa langue maternelle.

Et puis voilà que cela traîne en longueur ; je comprends que c'est une cour à faire. Un matin je viens la voir, elle me dit avec une grande émotion : Oh ! mon Dieu ! il est malade. — Qui, lui ? — Alors elle prononce un nom aussi bohême que le sien ; elle me dit : Entrez donc. J'entre dans une seconde chambre, et je vois, couché dans un lit, un grand flandrin qui était venu avec nous, le soir du spectacle, dans la taverne, et qui était vêtu en chasseur d'opéra-comique. Ce garçon m'accueille avec des démonstrations de joie ; il avait un grand chien lévrier couché près du lit. Ne sachant que dire, je dis : Voilà un beau chien ; je caresse l'animal, je lui parle, cela dure très longtemps. On remarquait au-dessus du lit le fusil du monsieur, ce qui, du reste, vu sa cordialité, n'avait rien de désagréable. Il me dit qu'il avait la fièvre, ce qui le contrariait beaucoup, car la chasse était bonne. Je lui demande naïvement s'il chassait le chamois ; il me montre alors des perdrix mortes avec lesquelles des enfants s'amusaient dans un coin. — Ah ! c'est très bien, monsieur. — Alors pour soutenir la conversation, comme la beauté ne revenait pas, je dis bourgeoisement : Eh bien ! ces enfants sont-ils bien savants ? D'où vient qu'ils ne sont pas à l'école ? Le chasseur me réplique : Ils sont trop petits. Je réponds que, dans mon pays, on les met aux écoles mutuelles dès le berceau. Je continue par une série d'observations sur ce mode d'enseignement. Pendant ce temps-là, Vhahby rentra une tasse à la main ; je dis au

chasseur : Est-ce que c'est du quinquina (vu sa fièvre)? Il
me dit : oui ; — il paraît qu'il n'avait pas compris, car je
le vois un instant après qui coupe du pain dans la tasse ; je
n'avais jamais ouï dire qu'on se trempât une soupe de
quinquina, et, en effet, c'était du bouillon. Le spectacle
de ce garçon mangeant sa soupe était aussi peu récréatif
que le récit que je t'en fais... Voilà un joli rendez-vous
qu'on m'a donné là. Je salue le chasseur en lui souhaitant
une meilleure santé, et je repasse dans l'autre pièce. Ah
çà! dis-je à la jeune Bohême, ce monsieur malade est-il
votre mari ? — Non. — Votre frère? — Non. — Votre
amoureux ? — Non. — Qu'est-ce qu'il est donc ? — Il est
chasseur. Voilà tout. Il faut observer, pour l'intelligence
de mes questions, qu'il y avait dans la seconde chambre
trois lits, et qu'elle m'avait appris que l'un était le sien, et
que c'était cela qui l'empêchait de me recevoir. Enfin, je
n'ai jamais pu comprendre la fonction de ce personnage.
Elle m'a dit toutefois de revenir le lendemain ; mais j'ai
pensé que, si c'était pour jouir de la conversation du
chasseur, il valait mieux attendre qu'il fût rétabli. Je n'ai
revu Vhahby que huit jours après ; elle n'a pas été plus
étonnée de mon retour que de ce que j'avais été si longtemps sans revenir. Le chasseur était rétabli et sorti... Je
ne savais à quoi tenait sa sauvagerie, elle m'a dit que les
enfants étaient dans l'autre pièce. — Est-ce à vous, ces
enfants ? — Oui. — Diable ! Il y en a trois, blonds comme
des épis, blonds comme elle. J'ai trouvé cela si respectable, que je ne suis pas revenu encore dans la maison ; j'y
reviendrai quand je voudrai. Les trois enfants, le chasseur
et la fille n'auront pas bougé ; — j'y reviendrai quand
j'aurai le temps.

IX. SUITE DU JOURNAL

Voilà ma vie : tous les matins je me lève, j'échange
quelques salutations avec des Italiens qui demeurent à
l'Aigle-Noir, ainsi que moi ; j'allume un cigare et je
descends la longue rue du faubourg de Leopoldstadt. Aux

encoignures donnant sur le quai de la *Vienne*, petite rivière qui nous sépare de la ville centrale, il y a deux cafés, où se rencontrent toujours de grands essaims d'Israélites au *nez pointu*, selon l'expression d'Henri Heine, lesquels tiennent là une sorte de bourse, les uns en plein air, les autres, les plus riches, dans les salles du café. C'est là que l'on voit encore de merveilleuses barbes, de longues lévites de soie noire, plus ou moins graisseuses, et que l'on entend un bourdonnement continuel qui justifie l'expression du poète. Ce sont, en effet, des essaims, mêlés d'abeilles et de frelons.

Il est bon, le matin, de prendre un petit verre de kirchenwasser dans l'un de ces cafés ; ensuite on peut se hasarder sur le *Pont-Rouge* qui communique à la Rothenthor, porte fortifiée de la ville. Arrêtons-nous cependant sur le glacis pour lire au coin du mur les affiches des théâtres [45]. Il y en a presque autant qu'à Paris. Le Burg-Theater, qui est la Comédie-Française de l'endroit, annonce quelques pièces de Goethe ou de Schiller, le Corneille et le Racine du théâtre *classique* allemand ; ensuite arrive le *Koertner-thor-Theater*, ou théâtre de la Porte-de-Carinthie, qui donne soit du Meyerbeer, soit du Bellini ou du Donizetti ; après, nous avons le théâtre *an der Wien* (de la Vienne), qui joue des mélodrames et des vaudevilles généralement traduits du français ; puis les théâtres de Josephstadt, de Leopoldstadt, etc., sans compter une foule de cafés-spectacles, dont je t'ai parlé précédemment.

Une fois décidé sur l'emploi de ma soirée, je traverse la Porte-Rouge au-dessous du rempart, et je me dirige à gauche vers un certain *Gastoffe*, où les vins de Hongrie sont d'assez bonne qualité. Le *Tokaïer-Wein* (tokay) s'y vend à raison de six kreutzers la choppe, et sert à arroser quelques côtelettes de mouton ou de porc frais, dont on relève le goût avec un quartier de citron.

Il y a ici une manière de payer charmante ; on n'a pas de bourse ; on ne connaît l'argent que sous la forme des petits kreutzers de billon, qui valent environ 17 sols de France. Ceci ne sert que d'appoint ; autrement l'on paye en billets. De jolis assignats, gradués depuis 1 fr.

jusqu'aux sommes les plus folles, garnissent votre porte-feuille et sont ornés de gravures en taille-douce d'une perfection étonnante. Un délicieux profil de femme, intitulé *Austria* (l'Autriche), vous inspire le regret le plus vif de vous séparer de ces images, et le désir plus grand d'en acquérir de nouvelles. Il importe de remarquer que ces billets sont de deux sortes, soit en monnaie de *convention*, qui ne représente que la moitié de la valeur, soit en monnaie *réelle*, qui se maintient plus ou moins, selon les circonstances politiques.

Généralement, après mon déjeuner, je suis la rue *Rothenthurmstrasse*, rue commerçante, animée par le voisinage des marchés, jusqu'à ce que je me trouve sur la place de l'église Saint-Étienne, la célèbre cathédrale viennoise, dont la flèche est la plus haute de l'Europe. La pointe en est légèrement inclinée, ayant été frappée jadis par un boulet de canon parti de l'armée française. Le toit de l'édifice présente une mosaïque brillante de tuiles vernies, qui reflète au loin les rayons du soleil. La pierre brune de cette église étale des raffinements inouïs d'architecture féodale. En laissant à gauche cet illustre monument, on arrive à un coin de rues dont l'une conduit vers la Porte-de-Carinthie, l'autre vers le *Mahl-Markt*, et la troisième vers le Graben. A l'angle des deux premières se trouve une sortie de pilier dont la destination est fort bizarre. On l'appelle le *Stock-im-Eisen*. C'est simplement un tronc d'arbre qui, dit-on, faisait autrefois partie de la forêt sur l'emplacement de laquelle Vienne a été bâtie. On a conservé religieusement cette souche vénérable incrustée dans la devanture d'un bijoutier. Chaque compagnon des corps de métier qui arrive à Vienne doit planter un clou dans l'arbre. Depuis bien des années il est impossible d'en faire entrer un seul de plus, et des paris s'établissent à ce sujet avec les arrivants.

Nous voici sur le Graben, c'est la place centrale et brillante de Vienne ; elle présente un carré oblong, ce qui est la forme de toutes les places de la ville. Les maisons sont du dix-huitième siècle ; la rocaille fleurit dans tous les ornements. Au milieu se trouve une colonne monumentale ressemblant à un bilboquet. La boule est formée de nuages sculptés qui supportent des anges dorés. La colonne elle-même semble torse, comme celles de l'ordre salomonique, le tout est chargé de festons, de rubans et d'attributs. Représente-toi maintenant tous les élégants magasins des plus riches quartiers de Paris, et la comparaison en sera d'autant plus juste que la plupart des boutiques sont occupées par des marchands de modes et de nouveautés qui font partie de ce qu'on appelle ici la colonie française. Il y a au milieu de la place un magasin dédié à l'archiduchesse Sophie, laquelle a dû être une bien belle femme, s'il faut s'en rapporter à l'enseigne peinte à la porte [46].

Il ne me reste plus qu'une petite rue à suivre pour arriver au principal café du Kohlmarkt, dans lequel ton ami s'adonne aux jouissances de ce qu'on appelle un *mélange*, et qui n'est autre chose que du café au lait servi dans un verre à patte, en lisant ceux des journaux français que la censure permet de recevoir.

11 janvier. — Je me vois forcé d'interrompre la narration des plaisirs de ma journée pour t'informer d'une aventure beaucoup moins gracieuse que les autres, qui est venue interrompre ma sérénité.

Il est bon que tu saches qu'il est fort difficile à un étranger de prolonger son séjour au-delà de quelques semaines dans la capitale de l'Autriche. On n'y resterait pas même vingt-quatre heures, si l'on n'avait soin de se faire recommander par un banquier, qui répond personnellement des dettes que vous pourriez faire. Ensuite arrive la question politique. Dès les premiers jours, j'avais cru m'apercevoir que j'étais suivi dans toutes mes démarches... Tu sais avec quelle rapidité et quelle fureur d'investigation je parcours les rues d'une ville étrangère, de sorte que le métier des espions n'a pas dû être facile à mon endroit.

Enfin, j'ai fini par remarquer un particulier d'un blond fadasse, qui paraissait suivre assidûment les mêmes rues que moi. Je prends ma résolution ; je traverse un passage, puis je m'arrête tout à coup, et je me trouve, en me retournant, nez à nez avec le monsieur qui me servait d'ombre. Il était fort essoufflé.

« Il est inutile, lui dis-je, de vous fatiguer autant. J'ai l'habitude de marcher très vite, mais je puis régler mon pas sur le vôtre et jouir ainsi de votre conversation. »

Ce pauvre homme paraissait très embarrassé ; je l'ai mis à son aise, en lui disant que je savais à quelles précautions la police de Vienne était obligée vis-à-vis des étrangers, et particulièrement des Français ; demain, lui ajoutai-je, j'irai voir votre directeur et le rassurer sur mes intentions.

L'estafier ne répondit pas grand-chose et s'esquiva en feignant de ne point trop comprendre mon mauvais allemand.

Pour t'édifier sur ma tranquillité dans cette affaire, je te dirai qu'un journaliste de mes amis m'avait donné une excellente lettre de recommandation pour un des chefs de la police viennoise. Je m'étais promis de n'en profiter que dans une occasion grave. Le lendemain donc je me dirigeai vers la Politzey-direction [47].

J'ai été parfaitement accueilli : le personnage en question, qui s'appelle le baron de S***, est un ancien poète lyrique, ex-membre du *Tugendbund* [48] et des sociétés secrètes, qui a passé à la police, en prenant de l'âge, à peu près comme on *se range*, après les folies de la jeunesse [49]... Beaucoup de poètes allemands se sont trouvés dans ce cas. À Vienne, du reste, la police a quelque chose de patriarcal qui explique mieux qu'ailleurs ces sortes de transitions.

Nous avons causé littérature, et M. de S***, après s'être assuré de ma position, m'a admis peu à peu dans une sorte d'intimité.

« Savez-vous, m'a-t-il dit, que vos aventures m'amusent infiniment ?

— Quelles aventures ?

— Mais celles que vous racontez si agréablement à votre ami***, et que vous mettez ici à la poste pour Paris.

— Ah ! vous lisez cela ?

— Oh ! ne vous en inquiétez pas ; rien dans votre correspondance n'est de nature à vous compromettre. Et même le gouvernement fait grand cas de ceux des étran-

gers qui, loin de fomenter des intrigues, profitent avec
ardeur des plaisirs de la bonne ville de Vienne. »

Il finit par m'engager à venir, quand je le voudrais, lire
les journaux de l'opposition à la police... attendu que
c'était l'endroit le plus libre de l'Empire... On pouvait y
causer de tout sans danger.

Vienne me fait entièrement l'effet de Paris au
XVIIIᵉ siècle, en 1770, par exemple, et moi-même je me
regarde comme un poète étranger, égaré dans cette société mi-partie d'aristocratie brillante et de populaire en
apparence insoucieux. Ce qui manque à la classe inférieure viennoise pour représenter l'ancien peuple de
Paris, c'est l'unité de race. Les Slaves, les Magyares, les
Tyroliens, Illyriens et autres sont trop préoccupés de leurs
nationalités diverses, et n'ont pas même le moyen de
s'entendre ensemble, dans le cas où leurs principes se
rapprocheraient. De plus, la prévoyante et ingénieuse
police impériale ne laisse pas séjourner dans la ville un
seul ouvrier sans travail. Tous les métiers sont organisés
en corporations ; le compagnon qui vient de la province
est soumis à peu près aux mêmes règles que le voyageur
étranger. Il faut qu'il se fasse recommander par un patron
ou par un habitant notable de la ville qui réponde de sa
conduite ou des dettes qu'il pourrait faire. S'il ne peut pas
offrir cette garantie, on lui permet un séjour de vingt-
quatre heures pour voir les monuments et les curiosités,
puis on lui signe son livret pour toute autre ville qu'il lui
plaît d'indiquer et où les mêmes difficultés l'attendent.
En cas de résistance, il est reconduit à son lieu de naissance, dont la municipalité devient solidaire de sa
conduite et le fait généralement travailler à la terre, si
l'industrie chôme dans les villes.

Tout ce régime est extrêmement despotique, j'en
conviens, mais il faut bien se persuader que l'Autriche est
la Chine de l'Europe. J'en ai dépassé la grande muraille... et je regrette seulement qu'elle manque de man-
darins lettrés.

Une telle organisation, dominée par l'intelligence, aurait, en effet, moins d'inconvénients : c'est le problème
qu'avait voulu résoudre l'empereur philosophe Joseph II,

tout empreint d'idées voltairiennes et encyclopédistes.
L'administration actuelle suit despotiquement cette tradition, et n'étant plus guère philosophique, reste simplement *chinoise*.

En effet, l'idée d'établir une hiérarchie lettrée est peut-
être excellente; mais, dans un pays où la tradition de
l'hérédité domine, il est assez commun de penser que
le fils d'un lettré en est un lui-même. Il reçoit l'éducation qui convient, fait des vers et des tragédies, comme
on apprend à en faire au collège, et succède au génie
et à l'emploi de son père, sans exciter la moindre
réclamation. S'il est entièrement incapable, il fait faire
un livre historique, un volume de vers ou une tragédie héroïque par son précepteur, et le même effet est
obtenu.

Ce qui prouve combien la protection accordée aux
lettrés par la noblesse autrichienne est inintelligente, c'est
que j'ai vu les écrivains allemands des plus illustres,
méconnus et asservis, traînant dans des emplois infimes
une majesté dégradée.

J'avais une lettre de recommandation pour l'un d'eux,
dont le nom est plus célèbre peut-être à Paris qu'à
Vienne; j'eus beaucoup de peine à le découvrir dans
l'humble coin de bureau ministériel qu'il occupait[50]. Je
voulais le prier de me présenter dans quelques salons, où
j'aurais voulu n'être introduit que sous les auspices du
talent; je fus surpris et affligé de sa réponse. « Présentez-
vous simplement, me dit-il, en qualité d'étranger; et vous
serez parfaitement reçu, car ici tout le monde est bon, et
l'on est heureux d'accueillir les Français, ceux du moins
qui ne font aucun ombrage au gouvernement. Quant à
nous autres, pauvres poètes, de quel droit irions-nous
briller parmi les princes et les banquiers? »

Je me sentis navré de cet aveu et de l'ironique misan-
thropie de l'homme célèbre, que cependant le sort avait
forcé d'accepter un emploi misérable dans une société qui
pourtant sait ce qu'il vaut, et qui n'a accordé à son talent
que des lauriers stériles.

La position des artistes n'est pas la même: ils ont
l'avantage d'amuser directement les nobles compagnies

qui les accueillent avec tous les dehors de la sympathie et
de l'admiration. Ils deviennent aisément les familiers et
les amis des grands seigneurs, dont l'amour-propre est
flatté de leur accorder une ostensible protection. Aussi les
invite-t-on à toutes les fêtes. Seulement il faut qu'ils
apportent leur instrument, leur *gagne-pain* : c'est là le
collier.

18 janvier. — Parlons un peu encore des plaisirs du
peuple viennois ; c'est plus gai. Le carnaval approche, et
je fréquente beaucoup les bals du Sperl et de la Birn plus
amusants que d'autres, et qui s'adressent spécialement à
la classe bourgeoise. Ce sont de vastes établissements
splendidement décorés. Les femmes sont mieux mises,
c'est-à-dire d'une mise plus parisienne que celles de la
classe inférieure ; c'est ce qui représenterait ici la classe
des grisettes. La valse est aussi énergique, aussi folle que
dans les tavernes, et le nuage de tabac qu'elle agite n'est
guère moins épais.

Au Sperl aussi, l'on dîne ou l'on soupe toujours au
milieu des danses et de la musique, et le galop serpente
autour des tables sans inquiéter les dîneurs.

Je regrette de ne pouvoir te parler encore que des
plaisirs d'hiver de la population viennoise. Le Prater, que
je n'ai vu que lorsqu'il était dépouillé de sa verdure,
n'avait pas perdu pourtant toutes ses beautés ; les jours de
neige surtout, il présente un coup d'œil charmant, et la
foule venait de nouveau envahir ses nombreux cafés, ses
casinos et ses pavillons élégants, trahis tout d'abord par la
nudité de leurs bocages. Les troupes de chevreuils parcourent en liberté ce parc où on les nourrit, et plusieurs
bras du Danube coupent en îles les bois et les prairies. A
gauche commence le chemin de Vienne à Brünn. A un
quart de lieue plus loin coule le Danube (car Vienne n'est
pas plus sur le Danube que Strasbourg sur le Rhin). Tels
sont les Champs-Élysées de cette capitale.

Les jardins de Schoenbrunn n'étaient pas les moins
désolés dans le moment où je les ai parcourus. Schoenbrunn est le Versailles de Vienne ; le village de Hitzing
qui l'avoisine est toujours, chaque dimanche, le rendez-
vous des joyeuses compagnies. Strauss fils préside toute

la journée son orchestre au casino de Hitzing, et n'en
retourne pas moins, le soir, diriger les valses du Sperl.
Pour arriver à Hitzing, on traverse la cour du château de
Schoenbrunn ; des Chimères de marbre gardent l'entrée,
et toute cette cour déserte et négligée est décorée dans le
goût du XVIIIᵉ siècle ; le château lui-même, dont la façade
est imposante, n'a rien de riche dans son intérieur que
l'immensité de ses salles, où le badigeonnage recouvre
presque partout les vieilles rocailles dorées. Mais en
sortant du côté des jardins, l'on jouit d'un coup d'œil
magnifique, dont les souvenirs de Saint-Cloud et de Versailles ne rabaissent pas l'impression.

Le pavillon de Marie-Thérèse, situé sur une colline qui
déroule à ses pieds d'immenses nappes de verdure, est
d'une architecture toute féerique, et à laquelle je ne puis
rien comparer. Composé d'une longue colonnade tout à
jour, et dont les quatre arcades du milieu sont seules
vitrées de glaces pour former un cabinet de repos, ce
bâtiment est à la fois un palais et un arc de triomphe. Vu
de la route, il couronne le château dans toute sa largeur et
semble en faire partie, parce que la colline sur laquelle il
est bâti élève sa base au niveau des toits de Schoenbrunn.
Il faut monter longtemps par les allées de pins, par les
gazons, le long des fontaines sculptées dans le goût du
Puget et de Bouchardon, en admirant toutes les divinités
de cet Olympe maniéré, pour parvenir enfin aux marches
de ce temple digne d'elles, qui se découpe si hardiment
dans l'air, et y fait flotter tous les festons et toutes les
astragales de mademoiselle de Scudéri [51]…

Je me sauve au travers du jardin pour revenir aux
faubourgs de Vienne par cette belle avenue de Maria-
Hilf, ornée pendant une lieue d'un double rang de peupliers immenses. La foule endimanchée se presse toujours vers Hitzing en faisant des haltes nombreuses dans
les cafés et les casinos qui bordent toute la chaussée.
C'est la plus belle entrée de Vienne : c'est une Courtille [52]
décente et bourgeoise dont les beaux équipages ne se
détournent pas.

Pour en finir avec les faubourgs de Vienne, desquels
on ne peut guère séparer Schoenbrunn et Hitzing, je dois

te parler encore des trois théâtres qui complètent la longue série des amusements populaires. Le théâtre de la *Vienne* (an der Wien), celui de Josephstadt, et celui de Leopoldstadt, sont, en effet, des théâtres consacrés au peuple, et que nous pouvons comparer à nos scènes de boulevards. Les autres théâtres de Vienne, celui de la Burg pour la comédie et le drame, et celui de la Porte-de-Carinthie pour le ballet et l'opéra, sont situés dans l'enceinte des murs. Le théâtre de la Vienne, malgré son humble destination, est le plus beau de la ville et le plus magnifiquement décoré. Il est aussi grand que l'Opéra de Paris, et ressemble beaucoup, par sa coupe et ses ornements, aux grands théâtres d'Italie. On y joue des drames historiques, de grandes féeries-ballets et quelques petites pièces d'introduction, imitées généralement de nos vaudevilles.

Ce sont là les plaisirs de la population de Vienne pendant l'hiver. Et c'est l'hiver seulement qu'on peut étudier cette ville dans toutes les nuances originales de son caractère semi-slave et semi-européen. L'été, le beau monde s'éloigne, parcourt l'Italie, la Suisse et les villes de bains, ou va siéger dans ses châteaux de Hongrie et de Bohême ; le peuple transporte au Prater, à l'Augarten, à Hitzing, toute l'ardeur et tout l'enivrement de ses fêtes, de ses valses et de ses interminables soupers. Il faut donc prendre alors les bateaux du Danube ou la poste impériale, et laisser cette capitale à sa vie de tous les jours, si variée et si monotone à la fois.

X. SUITE DU JOURNAL

Premier février. — Reprenons l'histoire de nos aventures... Et maintenant sonnons de la trompette ; couvrons nos défaites passées avec tous les triomphes de ce qui nous arrive aujourd'hui. Nous voilà du faubourg dans la ville, et de la ville...

Pas encore.

Mon ami, je t'ai décrit jusqu'à présent fidèlement mes liaisons avec des beautés de bas lieu ; pauvres amours !

elles sont cependant bien bonnes et bien douces. La première m'a donné tout l'amour qu'elle a pu ; puis elle est partie comme un bel ange pour aller voir sa mère à Brünn. Les deux autres m'accueillaient fort amicalement et m'ouvraient leur bouche souriante comme des fleurs attendant les fruits ; ce n'était plus que patience à prendre quelque temps pour l'honneur de la ville et de ses faubourgs. Mais, ma foi, mes belles, le Français est volage... le Français a rompu cette glace viennoise qui présente des obstacles au simple voyageur, à celui qui passe et qui s'envole. Maintenant, nous avons droit de cité, pignon sur rue : nous nous adressons à de grandes dames !... « Ce sont de grandes dames, voyez-vous ! » comme disait mon ami Bocage[53].

Tu vas croire que je suis fou de joie ; mais non, je suis très calme ; cela est comme je te le dis, voilà tout.

J'hésite à te continuer ma confession, ô mon ami ! comme tu peux voir que j'ai longtemps hésité à t'envoyer cette lettre. Ma conduite n'est-elle pas perfide envers ces bonnes créatures, qui n'imaginaient pas que les secrets de leur beauté et de leurs caprices s'éparpilleraient dans l'univers, et s'en iraient à quatre cents lieues réjouir la pensée d'un moraliste blasé (c'est toi-même), et lui fournir une série d'observations physiologiques ?...

Ne va pas révéler, à des Parisiens surtout, le secret de nos confidences, ou bien dis-leur que tout cela est de pure imagination ; que d'ailleurs cela est si loin ! (comme disait Racine dans la préface de *Bajazet*), et enfin, que les noms. adresses et autres indications sont suffisamment déguisés pour que rien, en cela, ne ressemble à une indiscrétion. Et d'ailleurs, qu'importe après tout ?... nous ne vivons pas, nous n'aimons pas. Nous étudions la vie, nous analysons l'amour, nous sommes des philosophes, pardieu !

Représente-toi une grande cheminée de marbre sculpté[54]. Les cheminées sont rares à Vienne, et n'existent guère que dans les palais. Les fauteuils et les divans ont des pieds dorés. Autour de la salle il y a des consoles dorées ; et les lambris... ma foi, il y a aussi des lambris dorés. La chose est complète, comme tu vois.

Devant cette cheminée, trois dames charmantes sont assises : l'une est de Vienne ; les deux autres sont, l'une Italienne, l'autre Anglaise. L'une des trois est la maîtresse de la maison. Des hommes qui sont là, deux sont comtes, un autre est un prince hongrois, un autre est ministre, et les autres sont des jeunes gens *pleins d'avenir*. Les dames ont parmi eux des maris et des amants avoués, connus ; mais tu sais que les amants passent en général à l'état de maris, c'est-à-dire ne comptent plus comme individualité masculine. Cette remarque est très forte, songes-y bien.

Ton ami se trouve donc seul d'homme dans cette société, à bien juger sa position ; la maîtresse de la maison mise à part (cela doit être), ton ami a donc des chances de fixer l'attention des deux dames qui restent, et même il a peu de mérite à cela par les raisons que je viens d'exposer.

Ton ami a dîné confortablement ; il a bu des vins de France et de Hongrie, pris du café et de la liqueur ; il est bien mis, son linge est d'une finesse exquise, ses cheveux sont soyeux et frisés très légèrement ; ton ami fait du paradoxe, ce qui est usé depuis dix ans chez nous, et ce qui est ici tout neuf. Les seigneurs étrangers ne sont pas de force à lutter sur ce bon terrain que nous avons tant remué. Ton ami flamboie et pétille ; on le touche, il en sort du feu.

Voilà un jeune homme bien posé ; il plaît prodigieusement aux dames ; les hommes sont très charmés aussi. Les gens de ce pays sont si bons ! Ton ami passe donc pour un causeur agréable. On se plaint qu'il parle peu ; mais quand il s'échauffe, il est très bien !

Je te dirai que des deux dames il en est une qui me plaît beaucoup, et l'autre beaucoup aussi. Toutefois l'Anglaise a un petit parler si doux, elle est si bien assise dans son fauteuil ; de si beaux cheveux blonds à reflets rouges, la peau si blanche ; de la soie, de la ouate et des tulles, des perles et des opales ; on ne sait pas trop ce qu'il y a au milieu de tout cela, mais c'est si bien arrangé !

C'est là un genre de beauté et de charme que je commence à présent à comprendre ; je vieillis. Si bien que me voilà à m'occuper toute la soirée de cette jolie femme dans son fauteuil. L'autre paraissait s'amuser beaucoup dans la conversation d'un monsieur d'un certain âge qui semble fort épris d'elle et dans les conditions d'un *patito* tudesque, ce qui n'est pas réjouissant. Je causais avec la petite dame bleue; je lui témoignais avec feu mon admiration pour les cheveux et le teint des blondes. Voici l'autre, qui nous écoutait d'une oreille, qui quitte brusquement la conversation de son soupirant et se mêle à la nôtre. Je veux tourner la question. Elle avait tout entendu. Je me hâte d'établir une distinction pour les brunes qui ont la peau blanche; elle me répond que la sienne est noire... de sorte que voilà ton ami réduit aux exceptions, aux conventions, aux protestations. Alors je pensais avoir beaucoup déplu à la dame brune. J'en étais fâché, parce qu'après tout elle est fort belle et fort majestueuse dans sa robe blanche, et ressemble à la Grisi dans le premier acte de *Don Juan*. Ce souvenir m'avait servi, du reste, à rajuster un peu les choses. Deux jours après, je me rencontre au Casino avec l'un des comtes qui étaient là; nous allons par occasion dîner ensemble, puis au spectacle. Nous nous lions comme cela. La conversation tombe sur les deux dames dont j'ai parlé plus haut; il me propose de me présenter à l'une d'elles: la noire. J'objecte ma maladresse précédente. Il me dit qu'au contraire cela avait très bien fait. Cet homme est profond.

Je craignis d'abord qu'il ne fût l'amant de cette dame et ne tendît à s'en débarrasser, d'autant plus qu'il me dit: « Il est très commode de la connaître, parce qu'elle a une loge au théâtre de la Porte-de-Carinthie, et qu'alors vous irez quand vous voudrez. — Cher comte, cela est très bien; présentez-moi à la dame. »

Il l'avertit, et le lendemain me voici chez cette belle personne vers trois heures. Le salon est plein de monde. J'ai l'air à peine d'être là. Cependant un grand Italien salue et s'en va, puis un gros individu, qui me rappelait le co-registrateur Heerbrand d'Hoffmann [55], puis mon introducteur, qui avait affaire. Restent le prince hongrois et le *patito*. Je veux me lever à mon tour; la dame me retient en me demandant si... (j'allais écrire une phrase qui serait une indication). Enfin, sache seulement qu'elle me demande un petit service que je peux lui rendre. Le prince s'en va pour faire une partie de paume. Le vieux (nous l'appellerons marquis, si tu veux), le vieux marquis tient bon. Elle lui dit : « Mon cher marquis, je ne vous renvoie pas, mais c'est qu'il faut que j'écrive. » Il se lève, et je me lève aussi. Elle me dit : « Non, restez ; il faut bien que je vous donne la lettre. » Nous voilà seuls. Elle poursuit : « Je n'ai pas de lettre à vous donner ; causons un peu ; c'est si ennuyeux de causer à plusieurs... »

Mais... il me semble que je vais te raconter l'aventure la plus commune du monde. M'en vanter ? Pourquoi donc ? Je t'avouerai même que cela a mal fini. Je m'étais laissé aller avec complaisance à décrire mes amours de rencontre, mais ce n'était que comme étude de mœurs lointaines ; il s'agissait de femmes qui ne parlent à peu près aucune langue européenne... et, pour ce que j'aurais à dire encore, je me suis rappelé à temps le vers de Klopstock : « Ici la Discrétion me fait signe de son doigt d'airain [56]. »

P. S. — Ne sois pas trop sévère pour cette correspondance à bâtons rompus... À Vienne, cet hiver, j'ai continuellement vécu dans un rêve. Est-ce déjà la douce atmosphère de l'Orient qui agit sur ma tête et sur mon cœur ? — Je n'en suis pourtant ici qu'à moitié chemin.

XI. L'ADRIATIQUE [57]

Quelle catastrophe, mon ami ! Comment te dire tout ce qui m'est arrivé, ou plutôt comment oser désormais livrer une lettre confidentielle à la poste impériale ! Songe bien que je suis encore sur le territoire de l'Autriche, c'est-à-dire sur des planches qui en dépendent, — le pont du *Francesco Primo*, vaisseau du Lloyd autrichien. Je t'écris en vue de Trieste, ville assez maussade, située sur une langue de terre qui s'avance dans l'Adriatique, avec ses grandes rues qui la coupent à angles droits et où souffle un vent continuel. Il y a de beaux paysages, sans doute, dans les montagnes sombres qui creusent l'horizon ; mais tu peux en lire d'admirables descriptions dans *Jean Sbogar* et dans *Mademoiselle de Marsan* de Charles Nodier ; il est inutile de les recommancer. Quant à mon voyage de Vienne ici, je l'ai fait en chemin de fer, sauf une vingtaine de lieues dans les gorges de montagnes couvertes de sapins poudrés de frimas... Il faisait très froid. Cela n'était pas gai, mais c'était en rapport avec mes sentiments intérieurs. Contente-toi de cet aveu.

Tu me demanderas pourquoi je ne me suis pas rendu en Orient par le Danube, comme c'était d'abord mon intention. Je t'apprendrai que les aimables aventures qui m'ont arrêté à Vienne beaucoup plus longtemps que je ne voulais y rester, m'ont fait manquer le dernier bateau à vapeur qui descend vers Belgrade et Semlin, où d'ordinaire on prend la poste turque. Les glaces sont arrivées, il n'a plus été possible de naviguer. Dans ma pensée, je comptais finir l'hiver à Vienne et ne repartir qu'au printemps... peut-être même jamais. Les dieux en ont décidé autrement.

Non, tu ne sauras rien encore. Il faut que j'aie mis l'étendue des mers entre moi et... un doux et triste souvenir.

Nous descendons l'Adriatique par un temps épouvantable ; impossible de voir autre chose que les côtes brumeuses de l'Illyrie à notre gauche et les îles nombreuses de l'archipel dalmate. Le pays des Monténégrins [58] ne dessine lui-même à l'horizon qu'une sombre silhouette, que nous avons aperçue en passant devant Raguse, ville tout italienne. Nous avons relâché plus tard à Corfou, pour prendre du charbon et pour recevoir quelques Égyptiens, commandés par un Turc qui se nomme Soliman-Aga. Ces braves gens se sont établis sur le pont, où ils restent accroupis le jour et couchés la nuit, chacun sur son tapis. Le chef seul demeure avec nous, dans l'entre-pont, et prend ses repas à notre table. Il parle un peu l'italien et semble un assez joyeux compagnon.

La tempête a augmenté quand nous approchions de la Grèce. Le roulis était si violent pendant notre dîner, que la plupart des convives avaient peu à peu gagné leurs hamacs.

Dans ces circonstances, où après maintes bravades la table d'abord pleine se dégarnit insensiblement, aux grands éclats de rire de ceux qui résistent à l'effet du tangage, il s'établit entre ces derniers une sorte de fraternité maritime. Ce qui n'était pour tous qu'un repas devient pour ceux qui restent un festin, qu'on prolonge le plus possible. C'est un peu comme la poule au billard ; il s'agit de ne pas mourir.

Mourir !... et tu vas voir si l'allusion est plaisante. Nous étions restés quatre à table, après avoir vu échouer honteusement trente convives. Il y avait, outre Soliman et moi, un capitaine anglais et un capucin de la terre sainte, nommé le père Charles. C'était un bonhomme qui riait de bon cœur avec nous et qui nous fit remarquer que ce jour-là Soliman-Aga ne s'était pas versé de vin, ce qu'il faisait abondamment d'ordinaire. Il le lui dit en plaisantant.

« Pour aujourd'hui, répondit le Turc, il tonne trop fort. »

Le père Charles se leva de table et tira de sa manche un cigare qu'il m'offrit fort gracieusement.

Je l'allumai, et je voulais encore tenir compagnie aux deux autres ; mais je ne tardai pas à sentir qu'il était plus sain d'aller prendre l'air sur le pont.

Je n'y restai qu'un instant. L'orage était encore dans toute sa force. Je me hâtai de regagner l'entrepont. L'Anglais se livrait à de grands éclats de gaieté et mangeait de tous les plats en disant qu'il consommerait volontiers le dîner de la chambrée entière (il est vrai que le Turc l'y aidait puissamment). Pour compléter sa bravade, il demanda une bouteille de vin de Champagne et nous en offrit à tous ; personne de ceux qui étaient couchés dans les cadres n'accepta son invitation. Il dit alors au Turc : « Eh bien ! nous la boirons ensemble ! »

Mais en ce moment le tonnerre grondait encore, et Soliman-Aga, croyant peut-être que c'était une tentation du diable, quitta la table et se précipita dehors sans rien répondre.

L'Anglais, contrarié, s'écria : « Eh bien ! tant mieux, je la boirai tout seul, et j'en boirai encore une autre après ! »

Le lendemain matin, l'orage était apaisé ; le garçon, en entrant dans la salle, trouva l'Anglais couché à demi sur la table, la tête reposant sur ses bras. On le secoua. Il était mort !

« *Bismillah !* » s'écria le Turc. C'est le mot qu'ils prononcent pour conjurer toute chose fatale.

L'Anglais était bien mort. Le père Charles regretta de ne pouvoir prier comme prêtre pour lui, mais certainement il pria en lui-même comme homme.

Étrange destinée ! cet Anglais était un ancien capitaine de la compagnie des Indes, souffrant d'une maladie de cœur, et à qui l'on avait conseillé l'eau du Nil. Le vin ne lui a pas donné le temps d'arriver à l'eau.

Après tout, est-ce là un genre de mort bien malheureux ?

On va s'arrêter à Cérigo pour y laisser le corps de l'Anglais. C'est ce qui me permet de visiter cette île, où le bateau ne relâche par ordinairement

XII. L'ARCHIPEL

Hier soir, on nous avait annoncé qu'au point du jour nous serions en vue des côtes de la Morée.

J'étais sur le pont dès cinq heures, cherchant la terre absente, épiant à quelque bord de cette roue d'un bleu sombre, que tracent les eaux sous la coupole azurée du ciel, attendant la vue du Taygète lointain comme l'apparition d'un dieu. L'horizon était obscur encore, mais l'étoile du matin rayonnait d'un feu clair dont la mer était sillonnée. Les roues du navire chassaient l'écume éclatante, qui laissait bien loin derrière nous sa longue traînée de phosphore. — « Au-delà de cette mer, disait Corinne en se tournant vers l'Adriatique, il y a la Grèce... Cette idée ne suffit-elle pas pour émouvoir [59] ? » — Et moi, plus heureux qu'elle, plus heureux que Winckelmann, qui la rêva toute sa vie, et que le moderne Anacréon [60],

qui voudrait y mourir, — j'allais la voir enfin, lumineuse, sortir des eaux avec le soleil !

Je l'ai vue ainsi, je l'ai vue : ma journée a commencé
comme un chant d'Homère ! C'était vraiment l'Aurore
aux doigts de rose qui m'ouvrait les portes de l'Orient ! Et
ne parlons plus des aurores de nos pays, la déesse ne va
pas si loin. Ce que nous autres barbares appelons l'aube
ou le point du jour, n'est qu'un pâle reflet, terni par
l'atmosphère impure de nos climats déshérités. Voyez
déjà de cette ligne ardente qui s'élargit sur le cercle des
eaux, partir des rayons roses épanouis en gerbe, et ravi-
vant l'azur de l'air qui plus haut reste sombre encore. Ne
dirait-on pas que le front d'une déesse et ses bras étendus
soulèvent peu à peu le voile des nuits étincelant d'étoiles ?
Elle vient, elle approche, elle glise amoureusement sur
les flots divins qui ont donné le jour à Cythérée… Mais
que dis-je ? devant nous, là-bas, à l'horizon, cette côte
vermeille, ces collines empourprées qui semblent des
nuages, c'est l'île même de Vénus, c'est l'antique
Cythère aux rochers de porphyre : Κυτηρη πορφιρυσσα…
Aujourd'hui cette île s'appelle Cérigo, et appartient aux
Anglais.

Voilà mon rêve… et voici mon réveil ! Le ciel et la mer
sont toujours là ; le ciel d'Orient, la mer d'Ionie se donnent chaque matin le saint baiser d'amour ; mais la terre
est morte, morte sous la main de l'homme, et les dieux se
sont envolés !

Pour rentrer dans la prose, il faut avouer que Cythère
n'a conservé de toutes ses beautés que ses rocs de porphyre, aussi tristes à voir que de simples rochers de grès.
Pas un arbre sur la côte que nous avons suivie, pas une
rose, hélas ! pas un coquillage le long de ce bord où les
Néréides avaient choisi la conque de Cypris. Je cherchais
les bergers et les bergères de Watteau, leurs navires ornés
de guirlandes abordant des rives fleuries ; je rêvais ces
folles bandes de pèlerins d'amour aux manteaux de satin
changeant [61]… je n'ai aperçu qu'un gentleman qui tirait
aux bécasses et aux pigeons, et des soldats écossais
blonds et rêveurs, cherchant peut-être à l'horizon les
brouillards de leur patrie.

L'accident dont j'ai parlé avait contraint le navire à s'arrêter au port San-Nicolo[62], à la pointe orientale de l'île, vis-à-vis du cap Saint-Ange qu'on apercevait à quatre lieues en mer. Le peu de durée de notre séjour n'a permis à personne de visiter Capsali, la capitale de l'île, mais on apercevait au midi le rocher qui domine la ville, et d'où l'on peut découvrir toute la surface de Cérigo, ainsi qu'une partie de la Morée, et les côtes même de Candie quand le temps est pur. C'est sur cette hauteur, couronnée aujourd'hui d'un château militaire, que s'élevait le temple de Vénus céleste. La déesse était vêtue en guerrière, armée d'un javelot, et semblait dominer la mer et garder les destins de l'archipel grec comme ces figures cabalistiques des contes arabes, qu'il faut abattre pour détruire le charme attaché à leur présence. Les Romains issus de Vénus par leur aïeul Énée, purent seuls enlever de ce rocher superbe sa statue de bois de myrte, dont les contours puissants, drapés de voiles symboliques, rappelaient l'art primitif des Pélasgesan. C'était bien la grande déesse génératrice[63], Aphrodite Mélænia ou la noire, portant sur la tête le *polos* hiératique, ayant les fers aux pieds, comme enchaînée par force aux destins de la Grèce, qui avait vaincu sa chère Troie... Les Romains la transportèrent au Capitole, et bientôt la Grèce, étrange retour des destinées! appartint aux descendants régénérés des vaincus d'Ilion.

XIII. LA MESSE DE VÉNUS

L'*Hypnérotomachie*[64] nous donne quelques détails curieux sur le culte de la Vénus Céleste dans l'île de Cythère, et sans admettre comme une autorité ce livre où l'imagination a coloré bien des pages, on peut y rencontrer souvent le résultat d'études ou d'impressions fidèles.

Deux amants, Polyphile et Polia, se préparent au pèlerinage de Cythère.

Ils se rendent sur la rive de la mer, au temple somptueux de Vénus Physizoé. Là, des prêtresses, dirigées par une *prieuse* mitrée, adressaient d'abord pour eux des oraisons aux dieux Foricule, Limentin, et à la déesse Cardina. Les religieuses étaient vêtues d'écarlate, et portaient en outre des surplis de coton clair un peu plus courts; leurs cheveux pendaient sur leurs épaules. La première tenait le livre des cérémonies, la seconde une aumusse de fine soie, les autres une châsse d'or, le *cécespite* ou couteau du sacrifice, et le *préféricule* ou vase de libation; la septième portait une mitre d'or avec ses pendants; une plus petite tenait un cierge de cire vierge; toutes étaient couronnées de fleurs. L'aumusse que portait la prieuse s'attachait devant le front à un fermoir d'or incrusté d'une ananchite, pierre talismanique par laquelle on évoquait les figures des dieux.

La prieuse fit approcher les amants d'une citerne située au milieu du temple, et en ouvrit le couvercle avec une clef d'or; puis, en lisant dans le saint livre à la clarté du cierge, elle bénit l'huile sacrée, et la répandit dans la citerne; ensuite elle prit le cierge, et en fit tourner le flambeau près de l'ouverture, disant à Polia : « Ma fille, que demandez-vous? — Madame, dit-elle, je demande grâce pour celui qui est avec moi, et désire que nous puissions aller ensemble au royaume de la grande Mère divine pour boire en sa sainte fontaine. » Sur quoi, la prieuse, se tournant vers Polyphile, lui fit une demande pareille, et l'engagea à plonger tout à fait le flambeau dans la citerne. Ensuite elle attacha avec une cordelle le vase nommé *lépaste,* qu'elle fit descendre jusqu'à l'eau sainte, et en puisa pour la faire boire à Polia. Enfin, elle referma la citerne, et adjura la déesse d'être favorable aux deux amants.

Après ces cérémonies, les prêtresses se rendirent dans une sorte de sacristie ronde, où l'on apporta deux cygnes blancs et un vase plein d'eau marine, ensuite deux tourterelles attachées sur une corbeille garnie de coquilles et de roses, qu'on posa sur la table des sacrifices; les jeunes filles s'agenouillèrent autour de l'autel, et invoquèrent les très saintes Grâces, Aglaïa, Thalia et Euphrosynè, ministres de Cythérée, les priant de quitter la fontaine Acidale, qui est à Orchomène, en Béotie, et où elles font résidence, et, comme Grâces divines, de venir accepter la profession religieuse faite à leur maîtresse en leur nom.

Après cette invocation, Polia s'approcha de l'autel couvert d'aromates et de parfums, y mit le feu elle-même, et alimenta la flamme de branches de myrte séché. Ensuite elle dut poser dessus les deux tourterelles, frappées du couteau cécespite, et plumées sur la table d'anclabre, le sang étant mis à part dans un vaisseau sacré. Alors commença le divin service, entonné par une *chantresse,* à laquelle les autres répondaient ; deux jeunes religieuses placées devant la prieuse accompagnaient l'office avec des flûtes lydiennes en ton lydien naturel.

Chacune des prêtresses portait un rameau de myrte, et, chantant d'accord avec les flûtes, elles dansaient autour de l'autel pendant que le sacrifice se consumait.

XIV. LE SONGE DE POLYPHILE [65]

Je suis loin de vouloir citer Polyphile comme une autorité scientifique ; Polyphile, c'est-à-dire Francesco Colonna, a beaucoup cédé sans doute aux idées et aux visions de son temps ; mais cela n'empêche pas qu'il n'ait puisé certaines parties de son livre aux bonnes sources grecques et latines, et je pouvais faire de même, mais j'ai mieux aimé le citer.

Que Polyphile et Polia, ces saints martyrs d'amour, me pardonnent de toucher à leur mémoire ! Le hasard, — s'il est un hasard ? — a remis en mes mains leur histoire mystique, et j'ignorais à cette heure-là même qu'un savant plus poète, un poète plus savant que moi avait fait reluire sur ces pages le dernier éclat du génie que recélait son front penché. Il fut comme eux un des plus fidèles apôtres de l'amour pur... et parmi nous l'un des derniers.

Reçois aussi ce souvenir d'un de tes amis inconnus, bon Nodier, belle âme divine, qui les immortalisais en

mourant*! Comme toi je croyais en eux, et comme eux à
l'amour céleste, dont Polia ranimait la flamme, et dont
Polyphile reconstruisait en idée le palais splendide sur les
rochers cythéréens. Vous savez aujourd'hui quels sont les
vrais dieux, esprit doublement couronnés : païens par le
génie, chrétiens par le cœur!

Et moi qui vais descendre dans cette île sacrée que
Francesco a décrite sans l'avoir vue, ne suis-je pas toujours, hélas! le fils d'un siècle déshérité d'illusions, qui a
besoin de toucher pour croire, et de rêver le passé... sur
ses débris? Il ne m'a pas suffi de mettre au tombeau mes
amours de chair et de cendre, pour bien m'assurer que
c'est nous, vivants, qui marchons dans un monde de
fantômes.

Polyphile, plus sage, a connu la vraie Cythère pour ne
l'avoir point visitée, et le véritable amour pour en avoir
repoussé l'image mortelle. C'est une histoire touchante
qu'il faut lire dans ce dernier livre de Nodier, quand on
n'a pas été à même de la deviner sous les poétiques
allégories du *Songe de Polyphile*.

Francesco Colonna, l'auteur de cet ouvrage, était un
pauvre peintre du quinzième siècle, qui s'éprit d'un fol
amour pour la princesse Lucrétia Polia de Trévise. Or-
phelin recueilli par Giacopo Bellini, père du peintre plus
illustre que nous connaissons, il n'osait lever les yeux sur
l'héritière d'une des plus grandes maisons de l'Italie. Ce
fut elle-même qui, profitant des libertés d'une nuit de
carnaval, l'encouragea à tout lui dire et se montra touchée
de sa peine. C'est une noble figure que Lucrétia Polia,
sœur poétique de Juliette, de Léonore et de Bianca Capello[66]. La distance des conditions rendait le mariage
impossible; l'autel du Christ... du Dieu de l'égalité!...
leur était interdit; ils rêvèrent celui de dieux plus indul-
gents, ils invoquèrent l'antique Éros et sa mère Aphrodite, et leurs hommages allèrent frapper des cieux lointains désaccoutumés de nos prières.

Dès lors, imitant les chastes amours des croyants de
Vénus-Uranie, ils se promirent de vivre séparés pendant

* *Franciscus Columna*, dernière nouvelle de Charles Nodier.

la vie pour être unis après la mort, et chose bizarre, ce fut sous les formes de la foi chrétienne qu'ils accomplirent ce vœu païen. Crurent-ils voir dans la Vierge et son fils l'antique symbole de la grande Mère divine et de l'enfant céleste qui embrase les cœurs? Osèrent-ils pénétrer à travers les ténèbres mystiques jusqu'à la primitive Isis, au voile éternel, au masque changeant, tenant d'une main la croix ansée, et sur les genoux l'enfant Horus sauveur du monde [67]?...

Aussi bien ces assimilations étranges étaient alors de grande mode en Italie. L'école néoplatonicienne de Florence triomphait du vieil Aristote, et la théologie féodale s'ouvrait comme une noire écorce aux frais bourgeons de la renaissance philosophique qui florissait de toutes parts. Francesco devint un moine, Lucrèce une religieuse, et chacun garda en son cœur la belle et pure image de l'autre, passant les jours dans l'étude des philosophies et des religons antiques, et les nuits à rêver son bonheur futur et à le parer des détails splendides qui lui révélaient les vieux écrivains de la Grèce. O double existence heureuse et bénie, si l'on en croit le livre de leurs amours! quelquefois les fêtes pompeuses du clergé italien les rapprochaient dans une même église, le long des rues, sur les places où se déroulaient des processions solennelles, et seuls, à l'insu de la foule, ils se saluaient d'un doux et mélancolique regard: «Frère, il faut mourir! — Sœur, il faut mourir!» c'est-à-dire nous n'avons plus que peu de temps à traîner notre chaîne [68]... Ce sourire échangé ne disait que cela.

Cependant Polyphile écrivait et léguait à l'admiration des amants futurs la noble histoire de ces combats, de ces peines, de ces délices. Il peignait les nuits enchantées où, s'échappant de notre monde plein de la loi d'un Dieu sévère, il rejoignait en esprit la douce Polia aux saintes demeures de Cythérée. L'âme fidèle ne se faisait pas attendre, et tout l'empire mythologique s'ouvrait à eux de ce moment. Comme le héros d'un poème plus moderne et non moins sublime*, ils fran-

_____

* *Faust.*

chissaient dans leur double rêve l'immensité de l'espace et des temps; la mer Adriatique et la sombre Thessalie, où l'esprit du monde ancien s'éteignit aux champs de Pharsale! Les fontaines commençaient à sourdre dans leurs grottes, les rivières redevenaient fleuves, les sommets arides des monts se couronnaient de bois sacrés; le Pénée inondait de nouveau ses grèves altérées, et partout s'entendait le travail sourd des Cabires et des Dactyles reconstruisant pour eux le fantôme d'un univers. L'étoile de Vénus grandissait comme un soleil magique et versait ses rayons dorés sur ces plages désertes, que leurs morts allaient repeupler; le faune s'éveillait dans son antre, la naïade dans sa fontaine, et des bocages reverdis s'échappaient les hamadryades. Ainsi la sainte aspiration de deux âmes pures rendait pour un instant au monde ses forces déchues et les esprits gardiens de son antique fécondité.

C'est alors qu'avait lieu et se continuait nuit par nuit ce pèlerinage, qui, à travers les plaines et les monts rajeunis de la Grèce, conduisait nos deux amants à tous les temples renommés de Vénus céleste et les faisait arriver enfin au principal sanctuaire de la déesse, à l'île de Cythère, où s'accomplissait l'union spirituelle des deux religieux, Polyphile et Polia.

Le frère Francesco mourut le premier, ayant terminé son pèlerinage et son livre; il légua le manuscrit à Lucrèce, qui grande dame et puissante comme elle était ne craignit point de le faire imprimer par Alde Manuce et le fit illustrer de dessins fort beaux la plupart, représentant les principales scènes du songe, les cérémonies des sacrifices, les temples, figures et symboles de la grande Mère divine, déesse de Cythère. Ce livre d'amour platonique fut longtemps l'évangile des cœurs amoureux dans ce beau pays d'Italie, qui ne rendit pas toujours à la Vénus céleste des hommages si épurés.

Pouvais-je faire mieux que de relire avant de toucher à Cythère le livre étrange de Polyphile, qui, comme Nodier l'a fait remarquer, présente une singularité charmante; l'auteur a signé son nom et son amour en employant en tête de chaque chapitre un certain nombre de lettres choisies pour former la légende suivante: «*Poliam frater Franciscus Columna peramavit* *.»

XV. SAN-NICOLO

En mettant le pied sur le sol de Cérigo, je n'ai pu songer sans peine que cette île, dans les premières années de notre siècle, avait appartenu à la France. Héritière des possessions de Venise, notre patrie s'est vue dépouillée à son tour par l'Angleterre, qui là, comme à Malte, annonce en latin aux passants sur une tablette de marbre, que «l'accord de l'Europe et l'*amour* de ces îles lui en ont, depuis 1814, assuré la souveraineté». — Amour! dieu des Cythéréens, est-ce bien toi qui as ratifié cette prétention?

Pendant que nous rasions la côte, avant de nous abriter à San-Nicolo, j'avais aperçu un petit monument, vaguement découpé sur l'azur du ciel, et qui, du haut d'un rocher, semblait la statue encore debout de quelque divinité protectrice... Mais, en approchant davantage, nous avons distingué clairement l'objet qui signalait cette côte à l'attention des voyageurs. C'était un gibet, un gibet à trois branches, dont une seule était garnie. Le premier gibet réel que j'aie vu encore, c'est sur le sol de Cythère, possession anglaise, qu'il m'a été donné de l'apercevoir [69] !

Je n'irai pas à Capsali; je sais qu'il n'existe plus rien du temple que Pâris fit élever à Vénus-Dionée, lorsque le mauvais temps le força de séjourner seize jours à Cythère avec Hélène qu'il enlevait à son époux. On montre encore, il est vrai, la fontaine qui fournit de l'eau à l'équipage, le bassin où la plus belle des femmes lavait de ses mains ses robes et celles de son amant; mais une église a été construite sur les débris du temple, et se voit au milieu

---

* Le frère Francesco Colonna a aimé tendrement Polia.

du port. Rien n'est resté non plus sur la montagne du temple de Vénus-Uranie, qu'a remplacé le fort Vénitien, aujourd'hui gardé par une compagnie écossaise.

Ainsi la Vénus céleste et la Vénus populaire, révérées l'une sur les hauteurs et l'autre dans les vallées, n'ont point laissé de traces dans la capitale de l'île, et l'on s'est occupé à peine de fouiller les ruines de l'ancienne ville de Scandie, près du port d'Avlémona, profondément cachées dans le sein de la terre.

Le port de San-Nicolo n'offrait à nos yeux que quelques masures le long d'une baie sablonneuse où coulait un ruisseau et où l'on avait tiré à sec quelques barques de pêcheurs; d'autres épanouissaient à l'horizon leurs voiles latines sur la ligne sombre que traçait la mer au-delà du cap Spati, dernière pointe de l'île, et du cap Malée qu'on apercevait clairement du côté de la Grèce.

Je n'ai plus songé dès lors qu'à rechercher pieusement les traces des temples ruinés de la déesse de Cythère, j'ai gravi les rochers du cap Spati où Achille en fit bâtir un à son départ pour Troie; j'ai cherché des yeux Cranaé située de l'autre côté du golfe et qui fut le lieu de l'enlèvement d'Hélène; mais l'île de Cranaé se confondait au loin avec les côtes de la Laconie et le temple n'a pas laissé même une pierre sur les rocs, du haut desquels on ne découvre, en se tournant vers l'île, que des moulins à eau mis en jeu par une petite rivière qui se jette dans la baie de San-Nicolo.

En descendant, j'ai trouvé quelques-uns de nos voyageurs qui formaient le projet d'aller jusqu'à une petite ville située à deux lieues de là et plus considérable même que Capsali. Nous sommes montés sur des mulets et, sous la conduite d'un Italien qui connaissait le pays, nous avons cherché notre route entre les montagnes. On ne croirait jamais, à voir de la mer les abords hérissés des rocs de Cérigo, que l'intérieur contienne encore tant de plaines fertiles; c'est après tout une terre qui a soixante-six milles de circuit et dont les portions cultivées sont couvertes de cotonniers, d'oliviers et de mûriers semés parmi les vignes. L'huile et la soie sont les principales productions qui fassent vivre les habitants, et les Cythé-

réennes — je n'aime pas à dire *Cérigotes* — trouvent à
préparer cette dernière un travail assez doux pour leurs
belles mains; la culture du coton a été frappée au
contraire par la possession anglaise.

Le but de la promenade de mes compagnons était
Potamo, petite ville à l'aspect italien, mais pauvre et
délabrée; le mien était la colline d'Aplunori située à peu
de distance et où l'on m'avait dit que je pourrais rencontrer les restes d'un temple. Mécontent de ma course du
cap Spati, j'espérais me dédommager dans celle-ci et
pouvoir, comme le bon abbé Delille, remplir mes poches
de débris mythologiques [70]. O bonheur! je rencontre, en
approchant d'Aplunori, un petit bois de mûriers et d'oliviers où quelques pins plus rares étendaient çà et là leurs
sombres parasols; l'aloès et le cactus se hérissait parmi
les broussailles, et sur la gauche s'ouvrait de nouveau le
grand œil bleu de la mer que nous avions quelque temps
perdue de vue. Un mur de pierre semblait clore en partie
le bois, et sur un marbre, débris d'une ancienne arcade
qui surmontait une porte carrée, je pus distinguer ces
mots: ΚΑΡΔΙΩΝ ΘΕΡΑΠΙΑ... guérison des cœurs.

XVI. Aplunori

La colline d'Aplunori ne présente que peu de ruines,
mais elle a gardé les restes plus rares de la végétation
sacrée qui jadis parait le front des montagnes; des cyprès
toujours verts et quelques oliviers antiques dont le tronc
crevassé est le refuge des abeilles, ont été conservés par
une sorte de vénération traditionnelle qui s'attache à ces
lieux célèbres. Les restes d'une enceinte de pierre protègent, seulement du côté de la mer, ce petit bois qui est
l'héritage d'une famille; la porte a été surmontée d'une
pierre voûtée, provenant des ruines et dont j'ai signalé
déjà l'inscription. Au-delà de l'enceinte est une petite
maison entourée d'oliviers, habitation de pauvres paysans

grecs, qui ont vu se succéder depuis cinquante ans les
drapeaux vénitiens, français et anglais sur les tours du
fort qui protège San-Nicolo, et qu'on aperçoit à l'autre
extrémité de la baie. Le souvenir de la république française et du général Bonaparte qui les avait affranchis en
les incorporant à la république des Sept Iles, est encore
présent à l'esprit des vieillards.

L'Angleterre a rompu ces frêles liberté depuis 1815, et
les habitants de Cérigo ont assisté sans joie au triomphe
de leurs frères de la Morée. L'Angleterre ne fait pas des
Anglais des peuples qu'elle conquiert, je veux dire
qu'elle acquiert, elle en fait des ilotes, quelquefois des
domestiques; tel est le sort des Maltais, tel serait celui des
Grecs de Cérigo, si l'aristocratie anglaise ne dédaignait
comme séjour cette île poudreuse et stérile. Cependant il
est une sorte de richesse dont nos voisins ont encore pu
dépouiller l'antique Cythère, je veux parler de quelques
bas-reliefs et statues qui indiquaient encore les lieux dignes de souvenir. Ils ont enlevé d'Aplunori une frise de
marbre sur laquelle on pouvait lire, malgré quelques
abréviations, ces mots qui furent recueillis en 1798 par
des commissaires de la république française: « Ναός
Αφροδίτης, θέας κυρίας Κυθηρίων, καὶ παντὸς κόσμου. Temple
de Vénus, déesse maîtresse des Cythéréens et du monde
entier. »

Cette inscription ne peut laisser de doute sur le caractère des ruines; mais en outre un bas-relief enlevé aussi
par les Anglais avait servi longtemps de pierre à un
tombeau dans le bois d'Aplunori. On y distinguait les
images de deux amants venant offrir des colombes à la
déesse, et s'avançant au-delà de l'autel près duquel était
déposé le vase des libations. La jeune fille, vêtue d'une
longue tunique, présentait les oiseaux sacrés, tandis que
le jeune homme, appuyé d'une main sur son bouclier,
semblait de l'autre aider sa compagne à déposer son
présent aux pieds de la statue; Vénus était vêtue à peu
près comme la jeune fille, et ses cheveux, tressés sur les
tempes, lui descendaient en boucles sur le col.

Il est évident que le temple situé sur cette colline n'étai
pas consacré à Vénus-Uranie, ou céleste, adorée dans

d'autres quartiers de l'île, mais à cette seconde Vénus, populaire ou terrestre, qui présidait aux mariages. La première, apportée par des habitants de la ville d'Ascalon en Syrie, divinité sévère, au symbole complexe, au sexe douteux, avait tous les caractères des images primitives surchargées d'attributs et d'hiéroglyphes, telles que la Diane d'Éphèse ou la Cybèle de Phrygie ; elle fut adoptée par les Spartiates, qui, les premiers, avaient colonisé l'île ; la seconde, plus riante, plus humaine, et dont le culte, introduit par les Athéniens vainqueurs, fut le sujet de guerres civiles entre les habitants, avait une statue renommée dans toute la Grèce comme une merveille de l'art ; elle était nue et tenait à sa main droite une coquille marine ; ses fils Éros et Antéros l'accompagnaient, et devant elle était un groupe de trois Grâces dont deux la regardaient, et dont la troisième était tournée du côté opposé. Dans la partie orientale du temple, on remarquait la statue d'Hélène, ce qui est cause probablement que les habitants du pays donnent à ces ruines le nom de palais d'Hélène.

Deux jeunes gens se sont offerts à me conduire aux ruines de l'ancienne ville de Cythère dont l'entassement poudreux s'apercevait le long de la mer entre la colline d'Aplunori et le port de San-Nicolo ; je les avais donc dépassées en me rendant à Potamo par l'intérieur des terres ; mais la route n'était praticable qu'à pied, et il fallut renvoyer le mulet au village. Je quittai à regret ce peu d'ombrage plus riche en souvenirs que les quelques débris de colonnes et de chapiteaux dédaignés par les collectionneurs anglais. Hors de l'enceinte du bois, trois colonnes tronquées subsistaient debout encore au milieu d'un champ cultivé ; d'autres débris ont servi à la construction d'une maisonnette à toit plat, située au point le plus escarpé de la montagne, mais dont une antique chaussée de pierre garantit la solidité. Ce reste des fondations du temple sert de plus à former une sorte de terrasse qui retient la terre végétale nécessaire aux cultures et si rare dans l'île depuis la destruction des forêts sacrées.

On trouve encore sur ce point une excavation provenant de fouilles ; une statue de marbre blanc drapée à l'antique, et très mutilée, en avait été retirée ; mais il a été impossible d'en déterminer les caractères spéciaux. En descendant à travers les rochers poudreux, variés parfois d'oliviers et de vignes, nous avons traversé un ruisseau qui descend vers la mer en formant des cascades, et qui coule parmi des lentisques, des lauriers-roses et des myrtes. Une chapelle grecque s'est élevée sur les bords de cette eau bienfaisante, et paraît avoir succédé à un monument plus ancien.

XVII. PALÆOCASTRO

Nous suivions dès lors le bord de la mer en marchant sur les sables et en admirant de loin en loin des cavernes où les flots vont s'engouffrer dans les temps d'orage ; les cailles de Cérigo, fort appréciées des chasseurs, sautelaient çà et là sur les rochers voisins, dans les touffes de sauge aux feuilles cendrées. Parvenus au fond de la baie, nous avons pu embrasser du regard toute la colline de Palæocastro couverte de débris, et que dominent encore les tours et les murs ruinés de l'antique ville de Cythère. L'enceinte en est marquée sur le penchant tourné vers la mer, et les restes des bâtiments sont cachés en partie sous le sable marin qu'amoncelle l'embouchure d'une petite rivière. Il semble que la plus grande partie de la ville ait disparu peu à peu sous l'effort de la mer croissante, à moins qu'un tremblement de terre, dont tous ces lieux portent les traces, n'ait changé l'assiette du terrain. Selon les habitants, lorsque les eaux sont très claires, on distingue au fond de la mer les restes de constructions considérables.

En traversant la petite rivière, on arrive aux anciennes catacombes pratiquées dans un rocher qui domine les ruines de la ville et où l'on monte par un sentier taillé dans la pierre. La catastrophe qui apparaît dans certains détails de cette plage désolée a fendu dans toute sa hauteur cette roche funéraire et ouvert au grand jour les hypogées qu'elle renferme. On distingue par l'ouverture les côtés correspondants de chaque salle séparés comme par prodige; c'est après avoir gravi le rocher qu'on parvient à descendre dans ces catacombes qui paraissent avoir été habitées récemment par des pâtres; peut-être ont-elles servi de refuge pendant les guerres, ou à l'époque de la domination des Turcs.

Le sommet même du rocher est une plate-forme oblongue, bordée et jonchée de débris qui indiquent la ruine d'une construction beaucoup plus élevée; sans doute, c'était un temple dominant les sépulcres et sous l'abri duquel reposaient des cendres pieuses. Dans la première chambre que l'on rencontre ensuite, on remarque deux sarcophages taillés dans la pierre et couverts d'une arcade cintrée; les dalles qui les fermaient et dont on ne voit plus que les débris étaient seules d'un autre morceau; aux deux côtés, des niches ont été pratiquées dans le mur, soit pour placer des lampes ou des vases lacrymatoires, soit encore pour contenir des urnes funéraires. Mais s'il y avait ici des urnes, à quoi bon plus loin des cercueils? Il est certain que l'usage des anciens n'a pas toujours été de brûler les corps, puisque, par exemple, l'un des Ajax fut enseveli dans la terre; mais si la coutume a pu varier selon les temps, comment l'un et l'autre mode aurait-il été indiqué dans le même monument? Se pourrait-il encore que ce qui nous semble des tombeaux ne soit que des cuves d'eau lustrale multipliées pour le service des temples? Le doute est ici permis. L'ornement de ces chambres paraît avoir été fort simple comme architecture; aucune sculpture, aucune colonne n'en vient varier l'uniforme construction; les murs sont taillés carrément, le plafond est plat, seulement l'on s'aperçoit que primitivement les parois ont été revêtues d'un mastic où apparaissent des traces d'anciennes peintures exécutées en rouge et en noir à la manière des Étrusques.

Des curieux ont déblayé l'entrée d'une salle plus considérable pratiquée dans le massif de la montagne; elle est vaste, carrée et entourée de cabinets ou cellules, séparés par des pilastres et qui peuvent avoir été soit des tombeaux, soit des chapelles, car selon bien des gens

cette excavation immense serait la place d'un temple
consacré aux divinités souterraines.

XVIII. LES TROIS VÉNUS

Il est difficile de dire si c'est sur ce rocher qu'était bâti
le temple de Vénus céleste, indiqué par Pausanias [71]
comme dominant Cythère, ou si ce monument s'élevait
sur la colline encore couverte des ruines de cette cité, que
certains auteurs appellent aussi la Ville de Ménélas [72].
Toujours est-il que la disposition singulière de ce rocher
m'a rappelé celle d'un autre temple d'Uranie que l'auteur
grec décrit ailleurs comme étant placé sur une colline hors
des murs de Sparte. Pausanias lui-même, Grec de la
décadence, païen d'une époque où l'on avait perdu le
sens des vieux symboles, s'étonne de la construction
toute primitive des deux temples superposés consacrés à
la déesse. Dans l'un, celui d'en bas, on la voit couverte
d'armures, *telles que Minerve* (ainsi que la peint une
épigramme d'Ausone [73]); dans l'autre, elle est représentée couverte entièrement d'un voile, avec des chaînes aux
pieds. Cette dernière statue, taillée en bois de cèdre, avait
été, dit-on, érigée par Tyndare et s'appelait *Morpho*,
autre surnom de Vénus [74]. Est-ce la Vénus souterraine,
celle que les Latins appelaient *Libitina*, celle qu'on représentait aux enfers, unissant Pluton à la froide Perséphonè,
et qui, encore sous le surnom d'*Aînée des Parques*, se
confond parfois avec la belle et pâle Némésis ?

On a souri des préoccupations de ce poétique voyageur, « qui s'inquiétait tant de la blancheur des marbres » ;
peut-être s'étonnera-t-on dans ce temps-ci de me voir
dépenser tant de recherches à constater la triple personnalité de la déesse de Cythère. Certes, il n'était pas
difficile de trouver dans ses trois cents surnoms et attributs la preuve qu'elle appartenait à la classe de ces
divinités *panthées*, qui présidaient à toutes les forces de la
nature dans les trois régions du ciel, de la terre et des

lieux souterrains[75]. Mais j'ai voulu surtout montrer que le culte des Grecs s'adressait principalement à la Vénus austère, idéale et mystique, que les néo-platoniciens d'Alexandrie purent opposer, sans honte, à la Vierge des chrétiens. Cette dernière, plus humaine, plus facile à comprendre pour tous, a vaincu désormais la philosophique Uranie. Aujourd'hui la *Panagia*[76] grecque a succédé sur ces mêmes rivages aux honneurs de l'antique Aphrodite ; l'église ou la chapelle se rebâtit des ruines du temple et s'applique à en couvrir les fondements ; les mêmes superstitions s'attachent presque partout à des attributs tout semblables ; la Panagia, qui tient à la main un éperon de navire, a pris la place de Vénus Pontia ; une autre reçoit, comme la Vénus Calva, un tribut de chevelures que les jeunes filles suspendent aux murs de sa chapelle. Ailleurs s'élevait la Vénus des flammes, ou la Vénus des abîmes ; la Vénus Apostrophia, qui détournait des pensées impures, ou la Vénus Péristéria, qui avait la douceur et l'innocence des colombes : la Panagia suffit encore à réaliser tous ces emblèmes. Ne demandez pas d'autres croyances aux descendants des Achéens ; le christianisme ne les a pas vaincus, ils l'ont plié à leurs idées ; le principe féminin, et, comme dit Goethe, le *féminin céleste*[77] régnera toujours sur ce rivage. La Diane sombre et cruelle du Bosphore, la Minerve prudente d'Athènes, la Vénus armée de Sparte, telles étaient leurs plus sincères religions : la Grèce d'aujourd'hui remplace par une seule vierge tous ces types de vierges saintes, et compte pour bien peu de chose la trinité masculine et tous les saints de la légende, à l'exception de saint Georges, le jeune et brillant cavalier.

En quittant ce rocher bizarre, tout percé de salles funèbres, et dont la mer ronge assidûment la base, nous sommes arrivés à une grotte que les stalactites ont décorée de piliers et de franges merveilleuses ; des bergers y avaient abrité leurs chèvres contre les ardeurs du jour ; mais le soleil commença bientôt à décliner vers l'horizon en jetant sa pourpre au rocher lointain de Cérigotto, vieille retraite des pirates ; la grotte était sombre et mal éclairée à cette heure, et je ne fus pas tenté d'y pénétrer avec des flambeaux ; cependant tout y révèle encore l'antiquité de cette terre aimée des cieux. Des pétrifications, des fossiles, des amas même d'ossements antédiluviens ont été extraits de cette grotte, ainsi que de plusieurs autres points de l'île. Ainsi ce n'est point sans raison que les Pélasges avaient placé là le berceau de la fille d'Uranus, de cette Vénus si différente de celle des peintres et des poètes, qu'Orphée invoquait en ces termes : « Vénérable déesse, qui aimes les ténèbres... visible et invisible... dont toutes choses émanent, car tu donnes des lois au monde entier, et tu commandes même aux Parques, souveraine de la nuit [78] ! »

XIX. LES CYCLADES

Cérigo et Cérigotto montraient encore à l'horizon leurs contours anguleux ; bientôt nous tournâmes la pointe du cap Malée, passant si près de la Morée que nous distinguions tous les détails du paysage. Une habitation singulière attira nos regards ; cinq ou six arcades de pierre soutenaient le devant d'une sorte de grotte précédée d'un petit jardin. Les matelots nous dirent que c'était la demeure d'un ermite, qui depuis longtemps vivait et priait sur ce promontoire isolé. C'est un lieu magnifique en effet pour rêver au bruit des flots comme un moine romantique de Byron [79]. Les vaisseaux qui passent envoient quelquefois une barque porter des aumônes à ce solitaire, qui probablement est en proie à la curiosité des Anglais. Il ne se montra pas pour nous : peut-être est-il mort.

A deux heures du matin le bruit de la chaîne laissant tomber l'ancre nous éveillait tous, et nous annonçait entre deux rêves que ce jour-là même nous foulerions le sol de la Grèce véritable et régénérée. La vaste rade de Syra nous entourait comme un croissant [80].

Je vis depuis ce matin dans un ravissement complet. Je voudrais m'arrêter tout à fait chez ce bon peuple hellène, au milieu de ces îles aux noms sonores, et d'où s'exhale

comme un parfum du Jardin des Racines grecques [81]. Ah!
que je remercie à présent mes bons professeurs, tant de
fois maudits, de m'avoir appris de quoi pouvoir déchiffrer, à Syra, l'enseigne d'un barbier, d'un cordonnier ou
d'un tailleur. Eh quoi! voici bien les mêmes lettres rondes et les mêmes majuscules... que je savais si bien lire
du moins, et que je me donne le plaisir d'épeler tout haut
dans la rue :

« Καλιμέρα (bonjour), me dit le marchand d'un air affa-
ble, en me faisant l'honneur de ne pas me croire Parisien.

— Ποσα (combien)? dis-je, en choisissant quelque bagatelle.

— Δεκα δραγμαι (dix drachmes) », me répond-il d'un
ton classique...

Heureux homme pourtant, qui sait le grec de naissance, et ne se doute pas qu'il parle en ce moment comme
un personnage de Lucien.

Cependant le batelier me poursuit encore sur le quai et
me crie comme Caron à Ménippe :

« Αποδος, ὦ καταρατε, τα πορθμια ! (paye-moi, gredin,
le prix du passage [82] !) »

Il n'est pas satisfait d'un demi-franc que je lui ai
donné; il veut une drachme (90 cent.) : il n'aura pas
même une obole. Je lui réponds vaillamment avec quelques phrases des *Dialogues des morts*. Il se retire en
grommelant des jurons d'Aristophane.

Il me semble que je marche au milieu d'une comédie.
Le moyen de croire à ce peuple en veste brodée, en jupon
plissé à gros tuyaux (fustanelle), coiffé de bonnets rouges, dont l'épais flocon de soie retombe sur l'épaule,
avec des ceintures hérissées d'armes éclatantes, des jam-
bières et des babouches. C'est encore le costume exact de
l'Ile des Pirates ou du Siège de Missolonghi [83]. Chacun
passe pourtant sans se douter qu'il a l'air d'un comparse,
et c'est mon hideux vêtement de Paris qui provoque seul,
parfois, un juste accès d'hilarité.

Oui, mes amis! c'est moi qui suis un barbare, un
grossier fils du Nord, et qui fais tache dans votre foule
bigarrée. Comme le Scythe Anacharsis [84]... Oh! pardon,
je voudrais bien me tirer de ce parallèle ennuyeux.

Mais c'est bien le soleil d'Orient et non le pâle soleil du lustre qui éclaire cette jolie ville de Syra, dont le premier aspect produit l'effet d'une décoration impossible. Je marche en pleine couleur locale, unique spectateur d'une scène étrange, où le passé renaît sous l'enveloppe du présent.

Tenez, ce jeune homme aux cheveux bouclés, qui passe en portant sur l'épaule le corps difforme d'un chevreau noir... Dieux puissants ! c'est une outre de vin, une outre homérique, ruisselante et velue. Le garçon sourit de mon étonnement, et m'offre gracieusement de délier l'une des pattes de sa bête, afin de remplir ma coupe d'un vin de Samos emmiellé.

« O jeune Grec ! dans quoi me verseras-tu ce nectar ? car je ne possède point de coupe, je te l'avouerai.

— Πιτι (bois) ! » me dit-il, en tirant de sa ceinture une corne tronquée garnie de cuivre et faisant jaillir de la patte de l'outre un flot du liquide écumeux.

J'ai tout avalé sans grimace et sans rien rejeter, par respect pour le sol de l'antique Scyros que foulèrent les pieds d'Achille enfant !

Je puis dire aujourd'hui que cela sentait affreusement le cuir, la mélasse et la colophane ; mais assurément c'est bien là le même vin qui se buvait aux noces de Pélée, et je bénis les dieux qui m'ont fait l'estomac d'un Lapithe sur les jambes d'un Centaure.

Ces dernières ne m'ont pas été inutiles non plus dans cette ville bizarre, bâtie en escalier, et divisée en deux cités, l'une bordant la mer (la neuve), et l'autre (la cité vieille), couronnant la pointe d'une montagne en pain de sucre. qu'il faut gravir aux deux tiers avant d'y arriver.

Me préservent les chastes Piérides de médire aujourd'hui des monts rocailleux de la Grèce ! ce sont les os puissants de cette vieille mère (la nôtre à tous) que nous foulons d'un pied débile. Ce gazon rare où fleurit la triste anémone rencontre à peine assez de terre pour étendre sur elle un reste de manteau jauni. O Muses ! ô Cybèle... Quoi ! pas même une broussaille, une touffe d'herbe plus haute indiquant la source voisine !... Hélas ! j'oubliais que dans la ville neuve où je viens de passer l'eau pure se vend au verre, et que je n'ai rencontré qu'un porteur de vin.

Me voici donc enfin dans la campagne, entre les deux villes. L'une, au bord de la mer, étalant son luxe de favorite des marchands et des matelots, son bazar à demi turc, ses chantiers de navires, ses magasins et ses fabriques neuves, sa grande rue bordée de merciers, de tailleurs et de libraires ; et, sur la gauche, tout un quartier de négociants, de banquiers et d'armateurs, dont les maisons, déjà splendides, gravissent et couvrent peu à peu le rocher, qui tourne à pic sur une mer bleue et profonde. L'autre, qui, vue du port, semblait former la pointe d'une construction pyramidale, se montre maintenant détachée de sa base apparente par un large pli de terrain, qu'il faut traverser avant d'atteindre la montagne, dont elle coiffe bizarrement le sommet.

Qui ne se souvient de la ville de *Laputa* du bon Swift[85], suspendue dans les airs par une force magique et venant de temps à autre se poser quelque part sur notre terre pour y faire provision de ce qui lui manque. Voilà exactement le portrait de Syra la vieille, moins la faculté de locomotion. C'est bien elle encore qui « d'étage en étage escalade la nue », avec vingt rangées de petites maisons à toits plats, qui diminuent régulièrement jusqu'à l'église de Saint-Georges, dernière assise de cette pointe pyramidale. Deux autres montagnes plus hautes élèvent derrière celle-ci leur double piton, entre lequel se détache de loin cet angle de maisons blanchies à la chaux.

Cela forme un coup d'œil tout particulier.

XX. SAINT-GEORGES

On monte assez longtemps encore à travers les cultures, de petits murs en pierres sèches indiquent la borne des champs ; puis la montée devient plus rapide et l'on marche sur le rocher nu ; enfin l'on touche aux premières maisons ; la rue étroite s'avance en spirale vers le sommet de la montagne ; des boutiques pauvres, des salles de rez-de-chaussée où les femmes causent ou filent, des bandes d'enfants à la voix rauque, aux traits charmants, courant çà et là ou jouant sur le seuil des masures, des jeunes filles se voilant à la hâte tout effarées de voir dans la rue quelque chose de si rare qu'un passant, des cochons de lait et des volailles troublés, dans la paisible possession de la voie publique, refluant vers les intérieurs ; çà et là d'énormes matrones rappelant ou cachant leurs enfants pour les garder du mauvais œil : tel est le spectacle assez vulgaire qui frappe partout l'étranger.

Étranger ! mais le suis-je donc tout à fait sur cette terre du passé ? Oh ! non, déjà quelques voix bienveillantes ont salué mon costume dont tout à l'heure j'avais honte : Καθολικος ! tel est le mot que des enfants répètent autour de moi. Et l'on me guide à grands cris vers l'église de Saint-Georges qui domine la ville et la montagne. Catholique ! Vous êtes bien bons, mes amis ; catholique, vraiment je l'avais oublié. Je tâchais de penser aux dieux immortels, qui ont inspiré tant de nobles génies, tant de hautes vertus ! J'évoquais de la mer déserte et du sol aride les fantômes riants que rêvaient vos pères, et je m'étais dit en voyant si triste et si nu tout cet archipel des Cyclades, ces côtes dépouillées, ces baies inhospitalières, que la malédiction de Neptune avait frappé la Grèce oublieuse… La verte naïade est morte épuisée dans sa grotte, les dieux des bocages ont disparu de cette terre sans ombre, et toutes ces divines animations de la matière se sont retirées peu à peu comme la vie d'un corps glacé. Oh ! n'a-t-on pas compris ce dernier cri jeté par un monde mourant, quand de pâles navigateurs s'en vinrent raconter qu'en passant, la nuit, près des côtes de Thessalie, ils avaient entendu une grande voix qui criait : « Pan est mort [86] ! » Mort, eh quoi ! lui, le compagnon des esprits simples et joyeux, le dieu qui bénissait l'hymen fécond de l'homme et de la terre ! il est mort, lui par qui tout avait coutume de vivre ! mort sans lutte au pied de l'Olympe profané, mort comme un dieu peut seulement mourir, faute d'encens et d'hommages, et frappé au cœur comme un père par l'ingratitude et l'oubli ! Et maintenant… arrêtez-vous, enfants, que je contemple encore cette pierre

ignorée qui rappelle son culte et qu'on a scellée par
hasard dans le mur de la terrasse qui soutient votre église ;
laissez-moi toucher ces attributs sculptés représentant un
cistre, des cymbales et, au milieu, une coupe couronnée
de lierre ; c'est le débris de son autel rustique, que vos
aïeux ont entouré avec ferveur, en des temps où la nature
souriait au travail, où Syra s'appelait Syros...

Ici je ferme une période un peu longue pour ouvrir une
parenthèse utile. J'ai confondu plus haut *Syros* avec *Scyros*. Faute d'un *c*, cette île aimable perdra beaucoup dans
mon estime ; car c'est ailleurs décidément que le jeune
Achille fut élevé parmi les filles de Lycomède, et, si j'en
crois mon itinéraire, Syra ne peut se glorifier que d'avoir
donné le jour à Phérécide, le maître de Pythagore et
l'inventeur de la boussole... Que les itinéraires sont savants !

On est allé chercher le bedeau pour ouvrir l'église ; et je
m'assieds en attendant sur le rebord de la terrasse, au
milieu d'une troupe d'enfants bruns et blonds comme
partout, mais beaux comme ceux des marbres antiques,
avec des yeux que le marbre ne peut rendre et dont la
peinture ne peut fixer l'éclat mobile. Les petites filles
vêtues comme de petites sultanes, avec un turban de
cheveux tressés, les garçons ajustés en filles, grâce à la
jupe grecque plissée et à la longue chevelure tordue sur
les épaules, voilà ce que Syra produit toujours à défaut de
fleurs et d'arbustes ; cette jeunesse sourit encore sur le sol
dépouillé... N'ont-ils pas dans leur langue aussi quelque
chanson naïve correspondant à cette ronde de nos jeunes
filles, qui pleure les bois déserts et les lauriers coupés ?
Mais Syra répondrait que ses bois sillonnent les eaux et
que ses lauriers se sont épuisés à couronner le front de ses
marins !... N'as-tu pas été aussi le grand nid des pirates, ô
vertueux rocher ! deux fois catholique, latin sur la montagne et grec sur le rivage : et n'es-tu pas toujours celui des
usuriers ?

Mon itinéraire ajoute que la plupart des riches négociants de la ville basse ont fait fortune pendant la guerre
de l'indépendance par le commerce que voici : leurs vaisseaux, sous pavillon turc, s'emparaient de ceux que

l'Europe avait envoyés porter des secours d'argent et d'armes à la Grèce; puis, sous pavillon grec, ils allaient revendre les armes et les provisions à leurs frères de Morée ou de Chio; quant à l'argent, ils ne le gardaient pas, mais le prêtaient aussi sous bonne garantie à la cause de l'indépendance, et conciliaient ainsi leurs habitudes d'usuriers et de pirates avec leurs devoirs d'Hellènes. Il faut dire aussi qu'en général la ville haute tenait pour les Turcs par suite de son christianisme romain. Le général Fabvier [87], passant à Syra, et se croyant au milieu des Grecs orthodoxes, y faillit être assassiné... Peut-être eût-on voulu pouvoir vendre aussi à la Grèce reconnaissante le corps illustre du guerrier.

Quoi! vos pères auraient fait cela? beaux enfants aux cheveux d'or et d'ébène, qui me voyez avec admiration feuilleter ce livre, plus ou moins véridique, en attendant le bedeau. Non! j'aime mieux en croire vos yeux si doux, ce qu'on reproche à votre race doit être attribué à ce ramas d'étrangers sans nom, sans culte et sans patrie, qui grouillent encore sur le port de Syra, ce carrefour de l'Archipel. Et d'ailleurs, le calme de vos rues désertes, cet ordre et cette pauvreté... Voici le bedeau portant les clefs de l'église Saint-Georges. Entrons : non... je vois ce que c'est.

Une colonnade modeste, un autel de paroisse campagnarde, quelques vieux tableaux sans valeur, un saint Georges sur fond d'or, terrassant celui qui se relève toujours... cela vaut-il la chance d'un refroidissement sous ces voûtes humides, entre ces murs massifs qui pèsent sur les ruines d'un temple des dieux abolis? Non! pour un jour que je passe en Grèce, je ne veux pas braver la colère d'Apollon!

D'autant plus qu'il y a dans ce livre que je tiens un passage qui m'a fortement frappé : «Avant d'arriver à Delphes, on trouve sur la route de Livadie plusieurs tombeaux antiques. L'un d'eux, dont l'entrée a la forme d'une porte colossale, a été fendu par un tremblement de terre, et de la fente sort le tronc d'un laurier sauvage. Dodwel nous apprend qu'il règne dans le pays une tradition rapportant qu'à l'instant de la mort de Jésus-Christ

un prêtre d'Apollon offrait un sacrifice dans ce lieu
même, quand, s'arrêtant tout à coup, il s'écria : qu'un
nouveau Dieu venait de naître, dont la puissance égalerait
celle d'Apollon, mais qui finirait pourtant par lui céder.
A peine eut-il prononcé ce *blasphème*, que le rocher se
fendit, et il tomba mort, frappé par une main invisible [88]. »

Et moi, fils d'un siècle douteur, n'ai-je pas bien fait
d'hésiter à franchir le seuil, et de m'arrêter plutôt encore
sur la terrasse à contempler Tine prochaine, et Naxos, et
Paros, et Micone éparses sur les eaux, et plus loin cette
côte basse et déserte, visible encore au bord du ciel, qui
fut Délos, l'île d'Apollon [89] !...

XXI. LES MOULINS DE SYRA

En redescendant vers le port, il m'est arrivé une aventure singulière, dans un de ces moulins à six ailes qui
décorent si bizarrement les hauteurs de toutes les îles
grecques.

Un moulin à vent à six ailes qui battent joyeusement
l'air, comme les longues ailes membraneuses des cigales,
cela gâte beaucoup moins la perspective que nos affreux
moulins de Picardie ; pourtant cela ne fait qu'une figure
médiocre auprès des ruines solennelles de l'antiquité.
N'est-il pas triste de songer que la côte de Délos en est
couverte ? Les moulins sont le seul ombrage de ces lieux
stériles, autrefois couverts de bois sacrés. En descendant
de Syra la vieille à Syra la nouvelle, bâtie au bord de la
mer sur les ruines de l'antique Hermopolis, il a bien fallu
me reposer à l'ombre de ces moulins dont le rez-de-
chaussée est généralement un cabaret. Il y a des tables
devant la porte, et l'on vous sert, dans des bouteilles
empaillées, un petit vin rougeâtre qui sent le goudron et le
cuir. Une vieille femme s'approche de la table où j'étais
assis et me dit : Κοχονιτζα ! χαλι !... On sait déjà que le grec
moderne s'éloigne beaucoup moins qu'on ne croit de

l'ancien. Ceci est vrai à ce point que les journaux, la plupart écrits en grec ancien, sont cependant compris de tout le monde... Je ne me donne pas pour un helléniste de première force, mais je voyais bien par le second mot qu'il s'agissait de quelque chose de beau. Quant au substantif Κοκονιτζα, j'en cherchais en vain la racine dans ma mémoire meublée seulement des dizains classiques de Lancelot [90].

Après tout, me dis-je, cette femme reconnaît en moi un étranger, elle veut peut-être me montrer quelque ruine, me faire voir quelque curiosité. Peut-être est-elle chargée d'un galant message, car nous sommes dans le Levant, pays d'aventures. Comme elle me faisait signe de la suivre, je la suivis. Elle me conduisit plus loin à un autre moulin. Ce n'était plus un cabaret : une sorte de tribu farouche, de sept ou huit drôles mal vêtus, remplissait l'intérieur de la salle basse. Les uns dormaient, d'autres jouaient aux osselets. Ce tableau d'intérieur n'avait rien de gracieux. La vieille m'offrit d'entrer. Comprenant à peu près la destination de l'établissement, je fis mine de vouloir retourner à l'honnête taverne où la vieille m'avait rencontré. Elle me retint par la main en criant de nouveau : Κοκονιτζα ! Κοκονιτζα ! et, sur ma répugnance à pénétrer dans la maison, elle me fit signe de rester seulement à l'endroit où j'étais.

Elle s'éloigna de quelques pas et se mit comme à l'affût derrière une haie de cactus qui bordait un sentier conduisant à la ville. Des filles de la campagne passaient de temps en temps, portant de grands vases de cuivre sur la hanche quand ils étaient vides, sur la tête quand ils étaient pleins. Elles allaient à une fontaine située près de là, ou en revenaient. J'ai su depuis que c'était l'unique fontaine de l'île. Tout à coup la vieille se mit à siffler, l'une des paysannes s'arrêta et passa précipitamment par une des ouvertures de la haie. Je compris tout de suite la signification du mot Κοκονιτζα ! Il s'agissait d'une sorte de chasse aux *jeunes filles*. La vieille sifflait... le même air sans doute que siffla le vieux serpent sous l'arbre du mal... et une pauvre paysanne venait de se faire prendre à l'appeau.

Dans les îles grecques, toutes les femmes qui sortent sont voilées comme si l'on était en pays turc. J'avouerai que je n'étais pas fâché, pour un jour que je passais en Grèce, de voir au moins un visage de femme. Et pourtant, cette simple curiosité de voyageur n'était-elle pas déjà une sorte d'adhésion au manège de l'affreuse vieille ? La jeune femme paraissait tremblante et incertaine ; peut-être était-ce la première fois qu'elle cédait à la tentation embusquée derrière cette haie fatale ! La vieille leva le pauvre voile bleu de la paysanne. Je vis une figure pâle, régulière, avec des yeux assez sauvages ; deux grosses tresses de cheveux noirs entouraient la tête comme un turban. Il n'y avait rien là du charme dangereux de l'antique *hétaïre ;* de plus, la paysanne se tournait à chaque instant avec inquiétude du côté de la campagne en disant : O ανδρος μου ! O ανδρος μου ! (mon mari ! mon mari !). La misère, plus que l'amour, apparaissait dans toute son attitude. J'avoue que j'eus peu de mérite à résister à la séduction. Je lui pris la main, où je mis deux ou trois drachmes, et je lui fis signe qu'elle pouvait redescendre dans le sentier.

Elle parut hésiter un instant : puis, portant la main à ses cheveux, elle tira d'entre les nattes tordues autour de sa tête, une de ces amulettes que portent toutes les femmes des pays orientaux, et me la donna en disant un mot que je ne pus comprendre.

C'était un petit fragment de vase ou de lampe antique, qu'elle avait sans doute ramassé dans les champs, entortillé dans un morceau de papier rouge, et sur lequel j'ai cru distinguer une petite figure de génie monté sur un char ailé entre deux serpents. Au reste, le relief est tellement fruste, qu'on peut y voir tout ce que l'on veut... Espérons que cela me portera bonheur dans mon voyage.

En redescendant au port j'ai vu des affiches qui portaient le titre d'une tragédie de *Marco Bodjari,* par Aleko Soudzo [91], suivie d'un ballet, le tout imprimé en italien pour la commodité des étrangers. Après avoir dîné à l'hôtel d'Angleterre, dans une grande salle ornée d'un papier peint à personnages, je me suis fait conduire au *Casino,* où avait lieu la représentation. On déposait avant d'entrer les longues chibouques de cerisier à une sorte de bureau *des pipes* : les gens du pays ne fument plus au théâtre pour ne pas incommoder les touristes anglais qui louent les plus belles loges. Il n'y avait guère que des hommes, sauf quelques femmes étrangères à la localité. J'attendais avec impatience le lever du rideau pour juger de la déclamation. La pièce a commencé par une scène d'exposition entre Bodjari et un Palikare, son confident. Leur débit emphatique et guttural m'eût dérobé le sens des vers, quand même j'aurais été assez savant pour les comprendre ; de plus, les Grecs prononcent l'êta comme un *i*, le thêta comme un *z*, le bêta comme un *v*, l'upsilon comme un *y*, ainsi de suite. Il est probable que c'était là la prononciation antique, mais l'université nous enseigne autrement.

Au second acte, je vis paraître Moustaï-Pacha[92], au milieu des femmes de son sérail, lesquelles n'étaient que des hommes vêtus en odalisques. Il paraît qu'en Grèce on ne permet pas aux femmes de paraître sur le théâtre. Quelle moralité ! En suivant la pièce j'ai fini par comprendre peu à peu que Marco-Bodjari était un Léonidas moderne renouvelant, avec trois cents Palikares, la résistance des trois cents Spartiates. On applaudissait vivement ce drame hellénique qui, après s'être développé selon les règles classiques, se terminait par des coups de fusil.

En retournant au bateau à vapeur, j'ai joui du spectacle unique de cette ville pyramidale éclairée jusqu'à ses plus hautes maisons. C'était vraiment *babylonian*, comme dirait un Anglais.

J'ai quitté à Syra le paquebot autrichien pour m'embarquer sur le *Léonidas*, vaisseau français qui part pour Alexandrie : c'est une traversée de trois jours.

Tu auras compris sans doute la pensée qui m'a fait brusquement quitter Vienne... je m'arrache à des souvenirs. — Je n'ajouterai pas un mot de plus, quant à présent. J'ai la pudeur de la souffrance, comme l'animal blessé qui se retire dans la solitude pour y souffrir longtemps ou pour y succomber sans plainte.

L'Égypte est un vaste tombeau; c'est l'impression qu'elle m'a faite en abordant sur cette plage d'Alexandrie, qui, avec ses ruines et ses monticules, offre aux yeux des tombeaux épars sur une terre de cendres.

Des ombres drapées de linceuls bleuâtres circulent parmi ces débris. Je suis allé voir la colonne de Pompée et les bains de Cléopâtre. La promenade du *Mahmoudieh* [93] et ses palmiers toujours verts rappellent seuls la nature vivante…

Je ne te parle pas d'une grande place tout européenne formée par les palais des consuls et par les maisons des banquiers, ni des églises byzantines ruinées, ni des constructions modernes du pacha d'Égypte, accompagnées de jardins qui semblent des serres. J'aurais mieux aimé les souvenirs de l'antiquité grecque; mais tout cela est détruit, rasé, méconnaissable.

Je m'embarque ce soir sur le canal d'Alexandrie à l'Atfé; ensuite je prendrai une cange à voile pour remonter jusqu'au Caire: c'est un voyage de cinquante lieues que l'on fait en six jours.

LES FEMMES DU CAIRE

I. LES MARIAGES COPHTES

I. LE MASQUE ET LE VOILE

Le Caire est la ville du Levant où les femmes sont encore le plus hermétiquement voilées. A Constantinople, à Smyrne, une gaze blanche ou noire laisse quelquefois deviner les traits des belles musulmanes, et les édits les plus rigoureux parviennent rarement à leur faire épaissir ce frêle tissu. Ce sont des nonnes gracieuses et coquettes qui, se consacrant à un seul époux, ne sont pas fâchées toutefois de donner des regrets au monde. Mais l'Égypte, grave et pieuse, est toujours le pays des énigmes et des mystères ; la beauté s'y entoure, comme autrefois, de voiles et de bandelettes, et cette morne attitude décourage aisément l'Européen frivole. Il abandonne Le Caire après huit jours, et se hâte d'aller vers les cataractes du Nil chercher d'autres déceptions que lui réserve la science, et dont il ne conviendra jamais.

La patience était la plus grande vertu des initiés antiques. Pourquoi passer si vite ? Arrêtons-nous, et cherchons à soulever un coin du voile austère de la déesse de Saïs [95]. D'ailleurs, n'est-il pas encourageant de voir qu'en des pays où les femmes passent pour être prisonnières, les bazars, les rues et les jardins nous les présentent par milliers, marchant seules à l'aventure, ou deux ensemble, ou accompagnées d'un enfant ? Réellement, les Européennes n'ont pas autant de liberté : les femmes de distinction sortent, il est vrai, juchées sur des ânes et dans une position inaccessible ; mais, chez nous, les femmes du même rang ne sortent guère qu'en voiture. Reste le voile... qui, peut-être, n'établit pas une barrière aussi farouche que l'on croit.

Parmi les riches costumes arabes et turcs que la réforme épargne, l'habit mystérieux des femmes donne à la foule qui remplit les rues l'aspect joyeux d'un bal masqué; la teinte des dominos varie seulement du bleu au noir. Les grandes dames voilent leur taille sous le *habbarah* de taffetas léger, tandis que les femmes du peuple se drapent gracieusement dans une simple tunique bleue de laine ou de coton *(khamiss),* comme des statues antiques. L'imagination trouve son compte à cet incognito des visages féminins, qui ne s'étend pas à tous leurs charmes. De belles mains ornées de bagues talismaniques et de bracelets d'argent, quelquefois des bras de marbre pâle s'échappant tout entiers de leurs larges manches relevées au-dessus de l'épaule, des pieds nus chargés d'anneaux que la babouche abandonne à chaque pas, et dont les chevilles résonnent d'un bruit argentin, voilà ce qu'il est permis d'admirer, de deviner, de surprendre, sans que la foule s'en inquiète ou que la femme elle-même semble le remarquer. Parfois les plis flottants du voile quadrillé de blanc et de bleu qui couvre la tête et les épaules se dérangent un peu, et l'éclaircie qui se manifeste entre ce vêtement et le masque allongé qu'on appelle *borghot* laisse voir une tempe gracieuse où des cheveux bruns se tortillent en boucles serrées, comme dans les bustes de Cléopâtre, une oreille petite et ferme secouant sur le col et la joue des grappes de sequins d'or ou quelque plaque ouvragée de turquoises et de filigrane d'argent. Alors on sent le besoin d'interroger les yeux de l'Égyptienne voilée, et c'est là le plus dangereux. Le masque est composé d'une pièce de crin noir étroite et longue qui descend de la tête aux pieds, et qui est percée de deux trous comme la cagoule d'un pénitent; quelques annelets brillants sont enfilés dans l'intervalle qui joint le front à la barbe du masque, et c'est derrière ce rempart que des yeux ardents vous attendent, armés de toutes les séductions qu'ils peuvent emprunter à l'art. Le sourcil, l'orbite de l'œil, la paupière même, en dedans des cils, sont avivés par la teinture, et il est impossible de mieux faire valoir le peu de sa personne qu'une femme a le droit de faire voir ici.

Je n'avais pas compris tout d'abord ce qu'a d'attrayant ce mystère dont s'enveloppe la plus intéressante moitié du peuple d'Orient; mais quelques jours ont suffi pour m'apprendre qu'une femme qui se sent remarquée trouve généralement le moyen de se laisser voir, si elle est belle. Celles qui ne le sont pas savent mieux maintenir leurs voiles, et l'on ne peut leur en vouloir. C'est bien là le pays des rêves et de l'illusion! La laideur est cachée comme un crime, et l'on peut toujours entrevoir quelque chose de ce qui est forme, grâce, jeunesse et beauté.

La ville elle-même, comme ses habitantes, ne dévoile que peu à peu ses retraites les plus ombragées, ses intérieurs les plus charmants. Le soir de mon arripée au Caire, j'étais mortellement triste et découragé. En quelques heures de promenade sur un âne et avec la compagnie d'un drogman, j'étais parvenu à me démontrer que j'allais passer là les six mois les plus ennuyeux de ma vie, et tout cependant était arrangé d'avance pour que je n'y pusse rester un jour de moins. Quoi! c'est là, me disais-je, la ville des *Mille et Une Nuits,* la capitale des califes fatimites et des soudans?... Et je me plongeais dans l'inextricable réseau des rues étroites et poudreuses, à travers la foule en haillons, l'encombrement des chiens, des chameaux et des ânes, aux approches du soir dont l'ombre descend vite, grâce à la poussière qui ternit le ciel et à la hauteur des maisons.

Qu'espérer de ce labyrinthe confus, grand peut-être comme Paris ou Rome, de ces palais et de ces mosquées que l'on compte par milliers? Tout cela a été splendide et merveilleux sans doute, mais trente générations y ont passé; partout la pierre croule, et le bois pourrit. Il semble que l'on voyage en rêve dans une cité du passé, habitée seulement par des fantômes, qui la peuplent sans l'animer. Chaque quartier entouré de murs à créneaux, fermé de lourdes portes comme au Moyen Age, conserve encore la physionomie qu'il avait sans doute à l'époque de Saladin; de longs passages voûtés conduisent çà et là d'une rue à l'autre, plus souvent on s'engage dans une

voie sans issue ; il faut revenir. Peu à peu tout se ferme ;
les cafés seuls sont éclairés encore, et les fumeurs assis
sur des cages de palmier, aux vagues lueurs de veilleuses
nageant dans l'huile, écoutent quelque longue histoire
débitée d'un ton nasillard. Cependant les *moucharabys*
s'éclairent : ce sont des grilles de bois, curieusement
travaillées et découpées, qui s'avancent sur la rue et font
office de fenêtres ; la lumière qui les traverse ne suffit pas
à guider la marche du passant ; d'autant plus que bientôt
arrive l'heure du couvre-feu ; chacun se munit d'une lanterne, et l'on ne rencontre guère dehors que des Européens ou des soldats faisant la ronde.

Pour moi, je ne voyais plus trop ce que j'aurais fait
dans les rues passé cette heure, c'est-à-dire dix heures du
soir, et je m'étais couché fort tristement, me disant qu'il
en serait sans doute ainsi tous les jours, et désespérant des
plaisirs de cette capitale déchue... Mon premier sommeil
se croisait d'une manière inexplicable avec les sons vagues d'une cornemuse et d'une viole enrouée, qui aga-
çaient sensiblement mes nerfs. Cette musique obstinée
répétait toujours sur divers tons la même phrase mélodi-
que, qui réveillait en moi l'idée d'un vieux noël bourgui-
gnon ou provençal. Cela appartenait-il au songe ou à la
vie [96] ? Mon esprit hésita quelque temps avant de s'éveiller tout à fait. Il me semblait qu'on me portait en terre
d'une manière à la fois grave et burlesque, avec des
chantres de paroisse et des buveurs couronnés de pampre ;
une sorte de gaieté patriarcale et de tristesse mythologique mélangeait ses impressions dans cet étrange concert,
où de lamentables chants d'église formaient la base d'un
air bouffon propre à marquer les pas d'une danse de
corybantes. Le bruit se rapprochant et grandissant de plus
en plus, je m'étais levé tout engourdi encore, et une
grande lumière, pénétrant le treillage extérieur de ma
fenêtre, m'apprit enfin qu'il s'agissait d'un spectacle tout
matériel. Cependant ce que j'avais cru rêver se réalisait
en partie : des hommes presque nus, couronnés comme
des lutteurs antiques, combattaient au milieu de la foule
avec des épées et des boucliers ; mais ils se bornaient à
frapper le cuivre avec l'acier en suivant le rythme de la

musique et, se remettant en route, recommençaient plus loin le même simulacre de lutte. De nombreuses torches et des pyramides de bougies portées par des enfants éclairaient brillamment la rue et guidaient un long cortège d'hommes et de femmes, dont je ne pus distinguer tous les détails. Quelque chose comme un fantôme rouge portant une couronne de pierreries avançait lentement entre deux matrones au maintien grave, et un groupe confus de femmes en vêtements bleus fermait la marche en poussant à chaque station un gloussement criard du plus singulier effet.

C'était un mariage, il n'y avait plus à s'y tromper. J'avais vu à Paris, dans les planches gravées du citoyen Cassas [97], un tableau complet de ces cérémonies ; mais ce que je venais d'apercevoir à travers les dentelures de la fenêtre ne suffisait pas à éteindre ma curiosité, et je voulus, quoi qu'il arrivât, poursuivre le cortège et l'observer plus à loisir. Mon drogman Abdallah, à qui je communiquai cette idée, fit semblant de frémir de ma hardiesse, se souciant peu de courir les rues au milieu de la nuit, et me parla du danger d'être assassiné ou battu. Heureusement j'avais acheté un de ces manteaux de poil de chameau nommés *machlah* qui couvrent un homme des épaules aux pieds ; avec ma barbe déjà longue et un mouchoir tordu autour de la tête, le déguisement était complet.

II. Une noce aux flambeaux

La difficulté fut de rattraper le cortège, qui s'était perdu dans le labyrinthe des rues et des impasses. Le drogman avait allumé une lanterne de papier, et nous courions au hasard, guidés ou trompés de temps en temps par quelques sons lointains de cornemuse ou par des éclats de lumière reflétés aux angles des carrefours. Enfin nous atteignons la porte d'un quartier différent du nôtre ; les maisons s'éclairent, les chiens hurlent, et nous voilà dans une longue rue toute flamboyante et retentissante, garnie de monde jusque sur les maisons.

Le cortège avançait fort lentement, au son mélancolique d'instruments imitant le bruit obstiné d'une porte qui grince ou d'un chariot qui essaye des roues neuves. Les coupables de ce vacarme marchaient au nombre d'une vingtaine, entourés d'hommes qui portaient des lances à feu. Ensuite venaient des enfants chargés d'énormes candélabres dont les bougies jetaient partout une vive clarté. Les lutteurs continuaient à s'escrimer pendant les nombreuses haltes du cortège ; quelques-uns, montés sur des échasses et coiffés de plumes, s'attaquaient avec de longs bâtons ; plus loin, des jeunes gens portaient des drapeaux et des hampes surmontés d'emblèmes et d'attributs dorés, comme on en voit dans les triomphes romains, d'autres promenaient de petits arbres décorés de guirlandes et de couronnes, resplendissant en outre de bougies allumées et de lames de clinquant, comme des arbres de Noël. De larges plaques de cuivre doré, élevées sur des perches et couvertes d'ornements repoussés et d'inscriptions, reflétaient çà et là l'éclat des lumières. Ensuite marchaient les chanteuses (*oualems*) et les danseuses (*ghavasies*), vêtues de robes de soie rayées, avec leur tarbouch à calotte dorée et leurs longues tresses ruisselantes de sequins. Quelques-unes avaient le nez percé de longs anneaux, et montraient leurs visages fardés de rouge et de bleu, tandis que d'autres, quoique chantant et dansant, restaient soigneusement voilées. Elles s'accompagnaient en général de cymbales, de castagnettes et de tambours de basque. Deux longues files d'esclaves marchaient ensuite, portant des coffres et des corbeilles où brillaient les présents faits à la mariée par son époux et par sa famille ; puis le cortège des invités, les femmes au milieu, soigneusement drapées de leurs longues mantilles noires et voilées de masques blancs, comme des personnes de qualité, les hommes richement vêtus : car ce jour-là, me disait le drogman, les simples *fellahs* eux-mêmes savent se procurer des vêtements convenables. Enfin, au milieu d'une éblouissante clarté de torches, de candélabres et de pots à feu, s'avançait lentement le fantôme rouge que j'avais entrevu déjà, c'est-à-dire la nouvelle épouse *(el arouss),* entièrement voilée d'un long cachemire dont les palmes tombaient à ses pieds, et dont l'étoffe assez légère permettait sans doute qu'elle pût voir sans être vue. Rien n'est étrange comme cette longue figure qui s'avance sous son voile à plis droits, grandie encore par une sorte de diadème pyramidal éclatant de pierreries. Deux matrones vêtues de noir la soutiennent sous les coudes, de façon qu'elle a l'air de glisser lentement sur le sol ; quatre esclaves tendent sur sa tête un dais de pourpre, et d'autres accompagnent sa marche avec le bruit des cymbales et des tympanons.

Cependant une halte nouvelle s'est faite au moment où j'admirais cet appareil, et des enfants ont distribué des sièges pour que l'épouse et ses parents pussent se reposer. Les *oualems,* revenant sur leurs pas, ont fait entendre des improvisations et des chœurs accompagnés de musique et de danses, et tous les assistants répétaient quelques passages de leurs chants. Quant à moi, qui dans ce moment-là me trouvais en vue, j'ouvrais la bouche comme les autres, imitant autant que possible les *eleyson* ou les *amen* qui servent de *répons* aux couplets les plus profanes ; mais un danger plus grand menaçait mon incognito. Je n'avais pas fait attention que depuis quelques moments des esclaves parcouraient la foule en versant un liquide clair dans de petites tasses qu'ils distribuaient à mesure. Un grand Égyptien vêtu de rouge, et qui probablement faisait partie de la famille, présidait à la distribution et recevait les remerciements des buveurs. Il n'était plus qu'à deux pas de moi, et je n'avais nulle idée du salut qu'il fallait lui faire. Heureusement j'eus le temps d'observer tous les mouvements de mes voisins, et, quand ce fut mon tour, je pris la tasse de la main gauche et m'inclinai en portant ma main droite sur le cœur, sur le front, et enfin sur la bouche. Ces mouvements sont faciles, et cependant il faut prendre garde d'en intervertir l'ordre ou de ne point les reproduire avec aisance. J'avais dès ce moment le droit d'avaler le contenu de la tasse ; mais là ma surprise fut grande. C'était de l'eau-de-vie, ou plutôt une sorte d'anisette. Comment comprendre que des ma-

hométans fassent distribuer de telles liqueurs à leurs noces ? Je ne m'étais, dans le fait, attendu qu'à une limonade ou à un sorbet. Il était cependant facile de voir que
les almées, les musiciens et baladins du cortège avaient
plus d'une fois pris part à ces distributions.

Enfin la mariée se leva et reprit sa marche ; les femmes
fellahs, vêtues de bleu, se remirent en foule à sa suite
avec leurs gloussements sauvages, et le cortège continua
sa promenade nocturne jusqu'à la maison des nouveaux
époux.

Satisfait d'avoir figuré comme un véritable habitant du
Caire et de m'être assez bien comporté à cette cérémonie,
je fis un signe pour appeler mon drogman, qui était allé
un peu plus loin se remettre sur le passage des distributeurs d'eau-de-vie ; mais il n'était pas pressé de rentrer et
prenait goût à la fête.

« Suivons-les dans la maison, me dit-il tout bas.

— Mais que répondrai-je, si l'on me parle ?

— Vous direz seulement : *Tayeb !* c'est une réponse à
tout... Et d'ailleurs je suis là pour détourner la conversation. »

Je savais déjà qu'en Égypte *tayeb* était le fond de la
langue. C'est un mot qui, selon l'intonation qu'on y
apporte, signifie toute sorte de choses ; on ne peut toutefois le comparer au *goddam* des Anglais, à moins que ce
ne soit pour marquer la différence qu'il y a entre un
peuple certainement fort poli et une nation tout au plus
policée. Le mot *tayeb* veut dire tout à tour : *Très bien,* ou
voilà qui va bien, ou *cela est parfait,* ou *à votre service,*
le ton et surtout le geste y ajoutant des nuances infinies.
Ce moyen me paraissait beaucoup plus sûr, au reste, que
celui dont parle un voyageur célèbre, Belzoni, je crois. Il
était entré dans une mosquée, déguisé admirablement et
répétant tous les gestes qu'il voyait faire à ses voisins ;
mais, comme il ne pouvait répondre à une question qu'on
lui adressait, son drogman dit aux curieux : « Il ne comprend pas : c'est un Turc anglais[98] ! »

Nous étions entrés par une porte ornée de fleurs et de
feuillages dans une fort belle cour tout illuminée de lanternes de couleur. Les *moucharabys* découpaient leur

frêle menuiserie sur le fond orange des appartements éclairés et pleins de monde. Il fallut s'arrêter et prendre place sous les galeries intérieures. Les femmes seules montaient dans la maison, où elles quittaient leurs voiles, et l'on n'apercevait plus que la forme vague, les couleurs et le rayonnement de leurs costumes et de leurs bijoux, à travers les treillis de bois tourné.

Pendant que les dames se voyaient accueillies et fêtées à l'intérieur par la nouvelle épouse et par les femmes des deux familles, le mari était descendu de son âne; vêtu d'un habit rouge et or, il recevait les compliments des hommes et les invitait à prendre place aux tables basses dressées en grand nombre dans les salles du rez-de-chaussée et chargées de plats disposés en pyramides. Il suffisait de se croiser les jambes à terre, de tirer à soi une assiette ou une tasse et de manger proprement avec ses doigts. Chacun du reste était le bienvenu. Je n'osai me risquer à prendre part au festin, dans la crainte de manquer d'*usage*. D'ailleurs, la partie la plus brillante de la fête se passait dans la cour, où les danses se démenaient à grand bruit. Une troupe de danseurs nubiens exécutait des pas étranges au centre d'un vaste cercle formé par les assistants; ils allaient et venaient guidés par une femme voilée et vêtue d'un manteau à larges raies, qui, tenant à la main un sabre recourbé, semblait tout à tour menacer les danseurs et les fuir. Pendant ce temps, les *oualems* ou almées accompagnaient la danse de leurs chants en frappant avec les doigts sur des tambours de terre cuite *(tarabouki)* qu'un de leurs bras tenait suspendus à la hauteur de l'oreille. L'orchestre, composé d'une foule d'instruments bizarres, ne manquait pas de faire sa partie dans cet ensemble, et les assistants s'y joignaient en outre en battant la mesure avec les mains. Dans les intervalles des danses, on faisait circuler des rafraîchissements, parmi lesquels il y en eut un que je n'avais pas prévu. Des esclaves noires, tenant en main de petits flacons d'argent, les secouaient çà et là sur la foule. C'était de l'eau parfumée, dont je ne reconnus la suave odeur de rose qu'en sentant ruisseler sur mes joues et sur ma barbe les gouttes lancées au hasard.

Cependant un des personnages les plus apparents de la noce s'était avancé vers moi et me dit quelques mots d'un air fort civil ; je répondis par le victorieux *tayeb,* qui parut le satisfaire pleinement ; il s'adressa à mes voisins, et je pus demander au drogman ce que cela voulait dire. « Il vous invite, me dit ce dernier, à monter dans sa maison pour voir l'épousée. » Sans nul doute, ma réponse avait été un assentiment ; mais comme, après tout, il ne s'agissait que d'une promenade de femmes hermétiquement voilées autour des salles remplies d'invités, je ne jugeai pas à propos de pousser plus loin l'aventure. Il est vrai que la mariée et ses amies se montrent alors avec les brillants costumes que dissimulait le voile noir qu'elles ont porté dans les rues ; mais je n'étais pas encore assez sûr de la prononciation du mot *tayeb* pour me hasarder dans le sein des familles. Nous parvînmes, le drogman et moi, à regagner la porte extérieure, qui donnait sur la place de l'Esbekieh.

« C'est dommage, me dit le drogman, vous auriez vu ensuite le spectacle.

— Comment ?

— Oui, la comédie. »

Je pensai tout de suite à l'illustre *Caragueuz* [99], mais ce n'était pas cela. Caragueuz ne se produit que dans les fêtes religieuses ; c'est un mythe, c'est un symbole de la plus haute gravité ; le spectacle en question devait se composer simplement de petites scènes comiques jouées par des hommes, et que l'on peut comparer à nos proverbes de société. Ceci est pour faire passer agréablement le reste de la nuit aux invités, pendant que les époux se retirent avec leurs parents dans la partie de la maison réservée aux femmes.

Il paraît que les fêtes de cette noce duraient déjà depuis huit jours. Le drogman m'apprit qu'il y avait eu le jour du contrat un sacrifice de moutons sur le seuil de la porte avant le passage de l'épousée ; il parla aussi d'une autre cérémonie dans laquelle on brise une boule de sucrerie où sont enfermés deux pigeons ; on tire un augure du vol de ces oiseaux. Tous ces usages se rattachent probablement aux traditions de l'Antiquité.

Je suis rentré tout ému de cette scène nocturne. Voilà, ce me semble, un peuple pour qui le mariage est une grande chose, et, bien que les détails de celui-là indiquassent quelque aisance chez les époux, il est certain que les pauvres gens eux-mêmes se marient avec presque autant d'éclat et de bruit. Ils n'ont pas à payer les musiciens, les bouffons et les danseurs, qui sont leurs amis, ou qui font des quêtes dans la foule. Les costumes, on les leur prête ; chaque assistant tient à la main sa bougie ou son flambeau, et le diadème de l'épouse n'est pas moins chargé de diamants et de rubis que celui de la fille d'un pacha. Où chercher ailleurs une égalité plus réelle ? Cette jeune Égyptienne, qui n'est peut-être ni belle sous son voile ni riche sous ses diamants, a son jour de gloire où elle s'avance radieuse à travers la ville qui l'admire et lui fait cortège, étalant la pourpre et les joyaux d'une reine, mais inconnue à tous, et mystérieuse sous son voile comme l'antique déesse du Nil. Un seul homme aura le secret de cette beauté ou de cette grâce ignorée ; un seul peut tout le jour poursuivre en paix son idéal et se croire le favori d'une sultane ou d'une fée ; le désappointement même laisse à couvert son amour-propre, et d'ailleurs tout homme n'a-t-il pas le droit, dans cet heureux pays, de renouveler plus d'une fois cette journée de triomphe et d'illusion ?

III. LE DROGMAN ABDALLAH

Mon drogman est un homme précieux, mais j'ai peur qu'il ne soit un trop noble serviteur pour un si petit seigneur que moi. C'est à Alexandrie, sur le pont du bateau à vapeur le *Léonidas,* qu'il m'était apparu dans toute sa gloire. Il avait accosté le navire avec une barque à ses ordres, ayant un petit noir pour porter sa longue pipe et un drogman plus jeune pour faire cortège. Une longue tunique blanche couvrait ses habits et faisait ressortir le ton de sa figure, où le sang nubien colorait un masque emprunté aux têtes de sphinx de l'Égypte : c'était sans doute le produit de deux races mélangées; de larges anneaux d'or pesaient à ses oreilles, et sa marche indolente dans ses longs vêtements achevait d'en faire pour moi le portrait idéal d'un affranchi du Bas-Empire.

Il n'y avait pas d'Anglais parmi les passagers; notre homme, un peu contrarié, s'attache à moi faute de mieux. Nous débarquons; il loue quatre ânes pour lui, pour sa suite et pour moi, et me conduit tout droit à l'hôtel d'Angleterre, où l'on veut bien me recevoir moyennant soixante piastres par jour; quant à lui-même, il bornait ses prétentions à la moitié de cette somme, sur laquelle il se chargeait d'entretenir le second drogman et le petit noir.

Après avoir promené tout le jour cette escorte imposante, je m'avisai de l'inutilité du second drogman, et même du petit garçon. Abdallah (c'est ainsi que s'appelait le personnage) ne vit aucune difficulté à remercier son jeune collègue; quant au petit noir, il le gardait à ses frais, en réduisant d'ailleurs le total de ses propres honoraires à vingt piastres par jour, environ cinq francs.

Arrivés au Caire, les ânes nous portaient tout droit à l'hôtel anglais de la palce de l'Esbekieh; j'arrête cette belle ardeur en apprenant que le séjour en était aux mêmes conditions qu'à celui d'Alexandrie [100].

« Vous préférez donc aller à l'hôtel Waghorn, dans le quartier franc? me dit l'honnête Abdallah.

— Je préférerais un hôtel qui ne fût pas anglais.

— Eh bien! vous avez l'hôtel français de Domergue.

— Allons-y.

— Pardon, je veux bien vous y accompagner, mais je n'y resterai pas.

— Pourquoi?

— Parce que c'est un hôtel qui ne coûte par jour que quarante piastres; je ne puis aller là.

— Mais j'irai très bien, moi.

— Vous êtes inconnu, moi je suis de la ville; je sers ordinairement messieurs les Anglais; j'ai mon rang à garder. »

Je trouvai pourtant le prix de cet hôtel fort honnête encore dans un pays où tout est environ six fois moins cher qu'en France, et où la journée d'un homme se paye une piastre, ou cinq sous de notre monnaie. « Il y a, reprit Abdallah, un moyen d'arranger les choses. Vous logerez deux ou trois jours à l'hôtel Domergue, où j'irai vous voir comme ami ; pendant ce temps-là, je vous louerai une maison dans la ville, et je pourrai ensuite y rester à votre service sans difficulté. »

Il paraît qu'en effet beaucoup d'Européens louent des maisons au Caire, pour peu qu'ils y séjournent, et, informé de cette circonstance, je donnai tout pouvoir à Abdallah.

L'hôtel Domergue est situé au fond d'une impasse qui donne dans la principale rue du quartier franc ; c'est, après tout, un hôtel fort convenable et fort bien tenu. Les bâtiments entourent à l'intérieur une cour carrée peinte à la chaux, couverte d'un léger treillage où s'entrelace la vigne ; un peintre français, très aimable, quoique un peu sourd, et plein de talent, quoique très fort sur le daguerréotype, a fait son atelier d'une galerie supérieure. Il y amène de temps en temps des marchandes d'oranges et de cannes à sucre de la ville qui veulent bien lui servir de *modèles*. Elles se décident sans difficulté à laisser étudier les formes des principales races de l'Égypte ; mais la plupart tiennent à conserver leur figure voilée ; c'est là le dernier refuge de la pudeur orientale.

L'hôtel français possède en outre un jardin assez agréable ; sa table d'hôte lutte avec bonheur contre la difficulté de varier les mets européens dans une ville où manquent le bœuf et le veau. C'est cette circonstance qui explique surtout la cherté des hôtels anglais, dans lesquels la cuisine se fait avec des conserves de viandes et de légumes, comme sur les vaisseaux. L'Anglais, en quelque pays qu'il soit, ne change jamais son ordinaire de *roastbeef,* de pommes de terre, et de porter ou d'ale.

Je rencontrai à la table d'hôte un colonel, un évêque *in partibus* [101], des peintres, une maîtresse de langues et deux Indiens de Bombay, dont l'un servait de gouverneur à l'autre. Il paraît que la cuisine toute méridionale de l'hôte leur semblait fade, car ils tirèrent de leur poche des flacons d'argent contenant un poivre et une moutarde à leur usage dont ils saupoudraient tous leurs mets. Ils m'en ont offert. La sensation qu'on doit éprouver à mâcher de la braise allumée donnerait une idée exacte du haut goût de ces condiments.

On peut compléter le tableau du séjour de l'hôtel français en se représentant un piano au premier étage et un billard au rez-de-chaussée, et se dire qu'autant vaudrait n'être point parti de Marseille. J'aime mieux, pour moi, essayer de la vie orientale tout à fait. On a une fort belle maison de plusieurs étages, avec cours et jardins, pour trois cents piastres (soixante-quinze francs environ) par année. Abdallah m'en a fait voir plusieurs dans le quartier cophte et dans le quartier grec. C'étaient des salles magnifiquement décorées avec des pavés de marbre et des fontaines, des galeries et des escaliers comme dans les palais de Gênes ou de Venise, des cours entourées de colonnes et des jardins ombragés d'arbres précieux; il y avait de quoi mener l'existence d'un prince, sous la condition de peupler de valets et d'esclaves ces superbes intérieurs. Et dans tout cela, du reste, pas une chambre habitable, à moins de frais énormes, pas une vitre à ces fenêtres si curieusement découpées, ouvertes au vent du soir et à l'humidité des nuits. Hommes et femmes vivent ainsi au Caire, mais l'ophtalmie les punit souvent de cette imprudence, qu'explique le besoin d'air et de fraîcheur. Après tout, j'étais peu sensible au plaisir de vivre campé, pour ainsi dire, dans un coin d'un palais immense; il faut dire encore que beaucoup de ces bâtiments, ancien séjour d'une aristocratie éteinte, remontent au règne des sultans mamelouks et menacent sérieusement ruine.

Abdallah finit par me trouver une maison beaucoup moins vaste, mais plus sûre et mieux fermée. Un Anglais, qui l'avait récemment habitée, y avait fait poser des fenêtres vitrées, et cela passait pour une curiosité. Il fallut aller chercher le cheik du quartier pour traiter avec une veuve cophte, qui était la propriétaire. Cette femme possédait plus de vingt maisons, mais par procuration et pour des étrangers, ces derniers ne pouvant être légalement propriétaires en Égypte. Au fond, la maison appartenait à un chancelier du consulat anglais.

On rédigea l'acte en arabe; il fallu le payer, faire des présents au cheik, à l'homme de loi et au chef du corps de garde le plus voisin, puis donner des *bakchis* (pourboires) aux scribes et aux serviteurs; après quoi le cheik me remit la clef. Cet instrument ne ressemble pas aux nôtres et se compose d'un simple morceau de bois pareil aux *tailles* des boulangers, au bout duquel cinq à six clous sont plantés comme au hasard; mais il n'y a point de hasard: on introduit cette clef singulière dans une échancrure de la porte, et les clous se trouvent répondre à de petits trous intérieurs et invisibles au-delà desquels on accroche un verrou de bois qui se déplace et livre passage.

Il ne suffit pas d'avoir la clef de bois de sa maison... qu'il serait impossible de mettre dans sa poche, mais que l'on peut se passer dans la ceinture: il faut encore un mobilier correspondant au luxe de l'intérieur; mais ce détail est, pour toutes les maisons du Caire, de la plus grande simplicité. Abdallah m'a conduit à un bazar où nous avons fait peser quelques *ocques* de coton; avec cela et de la toile de Perse, des cardeurs établis chez vous exécutent en quelques heures des coussins de divan, qui deviennent la nuit des matelas. Le corps du meuble se compose d'une cage longue qu'un vanier construit sous vos yeux avec des bâtons de palmiers; c'est léger, élastique et plus solide qu'on ne croirait. Une petite table ronde, quelques tasses, de longues pipes ou des narghilés, à moins que l'on ne veuille emprunter tout cela au café voisin, et l'on peut recevoir la meilleure société de la ville. Le pacha seul possède un mobilier complet, des lampes, des pendules; mais cela ne lui sert en réalité qu'à se montrer ami du commerce et des progrès européens.

Il faut encore des nattes, des tapis, et même des rideaux pour qui veut afficher le luxe. J'ai rencontré dans les bazars un juif qui s'est entremis fort obligeamment entre Abdallah et les marchands pour me prouver que j'étais volé des deux parts. Le juif a profité de l'installation du mobilier pour s'établir en ami sur l'un des divans; il a fallu lui donner une pipe et lui faire servir du café. Il s'appelle Yousef, et se livre à l'élève des vers à soie pendant trois mois de l'année. Le reste du temps, me dit-il, il n'a d'autre occupation que d'aller voir si les feuilles des mûriers poussent et si la récolte sera bonne. Il semble, du reste, parfaitement désintéressé, et ne recherche la compagnie des étrangers que pour se former le goût et se fortifier dans la langue française.

Ma maison est située dans une rue du quartier cophte, qui conduit à la porte de la ville correspondant aux allées de Choubrah. Il y a un café en face, un peu plus loin une station d'âniers, qui louent leurs bêtes à raison d'une piastre l'heure ; plus loin encore une petite mosquée accompagnée d'un minaret. Le premier soir que j'entendis la voix lente et sereine du muezzin, au coucher du soleil, je me sentis pris d'une indicible mélancolie.

« Qu'est-ce qu'il dit ? demandai-je au drogman.

— *La Alla ila Allah !*... Il n'y a d'autre Dieu que Dieu.

— Je connais cette formule ; mais ensuite ?

— « O vous qui allez dormir, recommandez vos âmes à Celui qui ne dort jamais ! »

Il est certain que le sommeil est une autre vie dont il faut tenir compte. Depuis mon arrivée au Caire, toutes les histoires des *Mille et Une Nuits* me repassent par la tête, et je vois en rêve tous les dives [102] et les géants déchaînés depuis Salomon. On rit beaucoup en France des démons qu'enfante le sommeil, et l'on n'y reconnaît que le produit de l'imagination exaltée ; mais cela en existe-t-il moins relativement à nous, et n'éprouvons-nous pas dans cet état toutes les sensations de la vie réelle [103] ? Le sommeil est souvent lourd et pénible dans un air aussi chaud que celui d'Égypte, et le pacha, dit-on, a toujours un serviteur debout à son chevet pour l'éveiller chaque fois que ses mouvements ou son visage trahissent un sommeil agité.

Mais ne suffit-il pas de se recommander simplement, avec ferveur et confiance... à Celui qui ne dort jamais !

IV. INCONVÉNIENTS DU CÉLIBAT

J'ai raconté plus haut l'histoire de ma première nuit, et l'on comprend que j'aie ensuite dû me réveiller un peu plus tard. Abdallah m'annonce la visite du cheik de mon quartier, lequel était venu déjà une fois dans la matinée. Ce bon vieillard à barbe blanche attendait mon réveil au café d'en face avec son secrétaire et le nègre portant sa pipe. Je ne m'étonnai pas de sa patience ; tout Européen qui n'est ni industriel ni marchand est un personnage en Égypte. Le cheik s'assit sur un des divans ; on bourra sa pipe et on lui servit du café. Alors il commença son discours, qu'Abdallah me traduisit à mesure :

« Il vient vous rapporter l'argent que vous avez donné pour louer la maison.

— Et pourquoi ? Quelle raison donne-t-il ?

— Il dit que l'on ne sait pas votre manière de vivre, qu'on ne connaît pas vos mœurs.

— A-t-il observé qu'elles fussent mauvaises ?

— Ce n'est pas cela qu'il entend ; il ne sait rien là-dessus.

— Mais alors il n'en a donc pas une bonne opinion ?

— Il dit qu'il avait pensé que vous habiteriez la maison avec une femme.

— Mais je ne suis pas marié.

— Cela ne le regarde pas, que vous le soyez ou non ; mais il dit que vos voisins ont des femmes, et qu'ils seront inquiets si vous n'en avez pas. D'ailleurs, c'est l'usage ici.

— Que veut-il donc que je fasse ?

— Que vous quittiez la maison, ou que vous choisissiez une femme pour y demeurer avec vous.

— Dites-lui que dans mon pays il n'est pas convenable de vivre avec une femme sans être marié. »

La réponse du vieillard à cette observation morale était accompagnée d'une expression toute paternelle que les paroles traduites ne peuvent rendre qu'imparfaitement.

« Il vous donne un conseil, me dit Abdallah : il dit qu'un monsieur (un *effendi*) comme vous ne doit pas vivre seul, et qu'il est toujours honorable de nourrir une femme et de lui faire quelque bien. Il est encore mieux, ajoute-t-il, d'en nourrir plusieurs, quand la religion que l'on suit le permet. »

Le raisonnement de ce Turc me toucha ; cependant ma

conscience européenne luttait contre ce point de vue, dont je ne compris la justesse qu'en étudiant davantage la situation des femmes dans ce pays. Je fis répondre au cheik pour le prier d'attendre que je me fusse informé auprès de mes amis de ce qu'il conviendrait de faire.

J'avais loué la maison pour six mois, je l'avais meublée, je m'y trouvais fort bien, et je voulais seulement m'informer des moyens de résister aux prétentions du cheik à rompre notre traité et à me donner congé pour cause de célibat. Après bien des hésitations, je me décidai à prendre conseil du peintre de l'hôtel Domergue, qui avait bien voulu déjà m'introduire dans son atelier et m'initier aux merveilles de son daguerréotype. Ce peintre avait l'oreille dure à ce point qu'une conversation par interprète eût été amusante et facile au prix de la sienne.

Cependant je me rendais chez lui en traversant la place de l'Esbekieh, lorsqu'à l'angle d'une rue qui tourne vers le quartier franc, j'entends des exclamations de joie parties d'une vaste cour où l'on promenait dans ce moment-là de fort beaux chevaux. L'un des promeneurs de chevaux s'élance à mon col et me serre dans ses bras ; c'était un gros garçon vêtu d'une saye bleue, coiffé d'un turban de laine jaunâtre, et que je me souvins d'avoir remarqué sur le bateau à vapeur, à cause de sa figure, qui rappelait beaucoup les grosses têtes peintes qu'on voit sur les couvercles de momies.

Tayeb ! tayeb ! (fort bien ! fort bien !) dis-je à ce mortel expansif en me débarrassant de ses étreintes et en cherchant derrière moi mon drogman Abdallah ; mais ce dernier s'était perdu dans la foule, ne se souciant pas sans doute d'être vu faisant cortège à l'ami d'un simple palefrenier. Ce musulman gâté par les touristes d'Angleterre ne se souvenait pas que Mahomet avait été conducteur de chameaux.

Cependant l'Égyptien me tirait par la manche et m'entraînait dans la cour, qui était celle des haras du pacha d'Égypte, et là, au fond d'une galerie, à demi couché sur un divan de bois, je reconnais un autre de mes compagnons de voyage, un peu plus avouable dans la société, Soliman-Aga, dont je t'ai parlé déjà, et que j'avais ren-

contré sur le bateau autrichien, le *Francesco Primo*. Soliman-Aga me reconnaît aussi, et, quoique plus sobre en
démonstrations que son subordonné, il me fait asseoir
près de lui, m'offre une pipe et demande du café...
Ajoutons, comme trait de mœurs, que le simple palefrenier, se jugeant digne momentanément de notre compagnie, s'assit en croisant les jambes à terre et reçut comme
moi une longue pipe et une de ces petites tasses pleines
d'un moka brûlant que l'on tient dans une sorte de coque-
tier doré pour ne pas se brûler les doigts. Un cercle ne
tarda pas à se former autour de nous.

Abdallah, voyant la reconnaissance prendre une tournure plus convenable, s'était montré enfin et daignait
favoriser notre conversation. Je savais déjà Soliman-Aga
un convive fort aimable, et, bien que nous n'eussions eu
pendant notre commune traversée que des relations de
pantomime, notre connaissance était assez avancée pour
que je pusse sans indiscrétion l'entretenir de mes affaires
et lui demander conseil.

«*Machallah!* s'écria-t-il tout d'abord, le cheik a bien
raison, un jeune homme de votre âge devrait s'être déjà
marié plusieurs fois!

— Vous savez, observai-je timidement, que dans ma
religion l'on ne peut épouser qu'une femme, et il faut
ensuite la garder toujours, de sorte qu'ordinairement l'on
prend le temps de réfléchir, on veut choisir le mieux
possible.

— Ah! je ne parle pas, dit-il en se frappant le front, de
vos femmes *roumis* (européennes), elles sont à tout le
monde et non à vous; ces pauvres folles créatures montrent leur visage entièrement nu, non seulement à qui veut
le voir, mais à qui ne le voudrait pas... Imaginez-vous,
ajouta-t-il en pouffant de rire et se tournant vers d'autres
Turcs qui écoutaient, que toutes, dans les rues, me regardaient avec les yeux de la passion, et quelques-unes
même poussaient l'impudeur jusqu'à vouloir m'embrasser.»

Voyant les auditeurs scandalisés au dernier point, je
crus devoir leur dire, pour l'honneur des Européennes,
que Soliman-Aga confondait sans doute l'empressement

intéressé de certaines femmes avec la curiosité honnête
du plus grand nombre.

« Encore, ajoutait Soliman-Aga, sans répondre à mon
observation, qui parut seulement dictée par l'amour-propre national, si ces belles méritaient qu'un croyant leur
permît de baiser sa main ! mais ce sont des plantes d'hiver, sans couleur et sans goût, des figures maladives que
la famine tourmente, car elles mangent à peine, et leurs
corps tiendrait entre mes mains. Quant à les épouser,
c'est autre chose ; elles ont été élevées si mal, que ce
seraient la guerre et le malheur dans la maison. Chez
nous, les femmes vivent ensemble et les hommes ensemble, c'est le moyen d'avoir partout la tranquillité.

— Mais ne vivez-vous pas, dis-je, au milieu de vos
femmes dans vos harems ?

— Dieu puissant ! s'écria-t-il, qui n'aurait la tête cas-
sée de leur babil ? Ne voyez-vous pas qu'ici les hommes
qui n'ont rien à faire passent leur temps à la promenade,
au bain, au café, à la mosquée, ou dans les audiences, ou
dans les visites qu'on se fait l'un à l'autre ? N'est-il pas
plus agréable de causer avec des amis, d'écouter des
histoires et des poèmes, ou de fumer en rêvant, que de
parler à des femmes préoccupées d'intérêts grossiers, de
toilette ou de médisance ?

— Mais vous supportez cela nécessairement aux heures où vous prenez vos repas avec elles.

— Nullement. Elles mangent ensemble ou séparément
à leur choix, et nous tout seuls, ou avec nos parents et nos
amis. Ce n'est pas qu'un petit nombre de fidèles n'en
agissent autrement, mais ils sont mal vus et mènent une
vie lâche et inutile. La compagnie des femmes rend
l'homme avide, égoïste et cruel ; elle détruit la fraternité,
et la charité entre nous ; elle cause les querelles, les
injustices et la tyrannie. Que chacun vive avec ses semblables ! c'est assez que le maître, à l'heure de la sieste,
ou quand il rentre le soir dans son logis, trouve pour le
recevoir des visages souriants, d'aimables formes richement parées,... et, si des almées qu'on fait venir dansent
et chantent devant lui, alors il peut rêver le paradis
d'avance et se croire au troisième ciel, où sont les vérita-

bles beautés pures et sans tache, celles qui seront dignes seules d'être les épouses éternelles des vrais croyants. »

Est-ce là l'opinion de tous les musulmans ou d'un certain nombre d'entre eux ? On doit y voir peut-être moins le mépris de la femme qu'un certain reste du platonisme antique, qui élève l'amour pur au-dessus des objets périssables. La femme adorée n'est elle-même que le fantôme abstrait, que l'image incomplète d'une femme divine, fiancée au croyant de toute éternité. Ce sont ces idées qui ont fait penser que les Orientaux niaient l'âme des femmes ; mais on sait aujourd'hui que les musulmanes vraiment pieuses ont l'espérance elles-mêmes de voir leur idéal se réaliser dans le ciel. L'histoire religieuse des Arabes a ses saintes et ses prophétesses, et la fille de Mahomet, l'illustre Fatime, est la reine de ce paradis féminin.

Soliman-Aga avait fini par me conseiller d'embrasser le mahométisme ; je le remerciai en souriant et lui promis d'y réfléchir. Me voilà cette fois plus embarrassé que jamais. Il me restait pourtant encore à aller consulter le peintre sourd de l'hôtel Domergue, comme j'en avais eu primitivement l'idée.

V. Le Mousky

Lorsqu'on a tourné la rue en laissant à gauche le bâtiment des haras, on commence à sentir l'animation de la grande ville. La chaussée qui fait le tour de la place de l'Esbekieh n'a qu'une maigre allée d'arbres pour vous protéger du soleil ; mais déjà de grandes et hautes maisons de pierre découpent en zigzags les rayons poudreux qu'il projette sur un seul côté de la rue. Le lieu est d'ordinaire très frayé, très bruyant, très encombré de marchandes d'oranges, de bananes et de cannes à sucre encore vertes, dont le peuple mâche avec délices la pulpe sucrée. Il y a aussi des chanteurs, des lutteurs et des psylles qui ont de gros serpents roulés autour du cou ; là enfin se produit un spectacle qui réalise certaines images des songes drolati-

ques de Rabelais. Un vieillard jovial fait danser avec le
genou de petites figures dont le corps est traversé d'une
ficelle comme celles que montrent nos Savoyards, mais
qui se livrent à des pantomimes beaucoup moins décen-
tes. Ce n'est pourtant pas là l'illustre Caragueuz, qui ne
se produit d'ordinaire que sous forme d'ombre chinoise.
Un cercle émerveillé de femmes, d'enfants et de militaires applaudit naïvement ces marionnettes éhontées. Ailleurs c'est un montreur de singes qui a dressé un énorme
cynocéphale à répondre avec un bâton aux attaques des
chiens errants de la ville, que les enfants excitent contre
lui. Plus loin la voie se rétrécit et s'assombrit par l'élévation des édifices. Voici à gauche le couvent des derviches
tourneurs, lesquels donnent publiquement une séance
tous les mardis ; puis une vaste porte cochère, au-dessus
de laquelle on admire un grand crocodile empaillé, signale la maison d'où partent les voitures qui traversent le
désert du Caire à Suez. Ce sont des voitures très légères,
dont la forme rappelle celle du prosaïque coucou ; les
ouvertures, largement découpées, livrent tout passage au
vent et à la poussière, c'est une nécessité sans doute ; les
roues de fer présentent un double système de rayons,
partant de chaque extrémité du moyeu pour aller se rejoindre sur le cercle étroit qui remplace les jantes. Ces
roues singulières coupent le sol plutôt qu'elles ne s'y
posent.

Mais passons. Voici à droite un cabaret chrétien,
c'est-à-dire un vaste cellier où l'on donne à boire sur des
tonneaux. Devant la porte se tient habituellement un
mortel à face enluminée et à longues moustaches, qui
représente avec majesté le *Franc* autochtone, la race,
pour mieux dire, qui appartient à l'Orient. Qui sait s'il est
Maltais, Italien, Espagnol ou Marseillais d'origine ? Ce
qui est sûr, c'est que son dédain pour les costumes du
pays et la conscience qu'il a de la supériorité des modes
européennes l'ont induit en des raffinements qui donnent
une certaine originalité à sa garde-robe délabrée. Sur une
redingote bleue dont les anglaises effrangées ont depuis
longtemps fait divorce avec leurs boutons, il a eu l'idée
d'attacher des torsades de ficelles qui se croisent comme

des brandebourgs. Son pantalon rouge s'emboîte dans un reste de bottes fortes armées d'éperons. Un vaste col de chemise et un chapeau blanc bossué à retroussis verts adoucissent ce que ce costume aurait de trop martial et lui restituent son caractère civil. Quant au nerf de bœuf qu'il tient à la main, c'est encore un privilège des Francs et des Turcs, qui s'exerce trop souvent aux dépens des épaules du pauvre et patient *fellah*.

Presque en face du cabaret, la vue plonge dans une impasse étroite où rampe un mendiant aux pieds et aux mains coupés ; ce pauvre diable implore la charité des Anglais, qui passent à chaque instant, car l'hôtel Waghorn est situé dans cette ruelle obscure qui, de plus, conduit au théâtre du Caire et au cabinet de lecture de M. Bonhomme, annoncé par un vaste écriteau peint en lettres françaises. Tous les plaisirs de la civilisation se résument là, et ce n'est pas de quoi causer grande envie aux Arabes. En poursuivant notre route, nous rencontrons à gauche une maison à face architecturale, sculptée et brodée d'arabesques peintes, unique réconfort jusqu'ici de l'artiste et du poète. Ensuite la rue forme un coude, et il faut lutter pendant vingt pas contre un encombrement perpétuel d'ânes, de chiens, de chameaux, de marchands de concombres et de femmes vendant du pain. Les ânes galopent, les chameaux mugissent, les chiens se maintiennent obstinément rangés en espaliers le long des portes de trois bouchers. Ce petit coin ne manquerait pas de physionomie arabe, si l'on n'apercevait en face de soi l'écriteau d'une *trattoria* remplie d'Italiens et de Maltais.

C'est qu'en face de nous voici dans tout son luxe la grande rue commerçante du quartier franc, vulgairement nommée le *Mousky*. La première partie, à moitié couverte de toiles et de planches, présente deux rangées de boutiques bien garnies, où toutes les nations européennes exposent leurs produits les plus usuels. L'Angleterre domine pour les étoffes et la vaisselle, l'Allemagne pour les draps, la France pour les modes, Marseille pour les épiceries, les viandes fumées et les menus objets d'assortiment. Je ne cite point Marseille avec la France, car dans le Levant on ne tarde pas à s'apercevoir que les Marseillais forment une nation à part ; ceci soit dit dans le sens le plus favorable d'ailleurs.

Parmi les boutiques où l'industrie européenne attire de son mieux les plus riches habitants du Caire, les Turcs réformistes, ainsi que les Cophtes et les Grecs, plus facilement accessibles à nos habitudes, il y a une brasserie anglaise où l'on peut aller contrarier, à l'aide du madère, du porter et de l'ale, l'action parfois émolliente des eaux du Nil. Un autre lieu de refuge contre la vie orientale est la pharmacie Castagnol, où très souvent les *beys*, les *muchirs* et les *nazirs* originaires de Paris viennent s'entretenir avec les voyageurs et retrouver un souvenir de la patrie. On n'est pas étonné de voir les chaises de l'officine, et même les bancs extérieurs, se garnir d'Orientaux douteux, à la poitrine chargée d'étoiles en brillants, qui causent en français et lisent les journaux, tandis que des *saïs* tiennent tout prêts à leur disposition des chevaux fringants, aux selles brodées d'or. Cette affluence s'explique aussi par le voisinage de la poste franque, située dans l'impasse qui aboutit à l'hôtel Domergue. On vient attendre tous les jours la correspondance et les nouvelles, qui arrivent de loin en loin, selon l'état des routes ou la diligence des messagers. Le bateau à vapeur anglais ne remonte le Nil qu'une fois par mois.

Je touche au but de mon itinéraire, car je rencontre à la pharmacie Castagnol mon peintre de l'hôtel français, qui fait préparer du chlorure d'or pour son daguerréotype. Il me propose de venir avec lui prendre un point de vue dans la ville ; je donne donc congé au drogman, qui se hâte d'aller s'installer dans la brasserie anglaise, ayant pris, je le crains bien, du contact de ses précédents maîtres, un goût immodéré pour la bière forte et le *whisky*.

En acceptant la promenade proposée, je complotais une idée plus belle encore : c'était de me faire conduire au point le plus embrouillé de la ville, d'abandonner le peintre à ses travaux, et puis d'errer à l'aventure, sans interprète et sans compagnon. Voilà ce que je n'avais pu obtenir jusque-là le drogman se prétendant indispensable, et tous les Européens que j'avais rencontrés me proposant de me faire voir « les beautés de la ville ». Il faut avoir un peu parcouru le Midi pour connaître toute la portée de cette hypocrite proposition. Vous croyez que l'aimable résident se fait guide par bonté d'âme. Détrompez-vous ; il n'a rien à faire, il s'ennuie horriblement, il a besoin de vous pour l'amuser, pour le distraire, pour « lui faire la conversation » ; mais il ne vous montrera rien que vous n'eussiez trouvé du premier coup : même il ne connaît point sa ville, il n'a pas d'idée de ce qui s'y passe ; il cherche un but de promenade et un moyen de vous ennuyer de ses remarques et de s'amuser des vôtres. D'ailleurs, qu'est-ce qu'une belle perspective, un monument, un détail curieux, sans le hasard, sans l'imprévu ?

Un préjugé des Européens du Caire, c'est de ne pouvoir faire dix pas sans monter sur un âne escorté d'un ânier. Les ânes sont fort beaux, j'en conviens, trottent et galopent à merveille ; l'ânier vous sert de cavasse et fait écarter la foule en criant : *Ha! ha! iniglac! smalac!* ce qui veut dire *à droite! à gauche!* Les femmes ayant l'oreille ou la tête plus dure que les autres passants, l'ânier crie à tout moment : *Ia bent!* (hé! femme!) d'un ton impérieux qui fait bien sentir la supériorité du sexe masculin.

VI. Une aventure au Besestain

Nous chevauchions ainsi, le peintre et moi, suivis d'un âne qui portait le daguerréotype, machine compliquée et fragile qu'il s'agissait d'établir quelque part de manière à nous faire honneur [104]. Après la rue que j'ai décrite, on rencontre un passage couvert en planches, où le commerce européen étale ses produits les plus brillants. C'est une sorte de bazar où se termine le quartier franc. Nous tournons à droite, puis à gauche, au milieu d'une foule toujours croissante ; nous suivons une longue rue très régulière, qui offre à la curiosité, de loin en loin, des mosquées, des fontaines, un couvent de derviches, et tout un bazar de quincaillerie et de porcelaine anglaise. Puis, après mille détours, la voie devient plus silencieuse, plus poudreuse, plus déserte ; les mosquées tombent en ruine, les maisons s'écroulent çà et là, le bruit et le tumulte ne se reproduisent plus que sous la forme d'une bande de chiens criards, acharnés après nos ânes, et poursuivant surtout nos affreux vêtements noirs d'Europe. Heureusement nous passons sous une porte, nous changeons de quartier, et ces animaux s'arrêtent en grognant aux limites extrêmes de leurs possessions. Toute la ville est partagée en cinquante-trois quartiers entourés de murailles, dont plusieurs appartiennent aux nations cophte, grecque, turque, juive et française. Les chiens eux-mêmes, qui pullulent en paix dans la ville sans appartenir à personne, reconnaissent ces divisions, et ne se hasarderaient pas au-delà sans danger. Une nouvelle escorte canine remplace bientôt celle qui nous a quittés, et nous conduit jusqu'aux *casins* situés sur le bord d'un canal qui traverse Le Caire, et qu'on appelle le *Calish*.

Nous voici dans une espèce de faubourg séparé par le canal des principaux quartiers de la ville ; des cafés ou casinos nombreux bordent la rive intérieure, tandis que l'autre présente un assez large boulevard égayé de quelques palmiers poudreux. L'eau du canal est verte et quelque peu stagnante ; mais une longue suite de berceaux et de treillage festonnés de vignes et de lianes, servant d'arrière-salle aux cafés, présente un coup d'œil des plus riants, tandis que l'eau plate qui les cerne reflète avec amour les costumes bigarrés des fumeurs. Les flacons d'huile des lustres s'allument aux seuls feux du jour, les narghilés de cristal jettent des éclairs, et la liqueur ambrée nage dans les tasses légères que des noirs distribuent avec leurs coquetiers de filigrane doré.

Après une courte station à l'un de ces cafés, nous nous transportons sur l'autre rive du Calish, et nous installons sur des piquets l'appareil où le dieu du jour s'exerce si agréablement au métier de paysagiste. Une mosquée en ruine au minaret curieusement sculpté, un palmier svelte s'élançant d'une touffe de lentisques, c'est, avec tout le reste, de quoi composer un tableau digne de Marilhat [105]. Mon compagnon est dans le ravissement, et, pendant que le soleil travaille sur ses plaques fraîchement polies, je

crois pouvoir entamer une conversation instructive en lui
faisant au crayon des demandes auxquelles son infirmité
ne l'empêche pas de répondre de vive voix.

« Ne vous mariez pas, s'écrie-t-il, et surtout ne prenez
point le turban. Que vous demande-t-on ? D'avoir une
femme chez vous. La belle affaire ! J'en fais venir tant
que je veux. Ces marchandes d'oranges en tunique bleue,
avec leurs bracelets et leurs colliers d'argent, sont fort
belles. Elles ont exactement la forme des statues égyptiennes, la poitrine développée, les épaules et les bras
superbes, la hanche peu saillante, la jambe fine et sèche.
C'est de l'archéologie ; il ne leur manque qu'une coiffure
à tête d'épervier, des bandelettes autour du corps, et une
croix ansée à la main pour représenter Isis ou Athor.

— Mais vous oubliez, dis-je, que je ne suis point
artiste ; et, d'ailleurs, ces femmes ont des maris ou des
familles. Elles sont voilées : comment deviner si elles
sont belles ?... Je ne sais encore qu'un seul mot d'arabe.
Comment les persuader ?

— La galanterie est sévèrement défendue au Caire ;
mais l'amour n'est interdit nulle part. Vous rencontrez
une femme dont la démarche, dont la taille, dont la grâce
à draper ses vêtements, dont quelque chose qui se dérange dans le voile ou dans la coiffure indique la jeunesse
ou l'envie de paraître aimable. Suivez-la seulement, et, si
elle vous regarde en face au moment où elle ne se croira
pas remarquée de la foule, prenez le chemin de votre
maison ; elle vous suivra. En fait de femme, il ne faut se
fier qu'à soi-même. Les drogmans vous adresseraient
mal. Il faut payer de votre personne, c'est plus sûr. »

Mais, au fait, me disais-je en quittant le peintre et le
laissant à son œuvre, entouré d'une foule respectueuse
qui le croyait occupé d'opérations magiques, pourquoi
donc aurais-je renoncé à plaire ? Les femmes sont voilées ; mais je ne le suis pas. Mon teint d'Européen peut
avoir quelque charme dans le pays. Je passerais en France
pour un cavalier ordinaire, mais au Caire je deviens un
aimable enfant du Nord. Ce costume franc, qui ameute
les chiens, me vaut du moins d'être remarqué ; c'est
beaucoup.

En effet, j'étais rentré dans les rues populeuses, et je
fendais la foule étonnée de voir un Franc à pied et sans
guide dans la partie arabe de la ville. Je m'arrêtais aux
portes des boutiques et des ateliers, examinant tout d'un
air de flânerie inoffensive qui ne m'attirait que des souri-
res. On se disait : Il a perdu son drogman, il manque
peut-être d'argent pour prendre un âne... ; on plaignait
l'étranger fourvoyé dans l'immense cohue des bazars,
dans le labyrinthe des rues. Moi, je m'étais arrêté à
regarder trois forgerons au travail qui semblaient des
hommes de cuivre. Ils chantaient une chanson arabe dont
le rythme les guidait dans les coups successifs qu'ils
donnaient à des pièces de métal qu'un enfant apportait
tour à tour sur l'enclume. Je frémissais en songeant que,
si l'un d'eux eût manqué la mesure d'un demi-temps,
l'enfant aurait eu la main broyée. Deux femmes s'étaient
arrêtées derrière moi et riaient de ma curiosité. Je me
retourne, et je vois bien, à leur mantille de taffetas noir, à
leur pardessus de lévantine verte, qu'elles n'apparte
naient pas à la classe des marchandes d'oranges du
Mousky. Je m'élance au-devant d'elles, mais elles bais-
sent leur voile et s'échappent. Je les suis, et j'arrive
bientôt dans une longue rue, entrecoupée de riches bazars, qui traverse toute la ville. Nous nous engageons
sous une voûte à l'aspect grandiose, formée de charpentes
sculptées d'un style antique, où le vernis et la dorure
rehaussent mille détails d'arabesques splendides. C'est là
peut-être le *besestain* des Circassiens où s'est passée
l'histoire racontée par le marchand cophte au sultan de
Casgar. Me voilà en pleines *Mille et Une Nuits* [106]. Que
ne suis-je un des jeunes marchands auxquels les deux
dames font déployer leurs étoffes, ainsi que faisait la fille
de l'émir devant la boutique de Brededdin ! Je leur dirais
comme le jeune homme de Bagdad : « Laissez-moi voir
votre visage pour prix de cette étoffe à fleurs d'or, et je
me trouverai payé avec usure ! » Mais elles dédaignent les
soieries de Beyrouth, les étoffes brochées de Damas, les
mandilles de Brousse, que chaque vendeur étale à
l'envi... Il n'y a point là de boutiques ; ce sont de simples
étalages dont les rayons s'élèvent jusqu'à la voûte, sur-

montés d'une enseigne couverte de lettres et d'attributs dorés. Le marchand, les jambes croisées, fume sa longue pipe ou son narghilé sur une estrade étroite, et les femmes vont ainsi de marchand en marchand, se contentant, après avoir tout fait déployer chez l'un, de passer à l'autre, en saluant d'un regard dédaigneux.

Mes belles rieuses veulent absolument des étoffes de Constantinople. Constantinople donne la mode au Caire. On leur fait voir d'affreuses mousselines imprimées, en criant: *Istamboldan* (c'est de Stamboul!) Elles poussent des cris d'admiration. Les femmes sont les mêmes partout.

Je m'approche d'un air de connaisseur; je soulève le coin d'une étoffe jaune à ramages lie de vin, et je m'écrie: *Tayeb* (cela est beau)! Mon observation paraît plaire; c'est à ce choix qu'on s'arrête. Le marchand aune avec une sorte de demi-mètre qui s'appelle un *pic*, et l'on charge un petit garçon de porter l'étoffe roulée.

Pour le coup, il me semble bien que l'une des jeunes dames m'a regardé en face; d'ailleurs, leur marche incertaine, les rires qu'elles étouffent en se retournant et me voyant les suivre, la mantille noire *(habbarah)* soulevée de temps en temps pour laisser voir un masque blanc, signe d'une classe supérieure, enfin toutes ces allures indécises que prend au bal de l'Opéra un domino qui veut vous séduire, semblent m'indiquer qu'on n'a pas envers moi des sentiments bien farouches. Le moment paraît donc venu de passer devant et de prendre le chemin de mon logis; mais le moyen de le retrouver? Au Caire, les rues n'ont pas d'écriteaux, les maisons pas de numéros, et chaque quartier, ceint de murs, est en lui-même un labyrinthe des plus complets. Il y a dix impasses pour une rue qui aboutit. Dans le doute, je suivais toujours. Nous quittons les bazars pleins de tumulte et de lumière, où tout reluit et papillote, où le luxe des étalages fait contraste au grand caractère d'architecture et de splendeur des principales mosquées, peintes de bandes horizontales jaunes et rouges; voici maintenant des passages voûtés, des ruelles étroites et sombres, où surplombent les cages de fenêtres en charpente, comme dans nos rues

du Moyen Age. La fraîcheur de ces voies presque souterraines est un refuge aux ardeurs du soleil d'Égypte, et
donne à la population beaucoup des avantages d'une
latitude tempérée. Cela explique la blancheur mate qu'un
grand nombre de femmes conservent sous leur voile, car
beaucoup d'entre elles n'ont jamais quitté la ville que
pour aller se réjouir sous les ombrages de Choubrah.

Mais que penser de tant de tours et détours qu'on me
fait faire ? Me fuit-on en réalité, ou se guide-t-on, tout en
me précédant, sur ma marche aventureuse ? Nous entrons
pourtant dans une rue que j'ai traversé la veille, et que je
reconnais surtout à l'odeur charmante que répandent les
fleurs jaunes d'un arbousier. Cet arbre aimé du soleil
projette au-dessus du mur ses branches revêtues de houppes parfumées. Une fontaine basse forme encoignure,
fondation pieuse destinée à désaltérer les animaux errants. Voici une maison de belle apparence, décoré d'ornements sculptés dans le plâtre ; l'une des dames introduit
dans la porte une de ces clefs rustiques dont j'ai déjà
l'expérience. Je m'élance à leur suite dans le couloir
sombre, sans balancer, sans réfléchir, et me voilà dans
une cour vaste et silencieuse, entourée de galeries, dominée par les mille dentelures des *moucharabys*.

VII. UNE MAISON DANGEREUSE

Les dames ont disparu dans je ne sais quel escalier
sombre de l'entrée ; je me retourne avec l'intention sérieuse de regagner la porte : un esclave abyssinien, grand
et robuste, est en train de la refermer. Je cherche un mot
pour le convaincre que je me suis trompé de maison, que
je croyais rentrer chez moi ; mais le mot *tayeb*, si universel qu'il soit, ne me paraît pas suffisant à exprimer toutes
ces choses. Pendant ce temps, un grand bruit se fait dans
le fond de la maison, des *saïs* étonnés sortent des écuries,
des bonnets rouges se montrent aux terrasses du premier
étage, et un Turc des plus majestueux s'avance du fond
de la galerie principale.

Dans ces moments-là, le pire est de rester court. Je songe que beaucoup de musulmans entendent la langue franque, laquelle, au fond, n'est qu'un mélange de toute sorte de mots des patois méridionaux, qu'on emploie au hasard jusqu'à ce qu'on se soit fait comprendre ; c'est la langue des Turcs de Molière. Je ramasse donc tout ce que je puis savoir d'italien, d'espagnol, de provençal et de grec, et je compose avec le tout un discours fort captieux. Au demeurant, me disais-je, mes intentions sont pures ; l'une au moins des femmes peut bien être sa fille ou sa sœur. J'épouse, je prends le turban ; aussi bien il y a des choses qu'on ne peut éviter. Je crois au destin.

D'ailleurs, ce Turc avait l'air d'un bon diable, et sa figure bien nourrie n'annonçait pas la cruauté. Il cligna de l'œil avec quelque malice en me voyant accumuler les substantifs les plus baroques qui eussent jamais retenti dans les échelles du Levant, et me dit, tendant vers moi une main potelée chargée de bagues : — Mon cher monsieur, donnez-vous la peine d'entrer ici ; nous causerons plus commodément.

O surprise ! ce brave Turc était un Français comme moi !

Nous entrons dans une fort belle salle dont les fenêtres se découpaient sur des jardins ; nous prenons place sur un riche divan. On apporte du café et des pipes. Nous causons. J'explique de mon mieux comment j'étais entré chez lui, croyant m'engager dans un des nombreux passages qui traversent au Caire les principaux massifs de maisons ; mais je comprends à son sourire que mes belles inconnues avaient eu le temps de me trahir. Cela n'empêcha pas notre conversation de prendre en peu de temps un caractère d'intimité. En pays turc, la connaissance se fait vite entre compatriotes. Mon hôte voulut bien m'inviter à sa table, et, quand l'heure fut arrivée, je vis entrer deux fort belles personnes, dont l'une était sa femme, et l'autre la sœur de sa femme. C'étaient mes inconnues du bazar des Circassiens, et toutes deux Françaises... Voilà ce qu'il y avait de plus humiliant ! On me fit la guerre sur ma prétention à parcourir la ville sans drogman et sans ânier ; on s'égaya touchant ma poursuite assidue de deux domi-

nos douteux, qui évidemment ne révélaient aucune
forme, et pouvaient cacher des vieilles ou des négresses.
Ces dames ne me savaient pas le moindre gré d'un choix
aussi hasardeux, où aucun de leurs charmes n'était intéressé, car il faut avouer que le *habbarah* noir, moins
attrayant que le voile des simples filles fellahs, fait de
toute femme un paquet sans forme, et, quand le vent s'y
engouffre, lui donne l'aspect d'un ballon à demi gonflé.

Après le dîner, servi entièrement à la française, on me
fit entrer dans une salle beaucoup plus riche, aux murs
revêtus de porcelaines peintes, aux corniches de cèdre
sculptées. Une fontaine de marbre lançait dans le milieu
ses minces filets d'eau ; des tapis et des glaces de Venise
complétaient l'idéal du luxe arabe ; mais la surprise qui
m'attendait là concentra bientôt toute mon attention.
C'étaient huit jeunes filles placées autour d'une table
ovale, et travaillant à divers ouvrages. Elles se levèrent,
me firent un salut, et les deux plus jeunes vinrent me
baiser la main, cérémonie à laquelle je savais qu'on ne
pouvait se refuser au Caire. Ce qui m'étonnait le plus
dans cette apparition séduisante, c'est que le teint de ces
jeunes personnes, vêtues à l'orientale, variait du bistre à
l'olivâtre, et arrivait, chez la dernière, au chocolat le plus
foncé. Il eût été inconvenant peut-être de citer devant la
plus blanche le vers de Goethe :

Connais-tu la contrée — où les citrons mûrissent... [107]

Cependant elles pouvaient passer toutes pour des beautés
de race mixte. La maîtresse de la maison et sa sœur
avaient pris place sur le divan en riant aux éclats de mon
admiration. Les deux petites filles nous apportèrent des
liqueurs et du café.

Je savais un gré infini à mon hôte de m'avoir introduit
dans son *harem,* mais je me disais en moi-même qu'un
Français ne ferait jamais un bon Turc, et que l'amour-
propre de montrer ses maîtresses ou ses épouses devait
dominer toujours la crainte de les exposer aux séductions.
Je me trompais encore sur ce point. Ces charmantes fleurs
aux couleurs variées étaient non pas les femmes, mais les

filles de la maison. Mon hôte appartenait à cette génération militaire qui voua son existence au service de Napoléon. Plutôt que de se reconnaître sujets de la restaura-
tion, beaucoup de ces braves allèrent offrir leurs services
aux souverains de l'Orient. L'Inde et l'Égypte en accueillirent un grand nombre ; il y avait dans ces deux pays
de beaux souvenirs de la gloire française. Quelques-uns
adoptèrent la religion et les mœurs des peuples qui leur
donnaient asile. Le moyen de les blâmer ? La plupart, nés
pendant la révolution, n'avaient guère connu de culte que
celui des théophilanthropes ou des loges maçonniques.
Le mahométisme, vu dans les pays où il règne, a des
grandeurs qui frappent l'esprit le plus sceptique. Mon
hôte s'était livré jeune encore à ces séductions d'une
patrie nouvelle. Il avait obtenu le grade de bey par ses
talents, par ses services ; son sérail s'était recruté en partie
des beautés du Sennaar, de l'Abyssinie, de l'Arabie
même, car il avait concouru à délivrer des villes saintes
du joug des sectaires musulmans [108]. Plus tard, plus
avancé en âge, les idées de l'Europe lui étaient revenues :
il s'était marié à une aimable fille de consul, et, comme le
grand Soliman épousant Roxelane [109], il avait congédié
tout son sérail ; mais les enfants lui étaient restés.
C'étaient les filles que je voyais là ; les garçons étudiaient
dans les écoles militaires.

Au milieu de tant de filles à marier, je sentis que
l'hospitalité qu'on me donnait dans cette maison présentait certaines chances dangereuses, et je n'osai trop exposer ma situation réelle avant de plus amples informations.

On me fit reconduire chez moi le soir, et j'ai emporté
de toute cette aventure le plus gracieux souvenir [110]...
Mais, en vérité, ce ne serait pas la peine d'aller au Caire
pour me marier dans une famille française.

Le lendemain, Abdallah vint me demander la permission d'accompagner des Anglais jusqu'à Suez. C'était
l'affaire d'une semaine, et je ne voulus pas le priver de
cette course lucrative. Je le soupçonnai de n'être pas très
satisfait de ma conduite de la veille. Un voyageur qui se
passe de drogman toute une journée, qui rôde à pied dans
les rues du Caire, et dîne ensuite on ne sait où, risque de

passer pour un être bien fallacieux. Abdallah me présenta, du reste, pour tenir sa place, un *barbarin* de ses amis, nommé Ibrahim. Le barbarin (c'est ici le nom des domestiques ordinaires) ne sait qu'un peu de patois maltais.

VIII. LE WÉKIL

Le juif Yousef, ma connaissance du bazar aux cotons, venait tous les jours s'asseoir sur mon divan et se perfectionner dans la conversation.

« J'ai appris, me dit-il, qu'il vous fallait une femme, et je vous ai trouvé un *wékil*.

— Un *wékil?*

— Oui, cela veut dire envoyé, ambassadeur ; mais, dans le cas présent, c'est un honnête homme chargé de s'entendre avec les parents des filles à marier. Il vous en amènera, ou vous conduira chez elles.

— Oh ! oh ! mais quelles sont donc ces filles-là ?

— Ce sont des personnes très honnêtes, et il n'y en a que de celles-là au Caire, depuis que son altesse a relégué les autres à Esné, un peu au-dessous de la première cataracte.

— Je veux le croire. Eh bien ! nous verrons ; amenez-moi ce *wékil*.

— Je l'ai amené ; il est en bas. »

Le *wékil* était un aveugle, que son fils, homme grand et robuste, guidait de l'air le plus modeste. Nous montons à âne tous les quatre, et je riais beaucoup intérieurement en comparant l'aveugle à l'Amour, et son fils au dieu de l'hyménée. Le juif, insoucieux de ces emblèmes mythologiques, m'instruisait chemin faisant.

« Vous pouvez, me disait-il, vous marier ici de quatre manières. La première, c'est d'épouser une fille cophte devant le *Turc*.

— Qu'est-ce que le Turc ?

— C'est un brave santon à qui vous donnez quelque argent, qui dit une prière, vous assiste devant le cadi, et remplit les fonctions d'un prêtre : ces hommes-là sont

saints dans le pays, et tout ce qu'ils font est bien fait. Ils
ne s'inquiètent pas de votre religion, si vous ne songez
pas à la leur; mais ce mariage-là n'est pas celui des filles
très honnêtes.

— Bon; passons à un autre.

— Celui-là est un mariage sérieux. Vous êtes chrétien,
et les Cophtes le sont aussi; il y a des prêtres cophtes qui
vous marieront, quoique schismatique, sous la condition
de consigner un douaire à la femme, pour le cas où vous
divorceriez plus tard.

— C'est très raisonnable; mais quel est le douaire?...

— Oh! cela dépend des conventions. Il faut toujours
donner au moins deux cents piastres.

— Cinquante francs! ma foi, je me marie, et ce n'est
pas cher.

— Il y a encore une autre sorte de mariage pour les
personnes très scrupuleuses; ce sont les bonnes familles.
Vous êtes fiancé devant le prêtre cophte, il vous marie
selon son rite, et ensuite vous ne pouvez plus divorcer.

— Oh! mais cela est très grave: un instant!

— Pardon; il faut aussi, auparavant, constituer un
douaire, pour le cas où vous quitteriez le pays.

— Alors la femme devient donc libre?

— Certainement, et vous aussi; mais, tant que vous
restez dans le pays, vous êtes lié.

— Au fond, c'est encore assez juste; mais quelle est la
quatrième sorte de mariage?

— Celle-là, je ne vous conseille pas d'y penser. On
vous marie deux fois: à l'église cophte et au couvent des
Franciscains.

— C'est un mariage mixte?

— Un mariage très solide: si vous partez, il vous faut
emmener la femme; elle peut vous suivre partout et vous
mettre les enfants sur les bras.

— Alors c'est fini, on est marié sans rémission?

— Il y a bien des moyens encore de glisser des nullités
dans l'acte... mais surtout gardez-vous d'une chose, c'est
de vous laisser conduire devant le consul!

— Mais cela, c'est le mariage européen.

— Tout à fait. Vous n'avez qu'une seule ressource

alors; si vous connaissez quelqu'un au consulat, c'est d'obtenir que les bans ne soient pas publiés dans votre pays. »

Les connaissances de cet éleveur de vers à soie sur la question des mariages me confondaient; mais il m'apprit qu'on l'avait souvent employé dans ces sortes d'affaires. Il servait de truchement au *wékil*, qui ne savait que l'arabe. Tous ces détails du reste m'intéressaient au dernier point.

Nous étions arrivés presque à l'extrémité de la ville, dans la partie du quartier cophte qui fait retour sur la place de l'Esbekieh du côté de Boulac. Une maison d'assez pauvre apparence au bout d'une rue encombrée de marchands d'herbes et de fritures, voilà le lieu où la présentation devait se faire. On m'avertit que ce n'était point la maison des parents, mais un terrain neutre.

« Vous allez en voir deux, me dit le juif, et, si vous n'êtes pas content, on en fera venir d'autres.

— C'est parfait; mais, si elles restent voilées, je vous préviens que je n'épouse pas.

— Oh! soyez tranquille, ce n'est pas ici comme chez les Turcs.

— Les Turcs ont l'avantage de pouvoir se rattraper sur le nombre.

— C'est en effet tout différent. »

La salle basse de la maison était occupée par trois ou quatre hommes en sarrau bleu, qui semblaient dormir; pourtant, grâce au voisinage de la porte de la ville et d'un corps de garde situé auprès, cela n'avait rien d'inquiétant. Nous montâmes par un escalier de pierre sur une terrasse intérieure. La chambre où l'on entrait ensuite donnait sur la rue, et la large fenêtre, avec tout son grillage de menuiserie, s'avançait, selon l'usage, d'un demi-mètre en dehors de la maison. Une fois assis dans cette espèce de garde-manger, le regard plonge sur les deux extrémités de la rue; on voit les passants à travers les dentelures latérales. C'est d'ordinaire la place des femmes, d'où, comme sous le voile, elles observent tout sans être vues. On m'y fit asseoir, tandis que le *wékil*, son fils et le juif prenaient place sur les divans. Bientôt arriva une femme cophte voilée, qui, après avoir salué, releva son *borghot* noir au-dessus de sa tête, ce qui, avec le voile rejeté en arrière, composait une sorte de coiffure israélite. C'était la *khatbé*, ou *wékil* des femmes. Elle me dit que les jeunes personnes achevaient de s'habiller. Pendant ce temps, on avait apporté des pipes et du café à tout le monde. Un homme à barbe blanche, en turban noir, avait aussi augmenté notre compagnie. C'était le prêtre cophte. Deux femmes voilées, les mères sans doute, restaient debout à la porte.

La chose prenait du sérieux, et mon attente était, je l'avoue, mêlée de quelque anxiété. Enfin, deux jeunes filles entrèrent, et successivement vinrent me baiser la main. Je les engageai par signes à prendre place près de moi.

« Laissez-les debout, me dit le juif, ce sont vos servantes. »

Mais j'étais encore trop Français pour ne pas insister. Le juif parla et fit comprendre sans doute que c'était une coutume bizarre des Européens de faire asseoir les femmes devant eux. Elles prirent enfin place à mes côtés.

Elles étaient vêtues d'habits de taffetas à fleurs et de mousseline brodée. C'était fort printanier. La coiffure, composée du tarbouch rouge entortillé de gazillons, laissait échapper un fouillis de rubans et de tresses de soie ; des grappes de petites pièces d'or et d'argent, probablement fausses, cachaient entièrement les cheveux. Pourtant il était aisé de reconnaître que l'une était brune et l'autre blonde ; on avait prévu toute objection. La première « était svelte comme un palmier et avait l'œil noir d'une gazelle », avec un teint légèrement bistré ; l'autre, plus délicate, plus riche de contours, et d'une blancheur qui m'étonnait en raison de la latitude, avait la mine et le port d'une jeune reine éclose au pays du matin.

Cette dernière me séduisait particulièrement, et je lui faisais dire toutes sortes de douceurs, sans cependant négliger entièrement sa compagne. Toutefois le temps se passait sans que j'abordasse la question principale ; alors la khatbé les fit lever et leur découvrit les épaules qu'elle frappa de la main pour en montrer la fermeté. Un instant,

je craignis que l'exhibition n'allât trop loin, et j'étais
moi-même un peu embarrassé devant ces pauvre filles,
dont les mains recouvraient de gaze leurs charmes à demi
trahis. Enfin le juif me dit :

« Quelle est votre pensée ?

— Il y en a une qui me plaît beaucoup, mais je voudrais réfléchir : on ne s'enflamme pas tout d'un coup :
nous les reviendrons voir. »

Les assistants auraient certainement voulu quelque réponse plus précise. La khatbé et le prêtre cophte me firent
presser de prendre une décision. Je finis par me lever en
promettant de revenir, mais je sentais qu'on n'avait pas
grande confiance.

Les deux jeunes filles étaient sorties pendant cette
négociation. Quand je traversai la terrasse pour gagner
l'escalier, celle que j'avais remarquée particulièrement
semblait occupée à arranger des arbustes. Elle se releva
en souriant, et, faisant tomber son tarbouch, elle secoua
sur ses épaules de magnifiques tresses dorées, auxquelles
le soleil donnait un vif reflet rougeâtre. Ce dernier effort
d'une coquetterie, d'ailleurs bien légitime, triompha
presque de ma prudence, et je fis dire à la famille que
j'enverrai certainement des présents.

« Ma foi, dis-je en sortant au complaisant Israélite,
j'épouserais bien celle-là devant le Turc.

— La mère ne voudrait pas, elles tiennent au prêtre
cophte. C'est une famille d'écrivains : le père est mort ; la
jeune fille que vous avez préférée n'a encore été mariée
qu'une fois, et pourtant elle a seize ans.

— Comment ! elle est veuve ?

— Non, divorcée.

— Oh ! mais cela change la question ! »

J'envoyai toujours une petite pièce d'étoffe comme
présent.

L'aveugle et son fils se remirent en quête et me trou-
vèrent d'autres fiancées. C'étaient toujours à peu près les
mêmes cérémonies, mais je prenais goût à cette revue du
beau sexe cophte, et moyennant quelques étoffes et menus bijoux on ne se formalisait pas trop de mes incertitudes. Il y eut une mère qui amena sa fille dans mon logis :

je crois bien que celle-là aurait volontiers célébré l'hymen devant le Turc ; mais, tout bien considéré, cette fille était d'âge à avoir été déjà épousée plus que de raison.

IX. LE JARDIN DE ROSETTE

Le *barbarin* qu'Abdallah avait mis à sa place, un peu jaloux peut-être de l'assiduité du juif et de son wékil, m'amena un jour un jeune homme fort bien vêtu, parlant italien et nommé Mahomet, qui avait à me proposer un mariage tout à fait relevé.

« Pour celui-là, me dit-il, c'est devant le consul. Ce sont des gens riches, et la fille n'a que douze ans.

— Elle est un peu jeune pour moi ; mais il paraît qu'ici c'est le seul âge où l'on ne risque pas de les trouver veuves ou divorcées.

— *Signor, è vero !* ils sont très impatients de vous voir, car vous occupez une maison où il y a eu des Anglais ; on a donc une bonne opinion de votre rang. J'ai dit que vous étiez un général.

— Mais je ne suis pas général.

— Allons donc ! vous n'êtes pas un ouvrier, ni un négociant. Vous ne faites rien ?

— Pas grand-chose.

— Eh bien ! cela représente ici au moins le grade d'un *myrliva* (général). »

Je savais déjà qu'en effet au Caire, comme en Russie, on classait toutes les positions d'après les grades militaires. Il est à Paris des écrivains pour qui c'eût été une mince distinction que d'être assimilés à un général égyptien ; moi, je ne pouvais voir là qu'une amplification orientale. Nous montons sur des ânes et nous nous dirigeons vers le Mousky. Mahomet frappe à une maison d'assez bonne apparence. Une négresse ouvre la porte et pousse des cris de joie ; une autre esclave noire se penche avec curiosité sur la balustrade de l'escalier, frappe des mains en riant très haut, et j'entends retentir des conversations où je devinais seulement qu'il était question du *myrliva* annoncé.

Au premier étage je trouve un personnage proprement vêtu, ayant un turban de cachemire, qui me fait asseoir et me présente un grand jeune homme comme son fils. C'était le père. Dans le même instant entre une femme d'une trentaine d'années encore jolie ; on apporte du café et des pipes, et j'apprends par l'interprète qu'ils étaient de la Haute-Égypte, ce qui donnait au père le droit d'avoir un turban blanc. Un instant après, la jeune fille arrive suivie des négresses qui se tiennent en dehors de la porte ; elle leur prend des mains un plateau, et nous sert des confitures dans un pot de cristal où l'on puise avec des cuillers de vermeil. Elle était si petite et si mignonne, que je ne pouvais concevoir qu'on songeât à la marier. Ses traits n'étaient pas encore bien formés ; mais elle ressemblait tellement à sa mère, qu'on pouvait se rendre compte, d'après la figure de cette dernière, du caractère futur de sa beauté. On l'envoyait aux écoles du quartier franc, et elle savait déjà quelques mots d'italien. Toute cette famille me paraissait si respectable, que je regrettais de m'y être présenté sans intentions tout à fait sérieuses. Ils me firent mille honnêtetés, et je les quittai en promettant une réponse prompte. Il y avait de quoi mûrement réfléchir.

Le surlendemain était le jour de la pâque juive, qui correspond à notre dimanche des Rameaux. Au lieu de buis, comme en Europe, tous les chrétiens portaient le rameau biblique, et les rues étaient pleines d'enfants qui se partageaient la dépouille des palmiers. Je traversais, pour me rendre au quartier franc, le jardin de Rosette, qui est la plus charmante promenade du Caire. C'est une verte oasis au milieu des maisons poudreuses, sur la limite du quartier cophte et du Mousky. Deux maisons de consuls et celle du docteur Clot-Bey [111] ceignent un côté de cette retraite ; les maisons franques qui bordent l'impasse Waghorn s'étendent à l'autre extrémité ; l'intervalle est assez considérable pour présenter à l'œil un horizon touffu de dattiers, d'orangers et de sycomores.

Il n'est pas facile de trouver le chemin de cet Éden

mystérieux, qui n'a point de porte publique. On traverse la maison du consul de Sardaigne en donnant à ses gens quelques paras, et l'on se trouve au milieu de vergers et de parterres dépendant des maisons voisines. Un sentier qui les divise aboutit à une sorte de petite ferme entourée de grillages où se promènent plusieurs girafes que le docteur Clot-Bey fait élever par des Nubiens. Un bois d'orangers fort épais s'étend plus loin à gauche de la route; à droite sont plantés des mûriers entre lesquels on cultive du maïs. Ensuite le chemin tourne, et le vaste espace qu'on aperçoit de ce côté se termine par un rideau de palmiers entremêlés de bananiers, avec leurs longues feuilles d'un vert éclatant. Il y a là un pavillon soutenu par de hauts piliers, qui recouvre un bassin carré autour duquel des compagnies de femmes viennent souvent se reposer et chercher la fraîcheur. Le vendredi, ce sont des musulmanes, toujours voilées le plus possible, le samedi, des juives, le dimanche, des chrétiennes. Ces deux derniers jours, les voiles sont un peu moins discrets; beaucoup de femmes font étendre des tapis près du bassin par leurs esclaves, et se font servir des fruits et des pâtisseries. Le passant peut s'asseoir dans le pavillon même sans qu'une retraite farouche l'avertisse de son indiscrétion, ce qui arrive quelquefois le vendredi, jour des Turques.

Je passais près de là, lorsqu'un garçon de bonne mine vient à moi d'un air joyeux; je reconnais le frère de ma dernière prétendue. J'étais seul. Il me fait quelques signes que je ne comprends pas, et finit par m'engager, au moyen d'une pantomime plus claire, à l'attendre dans le pavillon. Dix minutes après, la porte de l'un des petits jardins bordant les maisons s'ouvre et donne passage à deux femmes que le jeune homme amène, et qui viennent prendre place près du bassin en levant leurs voiles. C'était sa mère et sa sœur. Leur maison donnait sur la promenade du côté opposé à celui où j'y étais entré l'avant-veille. Après les premiers saluts affectueux, nous voilà à nous regarder et à prononcer des mots au hasard en souriant de notre mutuelle ignorance. La petite fille ne disait rien, sans doute par réserve; mais, me souvenant qu'elle apprenait l'italien, j'essaye quelques mots de cette langue, auxquels elle répond avec l'accent guttural des Arabes, ce qui rendait l'entretien fort peu clair.

Je tâchais d'exprimer ce qu'il y avait de singulier dans la ressemblance des deux femmes. L'une était la miniature de l'autre. Les traits vagues encore de l'enfant se dessinaient mieux chez la mère; on pouvait prévoir entre ces deux âges une saison charmante qu'il serait doux de voir fleurir. Il y avait près de nous un tronc de palmier renversé depuis peu de jours par le vent, et dont les rameaux trempaient dans l'extrémité du bassin. Je le montrai du doigt en disant: *Oggi è il giorno delle palme.* Or, les fêtes cophtes, se réglant sur le calendrier primitif de l'Église, ne tombent pas en même temps que les nôtres. Toutefois la petite fille alla cueillir un rameau qu'elle garda à la main, et dit: *Io così sono «Roumi».* (Moi, comme cela, je suis Romaine!)

Au point de vue des Égyptiens, tous les Francs sont des *Romains.* Je pouvais donc prendre cela pour un compliment et pour une allusion au futur mariage... O hymen, hyménée! je t'ai vu ce jour-là de bien près! Tu ne dois être sans doute, selon nos idées européennes, qu'un frère puîné de l'amour. Pourtant ne serait-il pas charmant de voir grandir et se développer près de soi l'épouse que l'on s'est choisie, de remplacer quelque temps le père avant d'être l'amant!... Mais pour le mari quel danger!

En sortant du jardin, je sentais le besoin de consulter mes amis du Caire. J'allai voir Soliman-Aga. «Mariez-vous donc de par Dieu!» me dit-il, comme Pantagruel à Panurge [112]. J'allai de là chez le peintre de l'hôtel Domergue, qui me cria de toute sa voix de sourd: «Si c'est devant le consul... ne vous mariez pas!»

Il y a, quoi qu'on fasse, un certain préjugé religieux qui domine l'Européen en Orient, du moins dans les circonstances graves. Faire un mariage *à la cophte,* comme on dit au Caire, ce n'est rien que de fort simple; mais le faire avec une toute jeune enfant, qu'on vous livre pour ainsi dire, et qui contracte un lien illusoire pour vous-même, c'est une grave responsabilité morale assurément

Comme je m'abandonnais à ces sentiments délicats, je

vis arriver Abdallah revenu de Suez ; j'exposai ma situation.

« Je m'étais bien douté, s'écria-t-il, qu'on profiterait de mon absence pour vous faire faire des sottises. Je connais la famille. Vous êtes-vous inquiété de la dot ?

— Oh ! peu m'importe ; je sais qu'ici ce doit être peu de chose.

— On parle de vingt mille piastres (cinq mille francs).

— Eh bien ! c'est toujours cela.

— Comment donc ! mais c'est vous qui devez les payer.

— Ah ! c'est bien différent... Ainsi il faut que j'apporte une dot, au lieu d'en recevoir une ?

— Naturellement. Ignorez-vous que c'est l'usage ici ?

— Comme on me parlait d'un mariage à l'européenne...

— Le mariage, oui ; mais la somme se paye toujours. C'est un petit dédommagement pour la famille. »

Je comprenais dès lors l'empressement des parents dans ce pays à marier les petites filles. Rien n'est plus juste d'ailleurs, à mon avis, que de reconnaître, en payant, la peine que de braves gens se sont donnée de mettre au monde et d'élever pour vous une jeune enfant gracieuse et bien faite. Il paraît que la dot, ou pour mieux dire le douaire, dont j'ai indiqué plus haut le minimum, croît en raison de la beauté de l'épouse et de la position des parents. Ajoutez à cela les frais de la noce, et vous verrez qu'un mariage à la cophte devient encore une formalité assez coûteuse. J'ai regretté que le dernier qui m'était proposé fût en ce moment-là au-dessus de mes moyens. Du reste, l'opinion d'Abdallah était que pour le même prix on pouvait acquérir tout un sérail au Bazar des esclaves.

II. LES ESCLAVES

I. Un lever de soleil

Que notre vie est quelque chose d'étrange! Chaque
matin dans ce demi-sommeil où la raison triomphe peu à
peu des folles images du rêve, je sens qu'il est naturel,
logique et conforme à mon origine parisienne de
m'éveiller aux clartés d'un ciel gris, au bruit des roues
broyant les pavés, dans quelque chambre d'un aspect
triste, garnie de meubles anguleux, où l'imagination se
heurte aux vitres comme un insecte emprisonné, et c'est
avec un étonnement toujours plus vif que je me retrouve à
mille lieues de ma patrie, et que j'ouvre mes sens peu à
peu aux vagues impressions d'un monde qui est la parfaite antithèse du nôtre. La voix du Turc qui chante au
minaret voisin, la clochette et le trot lourd du chameau
qui passe, et quelquefois son hurlement bizarre, les bruis-
sements et les sifflements indistincts qui font vivre l'air,
le bois et la muraille, l'aube hâtive dessinant au plafond
les mille découpures des fenêtres, une brise matinale
chargée de senteurs pénétrantes, qui soulève le rideau de
ma porte et me fait apercevoir au-dessus des murs de la
cour les têtes flottantes des palmiers; tout cela me surprend, me ravit... ou m'attriste, selon les jours; car je ne
veux pas dire qu'un éternel été fasse une vie toujours
joyeuse. Le soleil noir de la mélancolie, qui verse des
rayons obscurs sur le front de l'ange rêveur d'Albert
Dürer [113], se lève aussi parfois aux plaines lumineuses du
Nil, comme sur les bords du Rhin, dans un froid paysage

d'Allemagne. J'avouerai même qu'à défaut de brouillard, la poussière est un triste voile aux clartés d'un jour d'Orient.

Je monte quelquefois sur la terrasse de la maison que j'habite dans un quartier cophte, pour voir les premiers rayons qui embrasent au loin la plaine d'Héliopolis et les versants du Mokatam, où s'étend la Ville des Morts, entre Le Caire et Matarée. C'est d'ordinaire un beau spectacle, quand l'aube colore peu à peu les coupoles et les arceaux grêles des tombeaux consacrés aux trois dynasties de califes, de soudans et de sultans qui, depuis l'an 1000, ont gouverné l'Égypte. L'un des obélisques de l'ancien temple du soleil est resté seul debout dans cette plaine, comme une sentinelle oubliée ; il se dresse au milieu d'un bouquet touffu de palmiers et de sycomores, et reçoit toujours le premier regard du dieu que l'on adorait jadis à ses pieds.

L'aurore, en Égypte, n'a pas ces belles teintes vermeilles qu'on admire dans les Cyclades ou sur les côtes de Candie ; le soleil éclate tout à coup au bord du ciel, précédé seulement d'une vague lueur blanche ; quelquefois il semble avoir peine à soulever les longs plis d'un linceul grisâtre, et nous apparaît pâle et privé de rayons, comme l'Osiris souterrain ; son empreinte décolorée attriste encore le ciel aride, qui ressemble alors, à s'y méprendre, au ciel couvert de notre Europe, mais qui, loin d'amener la pluie, absorbe toute humidité. Cette poudre épaisse qui charge l'horizon ne se découpe jamais en frais nuages comme nos brouillards : à peine le soleil, au plus haut point de sa force, parvient-il à percer l'atmosphère cendreuse sous la forme d'un disque rouge, qu'on croirait sorti des forges libyques du dieu Phta. On comprend alors cette mélancolie profonde de la vieille Égypte, cette préoccupation fréquente de la souffrance et des tombeaux que les monuments nous transmettent. C'est Typhon qui triomphe pour un temps ees divinités bienfaisantes ; il irrite les yeux, dessèche les poumons, et jette des nuées d'insectes sur les champs et sur les vergers [114].

Je les ai vus passer comme des messagers de mort et de famine, l'atmosphère en était chargée, et regardant au-dessus de ma tête, faute de point de comparaison, je les prenais d'abord pour des nuées d'oiseaux. Abdallah, qui était monté en même temps que moi sur la terrasse, fit un cercle dans l'air avec le long tuyau de son chibouk, et il en tomba deux ou trois sur le plancher. Il secoua la tête en regardant ces énormes cigales vertes et roses, et me dit :

— Vous n'en avez jamais mangé ?

Je ne pus m'empêcher de faire un geste d'éloignement pour une telle nourriture, et cependant, si on leur ôte les ailes et les pattes, elles doivent ressembler beaucoup aux crevettes de l'Océan.

« C'est une grande ressource dans le désert, me dit Abdallah ; on les fume, on les sale, et elles ont, à peu de chose près, le goût du hareng saur ; avec de la pâte de dourah, cela forme un mets excellent.

— Mais à ce propos, dis-je, ne serait-il pas possible de me faire ici un peu de cuisine égyptienne ? Je trouve ennuyeux d'aller deux fois par jour prendre mes repas à l'hôtel.

— Vous avez raison, dit Abdallah ; il faudra prendre à votre service un cuisinier.

— Eh bien ! est-ce que le *barbarin* ne sait rien faire ?

— Oh ! rien. Il est ici pour ouvrir la porte et tenir la maison propre, voilà tout.

— Et vous-même, ne seriez-vous pas capable de mettre au feu un morceau de viande, de préparer quelque chose enfin ?

— C'est de moi que vous parlez ? s'écria Abdallah d'un ton profondément blessé ; non, monsieur, je ne sais rien de semblable.

— C'est fâcheux, repris-je en ayant l'air de continuer une plaisanterie, nous aurions pu en outre déjeuner avec des sauterelles ce matin ; mais, sérieusement, je voudrais prendre mes repas ici. Il y a des bouchers dans la ville, des marchands de fruits et de poisson... Je ne vois pas que ma prétention soit si extraordinaire.

— Rien n'est plus simple, en effet : prenez un cuisinier. Seulement, un cuisinier européen vous coûtera un talari par jour. Encore les beys, les pachas et les hôteliers eux-mêmes ont-ils de la peine à s'en procurer.

— J'en veux un qui soit de ce pays-ci, et qui me prépare les mets que tout le monde mange.

— Fort bien, nous pourrons trouver cela chez M. Jean. C'est un de vos compatriotes qui tient un cabaret dans le quartier cophte, et chez lequel se réunissent les gens sans place. »

II. Monsieur Jean

M. Jean est un débris glorieux de notre armée d'Égypte. Il a été l'un des trente-trois Français qui prirent du service dans les mamelouks après la retraite de l'expédition. Pendant quelques années, il a eu comme les autres un palais, des femmes, des chevaux, des esclaves : à l'époque de la destruction de cette puissante milice, il fut épargné comme Français ; mais, rentré dans la vie civile, ses richesses se fondirent en peu de temps. Il imagina de vendre publiquement du vin, chose alors nouvelle en Égypte, où les chrétiens et les juifs ne s'enivraient que d'eau-de-vie, d'arak, et d'une certaine bière nommée *bouza*. Depuis lors, les vins de Malte, de Syrie et de l'Archipel firent concurrence aux spiritueux, et les musulmans du Caire ne parurent pas s'offenser de cette innovation.

M. Jean admira la résolution que j'avais prise d'échapper à la vie des hôtels ; mais, me dit-il, vous aurez de la peine à vous monter une maison. Il faut, au Caire, prendre autant de serviteurs qu'on a de besoins différents. Chacun d'eux met son amour-propre à ne faire qu'une seule chose, et d'ailleurs ils sont si paresseux, qu'on peut douter que ce soit un calcul. Tout détail compliqué les fatigue ou leur échappe, et ils vous abandonnent même, pour la plupart, dès qu'ils ont gagné de quoi passer quelques jours sans rien faire.

« Mais comment font les gens du pays ?

— Oh ! ils les laissent s'en donner à leur aise, et prennent deux ou trois personnes pour chaque emploi. Dans tous les cas, un effendi a toujours avec lui son secrétaire *(khatibessir)*, son trésorier *(khazindar)*, son porte-pipe *(tchiboukji)*, le *selikdar* pour porter ses armes, le *seradjbachi* pour tenir son cheval, le *kahwedji-bachi* pour faire son café partout où il s'arrête, sans compter les *yamaks* pour aider tout ce monde. A l'intérieur, il en faut bien d'autres ; car le portier ne consentirait pas à prendre soin des appartements, ni le cuisinier à faire le café ; il faut avoir jusqu'à un certain porteur d'eau à ses gages. Il est vrai qu'en leur distribuant une piastre ou une piastre et demie, c'est-à-dire de vingt-cinq à trente centimes par jour, on est regardé par chacun de ces fainéants comme un patron très magnifique.

— Eh bien! dis-je, tout ceci est encore loin des soixante piastres qu'il faut payer journellement dans les hôtels.

— Mais c'est un tracas auquel nul Européen ne peut résister.

— J'essayerai, cela m'instruira.

— Ils vous feront une nourriture abominable.

— Je ferai connaissance avec les mets du pays.

— Il faudra tenir un livre de comptes et discuter les prix de tout.

— Cela m'apprendra la langue.

— Vous pouvez essayer, du reste ; je vous enverrai les plus honnêtes, vous choisirez.

— Est-ce qu'ils sont très voleurs?

— *Carotteurs* tout au plus, me dit le vieux soldat, par un ressouvenir du langage militaire : voleurs! des Égyptiens... ils n'ont pas assez de courage. »

Je trouve qu'en général ce pauvre peuple d'Égypte est trop méprisé par les Européens. Le Franc du Caire, qui partage aujourd'hui les privilèges de la race turque, en prend aussi les préjugés. Ces gens sont pauvres, ignorants sans nul doute, et la longue habitude de l'esclavage les maintient dans une sorte d'abjection. Ils sont plus rêveurs qu'actifs, et plus intelligents qu'industrieux ; mais je les crois bons et d'un caractère analogue à celui des Hindous, ce qui peut-être tient aussi à leur nourriture presque exclusivement végétale. Nous autres carnassiers, nous respectons fort le Tartare et le Bédouin, nos pareils, et nous sommes portés à abuser de notre énergie à l'égard des populations moutonnières.

Après avoir quitté M. Jean, je traversai la place de l'Esbekieh, pour me rendre à l'hôtel Domergue. C'est, comme on sait, un vaste champ situé entre l'enceinte de la ville et la première ligne des maisons du quartier cophte et du quartier franc. Il y a là beaucoup de palais et d'hôtels splendides. On distingue surtout la maison où fut assassiné Kléber, et celle où se tenaient les séances de l'Institut d'Égypte. Un petit bois de sycomores et de *figuiers de Pharaon* se rattache au souvenir de Bonaparte, qui les fit planter. A l'époque de l'inondation, toute cette place est couverte d'eau et sillonnée par des canges et des djermes peintes et dorées appartenant aux propriétaires des maisons voisines. Cette transformation annuelle d'une place publique en lac d'agrément n'empêche pas qu'on n'y trace des jardins et qu'on n'y creuse des canaux dans les temps ordinaires. Je vis là un grand nombre de *fellahs* qui travaillaient à une tranchée ; les hommes piochaient la terre, et les femmes en emportaient de lourdes charges dans des couffes de paille de riz. Parmi ces dernières, il y avait plusieurs jeunes filles, les unes en chemises bleues, et celles de moins de huit ans entièrement nues, comme on les voit du reste dans les villages aux bords du Nil. Des inspecteurs armés de bâtons surveillaient le travail, et frappaient de temps en temps les moins actifs. Le tout était sous la direction d'une sorte de militaire coiffé d'un tarbouch rouge, chaussé de bottes fortes à éperons, traînant un sabre de cavalerie, et tenant à la main un fouet en peau d'hippopotame roulée. Cela s'adressait aux nobles épaules des inspecteurs, comme le bâton de ces derniers à l'omoplate des fellahs.

Le surveillant, me voyant arrêté à regarder les pauvres jeunes filles qui pliaient sous les sacs de terre, m'adressa la parole en français. C'était encore un compatriote. Je n'eus pas trop l'idée de m'attendrir sur les coups de bâton distribués aux hommes, assez mollement du reste ; l'Afrique a d'autres idées que nous sur ce point.

« Mais pourquoi, dis-je, faire travailler ces femmes et ces enfants ?

— Ils ne sont pas forcés à cela, me dit l'inspecteur français; ce sont leurs pères ou leurs maris qui aiment mieux les faire travailler sous leurs yeux que de les laisser dans la ville. On les paye depuis vingt paras jusqu'à une piastre, selon leur force. Une piastre (25 centimes) est généralement le prix de la journée d'un homme.

— Mais pourquoi y en a-t-il quelques-uns qui sont enchaînés? Sont-ce des forçats?

— Ce sont des fainéants; ils aiment mieux passer leur temps à dormir ou à écouter des histoires dans les cafés que de se rendre utiles.

— Comment vivent-ils dans ce cas-là?

— On vit de si peu de chose ici! Au besoin, ne trouvent-ils pas toujours des fruits ou des légumes à voler dans les champs? Le gouvernement a bien de la peine à faire exécuter les travaux les plus nécessaires; mais, quand il le faut absolument, on fait cerner un quartier ou barrer une rue par des troupes, on arrête les gens qui passent, on les attache et on nous les amène; voilà tout.

— Quoi! tout le monde sans exception?

— Oh! tout le monde; cependant, une fois arrêtés, chacun s'explique. Les Turcs et les Francs se font reconnaître. Parmi les autres, ceux qui ont de l'argent se rachètent de la corvée; plusieurs se recommandent de leurs maîtres ou patrons. Le reste est embrigadé et travaille pendant quelques semaines ou quelques mois, selon l'importance des choses à exécuter. »

Que dire de tout cela? L'Égypte en est encore au Moyen Age. Ces corvées se faisaient jadis au profit des beys mamelouks. Le pacha est aujourd'hui le seul suzerain; la chute des mamelouks a supprimé le servage individuel, voilà tout.

III. LES KHOWALS

Après avoir déjeuné à l'hôtel, je suis allé m'asseoir dans le plus beau café du Mousky. J'y ai vu pour la première fois danser des almées en public. Je voudrais bien mettre un peu la chose en scène ; mais véritablement la décoration ne comporte ni trèfles, ni colonnettes, ni lambris de porcelaine, ni œufs d'autruche suspendus. Ce n'est qu'à Paris que l'on rencontre des cafés si orientaux. Il faut plutôt imaginer une humble boutique carrée, blanchie à la chaux, où pour toute arrabesque se répète plusieurs fois l'image peinte d'une pendule posée au milieu d'une prairie entre deux cyprès. Le reste de l'ornementation se compose de miroirs également peints, et qui sont censés se renvoyés l'éclat d'un bâton de palmier chargé de flacons d'huile où nagent des veilleuses, ce qui est le soir d'un assez bon effet.

Des divans d'un bois assez dur, qui règnent autour de la pièce, sont bordés de cages en palmier, servant de tabourets pour les pieds des fumeurs, auxquels on distribue de temps en temps les élégantes petites tasses (*fines-janes*) dont j'ai déjà parlé. C'est là que le fellah en blouse bleue, le Cophte en turban noir, ou le Bédouin au manteau rayé, prennent place le long du mur, et voient sans surprise et sans ombrage le Franc s'asseoir à leurs côtés. Pour ce dernier, le *kahwedji* sait bien qu'il faut sucrer la tasse, et la compagnie sourit de cette bizarre préparation. Le fourneau occupe un des coins de la boutique et en est d'ordinaire l'ornement le plus précieux. L'encoignure qui le surmonte, garnie de faïence peinte, se découpe en festons et en rocailles, et a quelque chose de l'aspect des poêles allemands. Le foyer est toujours garni d'une multitude de petites cafetières de cuivre rouge, car il faut faire bouillir une cafetière pour chacune de ces *fines-janes* grandes comme des coquetiers.

Et maintenant voici les almées qui nous apparaissent dans un nuage de poussière et de fumée de tabac. Elles me frappèrent au premier abord par l'éclat des calottes d'or qui surmontaient leur chevelure tressée. Leurs talons qui frappaient le sol, pendant que les bras levés en répétaient la rude secousse, faisaient résonner des clochettes et des anneaux ; les hanches frémissaient d'un mouvement voluptueux ; la taille apparaissait nue sous la mousseline dans l'intervalle de la veste et de la riche ceinture relâchée et tombant très bas, comme le ceston[115] de Vénus. A peine, au milieu du tournoiement rapide, pouvait-on distinguer les traits de ces séduisantes personnes, dont les doigts agitaient de petites cymbales, grandes comme des castagnettes, et qui se démenaient vaillamment aux sons primitifs de la flûte et du tambourin. Il y en avait deux fort belles, à la mine fière, aux yeux arabes avivés par le *cohel,* aux joues pleines et délicates légèrement fardées ; mais la troisième, il faut bien le dire, trahissait un sexe moins tendre avec une barbe de huit jours : de sorte qu'à bien examiner les choses, et quand, la danse étant finie, il me fut possible de distinguer mieux les traits des deux autres, je ne tardai pas à me convaincre que nous n'avions affaire là qu'à des almées... mâles.

O vie orientale, voilà de tes surprises ! et moi, j'allais m'enflammer imprudemment pour ces êtres douteux, je me disposais à leur coller sur le front quelques pièces d'or, selon les traditions les plus pures du Levant... On va me croire prodigue ; je me hâte de faire remarquer qu'il y a des pièces d'or nommées *ghazis,* depuis cinquante centimes jusqu'à cinq francs. C'est naturellement avec les plus petites que l'on fait des masques d'or aux danseuses, quand après un pas gracieux elles viennent incliner leur front humide devant chacun des spectateurs ; mais, pour de simples danseurs vêtus en femmes, on peut bien se priver de cette cérémonie en leur jetant quelques paras.

Sérieusement, la morale égyptienne est quelque chose de bien particulier. Il y a peu d'années, les danseuses parcouraient librement la ville, animaient les fêtes publiques et faisaient les délices des casinos et des cafés. Aujourd'hui elles ne peuvent plus se montrer que dans les maisons et aux fêtes particulières, et les gens scrupuleux trouvent beaucoup plus convenables ces danses d'hommes aux traits efféminés, aux longs cheveux, dont les bras, la taille et le col nu parodient si déplorablement les attraits demi-voilés des danseuses.

J'ai parlé de ces dernières sous le nom d'*almées* en cédant, pour être plus clair, au préjugé européen. Les danseuses s'appellent *ghawasies ;* les almées sont des chanteuses ; le pluriel de ce mot se prononce *oualems.*

Quant aux danseurs autorisés par la morale musulmane, ils s'appellent *khowals*.

En sortant du café, je traversai de nouveau l'étroite rue qui conduit au bazar franc pour entrer dans l'impasse Waghorn et gagner le jardin de Rosette. Des marchands d'habits m'entourèrent, étalant sous mes yeux les plus riches costumes brodés, des ceintures de drap d'or, des armes incrustées d'argent, des tarbouchs garnis d'un flot soyeux à la mode de Constantinople, choses fort séduisantes qui excitent chez l'homme un sentiment de coquetterie tout féminin. Si j'avais pu me regarder dans les miroirs du café, qui n'existaient, hélas! qu'en peinture, j'aurais pris plaisir à essayer quelques-uns de ces costumes; mais assurément je ne veux pas tarder à prendre l'habit oriental. Avant tout, il faut songer encore à constituer mon intérieur.

IV. LA KHANOUN

Je rentrais chez moi plein de ces réflexions, ayant depuis longtemps renvoyé le drogman pour qu'il m'y attendît, car je commence à ne plus me perdre dans les rues; je trouvai la maison pleine de monde. Il y avait d'abord des cuisiniers envoyés par M. Jean, qui fumaient tranquillement sous le vestibule, où ils s'étaient fait servir du café; puis le juif Yousef, au premier étage, se livrant aux délices du narghilé, et d'autres gens encore menant grand bruit sur la terrasse. Je réveillai le drogman qui faisait son *kief* (sa sieste) dans la chambre du fond. Il s'écria comme un homme au désespoir:

« Je vous l'avais bien dit ce matin!

— Mais quoi?

— Que vous aviez tort de rester sur votre terrasse.

— Vous m'avez dit qu'il était bon de n'y monter que la nuit pour ne pas inquiéter les voisins.

— Et vous y êtes resté jusqu'après le soleil levé.

— Eh bien?

— Eh bien ! il y a là-haut des ouvriers qui travaillent à vos frais et que le cheik du quartier a envoyés depuis une heure. »

Je trouvai en effet des treillageurs qui travaillaient à boucher la vue de tout un côté de la terrasse.

« De ce côté, me dit Abdallah, est le jardin d'une *khanoun* (dame principale d'une maison) qui s'est plainte de ce que vous avez regardé chez elle.

— Mais je ne l'ai pas vue... malheureusement.

— Elle vous a vu, elle, cela suffit.

— Et quel âge a-t-elle cette dame ?

— Oh ! c'est une veuve ; elle a bien cinquante ans. »

Cela me parut si ridicule, que j'enlevai et jetai au dehors les claies dont on commençait à entourer la terrasse ; les ouvriers surpris se retirèrent sans rien dire, car personne au Caire, à moins d'être de race turque, n'oserait résister à un Franc. Le drogman et le juif secouèrent la tête sans trop se prononcer. Je fis monter les cuisiniers, et je retins celui d'entre eux qui me parut le plus intelligent. C'était un Arabe à l'œil noir, qui s'appelait Mustafa ; il parut très satisfait d'une piastre et demie par journée que je lui fis promettre. Un des autres s'offrit à l'aider pour une piastre seulement ; je ne jugeai pas à propos d'augmenter à ce point mon train de maison.

Je commençais à causer avec le juif, qui me développait ses idées sur la culture des mûriers et l'élève des vers à soie, lorsqu'on frappa à la porte. C'était le vieux cheik qui ramenait ses ouvriers. Il me fit dire que je le compromettais dans sa place, que je reconnaissais mal sa complaisance de m'avoir loué sa maison. Il ajouta que la *khanoun* était furieuse surtout de ce que j'avais jeté dans son jardin les claies posées sur ma terrasse, et qu'elle pourrait bien se plaindre au cadi.

J'entrevis une série de désagréments, et je tâchai de m'excuser sur mon ignorance des usages, l'assurant que je n'avais rien vu ni pu voir chez cette dame, ayant la vue très basse...

« Vous comprenez, me dit-il encore, combien l'on craint ici qu'un œil indiscret ne pénètre dans l'intérieur des jardins et des cours, puisque l'on choisit toujours des vieillards aveugles pour annoncer la prière du haut des minarets.

— Je savais cela, lui dis-je.

— Il conviendrait, ajouta-t-il, que votre femme fît une visite à la *khanoun*, et lui portât quelque présent, un mouchoir, une bagatelle.

— Mais vous savez, repris-je embarrassé, que jusqu'ici...

— *Machallah!* s'écria-t-il en se frappant la tête, je n'y songeais plus! Ah! quelle fatalité d'avoir des *frenguis* dans ce quartier! Je vous avais donné huit jours pour suivre la loi. Fussiez-vous musulman, un homme qui n'a pas de femme ne peut habiter qu'à l'*okel* (khan ou caravansérail); vous ne pouvez pas rester ici. »

Je le calmai de mon mieux; je lui représentai que j'avais encore deux jours sur ceux qu'il m'avait accordés; au fond, je voulais gagner du temps et m'assurer s'il n'y avait pas dans tout cela quelque supercherie tendant à obtenir une somme en sus de mon loyer payé d'avance. Aussi pris-je, après le départ du cheik, la résolution d'aller trouver le consul de France.

V. Visite au consul de France

Je me prive, autant que je puis, en voyage, de lettres de recommandation. Du jour où l'on est connu dans une ville, il n'est plus possible de rien voir. Nos gens du monde, même en Orient, ne consentiraient pas à se montrer hors de certains endroits reconnus convenables, ni à causer publiquement avec des personnes d'une classe inférieure, ni à se promener en négligé à certaines heures du jour. Je plains beaucoup ces gentlemen toujours coiffés, bridés, gantés, qui n'osent se mêler au peuple pour voir un détail curieux, une danse, une cérémonie, qui craindraient d'être vus dans un café, dans une taverne, de suivre une femme, de fraterniser même avec un Arabe expansif qui vous offre cordialement le bouquin de sa

longue pipe, ou vous fait servir du café sur sa porte, pour
peu qu'il vous voie arrêté par la curiosité ou par la
fatigue. Les Anglais surtout sont parfaits, et je n'en vois
jamais passer sans m'amuser de tout mon cœur. Imaginez
un monsieur monté sur un âne, avec ses longues jambes
qui traînent presque à terre. Son chapeau rond est garni
d'un épais revêtement de coton blanc piqué. C'est une
invention contre l'ardeur des rayons du soleil, qui s'ab-
sorbent, dit-on, dans cette coiffure moitié matelas, moitié
feutre. Le gentleman a sur les yeux deux espèces de
coques de noix en treillis d'acier bleu, pour briser la
réverbération lumineuse du sol et des murailles ; il porte
par-dessus tout cela un voile de femme vert contre la
poussière. Son paletot de caoutchouc est recouvert encore
d'un surtout de toile cirée pour le garantir de la peste et du
contact fortuit des passants. Ses mains gantées tiennent
un long bâton qui écarte de lui tout Arabe suspect, et
généralement il ne sort que flanqué à droite et à gauche de
son *groom* et de son drogman.

   On est rarement exposé à faire connaissance avec de
pareilles caricatures, l'Anglais ne parlant jamais à qui ne
lui a pas été présenté ; mais nous avons bien des compatriotes qui vivent jusqu'à un certain point à la manière
anglaise, et, du moment que l'on a rencontré un de ces
aimables voyageurs, on est perdu, la société vous enva-
hit.

   Quoi qu'il en soit, j'ai fini par me décider à retrouver
au fond de ma malle une lettre de recommandation pour
notre consul général, qui habitait momentanément Le
Caire. Le soir même, je dînai chez lui sans accompagne-
ment de gentleman anglais ou autres. Il y avait là seulement le docteur Clot-Bey, dont la maison était voisine du
consulat, et M. Lubbert, l'ancien directeur de l'Opéra,
devenu *historiographe* du pacha d'Égypte [116].

   Ces deux messieurs, ou, si vous voulez, ces deux
effendis, c'est le titre de tout personnage distingué dans la
science, dans les lettres ou dans les fonctions civiles,
portaient avec aisance le costume oriental. La plaque
étincelante du *nichan* décorait leurs poitrines, et il eût été
difficile de les distinguer des musulmans ordinaires. Les

cheveux rasés, la barbe et ce hâle léger de la peau qu'on acquiert dans les pays chauds, transforment bien vite l'Européen en un Turc très passable.

Je parcourus avec empressement les journaux français étalés sur le divan du consul. Faiblesse humaine ! lire les journaux dans le pays du papyrus et des hiéroglyphes ! ne pouvoir oublier, comme madame de Staël, aux bords du Léman, le ruisseau de la rue du Bac [117] !

On s'entretint pendant le dîner d'une affaire qui était jugée très grave et faisait grand bruit dans la société franque. Un pauvre diable de Français, un domestique, avait résolu de se faire musulman, et ce qu'il y avait de plus singulier, c'est que sa femme aussi voulait embrasser l'islamisme. On s'occupait des moyens d'empêcher ce scandale : le clergé franc avait pris à cœur la chose, mais le clergé musulman mettait de l'amour-propre à triompher de son côté. Les uns offraient au couple infidèle de l'argent, une bonne place et différents avantages ; les autres disaient au mari : « Tu auras beau faire, en restant chrétien, tu seras toujours ce que tu es : ta vie est clouée là ; on n'a jamais vu en Europe un domestique devenir seigneur. Chez nous, le dernier des valets, un esclave, un marmiton, devient émir, pacha, ministre ; il épouse la fille du sultan : l'âge n'y fait rien ; l'espérance du premier rang ne nous quitte qu'à la mort. » Le pauvre diable, qui peut-être avait de l'ambition, se laissait aller à ces espérances. Pour sa femme aussi, la perspective n'était pas moins brillante ; elle devenait tout de suite une cadine, l'égale des grandes dames, avec le droit de mépriser toute femme chrétienne ou juive, de porter le habbarah noir et les babouches jaunes ; elle pouvait divorcer, chose peut-être plus séduisante encore, épouser un grand personnage, hériter, posséder la terre, ce qui est défendu aux *yavours*, sans compter les chances de devenir favorite d'une princesse ou d'une sultane mère gouvernant l'empire du fond d'un sérail.

Voilà la double perspective qu'on ouvrait à de pauvres gens, et il faut avouer que cette possibilité des personnes de bas étage d'arriver, grâce au hasard ou à leur intelligence naturelle, aux plus hautes positions, sans que leur passé, leur éducation ou leur condition première y puissent faire obstacle, réalise assez bien ce principe d'égalité qui, chez nous, n'est écrit que dans les codes. En Orient, le criminel lui-même, s'il a payé sa dette à la loi, ne trouve aucune carrière fermée : le préjugé moral disparaît devant lui.

Eh bien ! il faut le dire, malgré toutes ces séductions de la loi turque, les apostasies sont très rares. L'importance qu'on attachait à l'affaire dont je parle en est une preuve. Le consul avait l'idée de faire enlever l'homme et la femme pendant la nuit, et de les faire embarquer sur un vaisseau français ; mais le moyen de les transporter du Caire à Alexandrie ? Il faut cinq jours pour descendre le Nil. En les mettant dans une barque fermée, on risquait que leurs cris fussent entendus sur la route. En pays turc, le changement de religion est la seule circonstance où cesse le pouvoir des consuls sur les nationaux.

« Mais pourquoi faire enlever ces pauvres gens ? dis-je au consul ; en auriez-vous le droit au point de vue de la loi française ?

— Parfaitement ; dans un port de mer, je n'y verrais aucune difficulté.

— Mais si l'on suppose chez eux une conviction religieuse ?

— Allons donc, est-ce qu'on se fait Turc ?

— Vous avez quelques Européens qui ont pris le turban.

— Sans doute ; de hauts employés du pacha, qui autrement n'auraient pas pu parvenir aux grades qu'on leur a conférés, ou qui n'auraient pu se faire obéir des musulmans.

— J'aime à croire que chez la plupart il y a eu un changement sincère ; autrement, je ne verrais là que des motifs d'intérêt.

— Je pense comme vous ; mais voici pourquoi, dans les cas ordinaires, nous nous opposons de tout notre pouvoir à ce qu'un sujet français quitte sa religion. Chez nous, la religion est isolée de la loi civile ; chez les musulmans, ces deux principes sont confondus. Celui qui embrasse le mahométisme devient sujet turc en tout

point, et perd sa nationalité. Nous ne pouvons plus agir
sur lui en aucune manière ; il appartient au bâton et au
sabre ; et s'il retourne au christianisme, la loi turque le
condamne à mort. En se faisant musulman, on ne perd
pas seulement sa foi, on perd son nom, sa famille, sa
patrie ; on n'est plus le même homme, on est un Turc ;
c'est fort grave, comme vous voyez. »

Cependant le consul nous faisait goûter un assez bel
assortiment de vins de Grèce et de Chypre dont je n'ap-
préciais que difficilement les diverses nuances, à cause
d'une saveur prononcée de goudron, qui, selon lui, en
prouvait l'authenticité. Il faut quelque temps pour se faire
à ce raffinement hellénique, nécessaire sans doute à la
conservation du véritable malvoisie, du vin de commanderie [118] ou du vin de Ténédos.

Je trouvai dans le cours de l'entretien un moment pour
exposer ma situation domestique ; je racontai l'histoire de
mes mariages manqués, de mes aventures modestes. « Je
n'ai aucunement l'idée, ajoutai-je, de faire ici le séducteur. Je viens au Caire pour travailler, pour étudier la
ville, pour en interroger les souvenirs, et voilà qu'il est
impossible d'y vivre à moins de soixante piastres par
jour, ce qui, je l'avoue, dérange mes prévisions.

— Vous comprenez, me dit le consul, que dans une
ville où les étrangers ne passent qu'à de certains mois de
l'année, sur la route des Indes, où se croisent les lords et
les nababs, les trois ou quatre hôtels qui existent s'entendent facilement pour élever les prix et éteindre toute
concurrence.

— Sans doute ; aussi ai-je loué une maison pour quelques mois.

— C'est le plus sage.

— Eh bien ! maintenant on veut me mettre dehors,
sous prétexte que je n'ai pas de femme.

— On en a le droit ; M. Clot-Bey a enregistré ce détail
dans son livre. M. William Lane, le consul anglais [119],
raconte dans le sien qu'il a été soumis lui-même à cette
nécessité. Bien plus, lisez l'ouvrage de Maillet, le consul
général de Louis XIV [120], vous verrez qu'il en était de
même de son temps ; il faut vous marier.

— J'y ai renoncé. La dernière femme qu'on m'a proposée m'a gâté les autres, et, malheureusement, je n'avais pas *assez en mariage* pour elle.

— C'est différent.

— Mais les esclaves sont beaucoup moins coûteuses : mon drogman m'a conseillé d'en acheter une, et de l'établir dans mon domicile.

— C'est une bonne idée.

— Serai-je ainsi dans les termes de la loi?

— Parfaitement. »

La conversation se prolongea sur ce sujet. Je m'étonnais un peu de cette facilité donnée aux chrétiens d'acquérir des esclaves en pays turc : on m'expliqua que cela ne concernait que les femmes plus ou moins colorées; mais on peut avoir des Abyssiniennes presque blanches. La plupart des négociants établis au Caire en possèdent. M. Clot-Bey en élève plusieurs pour l'emploi de sages-femmes. Une preuve encore qu'on me donna que ce droit n'était pas contesté, c'est qu'une esclave noire, s'étant échappée récemment de la maison de M. Lubbert, lui avait été ramenée par la police.

J'étais encore tout rempli des préjugés de l'Europe, et je n'apprenais pas ces détails sans quelque surprise. Il faut vivre un peu en Orient pour s'apercevoir que l'esclave n'est là en principe qu'une sorte d'adoption. La condition de l'esclave y est certainement meilleure que celle du *fellah* et du *rayah* libres. Je comprenais déjà en outre, d'après ce que j'avais appris sur les mariages, qu'il n'y avait pas grande différence entre l'Égyptienne vendue par ses parents et l'Abyssinienne exposée au bazar.

Les consuls du Levant diffèrent d'opinion touchant le droit des Européens sur les esclaves. Le code diplomatique ne contient rien de formel là-dessus. Notre consul m'affirma, du reste, qu'il tenait beaucoup à ce que la situation actuelle ne changeât pas à cet égard, et voici pourquoi. Les Européens ne peuvent pas être propriétaires fonciers en Égypte; mais, à l'aide de fictions légales, ils exploitent cependant des propriétés, des fabriques; outre la difficulté de faire travailler les gens du pays, qui, dès qu'ils ont gagné la moindre somme, s'en vont vivre au soleil jusqu'à ce qu'elle soit épuisée, ils ont souvent contre eux le mauvais vouloir des cheiks ou de personnages puissants, leurs rivaux en industrie, qui peuvent tout d'un coup leur enlever tous leurs travailleurs sous prétexte d'utilité publique. Avec des esclaves, du moins, ils peuvent obtenir un travail régulier et suivi, si toutefois ces derniers y consentent, car l'esclave mécontent d'un maître peut toujours le contraindre à le faire revendre au bazar. Ce détail est un de ceux qui expliquent le mieux la douceur de l'esclavage en Orient.

VI. LES DERVICHES

Quand je sortis de chez le consul, la nuit était déjà avancée ; le barbarin m'attendait à la porte, envoyé par Abdallah, qui avait jugé à propos de se coucher ; il n'y avait rien à dire : quand on a beaucoup de valets, ils se partagent la besogne, c'est naturel... Au reste, Abdallah ne se fût pas laissé ranger dans cette dernière catégorie ! Un drogman est à ses propres yeux un homme instruit, un philologue, qui consent à mettre sa science au service du voyageur ; il veut bien encore remplir le rôle de cicerone, il ne repousserait pas même au besoin les aimables attributions du seigneur Pandarus [121] de Troie ; mais là s'arrête sa spécialité ; vous en avez pour vos vingt piastres par jour !

Au moins faudrait-il qu'il fût toujours là pour vous expliquer toute chose obscure. Ainsi j'aurais voulu savoir le motif d'un certain mouvement dans les rues, qui m'étonnait à cette heure de la nuit. Les cafés étaient ouverts et remplis de monde ; les mosquées, illuminées, retentissaient de chants solennels, et leurs minarets élancés portaient des bagues de lumière ; des tentes étaient dressées sur la place de l'Esbekieh, et l'on entendait partout les sons du tambour et de la flûte de roseau. Après avoir quitté la place et nous être engagés dans les rues, nous eûmes peine à fendre la foule qui se pressait le long des boutiques, ouvertes comme en plein jour, éclairées chacune par des centaines de bougies, et parées de festons et de guirlandes en papier d'or et de couleur. Devant une petite mosquée située au milieu de la rue, il y avait un immense candélabre portant une multitude de petites lampes de verre en pyramide, et, à l'entour, des grappes suspendues de lanternes. Une trentaine de chanteurs, assis en ovale autour du candélabre, semblaient former le chœur d'un chant dont quatre autres, debout au milieu d'eux, entonnaient successivement les strophes ; il y avait de la douceur et une sorte d'expression amoureuse dans cet hymne nocturne qui s'élevait au ciel avec ce sentiment de mélancolie consacré chez les Orientaux à la joie comme à la tristesse.

Je m'arrêtais à l'écouter, malgré les instances du barbarin, qui voulait m'entraîner hors de la foule, et d'ailleurs je remarquais que la majorité des auditeurs se composait de Cophtes, reconnaissables à leur turban noir ; il était donc clair que les Turcs admettaient volontiers la présence des chrétiens à cette solennité.

Je songeai fort heureusement que la boutique de M. Jean n'était pas loin de cette rue, et je parvins à faire comprendre au barbarin que je voulais y être conduit. Nous trouvâmes l'ancien mamelouk fort éveillé et dans le plein exercice de son commerce de liquides. Une tonnelle. au fond de l'arrière-cour, réunissait des Cophtes et des Grecs qui venaient se rafraîchir et se reposer de temps en temps des émotions de la fête.

M. Jean m'apprit que je venais d'assister à une cérémonie de chant, ou *zikr*, en l'honneur d'un saint derviche enterré dans la mosquée voisine. Cette mosquée étant située dans le quartier cophte, c'étaient des personnes riches de cette religion qui faisaient chaque année les frais de la solennité ; ainsi s'expliquait le mélange des turbans noirs avec ceux des autres couleurs. D'ailleurs, le bas peuple chrétien fête volontiers certains *derviches*, ou *santons*, religieux dont les pratiques bizarres n'appartiennent souvent à aucun culte déterminé, et remontent peut-être aux superstitions de l'Antiquité.

En effet, lorsque je revins au lieu de la cérémonie, où

M. Jean voulut bien m'accompagner, je trouvai que la
scène avait pris un caractère plus extraordinaire encore.
Les trente derviches se tenaient par la main avec une sorte
de mouvement de tangage, tandis que les quatre cory-
phées ou *zikkers* entraient peu à peu dans une frénésie
poétique moitié tendre, moitié sauvage; leur chevelure
aux longues boucles, conservée contre l'usage arabe,
flottait au balancement de leurs têtes, coiffées non du
tarbouch, mais d'un bonnet de forme antique, pareil au
pétase romain; leur psalmodie bourdonnante prenait par
instants un accent dramatique; les vers se répondaient
évidemment, et la pantomine s'adressait avec tendresse et
plainte à je ne sais quel objet d'amour inconnu. Peut-être
était-ce ainsi que les anciens prêtres de l'Égypte célé-
braient les mystères d'Osiris retrouvé ou perdu; telles
sans doute étaient les plaintes des corybantes ou des
cabires, et ce chœur étrange de derviches hurlant et frappant la terre en cadence obéissait peut-être encore à cette
vieille tradition de ravissements et d'extases qui jadis
résonnait sur tout ce rivage oriental, depuis les oasis
d'Ammon jusqu'à la froide Samothrace. A les entendre
seulement, je sentais mes yeux pleins de larmes, et l'enthousiasme gagnait peu à peu tous les assistants.

M. Jean, vieux sceptique de l'armée républicaine, ne
partageait pas cette émotion; il trouvait cela fort ridicule,
et m'assura que les musulmans eux-mêmes prenaient ces
derviches en pitié. «C'est le bas peuple qui les encou-
rage, me disait-il; autrement, rien n'est moins conforme
au mahométisme véritable, et même, dans toute supposition, ce qu'ils chantent n'a pas de sens.» Je le priai
néanmoins de m'en donner l'explication. «Ce n'est rien,
me dit-il; ce sont des chansons amoureuses qu'ils débi-
tent on ne sait à quel propos; j'en connais plusieurs; en
voici une qu'ils ont chantée:

«Mon cœur est troublé par l'amour; — ma paupière ne se ferme
plus! — Mes yeux reverront-ils jamais le bien-aimé?

«Dans l'épuisement des tristes nuits, l'absence fait mourir l'espoir;
— mes larmes roulent comme des perles, — et mon cœur est
embrasé!

«O colombe, dis-moi — pourquoi tu te lamentes ainsi; — l'ab-

sence te fait-elle aussi gémir — ou tes ailes manquent-elles d'espace?

«Elle répond: Nos chagrins sont pareils; — je suis consumée par
l'amour; — hélas! c'est ce mal aussi, — l'absence de mon bien-
aimé, qui me fait gémir.

«Et le refrain dont les trente derviches accompagnent
ces couplets est toujours le même: «Il n'y a de Dieu que
Dieu!»

— Il me semble, dis-je, que cette chanson peut bien
s'adresser en effet à la Divinité; c'est de l'amour divin
qu'il est question sans doute.

— Nullement; on les entend, dans d'autres couplets,
comparer leur bien-aimée à la gazelle de l'Yémen, lui
dire qu'elle a la peau fraîche et qu'elle a passé à peine le
temps de boire le lait... C'est, ajouta-t-il, ce que nous
appellerions des chansons grivoises.»

Je n'étais pas convaincu; je trouvai bien plutôt aux
autres vers qu'il me cita une certaine ressemblance avec
le Cantique des Cantiques. «Du reste, ajouta M. Jean,
vous les verrez encore faire bien d'autres folies après-
demain, pendant la fête de Mahomet; seulement je vous
conseille de prendre alors un costume arabe, car la fête
coïncide cette année avec le retour des pèlerins de La
Mecque, et parmi ces derniers il y a beaucoup de
Moghrabins (musulmans de l'ouest) qui n'aiment pas les
habits francs, surtout depuis la conquête d'Alger.»

Je me promis de suivre ce conseil, et je repris en
compagnie du barbarin le chemin de mon domicile. La
fête devait encore se continuer toute la nuit.

VII. CONTRARIÉTÉS DOMESTIQUES

Le lendemain au matin j'appelai Abdallah pour com-
mander mon déjeuner au cuisinier Mustafa. Ce dernier
répondait qu'il fallait d'abord acquérir les ustensiles nécessaires. Rien n'était plus juste, et je dois dire encore
que l'assortiment n'en fut pas compliqué. Quant aux
provisions, les femmes fellahs stationnent partout dans
les rues avec des cages pleines de poules, de pigeons et de

canards; on vend même au boisseau les poulets éclos
dans les fours à œufs si célèbres du pays; des Bédouins
apportent le matin des coqs de bruyère et des cailles, dont
ils tiennent les pattes serrées entre leurs doigts, ce qui
forme une couronne autour de la main. Tout cela, sans
compter les poissons du Nil, les légumes et les fruits
énormes de cette vieille terre d'Égypte, se vend à des prix
fabuleusement modérés.

En comptant, par exemple, les poules à vingt centimes
et les pigeons à moitié moins, je pouvais me flatter
d'échapper longtemps au régime des hôtels; malheureusement il était impossible d'avoir des volailles grasses:
c'étaient de petits squelettes emplumés. Les fellahs trouvent plus d'avantage à les vendre ainsi qu'à les nourrir
longtemps de maïs. Abdallah me conseilla d'en acheter
un certain nombre de cages, afin de pouvoir les engrais-
ser. Cela fait, on mit en liberté les poules dans la cour et
les pigeons dans une chambre, et Mustafa, ayant remarqué un petit coq moins osseux que les autres, se disposa,
sur ma demande, à préparer un couscoussou.

Je n'oublierai jamais le spectacle qu'offrit cet Arabe
farouche, tirant de sa ceinture son yatagan destiné au
meurtre d'un malheureux coq. Le pauvre oiseau payait de
bonne mine, et il y avait peu de chose sous son plumage
éclatant comme celui d'un faisan doré. En sentant le
couteau, il poussa des cris enroués qui me fendirent
l'âme. Mustafa lui coupa entièrement la tête, et le laissa
ensuite se traîner encore en voletant sur la terrasse,
jusqu'à ce qu'il s'arrêtât, raidît ses pattes, et tombât dans
un coin. Ces détails sanglants suffirent pour m'ôter l'appétit. J'aime beaucoup la cuisine que je ne vois pas
faire... et je me regardais comme infiniment plus coupa-
ble de la mort du petit coq que s'il avait péri dans les
mains d'un hôtelier. Vous trouverez ce raisonnement
lâche; mais que voulez-vous? je ne pouvais réussir à
m'arracher aux souvenirs classiques de l'Égypte, et dans
certains moments je me serais fait scrupule de plonger
moi-même le couteau dans le corps d'un légume, de
crainte d'offenser un ancien dieu.

Je ne voudrais pas plus abuser pourtant de la pitié qui

peut s'attacher au meurtre d'un coq maigre que de l'intérêt qu'inspire légitimement l'homme forcé de s'en nourrir : il y a beaucoup d'autres provisions dans la grande ville du Caire, et les dattes fraîches, les bananes suffiraient toujours pour un déjeuner convenable ; mais je n'ai pas été longtemps sans reconnaître la justesse des observations de M. Jean. Les bouchers de la ville ne vendent que du mouton, et ceux des faubourgs y ajoutent, comme variété, de la viande de chameau, dont les immenses quartiers apparaissent suspendus au fond des boutiques. Pour le chameau, l'on ne doute jamais de son identité ; mais, quant au mouton, la plaisanterie la moins faible de mon drogman était de prétendre que c'était très souvent du chien. Je déclare que je ne m'y serais pas laissé tromper. Seulement je n'ai jamais pu comprendre le système de pesage et de préparation qui faisait que chaque plat me revenait environ à dix piastres ; il faut y joindre, il est vrai, l'assaisonnement obligé de *meloukia* ou de *bamie,* légumes savoureux dont l'un remplace à peu près l'épinard, et dont l'autre n'a point d'analogie avec nos végétaux d'Europe.

Revenons à des idées générales. Il m'a semblé qu'en Orient les hôteliers, les drogmans, les valets et les cuisiniers s'entendaient de tout point contre le voyageur. Je comprends déjà qu'à moins de beaucoup de résolution et d'imagination même, il faut une fortune énorme pour pouvoir y faire quelque séjour. M. de Chateaubriand avoue qu'il s'y est ruiné ; M. de Lamartine y a fait des dépenses folles ; parmi les autres voyageurs, la plupart n'ont pas quitté les ports de mer, ou n'ont fait que traverser rapidement le pays. Moi, je veux tenter un projet que je crois meilleur. J'achèterai une esclave, puisque aussi bien il me faut une femme, et j'arriverai peu à peu à remplacer par elle le drogman, le barbarin peut-être, et à faire mes comptes clairement avec le cuisinier. En calculant les frais d'un long séjour au Caire et de celui que je puis faire encore dans d'autres villes, il est clair que j'atteins un but d'économie. En me mariant, j'eusse fait le contraire. Décidé par ces réflexions, je dis à Abdallah de me conduire au bazar des esclaves.

VIII. L'OKEL DES JELLAB

Nous traversâmes toute la ville jusqu'au quartier des
grands bazars, et là, après avoir suivi une rue obscure qui
faisait angle avec la principale, nous fîmes notre entrée
dans une cour irrégulière sans être obligés de descendre
de nos ânes. Il y avait au milieu un puits ombragé d'un
sycomore. A droite, le long du mur, une douzaine de
noirs étaient rangés debout, ayant l'air plutôt inquiets que
tristes, vêtus pour la plupart du sayon bleu des gens du
peuple, et offrant toutes les nuances possibles de couleur
et de forme. Nous nous tournâmes vers la gauche, où
régnait une série de petites chambres dont le parquet
s'avançait sur la cour comme une estrade, à environ deux
pieds de terre. Plusieurs marchands basanés nous entouraient déjà en nous disant: «*Essouad? Abesch?* — Des
noires ou des Abyssiniennes?» Nous nous avançâmes
vers la première chambre.

Là, cinq ou six négresses, assises en rond sur des
nattes, fumaient pour la plupart, et nous accueillirent en
riant aux éclats. Elles n'étaient guère vêtues que de haillons bleus, et l'on ne pouvait reprocher aux vendeurs de
parer la marchandise. Leurs cheveux, partagés en des
centaines de petites tresses serrées, étaient généralement
maintenus par un ruban rouge qui les partageait en deux
touffes volumineuses; la raie de chair était teinte de
cinabre; elles portaient des anneaux d'étain aux bras et
aux jambes, des colliers de verroterie, et, chez quelques-
unes, des cercles de cuivre passés au nez ou aux oreilles
complétaient une sorte d'ajustement barbare dont certain
tatouages et coloriages de la peau rehaussaient encore le
caractère. C'étaient des négresses du Sennaar, l'espèce la
plus éloignée, certes, du type de la beauté convenue
parmi nous. La proéminence de la mâchoire, le front
déprimé, la lèvre épaisse, classent ces pauvres créatures
dans une catégorie presque bestiale, et cependant, à part

ce masque étrange dont la nature les a dotées, le corps est
d'une perfection rare, des formes virginales et pures se
dessinent sous leurs tuniques, et leur voix sort douce et
vibrante d'une bouche éclatante de fraîcheur.

Eh bien ! je ne m'enflammerai pas pour ces jolis mons-
tres ; mais sans doute les belles dames du Caire doivent
aimer à s'entourer de chambrières pareilles. Il peut y
avoir ainsi des oppositions charmantes de couleur et de
forme ; ces Nubiennes ne sont point laides dans le sens
absolu du mot, mais forment un contraste parfait à la
beauté telle que nous la comprenons. Une femme blanche
doit ressortir admirablement au milieu de ces filles de la
nuit, que leurs formes élancées semblent destiner à tresser
les cheveux, tendre les étoffes, porter les flacons et les
vases, comme dans les fresques antiques.

Si j'étais en état de mener largement la vie orientale, je
ne me priverais pas de ces pittoresques créatures ; mais,
ne voulant acquérir qu'une seule esclave, j'ai demandé à
en voir d'autres chez lesquelles l'angle facial fût plus
ouvert et la teinte noire moins prononcée. « Cela dépend
du prix que vous voulez mettre, me dit Abdallah ; celles
que vous voyez là ne coûtent guère que deux bourses
(deux cent cinquante francs) ; on les garantit pour huit
jours : vous pouvez les rendre au bout de ce temps, si elle
ont quelque défaut ou quelque infirmité.

— Mais, observai-je, je mettrais volontiers quelque
chose de plus ; une femme un peu jolie ne coûte pas plus à
nourrir qu'une autre. »

Abdallah ne paraissait pas partager mon opinion.

Nous passâmes aux autres chambres ; c'étaient encore
des filles du Sennaar. Il y en avait de plus jeunes et de
plus belles, mais le type facial dominait avec une singulière uniformité.

Les marchands offraient de les faire déshabiller, ils
leur ouvraient les lèvres pour que l'on vît les dents, ils les
faisaient marcher, et faisaient valoir surtout l'élasticité de
leur poitrine. Ces pauvres filles se laissaient faire avec
assez d'insouciance ; la plupart éclataient de rire presque
continuellement, ce qui rendait la scène moins pénible.
On comprenait d'ailleurs que toute condition était pour

elles préférable au séjour de l'okel, et peut-être même à leur existence précédente dans leur pays.

Ne trouvant là que des négresses pures, je demandai au drogman si l'on n'y voyait pas d'Abyssiniennes. « Oh! me dit-il, on ne les fait pas voir publiquement; il faut monter dans la maison, et que le marchand soit bien convaincu que vous ne venez pas ici par simple curiosité, comme la plupart des voyageurs. Du reste, elles sont beaucoup plus chères, et vous pourriez peut-être trouver quelque femme qui vous conviendrait parmi les esclaves du Dongola. Il y a d'autres okels que nous pouvons voir encore. Outre celui des Jellab, où nous sommes, il y a encore l'okel Kouchouk et le khan Ghafar. »

Un marchand s'approcha de nous et me fit dire qu'il venait d'arriver des Éthiopiennes qu'on avait installées hors de la ville, afin de ne pas payer les droits d'entrée. Elles étaient dans la campagne, au-delà de la porte Bab-el-Madbah. Je voulus d'abord voir celles-là.

Nous nous engageâmes dans un quartier assez désert, et, après beaucoup de détours, nous nous trouvâmes dans la plaine, c'est-à-dire au milieu des tombeaux, car ils entourent tout ce côté de la ville. Les monuments des califes étaient restés à notre gauche; nous passions entre des collines poudreuses, couvertes de moulins et formées de débris d'anciens édifices. On arrêta les ânes à la porte d'une petite enceinte de murs, restes probablement d'une mosquée en ruine. Trois ou quatre Arabes, vêtus d'un costume étranger au Caire, nous firent entrer, et je me vis au milieu d'une sorte de tribu dont les tentes étaient dressées dans ce clos fermé de toutes parts. Les éclats de rire d'un certain nombre de négresses m'accueillirent comme à l'okel; ces natures naïves manifestent clairement toutes leurs impressions, et je ne sais pourquoi l'habit européen leur paraît si ridicule. Toutes ces filles s'occupaient à divers travaux de ménage, et il y en avait une très grande et très belle dans le milieu qui surveillait avec attention le contenu d'un vaste chaudron placé sur le feu. Rien ne pouvant l'arracher à cette préoccupation, je me fis montrer les autres, qui se hâtaient de quitter leur besogne et détaillaient elles-mêmes leurs beautés. Ce

n'était pas la moindre de leurs coquetteries qu'une chevelure toute en nattes d'un volume extraordinaire, comme
j'en avais vu déjà, mais entièrement imprégnée de beurre,
ruisselant de là sur leurs épaules et leur poitrine. Je pensai
que c'était pour rendre moins vive l'action du soleil sur
leur tête ; mais Abdallah m'assura que c'était une affaire
de mode, afin de rendre leurs cheveux lustrés et leur
figure luisante. « Seulement, me dit-il, une fois qu'on les
a achetées, on se hâte de les envoyer au bain et de leur
faire démêler cette chevelure en cordelettes, qui n'est de
mise que du côté des montagnes de la Lune. »

L'examen ne fut pas long ; ces pauvres créatures
avaient des airs sauvages fort curieux sans doute, mais
peu séduisants au point de vue de la cohabitation. La
plupart étaient défigurées par une foule de tatouages,
d'incisions grotesques, d'étoiles et de soleils bleus qui
tranchaient sur le noir un peu grisâtre de leur épiderme. A
voir ces formes malheureuses, qu'il faut bien s'avouer
humaines, on se reproche philanthropiquement d'avoir pu
quelquefois manquer d'égards pour le singe, ce parent
méconnu que notre orgueil de race s'obstine à repousser.
Les gestes et les attitudes ajoutaient encore à ce rappro-
chement, et je remarquai même que leur pied, allongé et
développé sans doute par l'habitude de monter aux arbres, se rattachait sensiblement à la famille des quadru-
manes.

Elles me criaient de tous côtés : *Bakchis ! bakchis !* et je
tirai de ma poche quelques piastres avec hésitation, craignant que les maîtres n'en profitassent exclusivement ;
mais ces derniers, pour me rassurer, s'offrirent à leur
distribuer des dattes, des pastèques, du tabac, et même de
l'eau-de-vie : alors ce furent partout des transports de
joie, et plusieurs se mirent à danser au son du tarabouk et
de la zommarah, ce tambour et ce fifre mélancoliques des
peuplades africaines.

La grande belle fille chargée de la cuisine se détournait
à peine, et remuait toujours dans la chaudière une épaisse
bouillie de dourah. Je m'approchai ; elle me regarda d'un
air dédaigneux, et son attention ne fut attirée que par mes
gants noirs. Alors elle croisa les bras et poussa des cris

d'admiration. Comment pouvais-je avoir des mains noires et la figure blanche ? voilà ce qui dépassait sa compré-
hension. J'augmentai cette surprise en ôtant un de mes
gants, et alors elle se mit à crier : «*Bismillah ! enté effrit ?
enté Sheytan ?* — Dieu me préserve ! es-tu un esprit ?
es-tu le diable ? »

Les autres ne témoignaient pas moins d'étonnement, et
l'on ne peut imaginer combien tous les détails de ma
toilette frappaient ces âmes ingénues. Il est clair que dans
leurs pays j'aurais pu gagner ma vie à me faire voir.
Quant à la principale de ces beautés nubiennes, elle ne
tarda pas à reprendre son occupation première avec cette
inconstance des singes que tout distrait, mais dont rien ne
fixe les idées plus d'un instant.

J'eus la fantaisie de demander ce qu'elle coûtait ; mais
le drogman m'apprit que c'était justement la favorite du
marchand d'esclaves, et qu'il ne voulait pas la vendre,
espérant qu'elle le rendrait père... ou bien qu'alors ce
serait plus cher.

Je n'insistai point sur ce détail.

« Décidément, dis-je au drogman, je trouve toutes ces
teintes trop foncées ; passons à d'autres nuances. L'Abyssinienne est donc bien rare sur le marché ?

— Elle manque un peu pour le moment, me dit
Abdallah, mais voici la grande caravane de La Mecque
qui arrive. Elle s'est arrêtée à Birket-el-Hadji, pour faire
son entrée demain au point du jour, et nous aurons alors
de quoi choisir ; car beaucoup de pèlerins, manquant
d'argent pour finir leur voyage, se défont de quelqu'une
de leurs femmes, et il y a toujours aussi des marchands
qui en ramènent de l'Hedjaz. »

Nous sortîmes de cet okel sans qu'on s'étonnât le
moins du monde de ne m'avoir vu rien acheter. Un
habitant du Caire avait conclu cependant une affaire pendant ma visite et reprenait le chemin de Bab-el-Madbah
avec deux jeunes négresses fort bien découplées. Elles
marchaient devant lui, rêvant l'inconnu, se demandant
sans doute si elles allaient devenir favorites ou servantes,
et le beurre, plus que les larmes, ruisselait sur leur sein
découvert aux rayons d'un soleil ardent.

IX. LE THÉÂTRE DU CAIRE

Nous rentrâmes en suivant la rue *Hazanieh,* qui nous conduisit à celle qui sépare le quartier franc du quartier juif, et qui longe le Calish, traversé de loin en loin de ponts vénitiens d'une seule arche. Il existe là un fort beau café dont l'arrière-salle donne sur le canal, et où l'on prend des sorbets et des limonades. Ce ne sont pas, au reste, les rafraîchissements qui manquent au Caire, où des boutiques coquettes étalent çà et là des coupes de limonades et de boissons mélangées de fruits sucrés aux prix les plus accessibles à tous. En détournant la rue turque pour traverser le passage qui conduit au Mousky, je vis sur les murs des affiches lithographiées qui annonçaient un spectacle pour le soir même au théâtre du Caire. Je ne fus pas fâché de retrouver ce souvenir de la civilisation : je congédiai Abdallah et j'allai dîner chez Domergue, où l'on m'apprit que c'étaient des amateurs de la ville qui donnaient la représentation au profit des aveugles pauvres, fort nombreux au Caire malheureusement. Quant à la saison musicale italienne, elle ne devait pas tarder à s'ouvrir, mais on n'allait assister pour le moment qu'à une simple soirée de vaudeville.

Vers sept heures, la rue étroite dans laquelle s'ouvre l'impasse Waghorn était encombrée de monde, et les Arabes s'émerveillaient de voir entrer toute cette foule dans une seule maison. C'était grande fête pour les mendiants et pour les âniers, qui s'époumonnaient à crier *bakchis!* de tous côtés. L'entrée, fort obscure, donne dans un passage couvert qui s'ouvre au fond sur le jardin de Rosette, et l'intérieur rappelle nos plus petites salles populaires. Le parterre était rempli d'Italiens et de Grecs en tarbouch rouge qui faisaient grand bruit; quelques officiers du pacha se montraient à l'orchestre, et les loges étaient assez garnies de femmes, la plupart en costume levantin.

On distinguait les Grecques au *taktikos* de drap rouge festonné d'or qu'elles portent incliné sur l'oreille ; les Arméniennes, aux châles et aux gazillons qu'elles entremêlent pour se faire d'énormes coiffures. Les juives mariées ne pouvant, selon les prescriptions rabbiniques, laisser voir leur chevelure, ont à la place des plumes de coq roulées qui garnissent les tempes et figurent des touffes de cheveux. C'est la coiffure seule qui distingue les races ; le costume est à peu près le même pour toutes dans les autres parties. Elles ont la veste turque échancrée sur la poitrine, la robe fendue et collant sur les reins, la ceinture, le caleçon *(cheytian)*, qui donne à toute femme débarrassée du voile la démarche d'un jeune garçon ; les bras sont toujours couverts, mais laissent pendre à partir du coude les manches variées des gilets, dont les poètes arabes comparent les boutons serrés à des fleurs de camomille. Ajoutez à cela des aigrettes, des fleurs et des papillons de diamants relevant le costume des plus riches, et vous comprendrez que l'humbre *Teatro del Cairo* doit encore un certain éclat à ces toilettes levantines. Pour moi, j'étais ravi, après tant de figures noires que j'avais vues dans la journée, de reposer mes yeux sur des beautés simplement jaunâtres. Avec moins de bienveillance, j'eusse reproché à leurs paupières d'abuser des ressources de la teinture, à leurs joues d'en être encore au fard et aux mouches du siècle passé, à leurs mains d'emprunter sans trop d'avantage la teinte orange du *henné ;* mais il fallait, dans tous les cas, admirer sans réserve les contrastes charmants de tant de beautés diverses, la variété des étoffes, l'éclat des diamants, dont les femmes de ce pays sont si fières, qu'elles portent volontiers sur elles la fortune de leurs maris ; enfin je me refaisais un peu dans cette soirée d'un long jeûne de frais visages qui commençait à me peser. Du reste, pas une femme n'était voilée ; et pas une femme réellement musulmane n'assistait par conséquent à la représentation. On leva le rideau ; je reconnus les premières scènes de *La Mansarde des artistes* [122].

O gloire de vaudeville, où t'arrêteras-tu ? Des jeunes gens marseillais jouaient les principaux rôles, et la jeune première était représentée par madame Bonhomme, la maîtresse du cabinet de lecture français. J'arrêtai mes regards avec surprise et ravissement sur une tête parfaitement blanche et blonde; il y avait deux jours que je rêvais les nuages de ma patrie et les beautés pâles du Nord; je devais cette préoccupation au premier souffle du *khamsin* et à l'abus des visages de négresse, lesquels décidément prêtent fort peu à l'idéal.

A la sortie du théâtre, toutes ces femmes si richement parées avaient revêtu l'uniforme habbarah de taffetas noir, couvert leurs traits du borghot blanc, et remontaient sur des ânes, comme de bonnes musulmanes, aux lueurs des flambeaux tenus par les *saïs*.

X. LA BOUTIQUE DU BARBIER

Le lendemain, songeant aux fêtes qui se préparaient pour l'arrivée des pèlerins, je me décidai, pour les voir à mon aise, à prendre le costume du pays.

Je possédais déjà la pièce la plus importante du vêtement arabe, le *machlah*, manteau patriarcal, qui peut indifféremment se porter sur les épaules, ou se draper sur la tête, sans cesser d'envelopper tout le corps. Dans ce dernier cas seulement, on a les jambes découvertes, et l'on est coiffé comme un sphinx, ce qui ne manque pas de caractère. Je me bornai pour le moment à gagner le quartier franc, où je voulais opérer ma transformation complète, d'après les conseils du peintre de l'hôtel Domergue.

L'impasse qui aboutit à l'hôtel se prolonge en croisant la rue principale du quartier franc, et décrit plusieurs zigzags jusqu'à ce qu'elle aille se perdre sous les voûtes de longs passages qui correspondent au quartier juif. C'est dans cette rue capricieuse, tantôt étroite et garnie de boutiques d'Arméniens et de Grecs, tantôt plus large, bordée de longs murs et de hautes maisons, que réside l'aristocratie commerciale de la nation franque; là sont

les banquiers, les courtiers, les entrepositaires des produits de l'Égypte et des Indes. A gauche, dans la partie la
plus large, un vaste bâtiment, dont rien au-dehors n'annonce la destination, contient à la fois la principale église
catholique et le couvent des Dominicains. Le couvent se
compose d'une foule de petites cellules donnant dans une
longue galerie; l'église est une vaste salle au premier
étage, décorée de colonnes de marbre et d'un goût italien
assez élégant. Les femmes sont à part dans des tribunes
grillées, et ne quittent pas leurs mantilles noires, taillées
selon les modes turque ou maltaise. Ce ne fut pas à
l'église que nous nous arrêtâmes, du reste, puisqu'il
s'agissait de perdre tout au moins l'apparence chrétienne,
afin de pouvoir assister à des fêtes mahométanes. Le
peintre me conduisit plus loin encore, à un point où la rue
se resserre et s'obscurcit, dans une boutique de barbier,
qui est une merveille d'ornementation. On peut admirer
en elle l'un des derniers monuments du style arabe ancien, qui cède partout la place, en décoration comme en
architecture, au goût turc de Constantinople, triste et
froid pastiche à demi tartare, à demi européen.

C'est dans cette charmante boutique, dont les fenêtres
gracieusement découpées donnent sur le Calish ou canal
du Caire, que je perdis ma chevelure européenne. Le
barbier y promena le rasoir avec beaucoup de dextérité,
et, sur ma demande expresse, me laissa une seule mèche
au sommet de la tête comme celle que portent les Chinois
et les musulmans. On est partagé sur les motifs de cette
coutume : les uns prétendent que c'est pour offrir de la
prise aux mains de l'ange de la mort; les autres y croient
voir une cause plus matérielle. Le Turc prévoit toujours le
cas où l'on pourrait lui trancher la tête, et, comme alors il
est d'usage de la montrer au peuple, il ne veut pas qu'elle
soit soulevée par le nez ou par la bouche, ce qui serait très
ignominieux. Les barbiers turcs font aux chrétiens la
malice de tout raser; quant à moi, je suis suffisamment
sceptique pour ne repousser aucune superstition.

La chose faite, le barbier me fit tenir sous le menton
une cuvette d'étain, et je sentis bientôt une colonne d'eau
ruisseler sur mon cou et sur mes oreilles. Il était monté

sur le banc près de moi, et vidait un grand coquemar d'eau froide dans une poche de cuir suspendue au-dessus de mon front. Quand la surprise fut passée, il fallut encore soutenir un lessivage à fond d'eau savonneuse, après quoi l'on me tailla la barbe selon la dernière mode de Stamboul.

Ensuite on s'occupa de me coiffer, ce qui n'était pas difficile ; la rue était pleine de marchands de tarbouchs et de femmes fellahs dont l'industrie est de confectionner les petits bonnets blancs dits *takiès,* que l'on pose immédiatement sur la peau : on en voit de très délicatement piqués en fil ou en soie ; quelques-uns même sont bordés d'une dentelure faite pour dépasser le bord du bonnet rouge. Quant à ces derniers, ils sont généralement de fabrication française ; c'est, je crois, notre ville de Tours qui a le privilège de coiffer tout l'Orient.

Avec les deux bonnets superposés, le cou découvert et la barbe taillée, j'eus peine à me reconnaître dans l'élégant miroir incrusté d'écaille que me présentait le barbier. Je complétai la transformation en achetant aux revendeurs une vaste culotte de coton bleu et un gilet rouge garni d'une broderie d'argent assez propre : sur quoi le peintre voulut bien me dire que je pouvais passer ainsi pour un montagnard syrien venu de Saïde ou de Taraboulous. Les assistants m'accordèrent le titre de *tchéléby,* qui est le nom des élégants dans le pays.

XI. La caravane de La Mecque

Je sortis enfin de chez le barbier, transfiguré, ravi, fier de ne plus souiller une ville pittoresque de l'aspect d'un paletot-sac et d'un chapeau rond. Ce dernier ajustement paraît si ridicule aux Orientaux, que dans les écoles on conserve toujours un chapeau de Franc pour en coiffer les enfants ignorants ou indociles : c'est le bonnet d'âne de l'écolier turc.

Il s'agissait de ce moment d'aller voir l'entrée des

pèlerins, qui s'opérait déjà depuis le commencement du jour, mais qui devait durer jusqu'au soir. Ce n'est pas peu de chose que trente mille personnes environ venant tout à coup enfler la population du Caire; aussi les rues des quartiers musulmans étaient-elles encombrées. Nous parvînmes à gagner Bab-el-Fotouh, c'est-à-dire la porte de la Victoire. Toute la longue rue qui y mène était garnie de spectateurs que les troupes faisaient ranger. Le son des trompettes, des cymbales et des tambours réglait la marche du cortège, où les diverses nations et sectes se distinguaient par des trophées et des drapeaux. Pour moi, j'étais en proie à la préoccupation d'un vieil opéra bien célèbre au temps de l'Empire; je fredonnais la *Marche des chameaux* [123], et je m'attendais toujours à voir paraître le brillant Saint-Phar. Les longues files de dromadaires attachés l'un derrière l'autre, et montés par des Bédouins aux longs fusils, se suivaient cependant avec quelque monotonie, et ce ne fut que dans la campagne que nous pûmes saisir l'ensemble d'un spectacle unique au monde.

C'était comme une nation en marche qui venait se fondre dans un peuple immense, garnissant à droite les mamelons voisins du Mokatam, à gauche les milliers d'édifices ordinairement désert de la Ville des Morts; le faîte crénelé des murs et des tours de Saladin, rayés de bandes jaunes et rouges, fourmillait aussi de spectateurs; il n'y avait plus là de quoi penser à l'opéra ni à la fameuse caravane que Bonaparte vint recevoir et fêter à cette même porte de la Victoire. Il me semblait que les siècles remontaient encore en arrière, et que j'assistais à une scène du temps des croisades. Des escadrons de la garde du vice-roi espacés dans la foule, avec leurs cuirasses étincelantes et leurs casques chevaleresques, complétaient cette illusion. Plus loin encore, dans la plaine où serpente le Calish, on voyait des milliers de tentes bariolées, où les pèlerins s'arrêtaient pour se rafraîchir; les danseurs et les chanteurs ne manquaient pas non plus à la fête, et tous les musiciens du Caire rivalisaient de bruit avec les sonneurs de trompe et les timbaliers du cortège, orchestre monstrueux juché sur des chameaux.

On ne pouvait rien voir de plus barbu, de plus hérissé et de plus farouche que l'immense cohue des Moghrabins, composée des gens de Tunis, de Tripoli, de Maroc et aussi de nos *compatriotes* d'Alger. L'entrée des Cosaques à Paris en 1814 n'en donnerait qu'une faible idée. C'était aussi parmi eux que se distinguaient les plus nombreuses confréries de santons et de derviches, qui hurlaient toujours avec enthousiasme leurs cantiques d'amour entremêlés du nom d'Allah. Les drapeaux de mille couleurs, les hampes chargées d'attributs et d'armures, et çà et là les émirs et les cheiks en habits somptueux, aux chevaux caparaçonnés, ruisselants d'or et de pierreries, ajoutaient à cette marche un peu désordonnée tout l'éclat que l'on peut imaginer. C'était aussi une chose fort pittoresque que les nombreux palanquins des femmes, appareils singuliers, figurant un lit surmonté d'une tente et posé en travers sur le dos d'un chameau. Des ménages entiers semblaient groupés à l'aise avec enfants et mobilier dans ces pavillons, garnis de tentures brillantes pour la plupart.

Vers les deux tiers de la journée, le bruit des canons de la citadelle, les acclamations et les trompettes annoncèrent que le *Mahmil,* espèce d'arche sainte qui renferme la robe de drap d'or de Mahomet, était arrivé en vue de la ville. La plus belle partie de la caravane, les cavaliers les plus magnifiques, les santons les plus enthousiastes, l'aristocratie du turban, signalée par la couleur verte, entourait ce palladium de l'islam. Sept ou huit dromadaires venaient à la file, ayant la tête si richement ornée et empanachée, couverts de harnais et de tapis si éclatants, que, sous ses ajustements qui déguisaient leurs formes, ils avaient l'air des salamandres ou des dragons qui servent de monture aux fées. Les premiers portaient de jeunes timbaliers aux bras nus, qui levaient et laissaient tomber leurs baguettes d'or du milieu d'une gerbe de drapeaux flottants disposés autour de la selle. Ensuite venait un vieillard symbolique à longue barbe blanche, couronné de feuillages, assis sur une espèce de char doré, toujours à dos de chameau, puis le Mahmil, se composant d'un riche pavillon en forme de tente carrée, couvert d'inscriptions brodées, surmonté au sommet et à ses quatre angles d'énormes boules d'argent.

De temps en temps le Mahmil s'arrêtait, et toute la foule se prosternait dans la poussière en courbant le front sur les mains. Une escorte de cavasses avait grand-peine à repousser les nègres, qui, plus fanatiques que les autres musulmans, aspiraient à se faire écraser par les chameaux ; de larges volées de coups de bâton leur conféraient du moins une certaine portion de martyre. Quant aux santons, espèce de saints plus enthousiastes encore que les derviches et d'une orthodoxie moins reconnue, on en voyait plusieurs qui se perçaient les joues avec de longues pointes et marchaient ainsi couverts de sang ; d'autres dévoraient des serpents vivants, et d'autres encore se remplissaient la bouche de charbons allumés. Les femmes ne prenaient que peu de part à ces pratiques, et l'on distinguait seulement, dans la foule des pèlerins, des troupes d'almées attachées à la caravane qui chantaient à l'unisson leurs longues complaintes gutturales, et ne craignaient pas de montrer sans voile leur visage tatoué de bleu et de rouge et leur nez percé de lourds anneaux.

Nous nous mêlâmes, le peintre et moi, à la foule variée qui suivait le Mahmil, criant Allah ! comme les autres aux diverses stations des chameaux sacrés, lesquels, balançant majestueusement leurs têtes parées, semblaient ainsi bénir la foule avec leurs longs cols recourbés et leurs hennissements étranges. A l'entrée de la ville, les salves de canon recommencèrent, et l'on prit le chemin de la citadelle à travers les rues, pendant que la caravane continuait d'emplir Le Caire de ses trente mille fidèles, qui avaient le droit désormais de prendre le titre d'*hadjis*.

On ne tarda pas à gagner les grands bazars et cette immense rue Salahieh, où les mosquées d'El-Hazar, El-Moyed et le Moristan étalent leurs merveilles d'architecture et lancent au ciel des gerbes de minarets entremêlés de coupoles. A mesure que l'on passait devant chaque mosquée, le cortège s'amoindrissait d'une partie des pèlerins et des montagnes de babouches se formaient aux portes, chacun n'entrant que les pieds nus. Cependant le Mahmil ne s'arrêtait pas ; il s'engagea dans les rues étroites qui montent à la citadelle, et y entra par la porte du nord, au milieu des troupes rassemblées et aux acclamations du peuple réuni sur la place de Roumelieh. Ne pouvant pénétrer dans l'enceinte du palais de Méhémet-Ali, palais neuf, bâti à la turque et d'un assez médiocre effet, je me rendis sur la terrasse d'où l'on domine tout Le Caire. On ne peut rendre que faiblement l'effet de cette perspective, l'une des plus belles du monde ; ce qui surtout saisit l'œil sur le premier plan, c'est l'immense développement de la mosquée du sultan Hassan, rayée et bariolée de rouge, et qui conserve encore les traces de la mitraille française depuis la fameuse révolte du Caire [124]. La ville occupe devant vous tout l'horizon, qui se termine aux verts ombrages de Choubrah ; à droite, c'est toujours la longue cité des tombeaux musulmans, la campagne d'Héliopolis et la vaste plaine du désert arabique interrompue par la chaîne du Mokatam ; à gauche, le cours du Nil aux eaux rougeâtres, avec sa maigre bordure de dattiers et de sycomores. Boulac au bord du fleuve, servant de port au Caire qui en est éloigné d'une demi-lieue ; l'île de Roddah, verte et fleurie, cultivée en jardin anglais et terminée par le bâtiment du Nilomètre, en face des riantes maisons de campagne de Gizeh ; au-delà, enfin, les pyramides, posées sur les derniers versants de la chaîne libyque, et vers le sud encore, à Saccarah, d'autres pyramides entremêlées d'hypogées ; plus loin, la forêt de palmiers qui couvre les ruines de Memphis, et sur la rive opposée du fleuve, en revenant vers la ville, le vieux Caire, bâti par Amrou à la place de l'ancienne Babylone d'Égypte, à moitié caché par les arches d'un immense aqueduc, au pied duquel s'ouvre le Calish, qui côtoie la plaine des tombeaux de Karafeh.

Voilà l'immense panorama qu'animait l'aspect d'un peuple en fête fourmillant sur les places et parmi les campagnes voisines. Mais déjà la nuit était proche, et le soleil avait plongé son front dans les sables de ce long ravin du désert d'Ammon que les Arabes appellent *mer sans eau ;* on ne distinguait plus au loin que le cours du Nil, où des milliers de canges traçaient des réseaux argentés comme aux fêtes des Ptolémées. Il faut redescen-

dre, il faut détourner ses regards de cette antiquité muette
dont un sphinx, à demi disparu dans les sables, garde les
secrets éternels; voyons si les splendeurs et les croyances
de l'islam repeupleront suffisamment la double solitude
du désert et des tombes, ou s'il faut pleurer encore sur un
poétique passé qui s'en va. Ce Moyen Age arabe, en
retard de trois siècles, est-il prêt à crouler à son tour,
comme a fait l'antiquité grecque, au pied insoucieux des
monuments de Pharaon?

Hélas! en me retournant, j'apercevais au-dessus de ma
tête les dernières colonnes rouges du vieux palais de
Saladin. Sur les débris de cette architecture éblouissante
de hardiesse et de grâce, mais frêle et passagère, comme
celle des génies, on a bâti récemment une construction
carrée, toute de marbre et d'albâtre, du reste sans élé-
gance et sans caractère, qui a l'air d'un marché aux grains
et qu'on prétend devoir être une mosquée. Ce sera une
mosquée en effet, comme la Madeleine est une église: les
architectes modernes ont toujours la précaution de bâtir à
Dieu des demeures qui puissent servir à autre chose
quand on ne croira plus en lui.

Cependant le gouvernement paraissait avoir célébré
l'arrivée du Mahmil à la satisfaction générale; le pacha et
sa famille avaient reçu respectueusement la robe du prophète rapportée de La Mecque, l'eau sacrée du puits de
Zemzem [125] et autres ingrédients du pèlerinage; on avait
montré la robe au peuple à la porte d'une petite mosquée
située derrière le palais, et déjà l'illumination de la ville
produisait un effet magnifique du haut de la plate-forme.
Les grands édifices ravivaient au loin, par des illuminations, leurs lignes d'architecture perdues dans l'ombre;
des chapelets de lumières ceignaient les dômes des mosquées, et les minarets revêtaient de nouveau ces colliers
lumineux que j'avais remarqués déjà; des versets du
Coran brillaient sur le front des édifices, tracés partout en
verres de couleur. Je me hâtai, après avoir admiré ce
spectacle, de gagner la place de l'Esbekieh, où se passait
la plus belle partie de la fête.

Les quartiers voisins resplendissaient de l'éclat des
boutiques; les pâtissiers, les frituriers et les marchands de

fruits avaient envahi tous les rez-de-chaussée; les confiseurs étalaient des merveilles de sucrerie sous forme d'édifices, d'animaux et autres fantaisies. Les pyramides et les girandoles de lumières éclairaient tout comme en plein jour; de plus, on promenait sur des cordes tendues de distance en distance de petits vaisseaux illuminés, souvenir peut-être des fêtes Isiaques, conservé comme tant d'autres par le bon peuple égyptien. Les pèlerins, vêtus de blanc pour la plupart et plus hâlés que les gens du Caire, recevaient partout une hospitalité fraternelle. C'est au midi de la place, dans la partie qui touche au quartier franc, qu'avaient lieu les principales réjouissances; des tentes étaient élevées partout, non seulement pour les cafés, mais pour les *zikr* ou réunions de chanteurs dévots; de grands mâts pavoisés et supportant des lustres servaient aux exercices des derviches tourneurs, qu'il ne faut pas confondre avec les hurleurs, chacun ayant sa manière d'arriver à cet état d'enthousiasme qui leur procure des visions et des extases: c'est autour des mâts que les premiers tournaient sur eux-mêmes en criant seulement d'un ton étouffé: *Allah zheyt!* c'est-à-dire «Dieu vivant!» Ces mâts, dressés au nombre de quatre sur la même ligne, s'appellent *sârys*. Ailleurs, la foule se pressait pour voir des jongleurs, des danseurs de corde, ou pour écouter les rhapsodes *(schayërs)* qui récitent des portions du roman d'*Abou-Zeyd* [126]. Ces narrations se poursuivent chaque soir dans les cafés de la ville, et sont toujours, comme nos feuilletons de journaux, interrompues à l'endroit le plus saillant, afin de ramener le lendemain au même café des habitués avides de péripéties nouvelles.

Les balançoires, les jeux d'adresse, les *caragheuz* [127] les plus variés sous forme de marionnettes ou d'ombres chinoises, achevaient d'animer cette fête foraine, qui devait se renouveler deux jours encore pour l'anniversaire de la naissance de Mahomet que l'on appelle *El-Mouled-en-neby*.

Le lendemain, dès le point du jour, je partais avec Abdallah pour le bazar d'esclaves situé dans le quartier Soukel-ezzi. J'avais choisi un fort bel âne rayé comme un

zèbre, et arrangé mon nouveau costume avec quelque
coquetterie. Parce qu'on va acheter des femmes, ce n'est
point une raison pour leur faire peur. Les rires dédaigneux des négresses m'avaient donné cette leçon.

XII. ABD-EL-KÉRIM

Nous arrivâmes à une maison fort belle, ancienne demeure sans doute d'un *kachef* ou d'un bey mamelouk, et
dont le vestibule se prolongeait en galerie avec colonnade
sur un des côtés de la cour. Il y avait au fond un divan de
bois garni de coussins, où siégeait un musulman de bonne
mine, vêtu avec quelque recherche, qui égrenait nonchalamment son chapelet de bois d'aloès. Un négrillon était
en train de rallumer le charbon du narghilé, et un écrivain
cophte, assis à ses pieds, servait sans doute de secrétaire.

« Voici, me dit Abdallah, le seigneur Abd-el-Kérim, le
plus illustre des marchands d'esclaves : il peut vous procurer des femmes fort belles, s'il le veut ; mais il est riche
et les garde souvent pour lui. »

Abd-el-Kérim me fit un gracieux signe de tête en
portant la main sur sa poitrine, et me dit *saba-el-kher*. Je
répondis à ce salut par une formule arabe analogue, mais
avec un accent qui lui apprit mon origine. Il m'invita
toutefois à prendre place auprès de lui et fit apporter un
narghilé et du café.

« Il vous voit avec moi, me dit Abdallah, et cela lui
donne bonne opinion de vous. Je vais lui dire que vous
venez vous fixer dans le pays, et que vous êtes disposé à
monter richement votre maison. »

Les paroles d'Abdallah parurent faire une impression
favorable sur Abd-el-Kérim, qui m'adressa quelques
mots de politesse en mauvais italien.

La figure fine et distinguée, l'œil pénétrant et les manières gracieuses d'Abd-el-Kérim faisaient trouver naturel qu'il fît les honneurs de son palais, où pourtant il se
livrait à un si triste commerce. Il y avait chez lui un

singulier mélange de l'affabilité d'un prince et de la résolution impitoyable d'un forban. Il devait dompter les esclaves par l'expression fixe de son œil mélancolique, et leur laisser, même les ayant fait souffrir, le regret de ne plus l'avoir pour maître. Il est bien évident, me disais-je, que la femme qui me sera vendue ici aura été éprise d'Abd-el-Kérim. N'importe; il y avait une fascination telle dans son regard, que je compris qu'il n'était guère possible de ne pas faire affaire avec lui.

La cour carrée, où se promenait un grand nombre de Nubiens et d'Abyssiniens, offrait partout des portiques et des galeries supérieures d'une architecture élégante; de vastes moucharabys en menuiserie tournée surplombaient un vestibule d'escalier décoré d'arcades moresques, par lequel on montait à l'appartement des plus belles esclaves.

Beaucoup d'acheteurs étaient entrés déjà et examinaient les noirs plus ou moins foncés réunis dans la cour; on les faisait marcher, on leur frappait le dos et la poitrine, on leur faisait tirer la langue. Un seul de ces jeunes gens, vêtu d'un machlah rayé de jaune et de bleu, avec les cheveux tressés et tombant à plat comme une coiffure du Moyen Age, portait au bras une lourde chaîne qu'il faisait résonner en marchant d'un pas fier; c'était un Abyssinien de la nation des Gallas, pris sans doute à la guerre.

Il y avait autour de la cour plusieurs salles basses, habitées par des négresses, comme j'en avais vu déjà, insoucieuses et folles la plupart, riant à tout propos; une autre femme cependant, drapée dans une couverture jaune, pleurait en cachant son visage contre une colonne du vestibule. La morne sérénité du ciel et les lumineuses broderies que traçaient les rayons du soleil jetant de longs angles dans la cour protestaient en vain contre cet éloquent désespoir; je m'en sentais le cœur navré.

Je passai derrière le pilier, et, bien que sa figure fût cachée, je vis que cette femme était presque blanche; un petit enfant se pressait contre elle à demi enveloppé dans le manteau.

Quoi qu'on fasse pour accepter la vie orientale, on se sent Français... et sensible dans de pareils moments.

J'eus un instant l'idée de la racheter si je pouvais, et de lui donner la liberté.

« Ne faites pas attention à elle, me dit Abdallah ; cette femme est l'esclave favorite d'un effendi qui, pour la punir d'une faute, l'envoie au marché, où l'on fait semblant de vouloir la vendre avec son enfant. Quand elle aura passé ici quelques heures, son maître viendra la reprendre et lui pardonnera sans doute. »

Ainsi la seule esclave qui pleurait là pleurait à la pensée de perdre son maître ; les autres ne paraissaient s'inquiéter que de la crainte de rester trop longtemps sans en trouver. Voilà qui parle, certes, en faveur du caractère des musulmans. Comparez à cela le sort des esclaves dans les pays américains ! Il est vrai qu'en Égypte c'est le fellah seul qui travaille à la terre. On ménage les forces de l'esclave, qui coûte cher, et on ne l'occupe guère qu'à des services domestiques. Voilà l'immense différence qui existe entre l'esclave des pays turcs et celui des chrétiens.

XIII. LA JAVANAISE

Abd-el-Kérim nous avait quittés un instant pour répondre aux acheteurs turcs ; il revint à moi, et me dit qu'on était en train de faire habiller les Abyssiniennes qu'il voulait me montrer. « Elles sont, dit-il, dans mon harem et traitées tout à fait comme les personnes de ma famille ; mes femmes les font manger avec elles. En attendant, si vous voulez en voir de très jeunes, on va en amener. »

On ouvrit une porte, et une douzaine de petites filles cuivrées se précipitèrent dans la cour comme des enfants en récréation. On les laissa jouer sous la cage de l'escalier avec les canards et les pintades, qui se baignaient dans la vasque d'une fontaine sculptée, reste de la splendeur évanouie de l'okel.

Je contemplais ces pauvres filles aux yeux si grands et si noirs, vêtues comme de petites sultanes, sans doute arrachées à leurs mères pour satisfaire la débauche des riches habitants de la ville. Abdallah me dit que plusieurs d'entre elles n'appartenaient pas au marchand, et étaient mises en vente pour le compte de leurs parents, qui faisaient exprès le voyage du Caire, et croyaient préparer ainsi à leurs enfants la condition la plus heureuse.

« Sachez, du reste, ajouta-t-il, qu'elles sont plus chères que les femmes nubiles.

— *Queste fanciulle sono cucite*!* dit Abd-el-Kérim dans son italien corrompu.

— Oh! l'on peut être tranquille et acheter avec confiance, observa Abdallah d'un ton de connaisseur, les parents ont tout prévu. »

Eh bien! me disais-je en moi-même, je laisserai ces enfants à d'autres; le musulman, qui vit selon sa loi, peut en toute conscience répondre à Dieu du sort de ces pauvres petites âmes; mais moi, si j'achète une esclave, c'est avec la pensée qu'elle sera libre, même de me quitter.

Abd-el-Kérim vint me rejoindre, et me fit monter dans la maison. Abdallah resta discrètement au pied de l'escalier.

Dans une grande salle aux lambris sculptés qu'enrichissaient encore des restes d'arabesques peintes et dorées, je vis rangées contre le mur cinq femmes assez belles, dont le teint rappelait l'éclat du bronze de Florence; leurs figures étaient régulières, leur nez droit, leur bouche petite; l'ovale parfait de leur tête, l'emmanchement gracieux de leur col, la sérénité de leur physionomie leur donnaient l'air de ces madones peintes d'Italie dont la couleur a jauni par le temps. C'étaient des Abyssiniennes catholiques, des descendantes peut-être du prêtre Jean ou de la reine Candace[129].

Le choix était difficile; elles se ressemblaient toutes, comme il arrive dans ces races primitives. Abd-el-Kérim, me voyant indécis et croyant qu'elles ne me plaisaient pas, en fit entrer une autre qui, d'un pas indolent, alla prendre place près du mur.

Je poussai un cri d'enthousiasme; je venais de recon-

---

* Il est difficile de rendre ou de traduire le sens de cette observation[128].

naître l'œil en amande, la paupière oblique des Javanaises, dont j'ai vu des peintures en Hollande; comme carnation, cette femme appartenait évidemment à la race jaune. Je ne sais quel goût de l'étrange et de l'imprévu, dont je ne pus me défendre, me décida en sa faveur. Elle était fort belle du reste et d'une solidité de formes qu'on ne craignait pas de laisser admirer; l'éclat métallique de ses yeux, la blancheur de ses dents, la distinction des mains et la longueur des cheveux d'un ton d'acajou sombre, qu'on me fit voir en ôtant son tarbouch, ne laissaient rien à objecter aux éloges qu'Abd-el-Kérim exprimait en s'écriant : *Bono! bono!*

Nous redescendîmes et nous causâmes avec l'aide d'Abdallah. Cette femme était arrivée la veille à la suite de la caravane, et n'était chez Abd-el-Kérim que depuis ce temps. Elle avait été prise toute jeune dans l'archipel indien par des corsaires de l'iman de Mascate.

« Mais, dis-je à Abdallah, si Abd-el-Kérim l'a mise hier avec ses femmes...

— Eh bien? » répondit le drogman en ouvrant des yeux étonnés.

Je vis que mon observation paraissait médiocre.

« Croyez-vous, dit Abdallah, entrant enfin dans mon idée, que ses femmes légitimes le laisseraient faire la cour à d'autres?... Et puis un marchand, songez-y donc! Si cela se savait, il perdrait toute sa clientèle. »

C'était une bonne raison. Abdallah me jura de plus qu'Abd-el-Kérim, comme bon musulman, avait dû passer la nuit en prières à la mosquée, vu la solennité de la fête de Mahomet.

Il ne restait plus qu'à parler du prix. On demanda cinq bourses (625 francs); j'eus l'idée d'offrir seulement quatre bourses; mais, en songeant que c'était marchander une femme, ce sentiment me parut bas. De plus, Abdallah me fit observer qu'un marchand turc n'avait jamais deux prix.

Je demandai son nom... j'achetais le nom aussi, naturellement : — *Z'n'b'* ! dit Abd-el-Kérim. — *Z'n'b'*, répéta Abdallah avec un grand effort de contraction nasale. Je ne pouvais pas comprendre que l'éternuement de trois consonnes représentât un nom. Il me fallut quelque temps pour deviner que cela pouvait se prononcer Zeynab [130].

Nous quittâmes Abd-el-Kérim, après avoir donné des arrhes, pour aller chercher la somme qui reposait à mon compte chez un banquier du quartier franc.

En traversant la place de l'Esbekieh, nous assistâmes à un spectacle extraordinaire. Une grande foule était rassemblée pour voir la cérémonie de la *Dohza*. Le cheik ou l'émir de la caravane devait passer à cheval sur le corps des derviches tourneurs et hurleurs qui s'exerçaient depuis la veille autour des mâts et sous des tentes. Ces malheureux s'étaient étendus à plat ventre sur le chemin de la maison du cheik El-Bekry, chef de tous les derviches, située à l'extrémité sud de la place, et formaient une chaussée humaine d'une soixantaine de corps.

Cette cérémonie est regardée comme un miracle destiné à convaincre les infidèles ; aussi laisse-t-on volontiers les Francs se mettre aux premières places. Un miracle public est devenu une chose assez rare, depuis que l'homme s'est avisé, comme dit Henri Heine, de regarder dans les manches du bon Dieu... Mais celui-là, si c'en est un, est incontestable. J'ai vu de mes yeux le vieux cheik des derviches, couvert d'un benich blanc, avec un turban jaune, passer à cheval sur les reins de soixante croyants pressés sans le moindre intervalle, ayant les bras croisés sous leur tête. Le cheval était ferré. Ils se relevèrent tous sur une ligne en chantant Allah !

Les esprits forts du quartier franc prétendent que c'est un phénomène analogue à celui qui faisait jadis supporter aux convulsionnaires des coups de chenet dans l'estomac. L'exaltation où se mettent ces gens développe une puissance nerveuse qui supprime le sentiment et la douleur, et communique aux organes une force de résistance extraordinaire.

Les musulmans n'admettent pas cette explication, et disent qu'on a fait passer le cheval sur des verres et des bouteilles sans qu'il pût rien casser.

Voilà ce que j'aurais voulu voir.

Il n'avait pas fallu moins qu'un tel spectacle pour me faire perdre de vue un instant mon acquisition. Le soir même, je ramenais triomphalement l'esclave voilée à ma maison du quartier cophte. Il était temps, car c'était le dernier jour du délai que m'avait accordé le cheik du quartier. Un domestique de l'okel la suivait avec un âne chargé d'une grande caisse verte.

Abd-el-Kérim avait bien fait les choses. Il y avait dans le coffre deux costumes complets : « C'est à elle, me fit-il dire, cela lui vient d'un cheik de La Mecque auquel elle a appartenu, et maintenant c'est à vous. »

On ne peut pas voir certainement de procédé plus délicat.

III. LE HAREM

I. LE PASSÉ ET L'AVENIR

Je ne regrettais pas de m'être fixé pour quelque temps au Caire et de m'être fait sous tous les rapports un citoyen de cette ville, ce qui est le seul moyen sans nul doute de la comprendre et de l'aimer ; les voyageurs ne se donnent pas le temps, d'ordinaire, d'en saisir la vie intime et d'en pénétrer les beautés pittoresques, les contrastes, les souvenirs. C'est pourtant la seule ville orientale où l'on puisse retrouver les couches bien distinctes de plusieurs âges historiques. Ni Bagdad, ni Damas, ni Constantinople n'ont gardé de tels sujets d'études et de réflexions. Dans les deux premières, l'étranger ne rencontre que des constructions fragiles de briques et de terre sèche ; les intérieurs offrent seuls une décoration splendide, mais qui ne fut jamais établie dans des conditions d'art sérieux et de durée ; Constantinople, avec ses maisons de bois peintes, se renouvelle tous les vingt ans et ne conserve que la physionomie assez uniforme de ses dômes bleuâtres et de ses minarets blancs. Le Caire doit à ses inépuisables carrières du Mokatam, ainsi qu'à sa sérénité constante de son climat, l'existence de monuments innombrables ; l'époque des califes, celle des soudans et celle des sultans mamelouks se rapportent naturellement à des systèmes variés d'architecture dont l'Espagne et la Sicile ne possèdent qu'en partie les contre-épreuves ou les modèles. Les merveilles moresques de Grenade et de Cordoue se retracent à chaque pas au souvenir, dans les rues du Caire, par une porte de mosquée, une fenêtre, un minaret, une arabesque, dont la coupe ou le style précisent la date éloignée. Les mosquées, à elles seules, raconteraient l'histoire entière de l'Égypte musulmane, car chaque prince en a fait bâtir au moins une, voulant transmettre à jamais le souvenir de son époque et de sa gloire; c'est Amrou, c'est Hakem, c'est Touloun, Saladin, Bibars ou Barkouk, dont les noms se conservent ainsi dans la mémoire de ce peuple; cependant les plus anciens de ces monuments n'offrent plus que des murs croulants et des enceintes dévastées.

La mosquée d'Amrou, construite la première après la conquête de l'Égypte, occupe un emplacement aujourd'hui désert entre la ville nouvelle et la ville vieille. Rien ne défend plus contre la profanation ce lieu si révéré jadis. J'ai parcouru la forêt de colonnes qui soutient encore la voûte antique; j'ai pu monter dans la chaire sculptée de l'iman, élevée l'an 94 de l'hégire, et dont on disait qu'il n'y en avait pas une plus belle ni une plus noble après celle du prophète; j'ai parcouru les galeries et reconnu, au centre de la cour, la place où se trouvait dressée la tente du lieutenant d'Omar, alors qu'il eut l'idée de fonder le vieux Caire.

Une colombe avait fait son nid au-dessus du pavillon; Amrou, vainqueur de l'Égypte grecque, et qui venait de saccager Alexandrie, ne voulut pas qu'on dérangeât le pauvre oiseau; cette place lui parut consacrée par la volonté du ciel, et il fit construire d'abord une mosquée autour de sa tente, puis autour de la mosquée une ville qui prit le nom de *Fostat*, c'est-à-dire la *tente*. Aujourd'hui, cet emplacement n'est plus même contenu dans la ville, et se trouve de nouveau, comme les chroniques le peignaient autrefois, au milieu des vignes, des jardinages et des *palmeraies*.

J'ai retrouvé, non moins abandonnée, mais à une autre extrémité du Caire et dans l'enceinte des murs, près de Bab-el-Nasr, la mosquée du calife Hakem, fondée trois siècles plus tard, mais qui se rattache au souvenir de l'un des héros les plus étranges du Moyen Age musulman. Hakem, que nos vieux orientalistes appellent *le Chacamberille* [131], ne se contenta pas d'être le troisième des califes africains, l'héritier par la conquête des trésors d'Haroun-al-Raschid, le maître absolu de l'Égypte et de la Syrie, le vertige des grandeurs et des richesses en fit une sorte de Néron ou plutôt d'Héliogabale. Comme premier, il mit le feu à sa capitale dans un jour de caprice; comme le second, il se proclama dieu et traça les règles d'une religion qui fut adoptée par une partie de son peuple et qui est devenue celle des Druses. Hakem est le dernier révélateur, ou, si l'on veut, le dernier dieu qui se soit produit au monde et qui conserve encore des fidèles plus ou moins nombreux [132]. Les chanteurs et les narrateurs des cafés du Caire racontent sur lui mille aventures, et l'on m'a montré sur une des cimes du Mokatam l'observatoire où il allait consulter les astres, car ceux qui ne croient pas à sa divinité le peignent du moins comme un puissant magicien.

Sa mosquée est plus ruinée encore que celle d'Amrou. Les murs extérieurs et deux des tours ou minarets situés aux angles offrent seuls des formes d'architecture qu'on peut reconnaître; c'est de l'époque qui correspond aux plus anciens monuments d'Espagne. Aujourd'hui, l'enceinte de la mosquée, toute poudreuse et semée de débris, est occupée par des cordiers qui tordent leur chanvre dans ce vaste espace, et dont le rouet monotone a succédé au bourdonnement des prières. Mais l'édifice du fidèle Amrou est-il moins abandonné que celui de Hakem l'hérétique, abhorré des vrais musulmans? La vieille Égypte, oublieuse autant que crédule, a enseveli sous sa poussière bien d'autres prophètes et bien d'autres dieux.

Aussi l'étranger n'a-t-il à redouter dans ce pays ni le fanatisme de religion, ni l'intolérance de race des autres parties de l'Orient; la conquête arabe n'a jamais pu transformer à ce point le caractère des habitants: n'est-ce pas toujours, d'ailleurs, la terre antique et maternelle où notre Europe, à travers le monde grec et romain, sent remonter ses origines? Religion, morale, industrie, tout partait de ce centre à la fois mystérieux et accessible, où les génies des premiers temps ont puisé pour nous la sagesse. Ils pénétraient avec terreur dans ces sanctuaires étranges où s'élaborait l'avenir des hommes, et ressor-

taient plus tard, le front ceint de lueurs divines, pour
révéler à leurs peuples des traditions antérieures au déluge et remontant aux premiers jours du monde. Ainsi
Orphée, ainsi Moïse, ainsi ce législateur moins connu de
nous, que les Indiens appellent Rama, emportaient un
même fonds d'enseignement et de croyances, qui devait
se modifier selon les lieux et les races, mais qui partout
constituait des civilisations durables. Ce qui fait le caractère de l'antiquité égyptienne, c'est justement cette
pensée d'universalité et même de prosélytisme que Rome
n'a imitée depuis que dans l'intérêt de sa puissance et de
sa gloire. Un peuple qui fondait des monuments indes-
tructibles pour y graver tous les procédés des arts et de
l'industrie, et qui parlait à la postérité dans une langue
que la postérité commence à comprendre, mérite certainement la reconnaissance de tous les hommes.

II. La vie intime
a l'époque du khamsin

J'ai mis à profit, en étudiant et en lisant le plus possible [133], les longues journées d'inaction que m'imposait
l'époque du *khamsin*. Depuis le matin, l'air était brûlant
et chargé de poussière. Pendant cinquante jours, chaque
fois que le vent du midi souffle, il est impossible de sortir
avant trois heures du soir, moment où se lève la brise qui
vient de la mer.

On se tient dans les chambres inférieures revêtues de
faïence ou de marbre et rafraîchies par des jets d'eau; on
peut encore passer sa journée dans les bains, au milieu de ce
brouillard tiède qui remplit de vastes enceintes dont la
coupole percée de trous ressemble à un ciel étoilé. Ces bains
sont la plupart de véritables monuments qui serviraient très
bien de mosquées ou d'églises; l'architecture en est byzantine, et les bains grecs en ont probablement fourni les
premiers modèles; il y a entre les colonnes sur lesquelles
s'appuie la voûte circulaire de petits cabinets de marbre, où

des fontaines élégantes sont consacrées aux ablutions froides. Vous pouvez tour à tour vous isoler ou vous mêler à la foule, qui n'a rien de l'aspect maladif de nos réunions de baigneurs, et se compose généralement d'hommes sains et de belle race, drapés, à la manière antique, d'une longue étoffe de lin. Les formes se dessinent vaguement à travers la brume laiteuse que traversent les blancs rayons de la voûte, et l'on peut se croire dans un paradis peuplé d'ombres heureuses. Seulement le purgatoire vous attend dans les salles voisines. Là sont les bassins d'eau bouillante où le baigneur subit diverses sortes de cuisson; là se précipitent sur vous ces terribles estafiers aux mains armées de gants de crin, qui détachent de votre peau de longs rouleaux moléculaires dont l'épaisseur vous effraye et vous fait craindre d'être usé graduellement comme une vaisselle trop écurée. On peut d'ailleurs se soustraire à ces cérémonies et se contenter du bien-être que procure l'atmosphère humide de la grande salle du bain. Par un effet singulier, cette chaleur artificielle délasse de l'autre; le feu terrestre de Phta combat les ardeurs trop vives du céleste Horus. Faut-il parler encore des délices du massage et du repos charmant que l'on goûte sur ces lits disposés autour d'une haute galerie à balustres qui domine la salle d'entrée des bains? Le café, les sorbets, le narghilé, interrompent là ou préparent ce léger sommeil de la méridienne si cher aux peuples du Levant.

Du reste, le vent du midi ne souffle pas continuellement pendant l'époque du *khamsin*, il s'interrompt souvent des semaines entières, et nous laisse littéralement respirer. Alors la ville reprend son aspect animé, la foule se répand sur les places et dans les jardins; l'allée de Choubrah se remplit de promeneurs; les musulmanes voilées vont s'asseoir dans les kiosques, au bord des fontaines et sur les tombes entremêlées d'ombrages, où elles rêvent tout le jour entourées d'enfants joyeux, et se font même apporter leurs repas. Les femmes d'Orient ont deux grands moyens d'échapper à la solitude des harems, c'est le cimetière, où elles ont toujours quelque être chéri à pleurer, et le bain public, où la coutume oblige leurs maris de les laisser aller une fois par semaine au moins.

Ce détail, que j'ignorais, a été pour moi la source de

quelques chagrins domestiques contre lesquels il faut bien que je prévienne l'Européen qui serait tenté de suivre mon exemple. Je n'eus pas plutôt ramené du bazar l'esclave javanaise que je me vis assailli d'une foule de réflexions qui ne s'étaient pas encore présentées à mon esprit. La crainte de la laisser un jour de plus parmi les femmes d'Abd-el-Kérim avait précipité ma résolution, et, le dirai-je? le premier regard jeté sur elle avait été tout-puissant.

Il y a quelque chose de très séduisant dans une femme d'un pays lointain et singulier, qui parle une langue inconnue, dont le costume et les habitudes frappent déjà par l'étrangeté seule, et qui enfin n'a rien de ces vulgarités de détail que l'habitude nous révèle chez les femmes de notre patrie. Je subis quelque temps cette fascination de couleur locale, je l'écoutais babiller, je la voyais étaler la bigarrure de ses vêtements : c'était comme un oiseau splendide que je possédais en cage; mais cette impression pouvait-elle toujours durer?

On m'avait prévenu que si le marchand m'avait trompé sur les mérites de l'esclave, s'il existait un vice rédhibitoire quelconque, j'avais huit jours pour résilier le marché. Je ne songeais guère qu'il fût possible à un Européen d'avoir recours à cette indigne clause, eût-il même été trompé. Seulement je vis avec peine que cette pauvre fille avait sous le bandeau rouge qui ceignait son front une place brûlée grande comme un écu de six livres à partir des premiers cheveux. On voyait sur sa poitrine une autre brûlure de même forme, et sur ces deux marques un tatouage qui représentait une sorte de soleil. Le menton était aussi tatoué en fer de lance, et la narine gauche percée de manière à recevoir un anneau. Quant aux cheveux, ils étaient rognés par devant à partir des tempes et autour du front, et, sauf la partie brûlée, ils tombaient ainsi jusqu'aux sourcils qu'une ligne noire prolongeait et réunissait selon la coutume. Quant aux bras et aux pieds teints de couleur orange, je savais que c'était l'effet d'une préparation de henné qui ne laissait aucune marque au bout de quelques jours.

Que faire maintenant? Habiller une femme jaune à

l'européenne, c'eût été la chose la plus ridicule du monde. Je me bornai à lui faire signe qu'il fallait laisser repousser les cheveux coupés en rond sur le devant, ce qui parut l'étonner beaucoup; quant à la brûlure du front et à celle de la poitrine, qui résultait probablement d'un usage de son pays, car on ne voit rien de pareil en Égypte, cela pouvait se cacher au moyen d'un bijou ou d'un ornement quelconque; il n'y avait donc pas trop de quoi se plaindre, tout examen fait.

III. Soins du ménage

La pauvre enfant s'était endormie pendant que j'examinais sa chevelure avec cette sollicitude de propriétaire qui s'inquiète de ce qu'on a fait des coupes dans le bien qu'il vient d'acquérir. J'entendis Ibrahim crier au-dehors: *Ya sidi!* (eh! monsieur!) puis d'autres mots où je compris que quelqu'un me rendait visite. Je sortis de la chambre, et je trouvai dans la galerie le juif Yousef qui voulait me parler. Il s'aperçut que je ne tenais pas à ce qu'il entrât dans la chambre, et nous nous promenâmes en fumant.

« J'ai appris, me dit-il, qu'on vous avait fait acheter une esclave; j'en suis bien contrarié.

— Et pourquoi?

— Parce qu'on vous aura trompé ou volé de beaucoup: les drogmans s'entendent toujours avec le marchand d'esclaves.

— Cela me paraît probable.

— Abdallah aura reçu au hoins une bourse pour lui.

— Qu'y faire?

— Vous n'êtes pas au bout. Vous serez très embarrassé de cette femme quand vous voudrez partir, et il vous offrira de vous la racheter pour peu de chose. Voilà ce qu'il est habitué à faire, et c'est pour cela qu'il vous a détourné de conclure d'un mariage à la cophte, ce qui était beaucoup plus simple et moins coûteux.

— Mais vous savez bien qu'après tout j'avais quelque

scrupule à faire un de ces mariages qui veulent toujours une sorte de consécration religieuse.

— Eh bien! que ne m'avez-vous dit cela? je vous aurais trouvé un domestique arabe qui se serait marié pour vous autant de fois que vous auriez voulu!»

La singularité de cette proposition me fit partir d'un éclat de rire; mais quand on est au Caire, on apprend vite à ne s'étonner de rien. Les détails que me donna Yousef m'apprirent qu'il se rencontrait des gens assez misérables pour faire ce marché. La facilité qu'ont les Orientaux de prendre femme et de divorcer à leur gré rend cet arrangement possible, et la plainte de la femme pourrait seule le révéler; mais, évidemment, ce n'est qu'un moyen d'éluder la sévérité du pacha à l'égard des mœurs publiques. Toute femme qui ne vit pas seule ou dans sa famille doit avoir un mari légalement reconnu, dût-elle divorcer au bout de huit jours, à moins que, comme esclave, elle n'ait un maître.

Je témoignai au juif Yousef combien une telle convention m'aurait révolté.

«Bon! me dit-il, qu'importe?... avec des Arabes!

— Vous pourriez dire aussi avec des chrétiens.

— C'est un usage, ajouta-t-il, qu'ont introduit les Anglais; ils ont tant d'argent!

— Alors cela coûte cher?

— C'était cher autrefois; mais maintenant la concurrence s'y est mise, et c'est à la portée de tous.»

Voilà pourtant où aboutissent les réformes morales tentées ici. On déprave toute une population pour éviter un mal certainement beaucoup moindre. Il y a dix ans, Le Caire avait des bayadères publiques comme l'Inde, et des courtisanes comme l'Antiquité. Les ulémas se plaignirent, et ce fut longtemps sans succès, parce que le gouvernement tirait un impôt assez considérable de ces femmes, organisées en corporation, et dont le plus grand nombre résidait hors de la ville, à Matarée. Enfin les dévots du Caire offrirent de payer l'impôt en question; ce fut alors que l'on exila toutes ces femmes à Esné, dans la Haute-Égypte [134]. Aujourd'hui, cette ville de l'ancienne Thébaïde est pour les étrangers qui remontent le Nil une sorte de Capoue. Il y a là des Laïs et des Aspasies qui mènent une grande existence, et qui se sont enrichies particulièrement aux dépens de l'Angleterre. Elles ont des palais, des esclaves, et pourraient se faire construire des pyramides comme la fameuse Rhodope [135], si c'était encore la mode aujourd'hui d'entasser des pierres sur son corps pour prouver sa gloire ; elles aiment mieux les diamants.

Je comprenais bien que le juif Yousef ne cultivait pas ma connaissance sans quelque motif ; l'incertitude que j'avais là-dessus m'avait empêché déjà de l'avertir de mes visites aux bazars d'esclaves. L'étranger se trouve toujours en Orient dans la position de l'amoureux naïf ou du fils de famille des comédies de Molière. Il faut louvoyer entre le Mascarille et le Sbrigani [136]. Pour mettre fin à tout calcul possible, je me plaignis de ce que le prix de l'esclave avait presque épuisé ma bourse. « Quel malheur ! s'écria le Juif ; je voulais vous mettre de moitié dans une affaire magnifique qui, en quelques jours, vous aurait rendu dix fois votre argent. Nous sommes plusieurs amis qui achetons toute la récolte des feuilles de mûrier aux environs du Caire, et nous la revendons en détail aux prix que nous voudrons aux éleveurs de vers à soie ; mais il faut un peu d'argent comptant ; c'est ce qu'il y a de plus rare dans ce pays : le taux légal est de 24 pour 100. Pourtant, avec des spéculations raisonnables, l'argent se multiplie... Enfin n'en parlons plus. Je vous donnerai seulement un conseil : vous ne savez pas l'arabe ; n'employez pas le drogman pour parler avec votre esclave ; il lui communiquerait de mauvaises idées sans que vous vous en doutiez, et elle s'enfuirait quelque jour ; cela s'est vu. »

Ces paroles me donnèrent à réfléchir.

Si la garde d'une femme est difficile pour un mari, que ne sera-ce pas pour un maître ! C'est la position d'Arnolphe ou de George Dandin. Que faire ? l'eunuque et la duègne n'ont rien de sûr pour un étranger ; accorder tout de suite à une esclave l'indépendance des femmes françaises, ce serait absurde dans un pays où les femmes, comme on sait, n'ont aucun principe contre la plus vulgaire séduction. Comment sortir de chez moi seul? et comment sortir avec elle dans un pays où jamais femme ne s'est montrée au bras d'un homme? Comprend-on que je n'eusse pas prévu tout cela?

Je fis dire par le Juif à Mustafa de me préparer à dîner; je ne pouvais pas évidemment mener l'esclave à la table d'hôte de l'hôtel Domergue. Quant au drogman, il était allé attendre l'arrivée de la voiture de Suez; car je ne l'occupais pas assez pour qu'il ne cherchât point à promener de temps en temps quelque Anglais dans la ville. Je lui dis à son retour que je ne voulais plus l'employer que pour certains jours, que je ne garderais pas tout ce monde qui m'entourait, et qu'ayant une esclave, j'apprendrais très vite à échanger quelques mots avec elle, ce qui me suffisait. Comme il s'était cru plus indispensable que jamais, cette déclaration l'étonna un peu. Cependant il finit par bien prendre la chose, et me dit que je le trouverais à l'hôtel Waghorn chaque fois que j'en aurais besoin.

Il s'attendait sans doute à me servir de truchement pour faire du moins connaissance avec l'esclave; mais la jalousie est une chose si bien comprise en Orient, la réserve est si naturelle dans tout ce qui a rapport aux femmes, qu'il ne m'en parla même pas.

J'étais rentré dans la chambre où j'avais laissé l'esclave endormie. Elle était réveillée et assise sur l'appui de la fenêtre, regardant à droite et à gauche dans la rue par les grilles latérales du *moucharaby*. Il y avait, deux maisons plus loin, des jeunes gens en costume turc de la réforme, officiers sans doute de quelque personnage, et qui fumaient nonchalamment devant la porte. Je compris qu'il existait un danger de ce côté. Je cherchais en vain dans ma tête un mot qui pût lui faire comprendre qu'il n'était pas bien de regarder les militaires dans la rue, mais je ne trouvais que cet universel *tayeb* (très bien), interjection optimiste bien digne de caractériser l'esprit du peuple le plus doux de la terre, mais tout à fait insuffisante dans la situation.

O femmes! avec vous tout change: j'étais heureux, content de tout. Je disais *tayeb* à tout propos et l'Égypte

me souriait. Aujourd'hui il me faut chercher des mots,
qui ne sont peut-être pas dans la langue de ces nations
bienveillantes. Il est vrai que j'avais surpris chez quelques naturels un mot et un geste négatifs. Si une chose ne
leur plaît pas, ce qui est rare, ils vous disent : *Lah!* en
levant la main négligemment à la hauteur du front. Mais
comment dire d'un ton rude, et toutefois avec un mouvement de main languissant : *Lah!* Ce fut cependant à quoi
je m'arrêtai faute de mieux ; après cela, je ramenai l'esclave vers le divan, et je fis un geste qui indiquait qu'il
était plus convenable de se tenir là qu'à la fenêtre. Du
reste, je lui fis comprendre que nous ne tarderions pas à
dîner.

La question maintenant était de savoir si je lui laisse-
rais découvrir sa figure devant le cuisinier ; cela me parut
contraire aux usages. Personne, jusque-là, n'avait cherché à la voir. Le drogman lui-même n'était pas monté
avec moi lorsque Abd-el-Kérim m'avait fait voir ses
femmes ; il était donc clair que je me ferais mépriser en
agissant autrement que les gens du pays.

Quand le dîner fut prêt, Mustafa cria du dehors : *Sidi!*
Je sortis de la chambre, et il me montra la casserole de
terre contenant une poule découpée dans du riz.

« *Bono! bono!* » lui dis-je, et je rentrai pour engager
l'esclave à remettre son masque, ce qu'elle fit.

Mustafa plaça la table, posa dessus une nappe de drap
vert, puis, ayant arrangé sur un plat sa pyramide de pilau,
il apporta encore plusieurs verdures sur de petites assiet-
tes, et notamment des koulkas découpés dans du vinaigre,
ainsi que des tranches de gros oignons nageant dans une
sauce à la moutarde : cet ambigu n'avait pas mauvaise
mine. Ensuite il se retira discrètement.

IV. Premières leçons d'arabe

Je fis signe à l'esclave de prendre une chaise (j'avais eu
la faiblesse d'acheter des chaises) ; elle secoua la tête, et
je compris que mon idée était ridicule à cause du peu de

hauteur de la table. Je mis donc des coussins à terre, et je pris place en l'invitant à s'asseoir de l'autre côté; mais rien ne put la décider. Elle détournait la tête et mettait la main sur sa bouche. « Mon enfant, lui dis-je, est-ce que vous voulez vous laisser mourir de faim? »

Je sentais qu'il valait mieux parler, même avec la certitude ne pas être compris, que de se livrer à une pantomime ridicule. Elle répondit quelques mots qui signifiaient probablement qu'elle ne comprenait pas, et auxquels je répliquai: *Tayeb*. C'était toujours un commencement de dialogue.

Lord Byron disait par expérience que le meilleur moyen d'apprendre une langue était de vivre seul pendant quelque temps avec une femme [137]; mais encore faudrait-il y joindre quelques livres élémentaires; autrement, on n'apprend que des substantifs, le verbe manque; ensuite il est bien difficile de retenir des mots sans les écrire, et l'arabe ne s'écrit pas avec nos lettres, ou du moins ces dernières ne donnent qu'une idée imparfaite de la prononciation. Quant à apprendre l'écriture arabe, c'est une affaire si compliquée à cause des élisions, que le savant Volney avait trouvé plus simple d'inventer un alphabet mixte, dont malheureusement les autres savants n'encouragèrent pas l'emploi [138]. La science aime les difficultés, et ne tient jamais à vulgariser beaucoup l'étude: si l'on apprenait par soi-même, que deviendraient les professeurs?

Après tout, me dis-je, cette jeune fille, née à Java, suit peut-être la religion hindoue; elle ne se nourrit sans doute que de fruits et d'herbages. Je fis un signe d'adoration, en prononçant d'un air interrogatif le nom de Brahma; elle ne parut pas comprendre. Dans tous les cas, ma prononciation eût été mauvaise sans doute. J'énumérai encore tout ce que je savais de noms se rattachant à cette même cosmogonie; c'était comme si j'eusse parlé français. Je commençais à regretter d'avoir remercié le drogman; j'en voulais surtout au marchand d'esclaves de m'avoir vendu ce bel oiseau doré sans me dire ce qu'il fallait lui donner pour nourriture.

Je lui présentai simplement du pain, et du meilleur

qu'on fît au quartier franc ; elle dit d'un ton mélancolique : *Mafisch!* mot inconnu dont l'expression m'attrista
beaucoup. Je songeai alors à de pauvres bayadères ame-
nées à Paris il y a quelques années, et qu'on m'avait fait
voir dans une maison des Champs-Élysées. Ces Indiennes
ne prenaient que des aliments qu'elles avaient préparés
elles-mêmes dans des vases neufs. Ce souvenir me rassura un peu, et je pris la résolution de sortir, après mon
repas, avec l'esclave pour éclaircir ce point.

La défiance que m'avait inspirée le juif pour mon
drogman avait eu pour second effet de me mettre en garde
contre lui-même ; voilà ce qui m'avait conduit à cette
position fâcheuse. Il s'agissait donc de prendre pour interprète quelqu'un de sûr, afin du moins de faire connaissance avec mon acquisition. Je songeai un instant à
M. Jean, le mamelouk, homme d'un âge respectable ;
mais le moyen de conduire cette femme dans un cabaret ?
D'un autre côté, je ne pouvais pas la faire rester dans la
maison avec le cuisinier et le barbarin pour aller chercher
M. Jean. Et eussé-je envoyé dehors ces deux serviteurs
hasardeux, était-il prudent de laisser une esclave seule
dans un logis fermé d'une serrure de bois ?

Un son de petites clochettes retentit dans la rue : je vis à
travers le treillis un chevrier en sarrau bleu qui menait
quelques chèvres du côté du quartier franc. Je le montrai
à l'esclave, qui me dit en souriant : *Aioua!* ce que je
traduisis par oui.

J'appelai le chevrier, garçon de quinze ans, au teint
hâlé, aux yeux énormes, ayant du reste le gros nez et la
lèvre épaisse des têtes de sphinx, un type égyptien des
plus purs. Il entra dans la cour avec ses bêtes, et se mit à
en traire une dans un vase de faïence neuve que je fis voir
à l'esclave avant qu'il s'en servît. Celle-ci répéta *aioua,*
et du haut de la galerie elle regarda, bien que voilée, le
manège du chevrier.

Tout cela était simple comme l'idylle, et je trouvai très
naturel qu'elle lui adressât ces deux mots : *Talé bouckra ;*
je compris qu'elle l'engageait sans doute à revenir le
lendemain. Quand la tasse fut pleine, le chevrier me
regarda d'un air sauvage en criant : *At foulouz!* J'avais

assez cultivé les âniers pour savoir que cela voulait dire : Donne de l'argent. Quand je l'eus payé, il cria encore *bakchis!* autre expression favorite de l'Égyptien, qui réclame à tout propos le pourboire. Je lui répondis : *Talé bouckra!* comme avait dit l'esclave. Il s'éloigna satisfait. Voilà comme on apprend les langues peu à peu.

Elle se contenta de boire son lait sans y vouloir mettre du pain ; toutefois, ce léger repas me rassura un peu ; je craignais qu'elle ne fût de cette race javanaise qui se nourrit d'une sorte de terre grasse, qu'on n'aurait peut-être pas pu se procurer au Caire. Ensuite j'envoyai chercher des ânes et je fis signe à l'esclave de prendre son vêtement de dessus *(milayeh)*. Elle regarda avec un certain dédain ce tissu de coton quadrillé, qui est pourtant fort bien porté au Caire, et me dit : *An' aouss habbarah* [139] !

Comme on s'instruit ! Je compris qu'elle espérait porter de la soie au lieu de coton, le vêtement des grandes dames au lieu de celui des simples bourgeoises, et je lui dis : *Lah! lah!* en secouant la main et hochant la tête à la manière des Égyptiens.

V. L'AIMABLE INTERPRÈTE

Je n'avais envie ni d'aller acheter un habbarah ni de faire une simple promenade ; il m'était venu à l'idée qu'en prenant un abonnement au cabinet de lecture français, la gracieuse madame Bonhomme voudrait bien me servir de truchement pour une première explication avec ma jeune captive. Je n'avais vu encore madame Bonhomme que dans la fameuse représentation d'amateurs qui avait inauguré la saison au *Teatro del Cairo* ; mais le vaudeville qu'elle avait joué lui prêtait à mes yeux les qualités d'une excellente et obligeante personne. Le théâtre a cela de particulier, qu'il vous donne l'illusion de connaître parfaitement une inconnue. De là les grandes passions qu'inspirent les actrices, tandis qu'on ne

s'éprend guère, en général, des femmes qu'on n'a fait
que voir de loin [140].

Si l'actrice a ce privilège d'exposer à tous un idéal que
l'imagination de chacun interprète et réalise à son gré,
pourquoi ne pas reconnaître chez une jolie, et, si vous
voulez même, une vertueuse marchande, cette fonction
généralement bienveillante, et pour ainsi dire initiatrice,
qui ouvre à l'étranger des relations utiles et charmantes?

On sait à quel point le bon Yorick, inconnu, inquiet,
perdu dans le grand tumulte de la vie parisienne, fut ravi
de trouver accueil chez une aimable et complaisante gan-
tière [141]; mais combien une telle rencontre n'est-elle pas
plus utile encore dans une ville d'Orient!

Madame Bonhomme accepta avec toute la grâce et
toute la patience possibles le rôle d'interprète entre l'esclave et moi. Il y avait du monde dans la salle de lecture,
de sorte qu'elle nous fit entrer dans un magasin d'articles
de toilette et d'assortiment, qui était joint à la librairie.
Au quartier franc, tout commerçant vend de tout. Pendant
que l'esclave étonnée examinait avec ravissement les
merveilles du luxe européen, j'expliquais ma position à
madame Bonhomme, qui, du reste, avait elle-même une
esclave noire à laquelle de temps en temps je l'entendais
donner des ordres en arabe.

Mon récit l'intéressa; je la priai de demander à l'esclave si elle était contente de m'appartenir. «Aioua!»
répondit celle-ci. A cette réponse affirmative, elle ajouta
qu'elle serait bien contente d'être vêtue comme une Européenne. Cette prétention fit sourire madame Bonhomme, qui alla chercher un bonnet de tulle à rubans et
l'ajusta sur sa tête. Je dois avouer que cela ne lui allait pas
très bien; la blancheur du bonnet lui donnait l'air malade.
«Mon enfant, lui dit madame Bonhomme, il faut rester
comme tu es; le tarbouch te sied beaucoup mieux.» Et,
comme l'esclave renonçait au bonnet avec peine, elle lui
alla chercher un *taktikos* de femme grecque festonné d'or,
qui, cette fois, était du meilleur effet. Je vis bien qu'il y
avait là une légère intention de pousser à la vente; mais le
prix était modéré, malgré l'exquise délicatesse du travail.

Certain désormais d'une double bienveillance, je

me fis raconter en détail les aventures de cette pauvre fille. Cela ressemblait à toutes les histoires d'esclaves possibles, à l'Andrienne de Térence, à mademoiselle Aïssé [142]... Il est bien entendu que je ne me flattais pas d'obtenir la vérité complète. Issue de nobles parents, enlevée toute petite au bord de la mer, chose qui serait invraisemblable aujourd'hui dans la Méditerranée, mais qui reste probable au point de vue des mers du Sud... Et d'ailleurs, d'où serait-elle venue ? Il n'y avait pas à douter de son origine malaise. Les sujets de l'empire ottoman ne peuvent être vendus sous aucun prétexte. Tout ce qui n'est pas blanc ou noir, en fait d'esclaves, ne peut donc appartenir qu'à l'Abyssinie ou à l'archipel indien.

Elle avait été vendue à un cheik très vieux du territoire de La Mecque. Ce cheik étant mort, des marchands de la caravane l'avaient emmenée et exposée en vente au Caire.

Tout cela était fort naturel, et je fus heureux de croire en effet qu'elle n'avait pas eu d'autre possesseur avant moi que ce vénérable cheik glacé par l'âge. «Elle a bien dix-huit ans, me dit madame Bonhomme, mais elle est très forte, et vous l'auriez payée plus cher, si elle n'était pas d'une race qu'on voit rarement ici. Les Turcs sont gens d'habitude, il leur faut des Abyssiniennes ou des noires ; soyez sûr qu'on l'a promenée de ville en ville sans pouvoir s'en défaire.

— Eh bien ! dis-je, c'est donc que le sort voulait que je passasse là. Il m'était réservé d'influer sur sa bonne ou mauvaise fortune. »

Cette manière de voir, en rapport avec la fatalité orientale, fut transmise à l'esclave, et me valut son assentiment.

Je lui fis demander pourquoi elle n'avait pas voulu manger le matin et si elle était de la religion hindoue. «Non, elle est musulmane, me dit madame Bonhomme après lui avoir parlé ; elle n'a pas mangé aujourd'hui, parce que c'est jour de jeûne jusqu'au coucher du soleil. »

Je regrettai qu'elle n'appartînt pas au culte brahmanique pour lequel j'ai toujours eu un faible ; quant au langage, elle s'exprimait dans l'arabe le plus pur, et n'avait conservé de sa langue primitive que le souvenir de quelques chansons ou *pantouns*, que je me promis de lui faire répéter.

« Maintenant, me dit madame Bonhomme, comment ferez-vous pour vous entretenir avec elle ?

— Madame, lui dis-je, je sais déjà un mot avec lequel on se montre content de tout ; indiquez-m'en seulement un autre qui exprime le contraire. Mon intelligence suppléera au reste, en attendant que je m'instruise mieux.

— Est-ce que vous en êtes déjà au chapitre des refus ? me dit-elle.

— J'ai de l'expérience, répondis-je, il faut tout prévoir.

— Hélas ! me dit tout bas madame Bonhomme, ce terrible mot, le voilà : « *Mafisch !* » cela comprend toutes les négations possibles. »

Alors je me souvins que l'esclave l'avait déjà prononcé avec moi.

VI. L'ILE DE RODDAH

Le consul général m'avait invité à faire une excursion dans les environs du Caire. Ce n'était pas une offre à négliger, les consuls jouissant de privilèges et de facilités sans nombre pour tout visiter commodément. J'avais en outre l'avantage, dans cette promenade, de pouvoir disposer d'une voiture européenne, chose rare dans le Levant. Une voiture au Caire est un luxe d'autant plus beau, qu'il est impossible de s'en servir pour circuler dans la ville ; les souverains et leurs représentants auraient seuls le droit d'écraser les hommes et les chiens dans les rues, si l'étroitesse et la forme tortueuse de ces dernières leur permettaient d'en profiter. Mais le pacha lui-même est obligé de tenir ses remises près des portes, et ne peut se faire voiturer qu'à ses diverses maisons de campagne ; alors rien n'est plus curieux que de voir un coupé ou une calèche du dernier goût de Paris ou de Londres portant sur le siège un cocher à turban, qui tient d'une main son fouet et de l'autre sa longue pipe de cerisier.

Je reçus donc un jour la visite d'un janissaire du consulat, qui frappa de grands coups à la porte avec sa grosse canne à pomme d'argent, pour me faire honneur dans le quartier. Il me dit que j'étais attendu au consulat pour l'excursion convenue. Nous devions partir le lendemain au point du jour ; mais le consul ne savait pas que, depuis sa première invitation, mon logis de garçon était devenu un ménage, et je me demandais ce que je ferais de mon aimable compagne pendant une absence d'un jour entier. La mener avec moi eût été indiscret ; la laisser seule avec le cuisinier et le portier était manquer à la prudence la plus vulgaire. Cela m'embarrassa beaucoup. Enfin je songeai qu'il fallait ou se résoudre à acheter des eunuques, ou se confier à quelqu'un. Je la fis monter sur un âne, et nous nous arrêtâmes bientôt devant la boutique de M. Jean. Je demandai à l'ancien mamelouk s'il ne connaissait pas quelque famille honnête à laquelle je pusse confier l'esclave pour un jour. M. Jean, homme de ressources, m'indiqua un vieux Cophte, nommé Mansour, qui, ayant servi plusieurs années dans l'armée française, était digne de confiance sous tous les rapports.

Mansour avait été mamelouk comme M. Jean, mais des mamelouks de l'armée française. Ces derniers, comme il me l'apprit, se composaient principalement de Cophtes qui, lors de la retraite de l'expédition d'Égypte, avaient suivi nos soldats. Le pauvre Mansour, avec plusieurs de ses camarades, fut jeté à l'eau à Marseille, par la populace pour avoir soutenu le parti de l'empereur au retour des Bourbons ; mais, en véritable enfant du Nil, il parvint à se sauver à la nage et à gagner un autre point de la côte.

Nous nous rendîmes chez ce brave homme, qui vivait avec sa femme dans une vaste maison à moitié écroulée : les plafonds faisaient ventre et menaçaient la tête des habitants ; la menuiserie découpée des fenêtres s'ouvrait par places comme une guipure déchirée. Des restes de meubles et des haillons paraient seuls l'antique demeure, où la poussière et le soleil causaient une impression aussi morne que peuvent le faire la pluie et la boue pénétrant dans les plus pauvres réduits de nos villes. J'eus le cœur serré en songeant que la plus grande partie de la population du Caire habitait ainsi des maisons que les rats avaient abandonnées déjà comme peu sûres. Je n'eus pas un instant l'idée d'y laisser l'esclave, mais je priai le vieux Cophte et sa femme de venir chez moi. Je leur promettais de les prendre à mon service, quitte à renvoyer l'un ou l'autre de mes serviteurs actuels. Du reste, à une piastre et demie, ou 40 centimes par tête et par jour, il n'y avait pas encore de prodigalité.

Ayant ainsi assuré la tranquillité de mon intérieur et opposé, comme les tyrans habiles, une nation fidèle à deux peuples douteux qui auraient pu s'entendre contre moi, je ne vis aucune difficulté à me rendre chez le consul. Sa voiture attendait à la porte, bourrée de comestibles, avec deux janissaires à cheval pour nous accompagner. Il y avait avec nous, outre le secrétaire de légation, un grave personnage en costume oriental, nommé le cheik Abou-Khaled, que le consul avait invité pour nous donner des explications ; il parlait facilement l'italien, et passait pour un poète des plus élégants et des plus instruits dans la littérature arabe.

« C'est tout à fait, me dit le consul, un homme du temps passé. La *réforme* [143] lui est odieuse, et pourtant il est difficile de voir un esprit plus tolérant. Il appartient à cette génération d'Arabes philosophes, *voltairiens* même pour ainsi dire, toute particulière à l'Égypte, et qui ne fut pas hostile à la domination française. »

Je demandai au cheik s'il y avait, outre lui, beaucoup de poètes au Caire. « Hélas ! dit-il, nous ne vivons plus au temps où, pour une belle pièce de vers, le souverain ordonnait qu'on remplît de sequins la bouche du poète, tant qu'elle en pouvait tenir. Aujourd'hui nous sommes seulement des bouches inutiles. A quoi servirait la poésie, sinon pour amuser le bas peuple dans les carrefours ?

— Et pourquoi, dis-je, le peuple ne serait-il pas lui-même un souverain généreux ?

— Il est trop pauvre, répondit le cheik, et d'ailleurs son ignorance est devenue telle, qu'il n'apprécie plus que

les romans délayés sans art et sans souci de la pureté du
style. Il suffit d'amuser les habitués d'un café par des
aventures sanglantes ou graveleuses. Puis, à l'endroit le
plus intéressant, le narrateur s'arrête, et dit qu'il ne conti-
nuera pas l'histoire qu'on ne lui ai donné telle somme ;
mais il rejette toujours le dénouement au lendemain, et
cela dure des semaines entières.

— Eh mais ! lui dis-je, tout cela est comme chez nous !

— Quant aux illustres poèmes d'Antar ou d'Abou-
Zeyd [144], continua le cheik, on ne veut plus les écouter
que dans les fêtes religieuses et par habitude. Est-il même
sûr que beaucoup en comprennent les beautés ? Les gens
de notre temps savent à peine lire. Qui croirait que les
plus savants, entre ceux qui connaissent l'arabe littéraire,
sont aujourd'hui deux Français ?

— Il veut parler, me dit le consul, du docteur Perron et
de M. Fresnel, consul de Djedda [145]. Vous avez pourtant,
ajouta-t-il en se tournant vers le cheik, beaucoup de saints
ulémas à barbe blanche qui passent tout leur temps dans
les bibliothèques des mosquées ?

— Est-ce apprendre, dit le cheik, que de rester toute sa
vie, en fumant son narghilé, à relire un petit nombre des
mêmes livres, sous prétexte que rien n'est plus beau et
que la doctrine en est supérieure à toutes choses ? Autant
vaut renoncer à notre passé glorieux et ouvrir nos esprits à
la science des Francs... qui cependant ont tout appris de
nous ! »

Nous avions quitté l'enceinte de la ville, laissé à droite
Boulac et les riantes villas qui l'entourent, et nous rou-
lions dans une avenue large et ombragée, tracée au milieu
des cultures, qui traverse un vaste terrain cultivé, appartenant à Ibrahim [146]. C'est lui qui a fait planter de dattiers, de mûriers et de *figuiers de Pharaon* toute cette
plaine autrefois stérile, qui aujourd'hui semble un jardin.
De grands bâtiments servant de fabriques occupent le
centre de ces cultures à peu de distance du Nil. En les
dépassant et tournant à droite, nous nous trouvâmes devant une arcade par où l'on descend au fleuve pour se
rendre à l'île de Roddah [147].

Le bras du Nil semble en cet endroit une petite rivière

qui coule parmi les kiosques et les jardins. Des roseaux touffus bordent la rive, et la tradition indique ce point comme étant celui où la fille de Pharaon trouva le berceau de Moïse. En se tournant vers le sud, on aperçoit à droite le port du vieux Caire, à gauche les bâtiments du *Mekkias* ou *Nilomètre* [148], entremêlés de minarets et de coupoles, qui forment la pointe de l'île.

Cette dernière n'est pas seulement une délicieuse résidence princière, elle est devenue aussi, grâce aux soins d'Ibrahim, le *jardin des plantes* du Caire. On peut penser que c'est justement l'inverse du nôtre ; au lieu de concentrer la chaleur par des serres, il faudrait créer là des pluies, des froids et des brouillards artificiels pour conserver les plantes de notre Europe. Le fait est que, de tous nos arbres, on n'a pu élever encore qu'un pauvre petit chêne, qui ne donne pas même de gland. Ibrahim a été plus heureux dans la culture des plantes de l'Inde. C'est une tout autre végétation que celle de l'Égypte, et qui se montre frileuse déjà dans cette latitude. Nous nous promenâmes avec ravissement sous l'ombrage des tamarins et des baobabs ; des cocotiers à la tige élancée secouaient çà et là leur feuillage découpé comme la fougère ; mais à travers mille végétations étranges j'ai distingué, comme infiniment gracieuses, des allées de bambous formant rideau comme nos peupliers ; une petite rivière serpentait parmi les gazons, où des paons et des flamants roses brillaient au milieu d'une foule d'oiseaux privés. De temps en temps, nous nous reposions à l'ombre d'une espèce de saule pleureur, dont le tronc élevé, droit comme un mât, répand autour de lui des nappes de feuillage fort épaisses ; on croit être ainsi dans une tente de soie verte, inondée d'une douce lumière.

Nous nous arrachâmes avec peine à cet horizon magique, à cette fraîcheur, à ces senteurs pénétrantes d'une autre partie du monde, où il semblait que nous fussions transportés par miracle ; mais, en marchant au nord de l'île, nous ne tardâmes pas à rencontrer toute une nature différente, destinée sans doute à compléter la gamme des végétations tropicales. Au milieu d'un bois composé de ces arbres à fleurs qui semblent des bouquets gigantesques, par des chemins étroits, cachés sous des voûtes de lianes, on arrive à une sorte de labyrinthe qui gravit des rochers factices, surmontés d'un belvédère. Entre les pierres, au bord des sentiers, sur votre tête, à vos pieds, se tordent, s'enlacent, se hérissent et grimacent les plus étranges reptiles du monde végétal. On n'est pas sans inquiétude en mettant le pied dans ces repaires de serpents et d'hydres endormis, parmi ces végétations presque vivantes, dont quelques-unes parodient les membres humains et rappellent la monstrueuse conformation des dieux-polypes de l'Inde.

Arrivé au sommet, je fus frappé d'admiration en apercevant dans tout leur développement, au-dessus de Gizeh qui borde l'autre côté du fleuve, les trois pyramides nettement découpées dans l'azur du ciel. Je ne les avais jamais si bien vues, et la transparence de l'air permettait, quoiqu'à une distance de trois lieues, d'en distinguer tous les détails.

Je ne suis pas de l'avis de Voltaire, qui prétend que les pyramides de l'Égypte sont loin de valoir ses fours à poulets [149]; il ne m'était pas indifférent non plus d'être contemplés par quarante siècles; mais c'est au point de vue des souvenirs du Caire et des idées arabes qu'un tel spectacle m'intéressait dans ce moment-là, et je me hâtai de demander au cheik, notre compagnon, ce qu'il pensait des quatre mille ans attribués à ces monuments par la science européenne.

Le vieillard prit place sur le divan de bois du kiosque, et nous dit [150] :

« Quelques auteurs pensent que les pyramides ont été bâties par le roi *préadamite* Gian-ben-Gian [151]; mais, à en croire une tradition plus répandue chez nous, il existait, trois cents ans avant le déluge, un roi nommé Saurid, fils de Salahoc, qui songea une nuit que tout se renversait sur la terre, les hommes tombant sur leur visage et les maisons sur les hommes; les astres s'entrechoquaient dans le ciel, et leurs débris couvraient le sol à une grande hauteur. Le roi s'éveilla tout épouvanté, entra dans le temple du Soleil, et resta longtemps à baigner ses joues et à pleurer; ensuite il convoqua les prêtres et les devins. Le prêtre Akliman, le plus savant d'entre eux, lui déclara qu'il avait fait lui-même un rêve semblable. « J'ai songé, dit-il, que j'étais avec vous sur une montagne, et que je voyais le ciel abaissé au point qu'il approchait du sommet de nos têtes, et que le peuple courait à vous en foule comme à son refuge ; qu'alors vous élevâtes les mains au-dessus de vous et tâchiez de repousser le ciel pour l'empêcher de s'abaisser davantage, et que moi, vous voyant agir, je faisais aussi de même. En ce moment, une voix sortit du soleil qui nous dit : « Le ciel retournera en sa place ordinaire lorsque j'aurai fait trois cents tours ». Le prêtre ayant parlé ainsi, le roi Saurid fit *prendre les hauteurs* des astres et rechercher quel accident ils promettaient. On calcula qu'il devait y avoir d'abord un déluge d'eau et plus tard un déluge de feu. Ce fut alors que le roi fit construire les pyramides dans cette forme angulaire propre à soutenir même le choc des astres, et poser ces pierres énormes, reliées par des pivots de fer et taillées avec une précision telle, que ni le feu du ciel ni le déluge ne pouvaient certes les pénétrer. Là devaient se réfugier au besoin le roi et les grands du royaume, avec les livres et images des sciences, les talismans et tout ce qu'il importait de conserver pour l'avenir de la race humaine. »

J'écoutais cette légende avec grande attention, et je dis au consul qu'elle me semblait beaucoup plus satisfaisante que la supposition acceptée en Europe, que ces monstrueuses constructions auraient été seulement des tombeaux.

« Mais, dit-il, comment les gens réfugiés dans les salles des pyramides auraient-ils pu respirer ?

— On y voit encore, reprit le cheik, des puits et des canaux qui se perdent sous la terre. Certains d'entre eux communiquaient avec les eaux du Nil, d'autres correspondaient à de vastes grottes souterraines ; les eaux entraient par des conduits étroits, puis ressortaient plus loin, formant d'immenses cataractes, et remuant l'air continuellement avec un bruit effroyable. »

Le consul, homme positif, n'accueillait ces traditions qu'avec un sourire ; il avait profité de notre halte dans le kiosque pour faire disposer sur une table les provisions apportées dans sa voiture, et les *bostangis* d'Ibrahim-Pacha venaient nous offrir en outre des fleurs et des fruits rares, propres à compléter nos sensations asiatiques.

En Afrique, on rêve l'Inde comme en Europe on rêve l'Afrique; l'idéal rayonne toujours au-delà de notre horizon actuel. Pour moi, je questionnais encore avec avidité notre bon cheik, et je lui faisais raconter tous les récits fabuleux de ses pères. Je croyais avec lui au roi Saurid plus fermement qu'au Chéops des Grecs, à leur Chéphren et à leur Mycérinus.

« Et qu'a-t-on trouvé, lui disais-je, dans les pyramides lorsqu'on les ouvrit la première fois sous les sultans arabes?

— On trouva, dit-il, les statues et les talismans que le roi Saurid avait établis pour la garde de chacune. La garde de la pyramide orientale était une idole d'écaille noire et blanche, assise sur un trône d'or, et tenant une lance qu'on ne pouvait regarder sans mourir. L'esprit attaché à cette idole était une femme belle et rieuse, qui apparaît encore de notre temps et fait perdre l'esprit à ceux qui la rencontrent. Le garde de la pyramide occidentale était une idole de pierre rouge, armée aussi d'une lance, ayant sur la tête un serpent entortillé; l'esprit qui le servait avait la forme d'un vieillard nubien, portant un panier sur sa tête et dans ses mains un encensoir. Quant à la troisième pyramide, elle avait pour garde une petite idole de basalte, avec le socle de même, qui attirait à elle tous ceux qui la regardaient, sans qu'ils pussent s'en détacher. L'esprit apparaît encore sous la forme d'un jeune homme sans barbe et nu. Quant aux autres pyramides de Saccarah, chacune aussi a son spectre: l'un est un vieillard basané et noirâtre, avec la barbe courte; l'autre est une jeune femme noire, avec un enfant noir, qui, lorsqu'on la regarde, montre de longues dents blanches et des yeux blancs; un autre a la tête d'un lion avec des cornes; un autre a l'air d'un berger vêtu de noir, tenant un bâton; un autre enfin apparaît sous la forme d'un religieux qui sort de la mer et qui se mire dans ses eaux. Il est dangereux de rencontrer ces fantômes à l'heure de midi.

— Ainsi, dis-je, l'Orient a les spectres du jour comme
nous avons ceux de la nuit.

— C'est qu'en effet, observa le consul, tout le monde
doit dormir à midi dans ces contrées, et ce bon cheik nous
fait des contes propres à appeler le sommeil.

— Mais, m'écriai-je, tout cela est-il plus extraordinaire que tant de choses naturelles qu'il nous est impossible d'expliquer? Puisque nous croyons bien à la création,
aux anges, au déluge, et que nous ne pouvons douter de la
marche des astres, pourquoi n'admettrions-nous pas qu'à
ces astres sont attachés des esprits, et que les premiers
hommes ont pu se mettre en rapport avec eux par le culte
et par les monuments?

— Tel était en effet le but de la magie primitive, dit le
cheik; ces talismans et ces figures ne prenaient force que
de leur consécration à chacune des planètes et des signes
combinés avec leur lever et leur déclin. Le prince des
prêtres s'appelait Kater, c'est-à-dire maître des influences. Au-dessous de lui, chaque prêtre avait un astre à
servir seul, comme *Pharouïs* (Saturne), *Rhaouïs* (Jupiter)
et les autres.

« Aussi chaque matin le Kater disait-il à un prêtre : « Où
est à présent l'astre que tu sers ?» Celui-ci répondait : « Il
est en tel signe, tel degré, telle minute » ; et, d'après un
calcul préparé, l'on écrivait ce qu'il était à propos de faire
ce jour-là. La première pyramide avait donc été réservée
aux princes et à leur famille ; la seconde dut renfermer les
idoles des astres et les tabernacles des corps célestes,
ainsi que les livres d'astrologie, d'histoire et de science ;
là aussi les prêtres devaient trouver refuge. Quant à la
troisième, elle n'était destinée qu'à la conservation des
cercueils de rois et de prêtres, et comme elle se trouva
bientôt insuffisante, on fit construire les pyramides de
Saccarah et de Daschour. Le but de la solidité employée
dans les constructions était d'empêcher la destruction des
corps embaumés, qui, selon les idées du temps, devaient
renaître au bout d'une certaine révolution des astres dont
on ne précise pas au juste l'époque.

— En admettant cette donnée, dit le consul, il y aura
des momies qui seront bien étonnées un jour de se réveil-

ler sous un vitrage de musée ou dans le cabinet de curiosités d'un Anglais.

— Au fond, observai-je, ce sont de vraies chrysalides
humaines dont le papillon n'est pas encore sorti. Qui nous
dit qu'il n'éclora pas quelque jour? J'ai toujours regardé
comme impies la mise à nu et la dissection des momies de
ces pauvres Égyptiens. Comment cette foi consolante et
invincible de tant de générations accumulées n'a-t-elle
pas désarmé la sotte curiosité européenne? Nous respectons les morts d'hier, mais les morts ont-ils un âge?

— C'étaient des infidèles, dit le cheik.

— Hélas! dis-je, à cette époque ni Mahomet ni Jésus
n'étaient nés. »

Nous discutâmes quelque temps sur ce point, où je
m'étonnais de voir un musulman imiter l'intolérance
catholique. Pourquoi les enfants d'Israël maudiraient-ils
l'antique Égypte, qui n'a réduit en esclavage que la race
d'Isaac? A vrai dire, pourtant, les musulmans respectent
en général les tombeaux et les monuments sacrés des
divers peuples, et l'espoir seul de trouver d'immenses
trésors engagea un calife à faire ouvrir les pyramides.
Leurs chroniques rapportent qu'on trouva dans la salle
dite du Roi une statue d'homme de pierre noire et une
statue de femme de pierre blanche debout sur une table,
l'un tenant une lance et l'autre un arc. Au milieu de la
table était un vase hermétiquement fermé, qui, lorsqu'on
l'ouvrit, se trouva plein de sang encore frais. Il y avait
aussi un coq d'or rouge émaillé d'hyacinthes qui fit un cri
et battit des ailes lorsqu'on entra. Tout cela rentre un peu
dans les *Mille et Une Nuits;* mais qui empêche de croire
que ces chambres aient contenu des talismans et des
figures cabalistiques? Ce qui est certain, c'est que les
modernes n'y ont pas trouvé d'autres ossements que ceux
d'un bœuf. Le prétendu sarcophage de la chambre du roi
était sans doute une cuve pour l'eau lustrale. D'ailleurs,
n'est-il pas plus absurde, comme l'a remarqué Volney, de
supposer qu'on ait entassé tant de pierres pour y loger un
cadavre de cinq pieds?

VII. Le harem du vice-roi

Nous reprîmes bientôt notre promenade, et nous allâmes visiter un charmant palais orné de rocailles où les femmes du vice-roi viennent habiter quelquefois l'été. Des parterres à la turque, représentant les dessins d'un tapis, entourent cette résidence, où l'on nous laissa pénétrer sans difficulté. Les oiseaux manquaient à la cage, et il n'y avait de vivant dans les salles que des pendules à musique qui annonçaient chaque quart d'heure par un petit air de serinette tiré des opéras français. La distribution d'un harem est la même dans tous les palais turcs, et j'en avais déjà vu plusieurs. Ce sont toujours de petits cabinets entourant de grandes salles de réunion, avec des divans partout, et pour tous meubles de petites tables incrustées d'écaille; des enfoncements découpés en ogives çà et là dans la boiserie servent à serrer les narghilés, vases de fleurs et tasses à café. Trois ou quatre chambres seulement, décorées à l'européenne, contiennent quelques meubles de pacotille qui feraient l'orgueil d'une loge de portier; mais ce sont des sacrifices au progrès, des caprices de favorite peut-être, et aucune de ces choses n'est pour elles d'un usage sérieux.

Mais ce qui surtout manque en général aux harems les plus princiers, ce sont des lits.

« Où couchent donc, disais-je au cheik, ces femmes et leurs esclaves ?

— Sur les divans.

— Et n'ont-elles pas de couvertures ?

— Elles dorment tout habillées. Cependant il y a des couvertures de laine ou de soie pour l'hiver.

— Je ne vois pas dans tout cela quelle est la place du mari ?

— Eh bien ! mais le mari couche dans sa chambre, les femmes dans les leurs, et les esclaves *(odaleuk)* sur les divans des grandes salles. Si les divans et les coussins ne semblent pas commodes pour dormir, on fait disposer des matelas dans le milieu de la chambre, et l'on dort ainsi.

— Tout habillé ?

— Toujours, mais en ne conservant que les vêtements les plus simples, le pantalon, une veste, une robe. La loi défend aux hommes, ainsi qu'aux femmes, de se découvrir les uns devant les autres à partir de la gorge. Le privilège du mari est de voir librement la figure de ses épouses ; si la curiosité l'entraîne plus loin, ses yeux sont maudits : c'est un texte formel.

— Je comprends alors, dis-je, que le mari ne tienne pas absolument à passer la nuit dans une chambre remplie de femmes habillées, et qu'il aime autant dormir dans la sienne ; mais s'il emmène avec lui deux ou trois de ces dames...

— Deux ou trois ! s'écria le cheik avec indignation ; quels chiens croyez-vous que seraient ceux qui agiraient ainsi ? Dieu vivant ! est-il une seule femme, même infidèle, qui consentirait à partager avec une autre l'honneur de dormir près de son mari ? Est-ce ainsi que l'on fait en Europe ?

— En Europe ! répondis-je ; non, certainement ; mais les chrétiens n'ont qu'une femme, et ils supposent que les Turcs, en ayant plusieurs, vivent avec elles comme avec une seule.

— S'il y avait, me dit le cheik, des musulmans assez dépravés pour agir comme le supposent les chrétiens, leurs épouses légitimes demanderaient aussitôt le divorce, et les esclaves elles-mêmes auraient le droit de les quitter.

— Voyez, dis-je au consul, quelle est encore l'erreur de l'Europe touchant les coutumes de ces peuples. La vie des Turcs est pour nous l'idéal de la puissance et du plaisir, et je vois qu'ils ne sont pas seulement maîtres chez eux.

— Presque tous, me répondit le consul, ne vivent en réalité qu'avec une seule femme. Les filles de bonne maison en font presque toujours une condition de leur alliance. L'homme assez riche pour nourrir et entretenir convenablement plusieurs femmes, c'est-à-dire donner à chacune un logement à part, une servante et deux vêtements complets par année, ainsi que tous les mois une somme fixée pour son entretien, peut, il est vrai, prendre jusqu'à quatre épouses ; mais la loi l'oblige à consacrer à chacune un jour de la semaine, ce qui n'est pas toujours fort agréable. Songez aussi que les intrigues de quatre femmes, à peu près égales en droits, lui feraient l'existence la plus malheureuse, si ce n'était un homme très riche et très haut placé. Chez ces derniers, le nombre des femmes est un luxe comme celui des chevaux ; mais ils aiment mieux, en général, se borner à une épouse légitime et avoir de belles esclaves, avec lesquelles encore ils n'ont pas toujours les relations les plus faciles, surtout si leurs femmes sont d'une grande famille.

— Pauvres Turcs ! m'écriai-je, comme on les calomnie ! Mais s'il s'agit simplement d'avoir çà et là des maîtresses, tout homme riche en Europe a les mêmes facilités.

— Ils en ont de plus grandes, me dit le consul. En Europe, les institutions sont farouches sur ces points-là ; mais les mœurs prennent bien leur revanche. Ici, la religion, qui règle tout, domine à la fois l'ordre social et l'ordre moral, et, comme elle ne commande rien d'impossible, on se fait un point d'honneur de l'observer. Ce n'est pas qu'il n'y ait des exceptions ; cependant elles sont rares, et n'ont guère pu se produire que depuis la réforme. Les dévots de Constantinople furent indignés contre Mahmoud, parce qu'on apprit qu'il avait fait construire une salle de bains magnifique où il pouvait assister à la toilette de ses femmes ; mais la chose est très peu probable, et ce n'est sans doute qu'une invention des Européens. »

Nous parcourions, causant ainsi, les sentiers pavés de cailloux ovales formant des dessins blancs et noirs et ceints d'une haute bordure de buis taillé ; je voyais en idée les blanches cadines se disperser dans les allées, traîner leurs babouches sur le pavé de mosaïque, et s'assembler dans les cabinets de verdure où de grands ifs se découpaient en balustres et en arcades ; des colombes s'y posaient parfois comme les âmes plaintives de cette solitude...

Nous retournâmes au Caire après avoir visité le bâtiment du Nilomètre, où un pilier gradué, anciennement consacré à Sérapis, plonge dans un bassin profond et sert à constater la hauteur des inondations de chaque année. Le consul voulut nous mener encore au cimetière de la famille du pacha. Voir le cimetière après le harem, c'était une triste comparaison à faire ; mais, en effet, la critique de la polygamie est là. Ce cimetière, consacré aux seuls enfants de cette famille, a l'air d'être celui d'une ville. Il y a là plus de soixante tombes, grandes et petites, neuves pour la plupart, et composées de cippes de marbre blanc. Chacun de ces cippes est surmonté soit d'un turban, soit d'une coiffure de femme, ce qui donne à toutes les tombes turques un caractère de réalité funèbre ; il semble que l'on marche à travers une foule pétrifiée. Les plus importants de ces tombeaux sont drapés de riches étoffes et portent des turbans de soie et de cachemire : là l'illusion est plus poignante encore.

Il est consolant de penser que, malgré toutes ces pertes, la famille du pacha est encore assez nombreuse. Du reste, la mortalité des enfants turcs en Égypte paraît un fait aussi ancien qu'incontestable. Ces fameux mamelouks, qui dominèrent le pays si longtemps, et qui y faisaient venir les plus belles femmes du monde, n'ont pas laissé un seul rejeton.

VIII. Les mystères du harem

Je méditais sur ce que j'avais entendu.

Voilà donc une illusion qu'il faut perdre encore, les délices du harem, la toute-puissance du mari ou du maître, des femmes charmantes s'unissant pour faire le bonheur d'un seul : la religion ou les coutumes tempèrent singulièrement cet idéal, qui a séduit tant d'Européens. Tous ceux qui, sur la foi de nos préjugés, avaient compris ainsi la vie orientale, se sont vus découragés en bien peu de temps. La plupart des Francs entrés jadis au service du pacha, qui, par une raison d'intérêt ou de plaisir, ont embrassé l'islamisme, sont rentrés aujourd'hui, sinon dans le giron de l'Église, au moins dans les douceurs de la monogamie chrétienne.

Pénétrons-nous bien de cette idée, que la femme mariée, dans tout l'empire turc, a les mêmes privilèges que chez nous, et qu'elle peut même empêcher son mari de prendre une seconde femme, en faisant de ce point une clause de son contrat de mariage. Et, si elle consent à habiter la même maison qu'une autre femme, elle a le droit de vivre à part, et ne concourt nullement, comme on le croit, à former des tableaux gracieux avec les esclaves sous l'œil d'un maître et d'un époux. Gardons-nous de penser que ces belles dames consentent même à chanter ou à danser pour divertir leur seigneur. Ce sont des talents qui leur paraissent indignes d'une femme honnête ; mais chacun a le droit de faire venir dans son harem des almées et des ghawasies, et d'en donner le divertissement à ses femmes. Il faut aussi que le maître d'un sérail se garde bien de se préoccuper des esclaves qu'il a données à ses épouses, car elles sont devenues leur propriété personnelle ; et s'il lui plaisait d'en acquérir pour son usage, il ferait sagement de les établir dans une autre maison, bien que rien ne l'empêche d'user de ce moyen d'augmenter sa postérité.

Maintenant il faut qu'on sacher aussi que, chaque maison étant divisée en deux parties tout à fait séparées, l'une consacrée aux hommes et l'autre aux femmes, il y a bien un maître d'un côté, mais de l'autre une maîtresse. Cette dernière est la mère ou la belle-mère, ou l'épouse la plus ancienne ou celle qui a donné le jour à l'aîné des enfants. La première femme s'appelle *la grande dame,* et la seconde *le perroquet (durrah).* Dans le cas où les femmes sont nombreuses, ce qui n'existe que pour les grands, le harem est une sorte de couvent où domine une règle austère. On s'y occupe principalement d'élever les enfants, de faire quelques broderies et de diriger les esclaves dans les travaux du ménage. La visite du mari se fait en cérémonie, ainsi que celle des proches parents, et, comme il ne mange pas avec ses femmes, tout ce qu'il peut faire pour passer le temps est de fumer gravement son narghilé et de prendre du café ou des sorbets. Il est d'usage qu'il se fasse annoncer quelque temps à l'avance. De plus, s'il trouve des pantoufles à la porte du harem, il se garde bien d'entrer, car c'est signe que sa femme ou ses femmes reçoivent la visite de leurs amies, et les amies restent souvent un ou deux jours.

Pour ce qui est de la liberté de sortir et de faire des visites, on ne peut guère la contester à une femme de naissance libre. Le droit du mari se borne à la faire accompagner par des esclaves; mais cela est insignifiant comme précaution, à cause de la facilité qu'elles auraient de les gagner ou de sortir sous un déguisement, soit du bain, soit de la maison d'une de leurs amies, tandis que les surveillants attendraient à la porte. Le masque et l'uniformité des vêtements leur donneraient en réalité plus de liberté qu'aux Européennes, si elles étaient disposées aux intrigues. Les contes joyeux narrés le soir dans les cafés roulent souvent sur des aventures d'amants qui se déguisent en femmes pour pénétrer dans un harem. Rien n'est plus aisé, en effet; seulement il faut dire que ceci appartient plus à l'imagination arabe qu'aux mœurs turques, qui dominent dans tout l'Orient depuis deux siècles. Ajoutons encore que le musulman n'est point porté à l'adultère, et trouverait révoltant de posséder une femme qui ne serait pas entièrement à lui.

Quant aux bonnes fortunes des chrétiens, elles sont rares. Autrefois il y avait un double danger de mort; aujourd'hui la femme seule peut risquer sa vie, mais seulement au cas de flagrant délit dans la maison conjugale. Autrement, le cas d'adultère n'est qu'une cause de divorce et de punition quelconque.

La loi musulmane n'a donc rien qui réduise, comme on l'a cru, les femmes à un état d'esclavage et d'abjection. Elles héritent, elles possèdent personnellement, comme partout, et en dehors même de l'autorité du mari. Elles ont le droit de provoquer le divorce pour des motifs réglés par la loi. Le privilège du mari est, sur ce point, de pouvoir divorcer sans donner de raisons. Il lui suffit de dire à sa femme devant trois témoins : « Tu est divorcée », et elle ne peut dès lors réclamer que le douaire stipulé dans son contrat de mariage. Tout le monde sait que, s'il voulait la reprendre ensuite, il ne le pourrait que si elle s'était remariée dans l'intervalle et fût devenue libre depuis. L'histoire du *hulla*, qu'on appelle en Égypte *musthilla*, et qui joue le rôle d'épouseur intermédiaire, se renouvelle quelquefois pour les gens riches seulement. Les pauvres, se mariant sans contrat écrit, se quittent et se reprennent sans difficulté. Enfin, quoique ce soient surtout les grands personnages qui, par ostentation ou par goût, usent de la polygamie, il y a au Caire de pauvres diables qui épousent plusieurs femmes afin de vivre du produit de leur travail. Ils ont ainsi trois ou quatre ménages dans la ville, qui s'ignorent parfaitement l'un l'autre. La découverte de ces mystères amène ordinairement des disputes comiques et l'expulsion du paresseux fellah des divers foyers de ses épouses, car si la loi lui permet plusieurs femmes, elle lui impose, d'un autre côté, l'obligation de les nourrir.

IX. LA LEÇON DE FRANÇAIS

J'ai retrouvé mon logis dans l'état où je l'avais laissé : le vieux Cophte et sa femme s'occupant à tout mettre en ordre, l'esclave dormant sur un divan, les coqs et les poules, dans la cour, becquetant du maïs, et le barbarin, qui fumait au café d'en face, m'attendant fort exactement. Par exemple, il fut impossible de retrouver le cuisinier ; l'arrivée du Cophte lui avait fait croire sans doute qu'il allait être remplacé, et il était parti tout à coup sans rien dire ; c'est un procédé très fréquent des gens de service ou des ouvriers du Caire. Aussi ont-ils soin de se faire payer tous les soirs pour pouvoir agir à leur fantaisie.

Je ne vis pas d'inconvénient à remplacer Mustafa par Mansour, et sa femme, qui venait l'aider dans la journée, me paraissait une excellente gardienne pour la moralité de

mon intérieur. Seulement ce couple respectable ignorait
parfaitement les éléments de la cuisine, même égyptienne. Leur nourriture à eux se composait de maïs bouilli
et de légumes découpés dans du vinaigre, et cela ne les
avait conduits ni à l'art du saucier ni à celui du rôtisseur.
Ce qu'ils essayèrent dans ce sens fit jeter les hauts cris à
l'esclave, qui se mit à les accabler d'injures. Ce trait de
caractère me déplut fort.

Je chargeai Mansour de lui dire que c'était maintenant
à son tour de faire la cuisine, et que, voulant l'emmener
dans mes voyages, il était bon qu'elle s'y préparât. Je ne
puis rendre toute l'expression d'orgueil blessé, ou plutôt
de dignité offensée, dont elle nous foudroya tous.

« Dites au *sidi,* répondit-elle à Mansour, que je suis une
cadine (dame) et non une *odaleuk* (servante) et que
j'écrirai au pacha, s'il ne me donne pas la position qui
convient.

— Au pacha! m'écriai-je; mais que fera le pacha dans
cette affaire? Je prends une esclave, moi, pour me faire
servir, et si je n'ai pas les moyens de payer des domestiques, ce qui peut très bien m'arriver, je ne vois pas
pourquoi elle ne ferait pas le ménage, comme font les
femmes dans tous les pays.

— Elle répond, dit Mansour, qu'en s'adressant au
pacha, toute esclave a le droit de se faire revendre et de
changer ainsi de maître; qu'elle est de religion musulmane, et ne se résignera jamais à des fonctions viles. »

J'estime la fierté dans les caractères, et puisqu'elle
avait ce droit, chose dont Mansour me confirma la vérité,
je me bornai à dire que j'avais plaisanté, que seulement il
fallait qu'elle s'excusât envers ce vieillard de l'emporte-
ment qu'elle avait montré; mais Mansour lui traduisit
cela de telle manière que l'excuse, je crois bien, vint de
son côté.

Il était clair désormais que j'avais fait une folie en
achetant cette femme. Si elle persistait dans son idée, ne
pouvant m'être pour le reste de ma route qu'un sujet de
dépense, au moins fallait-il qu'elle pût me servir d'interprète. Je lui déclarai que, puisqu'elle était une personne si
distinguée, il était bon qu'elle apprît le français pendant

que j'apprendrais l'arabe. Elle ne repoussa pas cette idée.

Je lui donnai donc une leçon de langage et d'écriture ; je lui fis faire des bâtons sur le papier comme à un enfant, et je lui appris quelques mots. Cela l'amusait assez, et la prononciation du français lui faisait perdre l'intonation gutturale, si peu gracieuse dans la bouche des femmes arabes. Je m'amusais beaucoup à lui faire prononcer des phrases tout entières qu'elle ne comprenait pas, par exemple celle-ci : « Je suis une petite sauvage », qu'elle prononçait : *Ze souis one bétit sovaze*. Me voyant rire, elle crut que je lui faisais dire quelque chose d'inconvenant, et appela Mansour pour lui traduire la phrase. N'y trouvant pas grand mal, elle répéta avec beaucoup de grâce : « *Ana* (moi)*? bétit sovaze ?... mafisch* (pas du tout)*!* » Son sourire était charmant.

Ennuyée de tracer des bâtons, des pleins et des déliés, l'esclave me fit comprendre qu'elle voulait écrire *(ktab)* selon son idée. Je pensai qu'elle savait écrire en arabe et je lui donnai une page blanche. Bientôt je vis naître sous ses doigts une série bizarre d'hiéroglyphes, qui n'appartenaient évidemment à la calligraphie d'aucun peuple. Quand la page fut pleine, je lui fis demander par Mansour ce qu'elle avait voulu faire.

« Je vous ai écrit ; lisez ! dit-elle.

— Mais, ma chère enfant, cela ne représente rien. C'est seulement ce que pourrait tracer la griffe d'un chat trempée dans l'encre. »

Cela l'étonna beaucoup. Elle avait cru que, toutes les fois qu'on pensait à une chose en promenant au hasard la plume sur le papier, l'idée devait ainsi se traduire clairement pour l'œil du lecteur. Je la détrompai, et je lui fis dire d'énoncer ce qu'elle avait voulu écrire, attendu qu'il fallait pour s'instruire beaucoup plus de temps qu'elle ne supposait.

Sa supplique naïve se composait de plusieurs articles. Le premier renouvelait la prétention déjà indiquée de porter un habbarah de taffetas noir, comme les dames du Caire, afin de n'être plus confondue avec les simples femmes fellahs ; le second indiquait le désir d'une robe *(yalek)* en soie verte, et le troisième concluait à l'achat de

bottines jaunes, qu'on ne pouvait, en qualité de musulmane, lui refuser le droit de porter.

Il faut dire ici que ces bottines sont affreuses et donnent
aux femmes un certain air de palmipèdes fort peu séduisant, et le reste les fait ressembler à d'énormes ballots;
mais, dans les bottines jaunes particulièrement, il y a une
grave question de prééminence sociale.

Je promis de réfléchir sur tout cela.

X. CHOUBRAH

Ma réponse lui paraissant favorable, l'esclave se leva
en frappant les mains et répétant à plusieurs reprises : *El
fil! el fil!*

« Qu'est-ce que cela? dis-je à Mansour.

— La *siti* (dame), me dit-il après l'avoir interrogée,
voudrait aller voir un éléphant dont elle a entendu parler,
et qui se trouve au palais de Méhémet-Ali, à Choubrah. »

Il était juste de récompenser son application à l'étude,
et je fis appeler les âniers. La porte de la ville, du côté de
Choubrah, n'était qu'à cent pas de notre maison. C'est
encore une porte armée de grosses tours qui datent du
temps des croisades. On passe ensuite sur le pont d'un
canal qui se répand à gauche, en formant un petit lac
entouré d'une fraîche végétation. Des casins, cafés et
jardins publics profitent de cette fraîcheur et de cette
ombre. Le dimanche, on y rencontre beaucoup de Grecques, d'Arméniennes et de dames du quartier franc. Elles
ne quittent leurs voiles qu'à l'intérieur des jardins, et là
encore on peut étudier les races si curieusement contras-
tées du Levant. Plus loin, les cavalcades se perdent sous
l'ombrage de l'allée de Choubrah, la plus belle qu'il y ait
au monde assurément. Les sycomores et les ébéniers, qui
l'ombragent sur une étendue d'une lieue, sont tous d'une
grosseur énorme, et la voûte que forment leurs branches
est tellement touffue, qu'il règne sur tout le chemin une
sorte d'obscurité, relevée au loin par la lisière ardente du

désert, qui brille à droite, au-delà des terres cultivées. A gauche, c'est le Nil, qui côtoie de vastes jardins pendant une demi-lieue, jusqu'à ce qu'il vienne border l'allée elle-même et l'éclaircir du reflet pourpré de ses eaux. Il y a un café orné de fontaines et de treillages, situé à moitié chemin de Choubrah, et très fréquenté des promeneurs. Des champs de maïs et de cannes à sucre, et çà et là quelques maisons de plaisance, continuent à droite, jusqu'à ce qu'on arrive à de grands bâtiments qui appartiennent au pacha.

C'était là qu'on faisait voir un éléphant blanc donné à son altesse par le gouvernement anglais. Ma compagne, transportée de joie, ne pouvait se lasser d'admirer cet animal, qui lui rappelait son pays, et qui, même en Égypte, est une curiosité. Ses défenses étaient ornées d'anneaux d'argent, le cornac lui fit faire plusieurs exercices devant nous. Il arriva même à lui donner des attitudes qui me parurent d'une décence contestable, et comme je faisais signe à l'esclave, voilée, mais non pas aveugle, que nous en avions assez vu, un officier du pacha me dit avec gravité : *Aspettate... è per ricreare le donne* (Attendez, c'est pour divertir les femmes). Il y en avait là plusieurs qui n'étaient, en effet, nullement scandalisées, et qui riaient aux éclats.

C'est une délicieuse résidence que Choubrah. Le palais du pacha d'Égypte, assez simple et de construction ancienne, donne sur le Nil, en face de la plaine d'Embabeh, si fameuse par la déroute des mamelouks. Du côté des jardins, on a construit un kiosque dont les galeries, peintes et dorées, sont de l'aspect le plus brillant. Là, véritablement, est le triomphe du goût oriental.

On peut visiter l'intérieur, où se trouvent des volières d'oiseaux rares, des salles de réception, des bains, des billards, et en pénétrant plus loin, dans le palais même, on retrouve ces salles uniformes décorées à la turque, meublées à l'européenne, qui constituent partout le luxe des demeures princières. Des paysages sans perspective peints à l'œuf, sur les panneaux et au-dessus des portes, tableaux orthodoxes, où ne paraît aucune créature animée, donnent une médiocre idée de l'art égyptien. Tou-

tefois les artistes se permettent quelques animaux fabuleux, comme dauphins, hippogriffes et sphinx. En fait de
batailles, ils ne peuvent représenter que les sièges et
combats maritimes ; des vaisseaux dont on ne voit pas les
marins luttent contre des forteresses où la garnison se
défend sans se montrer ; les feux croisés et les bombes
semblent partir d'eux-mêmes, le bois veut conquérir les
pierres, l'homme est absent. C'est pourtant le seul moyen
qu'on ait eu de représenter les principales scènes de la
campagne de Grèce d'Ibrahim [152].

Au-dessus de la salle où le pacha rend la justice, on lit
cette belle maxime : « Un quart d'heure de clémence vaut
mieux que soixante-dix heures de prière. »

Nous sommes redescendus dans les jardins. Que de
roses, grand Dieu ! Les roses de Choubrah, c'est tout dire
en Égypte ; celles du Fayoum ne servent que pour l'huile
et les confitures. Les bostangis venaient nous en offrir de
tous côtés. Il y a encore un autre luxe chez le pacha, c'est
qu'on ne cueille ni les citrons ni les oranges, pour que ces
pommes d'or réjouissent le plus longtemps possible les
yeux du promeneur. Chacun peut, du reste, les ramasser
après leur chute. Mais je n'ai rien dit encore du jardin. On
peut critiquer le goût des Orientaux dans les intérieurs,
leurs jardins sont inattaquables. Partout des vergers, des
berceaux et des cabinets d'ifs taillés qui rappellent le style
de la Renaissance ; c'est le paysage du Décameron. Il est
probable que les premiers modèles ont été créés par des
jardiniers italiens. On n'y voit point de statues, mais les
fontaines sont d'un goût ravissant.

Un pavillon vitré, qui couronne une suite de terrasses
étagées en pyramide, se découpe sur l'horizon avec un
aspect tout féerique. Le calife Haroun n'en eut jamais
sans doute de plus beau ; mais ce n'est rien encore. On
redescend après avoir admiré le luxe de la salle intérieure
et les draperies de soie qui voltigent en plein air parmi les
guirlandes et les festons de verdure ; on suit de longues
allées bordées de citronniers taillés en quenouille, on
traverse des bois de bananiers dont la feuille transparente
rayonne comme l'émeraude, et l'on arrive à l'autre bout
du jardin à une salle de bains trop merveilleuse et trop

connue pour être ici longuement décrite. C'est un immense bassin de marbre blanc, entouré de galeries soute-
nues par des colonnes d'un goût byzantin, avec une haute
fontaine dans le milieu, d'où l'eau s'échappe par des
gueules de crocodiles. Toute l'enceinte est éclairée au
gaz, et dans les nuits d'été le pacha se fait promener sur le
bassin dans une cange dorée dont les femmes de son
harem agitent les rames. Ces belles dames s'y baignent
aussi sous les yeux de leur maître, mais avec des pei-
gnoirs en crêpe de soie... le Coran, comme nous savons,
ne permettant pas les nudités.

XI. LES AFRITES

Il ne m'a pas semblé indifférent d'étudier dans une
seule femme d'Orient le caractère probable de beaucoup
d'autres, mais je craindrais d'attacher trop d'importance à
des minuties. Cependant qu'on imagine ma surprise,
lorsqu'en entrant un matin dans la chambre de l'esclave,
je trouvai une guirlande d'oignons suspendue en travers
de la porte, et d'autres oignons disposés avec symétrie
au-dessus de la place où elle dormait. Croyant que c'était
un simple enfantillage, je détachai ces ornements peu
propres à parer la chambre, et je les envoyai négligemment dans la cour; mais voilà l'esclave qui se lève furieuse et désolée, s'en va ramasser les oignons en pleurant et les remet à leur place avec de grands signes
d'adoration. Il fallut, pour s'expliquer, attendre l'arrivée
de Mansour. Provisoirement je recevais un déluge d'im-
précations dont la plus claire était le mot *pharaôn!* je ne
savais trop si je devais me fâcher ou la plaindre. Enfin
Mansour arriva, et j'appris que j'avais renversé *un sort,*
que j'étais cause des malheurs les plus terribles qui fon-
draient sur elle et sur moi. Après tout, dis-je à Mansour,
nous sommes dans un pays où les oignons ont été des
dieux; si je les ai offensés, je ne demande pas mieux que
de le reconnaître. Il doit y avoir quelque moyen d'apaiser

le ressentiment d'un oignon d'Égypte! Mais l'esclave ne
voulait rien entendre et répétait en se tournant vers moi :
Pharaôn! Mansour m'apprit que cela voulait dire «un
être impie et tyrannique»; je fus affecté de ce reproche,
mais bien aise d'apprendre que le nom des anciens rois de
ce pays était devenu une injure. Il n'y avait pas de quoi
s'en fâcher pourtant; on m'apprit que cette cérémonie des
oignons était générale dans les maisons du Caire à un
certain jour de l'année · cela sert à conjurer les maladies
épidémiques.

Les craintes de la pauvre fille se vérifièrent, en raison
probablement de son imagination frappée. Elle tomba
malade assez gravement, et, quoi que je pusse faire, elle
ne voulut suivre aucune prescription de médecin. Pendant
mon absence, elle avait appelé deux femmes de la maison
voisine en leur parlant d'une terrasse à l'autre, et je les
trouvai installées près d'elle qui récitaient des prières, et
faisaient comme me l'apprit Mansour, des conjurations
contre les *afrites* ou mauvais esprits [153]. Il paraît que la
profanation des oignons avait révolté ces derniers, et qu'il
y en avait deux spécialement hostiles à chacun de nous,
dont l'un s'appelait le Vert, et l'autre le Doré.

Voyant que le mal était surtout dans l'imagination, je
laissai faire les deux femmes, qui en amenèrent enfin une
autre très vieille. C'était une *santone* renommée. Elle
apportait un réchaud qu'elle posa au milieu de la chambre, et où elle fit brûler une pierre qui me sembla être de
l'alun. Cette cuisine avait pour objet de contrarier beaucoup les afrites, que les femmes voyaient clairement dans
la fumée, et qui demandaient grâce. Mais il fallait extir-
per tout à fait le mal; on fit lever l'esclave, et elle se
pencha sur la fumée, ce qui provoqua une toux très forte;
pendant ce temps, la vieille lui frappait le dos, et toutes
chantaient d'une voix traînante des prières et des impré-
cations arabes.

Mansour, en qualité de chrétien cophte, était choqué de
toutes ces pratiques; mais, si la maladie provenait d'une
cause morale, quel mal y avait-il à laisser agir un traite-
ment analogue? Le fait est que, dès le lendemain, il y eut
un mieux évident, et la guérison s'ensuivit.

L'esclave ne voulut plus se séparer des deux voisines qu'elle avait appelées, et continuait à se faire servir par elles. L'une s'appelait Cartoum, et l'autre Zabetta. Je ne voyais pas la nécessité d'avoir tant de monde dans la maison, et je me gardais bien de leur offrir des gages ; mais elle leur faisait des présents de ses propres effets ; et, comme c'étaient ceux qu'Abd-el-Kérim lui avait laissés, il n'y avait rien à dire ; toutefois il fallut bien les remplacer par d'autres, et en venir à l'acquisition tant souhaitée du habbarah et du yalek.

La vie orientale nous joue de ces tours ; tout semble d'abord simple, peu coûteux, facile. Bientôt cela se complique de nécessités, d'usages, de fantaisies, et l'on se voit entraîné à une existence *pachalesque*, qui, jointe au désordre et à l'infidélité des comptes, épuise les bourses les mieux garnies. J'avais voulu m'initier quelque temps à la vie intime de l'Égypte ; mais peu à peu je voyais tarir les ressources futures de mon voyage.

« Ma pauvre enfant, dis-je à l'esclave en lui faisant expliquer la situation, si tu veux rester au Caire, tu es *libre*. »

Je m'attendais à une explosion de reconnaissance.

« Libre ! dit-elle, et que voulez-vous que je fasse ? Libre ! mais où irai-je ? Revendez-moi plutôt à Abd-el-Kérim !

— Mais, ma chère, un Européen ne vend pas une femme ; recevoir un tel argent, ce serait honteux.

— Eh bien ! dit-elle en pleurant, est-ce que je puis gagner ma vie, moi ? est-ce que je sais faire quelque chose ?

— Ne peux-tu pas te mettre au service d'une dame de ta religion ?

— Moi, servante ? Jamais. Revendez-moi : je serai achetée par un *muslim*, par un cheik, par un pacha peut-être. Je puis devenir une grande dame ! Vous voulez me quitter... menez-moi au bazar. »

Voilà un singulier pays où les esclaves ne veulent pas de la liberté !

Je sentais bien, du reste, qu'elle avait raison, et j'en savais assez déjà sur le véritable état de la société musulmane, pour ne pas douter que sa condition d'esclave ne fût très supérieure à celle des pauvres Égyptiennes employées aux travaux les plus rudes, et malheureuses avec des maris misérables. Lui donner la liberté, c'était la vouer à la condition la plus triste, peut-être à l'opprobre, et je me reconnaissais moralement responsable de sa destinée.

« Puisque tu ne veux pas rester au Caire, lui dis-je enfin, il faut me suivre dans d'autres pays.

— *Ana enté sava-sava* (moi et toi nous irons ensemble)*!* » me dit-elle.

Je fus heureux de cette résolution, et j'allai au port de Boulac retenir une cange qui devait nous porter sur la branche du Nil qui conduit du Caire à Damiette.

IV. LES PYRAMIDES

I. L'ASCENSION

Avant de partir, j'avais résolu de visiter les pyramides, et j'allai revoir le consul général pour lui demander des avis sur cette excursion. Il voulut absolument faire encore cette promenade avec moi, et nous nous dirigeâmes vers le vieux Caire. Il me parut triste pendant le chemin, et toussait beaucoup d'une toux sèche, lorsque nous traversâmes la plaine de Karafeh.

Je le savais malade depuis longtemps, et il m'avait dit lui-même qu'il voulait du moins voir les pyramides avant de mourir. Je croyais qu'il s'exagérait sa position; mais lorsque nous fûmes arrivés au bord du Nil, il me dit : « Je me sens déjà fatigué… ; je préfère rester ici. Prenez la cange que j'ai fait préparer; je vous suivrai des yeux, et je croirai être avec vous. Je vous prie seulement de compter le nombre exacte des marches de la grande pyramide, sur lequel les savants sont en désaccord, et si vous allez jusqu'aux autres pyramides de Saccarah, je vous serai obligé de me rapporter une momie d'ibis… Je voudrais comparer l'ancien ibis égyptien avec cette race dégénérée des courlis que l'on rencontre encore sur les rives du Nil. »

Je dus alors m'embarquer seul à la pointe de l'île de Roddah, pensant avec tristesse à cette confiance des malades qui peuvent rêver à des collections de momies, sur le bord de leur propre tombe.

La branche du Nil entre Roddah et Gizeh a une telle largeur, qu'il faut une demi-heure environ pour la passer.

Quand on a traversé Gizeh, sans trop s'occuper de son
école de cavalerie et de ses fours à poulets, sans analyser
ses décombres, dont les gros murs sont construits par un
art particulier avec des vases de terre superposés et pris
dans la maçonnerie, bâtisse plus légère et plus aérée que
solide, on a encore devant soi deux lieues de plaines
cultivées à parcourir avant d'atteindre les plateaux stériles
où sont posées les grandes pyramides, sur la lisière du
désert de Libye.

Plus on approche, plus ces colosses diminuent. C'est
un effet de perspective qui tient sans doute à ce que leur
largeur égale leur élévation. Pourtant, lorsqu'on arrive au
pied, dans l'ombre même de ces montagnes faites de
main d'homme, on admire et l'on s'épouvante. Ce qu'il
faut gravir pour atteindre au faîte de la première pyramide, c'est un escalier dont chaque marche a environ un
mètre de haut.

Une tribu d'Arabes s'est chargée de protéger les voyageurs et de les guider dans leur ascension sur la principale
pyramide. Dès que ces gens aperçoivent un curieux qui
s'achemine vers leur domaine, ils accourent à sa rencontre au grand galop de leur chevaux, faisant une fantasia
toute pacifique et tirant en l'air des coups de pistolet pour
indiquer qu'ils sont à son service, tout prêts à le défendre
contre les attaques de certains Bédouins pillards qui
pourraient par hasard se présenter.

Aujourd'hui cette supposition fait sourire les voyageurs, rassurés d'avance à cet égard; mais, au siècle
dernier, ils se trouvaient réellement mis à contribution par
une bande de faux brigands, qui, après les avoir effrayés
et dépouillés, rendaient les armes à la tribu protectrice,
laquelle touchait ensuite une forte récompense pour les
périls et les blessures d'un simulacre de combat.

On m'a donné quatre hommes pour me guider et me
soutenir pendant mon ascension. Je ne comprenais pas
trop d'abord comment il était possible de gravir des
marches dont la première seule m'arrivait à la hauteur de
la poitrine. Mais, en un clin d'œil, deux des Arabes
s'étaient élancés sur cette assise gigantesque, et
m'avaient saisi chacun un bras. Les deux autres me pous-

saient sous les épaules, et tous les quatre, à chaque mouvement de cette manœuvre, chantaient à l'unisson le verset arabe terminé par ce refrain antique : *Eleyson!*

Je comptai ainsi deux cent sept marches, et il ne fallut guère plus d'un quart d'heure pour atteindre la plate-forme. Si l'on s'arrête un instant pour reprendre haleine, on voit venir devant soi des petites filles, à peine couvertes d'une chemise de toile bleue, qui, de la marche supérieure à celle que vous gravissez, tendent, à la hauteur de votre bouche, des gargoulettes de terre de Thèbes, dont l'eau glacée vous rafraîchit pour un instant.

Rien n'est plus fantasque que ces jeunes Bédouines grimpant comme des singes avec leurs petits pieds nus, qui connaissent toutes les anfractuosités des énormes pierres superposées. Arrivé à la plate-forme, on leur donne un *bakchis*, on les embrasse, puis l'on se sent soulevé par les bras de quatre Arabes qui vous portent en triomphe aux quatre points de l'horizon. La surface de cette pyramide est de cent mètres carrés environ. Des blocs irréguliers indiquent qu'elle ne s'est formée que par la destruction d'une pointe, semblable sans doute à celle de la seconde pyramide, qui s'est conservée intacte et que l'on admire à peu de distance avec son revêtement de granit. Les trois pyramides, de Chéops, de Chéphren et de Mycérinus, étaient également parées de cette enveloppe rougeâtre, qu'on voyait encore au temps d'Hérodote. Elles ont été dégarnies peu à peu, lorsqu'on a eu besoin au Caire de construire les palais des califes et des soudans.

La vue est fort belle, comme on peut le penser, du haut de cette plate-forme. Le Nil s'étend à l'orient depuis la pointe du Delta jusqu'au-delà de Saccarah, où l'on distingue onze pyramides plus petites que celles de Gizeh. A l'occident, la chaîne des montagnes libyques se développe en marquant les ondulations d'un horizon poudreux. La forêt de palmiers, qui occupe la place de l'ancienne Memphis, s'étend du côté du midi comme une ombre verdâtre. Le Caire, adossé à la chaîne aride du Mokatam, élève ses dômes et ses minarets à l'entrée du désert de Syrie. Tout cela est trop connu pour prêter longtemps à la description. Mais, en faisant trêve à l'admiration et en parcourant des yeux les pierres de la plate-forme, on y trouve de quoi compenser les excès de l'enthousiasme. Tous les Anglais qui ont risqué cette ascension ont naturellement inscrit leurs noms sur les pierres. Des spéculateurs ont eu l'idée de donner leur adresse au public, et un marchand de cirage de Piccadilly a même fait graver avec soin sur un bloc entier les mérites de sa découverte garantie par l'*improved patent* de London. Il est inutile de dire qu'on rencontre là le *Crédeville voleur*, si passé de mode aujourd'hui, la charge de Bouginier [154], et autres excentricités transplantées par nos artistes voyageurs comme un contraste à la monotonie des grands souvenirs.

II. La plate-forme

J'ai peur de devoir admettre que Napoléon lui-même n'a vu les pyramides que de la plaine. Il n'aurait pas, certes, compromis sa dignité jusqu'à se laisser enlever dans les bras de quatre Arabes, comme un simple ballot qui passe de mains en mains, et il se sera borné à répondre d'en bas, par un salut, aux *quarante siècles* qui, d'après son calcul, le contemplaient à la tête de notre glorieuse armée.

Après avoir parcouru des yeux tout le panorama environnant, et lu attentivement ces inscriptions modernes qui prépareront des tortures aux savants de l'avenir, je me préparais à redescendre, lorsqu'un *monsieur* blond, d'une belle taille, haut en couleur et parfaitement ganté, franchit, comme je l'avais fait peu de temps avant lui, la dernière marche du quadruple escalier, et m'adressa un salut fort compassé, que je méritais en qualité de premier occupant. Je le pris pour un gentleman anglais. Quant à lui, il me reconnut pour Français tout de suite.

Je me repentis aussitôt de l'avoir jugé légèrement. Un Anglais ne m'aurait pas salué, attendu qu'il ne se trouvait sur la plate-forme de la pyramide de Chéops personne qui pût nous présenter l'un à l'autre :

« Monsieur, me dit l'inconnu avec un accent légèrement germanique, je suis heureux de trouver ici quelqu'un de civilisé. Je suis simplement un officier aux gardes de S. M. le roi de Prusse. J'ai obtenu un congé pour aller rejoindre l'expédition de M. Lepsius [155], et comme elle a passé ici depuis quelques semaines, je suis obligé de me mettre au courant... en visitant ce qu'elle a dû voir. » Ayant terminé ce discours, il me remit sa carte, en m'invitant à l'aller voir, si jamais je passais à Potsdam.

« Mais, ajouta-t-il voyant que je me préparais à redescendre, vous savez que l'usage est de faire ici une collation. Ces braves gens qui nous entourent s'attendent à partager nos modestes provisions... et, si vous avez appétit, je vous offrirai votre part d'un pâté dont un de mes Arabes s'est chargé. »

En voyage, on fait vite connaissance, et, en Égypte surtout, au sommet de la grande pyramide, tout Européen devient, pour un autre, un *Frank*, c'est-à-dire un compatriote ; la carte géographique de notre petite Europe perd, de si loin, ses nuances tranchées... je fais toujours une exception pour les Anglais, qui séjournent dans une île à part.

La conversation du Prussien me plut beaucoup pendant le repas. Il avait sur lui des lettres donnant les nouvelles les plus fraîches de l'expédition de M. Lepsius qui, dans ce moment-là, explorait les environs du lac Mœris et les cités souterraines de l'ancien labyrinthe. Les savants berlinois avaient découvert des villes entières cachées sous les sables et bâties de briques ; des *Pompéi* et des *Herculanum* souterraines qui n'avaient jamais vu la lumière, et qui remontaient peut-être à l'époque des Troglodytes. Je ne pus m'empêcher de reconnaître que c'était pour les érudits prussiens une noble ambition que d'avoir voulu marcher sur les traces de notre Institut d'Égypte, dont ils ne pourront, du reste, que compléter les admirables travaux.

Le repas sur la pyramide de Chéops est, en effet, forcé pour les touristes, comme celui qui se fait d'ordinaire sur le chapiteau de la colonne de Pompée à Alexandrie. J'étais heureux de rencontrer un compagnon instruit et

aimable qui me l'eût rappelé. Les petites Bédouines
avaient conservé assez d'eau, dans leurs cruches de terre
poreuse, pour nous permettre de nous rafraîchir, et ensuite de faire des grogs au moyen d'un flacon d'eau-
de-vie qu'un des Arabes portait à la suite du Prussien.

Cependant, le soleil était devenu trop ardent pour que
nous pussions rester longtemps sur la plate-forme. L'air
pur et vivifiant que l'on respire à cette hauteur, nous avait
permis quelque temps de ne point trop nous en apercevoir.

Il s'agissait de quitter la plate-forme et de pénétrer dans
la pyramide, dont l'entrée se trouve à un tiers environ de
sa hauteur. On nous fit descendre cent trente marches par
un procédé inverse à celui qui nous les avait fait gravir.
Deux des quatre Arabes nous suspendaient par les épaules
du haut de chaque assise, et nous livraient aux bras
étendus de leurs compagnons. Il y a quelque chose d'assez dangereux dans cette descente, et plus d'un voyageur
s'y est rompu le crâne ou les membres. Cependant, nous
arrivâmes sans accident à l'entrée de la pyramide.

C'est une sorte de grotte aux parois de marbre, à la
voûte triangulaire, surmontée d'une large pierre qui
constate, au moyen d'une inscription française, l'ancienne arrivée de nos soldats dans ce monument : c'est la
carte de visite de l'armée d'Égypte, sculptée sur un bloc
de marbre de seize pieds de largeur. Pendant que je lisais
avec respect, l'officier prussien me fit observer une autre
légende marquée plus bas en hiéroglyphes, et, chose
étrange, tout fraîchement gravée.

Il savait le sens de ces hiéroglyphes modernes inscrits
d'après le système de la grammaire de Champollion.
«Cela signifie, me dit-il, que l'expédition scientifique
envoyée par le roi de Prusse et dirigée par Lepsius, a
visité les pyramides de Gizeh, et espère résoudre avec le
même bonheur les autres difficultés de sa mission. »

Nous avions franchi l'entrée de la grotte : une vingtaine
d'Arabes barbus, aux ceintures hérissées de pistolets et de
poignards, se dressèrent du sol où ils venaient de faire
leur sieste. Un de nos conducteurs, qui semblait diriger
les autres, nous dit :

« Voyez comme ils sont terribles... Regardez leurs pistolets et leurs fusils !

— Est-ce qu'ils veulent nous voler ?

— Au contraire ! Ils sont ici pour vous défendre dans le cas où vous seriez attaqués par les hordes du désert.

— On disait qu'il n'en existait plus depuis l'administration de Mohamed-Ali !

— Oh ! il y a encore bien des méchantes gens, là-bas, derrière les montagnes... Cependant, au moyen d'une *colonnate*, vous obtiendrez des braves que vous voyez là d'être défendus contre toute attaque extérieure. »

L'officier prussien fit l'inspection des armes, et ne parut pas édifié touchant leur puissance destructive. Il ne s'agissait au fond, pour moi, que de 5 fr. 50 cent., ou d'un thaler et demi pour le Prussien. Nous acceptâmes le marché, en partageant les frais et en faisant observer que nous n'étions pas dupes de la supposition.

« Il arrive souvent, dit le guide, que des tribus ennemies font invasion sur ce point, surtout quand elles y soupçonnent la présence de riches étrangers. »

Il est certain que la chose n'est pas impossible et que ce serait une triste situation que de se voir pris et enfermé dans l'intérieur de la grande pyramide. La *colonnate* (piastre d'Espagne) donnée aux gardiens nous assurait du moins qu'en conscience ils ne pourraient nous faire cette trop facile plaisanterie.

Mais quelle apparence que ces braves gens y eussent songé même un instant ? L'activité de leur préparatifs, huit torches allumées en un clin d'œil, l'attention charmante de nous faire précéder de nouveau par les petites filles *hydrophores* dont j'ai parlé, tout cela, sans doute, était bien rassurant.

Il s'agissait d'abord de courber la tête et le dos, et de poser les pieds adroitement sur deux rainures de marbre qui règnent des deux côtés de cette descente. Entre les deux rainures, il y a une sorte d'abîme aussi large que l'écartement des jambes, et où il s'agit de ne point se laisser tomber. On avance donc pas à pas, jetant les pieds de son mieux à droite et à gauche, soutenu un peu, il est vrai, par les mains des porteurs de torches, et l'on descend ainsi toujours courbé en deux pendant environ cent cinquante pas.

A partir de là, le danger de tomber dans l'énorme fissure qu'on se voyait entre les pieds cesse tout à coup et se trouve remplacé par l'inconvénient de passer à plat ventre sous une voûte obstruée en partie par les sables et les cendres. Les Arabes ne nettoient ce passage que moyennant une autre *colonnate,* accordée d'ordinaire par les gens riches et corpulents.

Quand on a rampé quelque temps sous cette voûte basse, en s'aidant des mains et des genoux, on se relève, à l'entrée d'une nouvelle galerie, qui n'est guère plus haute que la précédente. Au bout de deux cents pas que l'on fait encore en montant, on trouve une sorte de carrefour dont le centre est un vaste puits profond et sombre, autour duquel il faut tourner pour gagner l'escalier qui conduit à la *chambre du Roi.*

En arrivant là, les Arabes tirent des coups de pistolet et allument des feux de branchages pour effrayer, à ce qu'ils disent, les chauves-souris et les serpents. La salle où l'on est, voûtée en dos d'âne, a dix-sept pieds de longueur et seize de largeur.

En revenant de notre exploration, assez peu satisfaisante, nous dûmes nous reposer à l'entrée de la grotte de marbre, — et nous nous demandions ce que pouvait signifier cette galerie bizarre que nous venions de remonter, avec ces deux rails de marbre séparés par un abîme, aboutissant plus loin à un carrefour au milieu duquel se trouve le puits mystérieux, dont nous n'avions pu voir le fond.

L'officier prussien, en consultant ses souvenirs, me soumit une explication assez logique de la destination d'un tel monument [156]. Nul n'est plus fort qu'un Allemand sur les mystères de l'Antiquité. Voici, selon sa version, à quoi servait la galerie basse ornée de rails que nous avions descendue et remontée si péniblement : on asseyait dans un chariot l'homme qui se présentait pour subir les épreuves de l'initiation. Le chariot descendait par la forte inclinaison du chemin. Arrivé au centre de la pyramide, l'initié était reçu par des prêtres inférieurs qui lui montraient le puits en l'engageant à s'y précipiter.

Le néophyte hésitait naturellement, ce qui était regardé comme une marque de prudence. Alors on lui apportait une sorte de casque surmonté d'une lampe allumée ; et, muni de cet appareil, il devait descendre avec précaution dans le puits, où il rencontrait çà et là des branches de fer sur lesquelles il pouvait poser les pieds.

L'initié descendait longtemps, éclairé quelque peu par la lampe qu'il portait sur la tête ; puis, à cent pieds environ de profondeur, il rencontrait l'entrée d'une galerie fermée par une grille, qui s'ouvrait aussitôt devant lui. Trois hommes paraissaient aussitôt, portant des masques de bronze à l'imitation de la face d'Anubis, le dieu chien. Il fallait ne point s'effrayer de leurs menaces et marcher en avant en les jetant à terre. On faisait ensuite une lieue environ, et l'on arrivait dans un espace considérable qui produisait l'effet d'une forêt sombre et touffue.

Dès que l'on mettait le pied dans l'allée principale, tout s'illuminait à l'instant, et produisait l'effet d'un vaste incendie. Mais ce n'était rien que des pièces d'artifice et des substances bitumineuses entrelacées dans des rameaux de fer. Le néophyte devait traverser la forêt, au prix de quelques brûlures, et y parvenait généralement.

Au-delà se trouvait une rivière qu'il fallait traverser à la nage. A peine en avait-il atteint le milieu, qu'une immense agitation des eaux, déterminée par le mouvement de deux roues gigantesques, l'arrêtait et le repoussait. Au moment où ses forces allaient s'épuiser, il voyait paraître devant lui une échelle de fer qui semblait devoir le tirer du danger de périr dans l'eau. Ceci était la troisième épreuve. A mesure que l'initié posait un pied sur chaque échelon, celui qu'il venait de quitter se détachait et tombait dans le fleuve. Cette situation pénible se compliquait d'un vent épouvantable qui faisait trembler l'échelle et le patient à la fois. Au moment où il allait perdre toutes ses forces, il devait avoir la présence d'esprit de saisir deux anneaux d'acier qui descendaient vers lui et auxquels il lui fallait rester suspendu par les bras jusqu'à ce qu'il vît s'ouvrir une porte, à laquelle il arrivait par un effort violent.

C'était la fin des quatre épreuves élémentaires. L'initié

arrivait alors dans le temple, tournait autour de la statue
d'Isis, et se voyait reçu et félicité par les prêtres.

III. LES ÉPREUVES

Voilà avec quels souvenirs nous cherchions à repleu-
pler cette solitude imposante. Entourés des Arabes qui
s'étaient remis à dormir, en attendant, pour quitter la
grotte de marbre, que la brise du soir eût rafraîchi l'air,
nous ajoutions les hypothèses les plus diverses aux faits
réellement constatés par la tradition antique. Ces bizarres
cérémonies des initiations tant de fois décrites par les
auteurs grecs, qui ont pu encore les voir s'accomplir,
prenaient pour nous un grand intérêt, les récits se trouvant
parfaitement en rapport avec la disposition des lieux.

« Qu'il serait beau, dis-je à l'Allemand, d'exécuter et
de représenter ici *La Flûte enchantée* de Mozart [157] !
Comment un homme riche n'a-t-il pas la fantaisie de se
donner un tel spectacle ? Avec fort peu d'argent on arriverait à déblayer tous ces conduits, et il suffirait ensuite
d'amener en costumes exacts toute la troupe italienne du
théâtre du Caire. Imaginez-vous la voix tonnante de Za-
rastro résonnant du fond de la salle des Pharaons, ou la
Reine de la nuit apparaissant sur le seuil de la chambre
dite de la reine et lançant à la voûte sombre ses trilles
éblouissants. Figurez-vous les sons de la flûte magique à
travers ces longs corridors, et les grimaces et l'effroi de
Papageno, forcé, sur les pas de l'initié son maître, d'af-
fronter le triple Anubis, puis la forêt incendiée, puis ce
sombre canal agité par des roues de fer, puis encore cette
échelle étrange dont chaque marche se détache à mesure
qu'on monte et fait retentir l'eau d'un clapotement
sinistre...

— Il serait difficile, dit l'officier, d'exécuter tout cela
dans l'intérieur même des pyramides... Nous avons dit
que l'initié suivait, à partir du puits, une galerie d'environ
une lieue. Cette voie souterraine le conduisait jusqu'à un

temple situé aux portes de Memphis, dont vous avez vu l'emplacement du haut de la plate-forme. Lorsque, ses épreuves terminées, il revoyait la lumière du jour, la statue d'Isis restait encore voilée pour lui : c'est qu'il lui fallait subir une dernière épreuve toute morale, dont rien ne l'avertissait et dont le but lui restait caché. Les prêtres l'avaient porté en triomphe, comme devenu l'un d'entre eux, les chœurs et les instruments avaient célébré sa victoire. Il lui fallait encore se purifier par un jeûne, de quarante et un jours, avant de pouvoir contempler la grande Déesse, veuve d'Osiris. Ce jeûne cessait chaque jour au coucher du soleil, où on lui permettait de réparer ses forces avec quelques onces de pain et une coupe d'eau du Nil. Pendant cette longue pénitence, l'initié pouvait converser, à de certaines heures, avec les prêtres et les prêtresses, dont toute la vie s'écoulait dans les cités souterraines. Il avait le droit de questionner chacun et d'observer les mœurs de ce peuple mystique qui avait renoncé au monde extérieur, et dont le nombre immense épouvanta Sémiramis la Victorieuse, lorsqu'en faisant jeter les fondations de la Babylone d'Égypte (le vieux Caire), elle vit s'effondrer les voûtes d'une de ces nécropoles habitées par des vivants [158].

— Et après les quarante et un jours, que devenait l'initié ?

— Il avait encore à subir dix-huit jours de retraite où il devait garder un silence complet. Il lui était permis seulement de lire et d'écrire. Ensuite on lui faisait subir un examen où toutes les actions de sa vie étaient analysées et critiquées. Cela durait encore douze jours ; puis on le faisait coucher neuf jours encore derrière la statue d'Isis, après avoir supplié la déesse de lui apparaître dans ses songes et de lui inspirer la sagesse. Enfin, au bout de trois mois environ, les épreuves étaient terminées. L'aspiration du néophyte vers la divinité, aidée des lectures, des instructions et du jeûne, l'amenait à un tel degré d'enthousiasme qu'il était digne enfin de voir tomber devant lui les voiles sacrés de la déesse. Là, son étonnement était au comble en voyant s'animer cette froide statue dont les traits avaient pris tout à coup la ressemblance de la femme qu'il aimait le plus ou de l'idéal qu'il s'était formé de la beauté la plus parfaite [159].

« Au moment où il tendait les bras pour la saisir, elle s'évanouissait dans un nuage de parfums. Les prêtres entraient en grande pompe et l'initié était proclamé pareil aux dieux. Prenant place ensuite au banquet des Sages, il lui était permis de goûter aux mets les plus délicats et de s'enivrer de l'ambroisie terrestre, qui ne manquait pas à ces fêtes. Un seul regret lui était resté, c'était de n'avoir admiré qu'un instant la divine apparition qui avait daigné lui sourire... Ses rêves allaient la lui rendre. Un long sommeil, dû sans doute au suc du lotus exprimé dans sa coupe pendant le festin, permettait aux prêtres de le transporter à quelques lieues de Memphis, au bord du lac célèbre qui porte encore le nom de Karoun (Caron). Une cange le recevait toujours endormi et le transportait dans cette province du Fayoum, oasis délicieuse, qui, aujourd'hui encore, est le pays des roses. Il existait là une vallée profonde, entourée de montagnes en partie, en partie aussi séparée du reste du pays par des abîmes creusés de main d'homme, où les prêtres avaient su réunir les richesses dispersées de la nature entière. Les arbres de l'Inde et de l'Yémen y mariaient leurs feuillages touffus et leurs fleurs étranges aux plus riches végétations de la terre d'Égypte.

« Des animaux apprivoisés donnaient de la vie à cette merveilleuse décoration, et l'initié, déposé là tout endormi sur le gazon, se trouvait à son réveil dans un monde qui semblait la perfection même de la nature créée. Il se levait, respirant l'air pur du matin, renaissant aux feux du soleil qu'il n'avait pas vus depuis longtemps ; il écoutait le chant cadencé des oiseaux, admirait les fleurs embaumées, la surface calme des eaux bordées de papyrus et constellées de lotus rouges, où le flamant rose et l'ibis traçaient leurs courbes gracieuses. Mais quelque chose manquait encore pour animer la solitude. Une femme, une vierge innocente, si jeune, qu'elle semblait elle-même sortir d'un rêve matinal et pur, si belle, qu'en la regardant de plus près on pouvait reconnaître en elle les traits admirables d'Isis entrevus à travers un nuage : telle était la créature divine qui devenait la compagne et la récompense de l'initié triomphant. »

Ici je crus devoir interrompre le récit imagé du savant Berlinois :

« Il me semble, lui dis-je, que vous me racontez là l'histoire d'Adam et d'Ève.

— A peu près », répondit-il.

En effet, la dernière épreuve, si charmante, mais si imprévue, de l'initiation égyptienne était la même que Moïse a racontée au chapitre de la Genèse. Dans ce jardin merveilleux existait un certain arbre dont les fruits étaient défendus au néophyte admis dans le Paradis. Il est tellement certain que cette dernière victoire sur soi-même était la clause de l'initiation, qu'on a trouvé dans la Haute-Égypte des bas-reliefs âgés de 4000 ans, représentant un homme et une femme, sous un arbre, dont cette dernière offre le fruit à son compagnon de solitude. Autour de l'arbre est enlacé un serpent, représentation de Typhon, le dieu du mal. En effet, il arrivait généralement que l'initié qui avait vaincu tous les périls matériels se laissait prendre à cette séduction, dont le dénouement était son exclusion du Paradis terrestre. Sa punition devait être alors d'errer dans le monde, et de répandre chez les nations étrangères les instructions qu'il avait reçues des prêtres.

S'il résistait, au contraire, ce qui était bien rare, à la dernière tentation, il devenait l'égal d'un roi. On le promenait en triomphe dans les rues de Memphis, et sa personne était sacrée.

C'est pour avoir manqué cette épreuve que Moïse fut privé des honneurs qu'il attendait. Blessé de ce résultat, il se mit en guerre ouverte avec les prêtres égyptiens, lutta contre eux de science et de prodiges, et finit par délivrer son peuple au moyen d'un complot dont on sait le résultat [160].

Le Prussien qui me racontait tout cela était évidemment un fils de Voltaire... cet homme en était encore au scepticisme religieux de Frédéric II. Je ne pus m'empêcher de lui en faire l'observation.

« Vous vous trompez, me dit-il : nous autres protestants, nous analysons tout; mais nous n'en sommes pas moins religieux. S'il paraît démontré que l'idée du Paradis terrestre, de la pomme et du serpent, a été connue des anciens Égyptiens, cela ne prouve nullement que la tradition n'en soit pas divine. Je suis même disposé à croire que cette dernière épreuve des mystères n'était qu'une représentation mystique de la scène qui a dû se passer aux premiers jours du monde. Que Moïse ait appris cela des Égyptiens dépositaires de la sagesse primitive, ou qu'il se soit servi, en écrivant la *Genèse,* des impressions qu'il avait lui-même connues, cela n'infirme pas la vérité première. Triptolème, Orphée et Pythagore subirent aussi les mêmes épreuves. L'un a fondé les mystères d'Éleusis, l'autre ceux des Cabires de Samothrace, le troisième les associations mystiques du Liban [161].

« Orphée eut encore moins de succès que Moïse; il manqua la quatrième épreuve, dans laquelle il fallait avoir la présence d'esprit de saisir les anneaux suspendus au-dessus de soi, quand les échelons de fer commençaient à manquer sous les pieds... Il retomba dans le canal, d'où on le tira avec peine, et au lieu de parvenir au temple, il lui fallut retourner en arrière et remonter jusqu'à la sortie des pyramides. Pendant l'épreuve, sa femme lui avait été enlevée par un de ces accidents naturels dont les prêtres créaient aisément l'apparence. Il obtint, grâce à son talent et à sa renommée, de recommencer les épreuves, et les manqua une seconde fois. C'est ainsi qu'Eurydice fut perdue à jamais pour lui, et qu'il se vit réduit à la pleurer dans l'exil.

— Avec ce système, dis-je, il est possible d'expliquer matériellement toutes les religions. Mais qu'y gagnerons-nous?

— Rien. Nous venons seulement de passer deux heures en causant d'origines et d'histoire. Maintenant le soir vient, il s'agit de chercher un gîte. »

Nous passâmes la nuit dans une *locanda* italienne, située près de là, et le lendemain ou nous conduisit sur l'emplacement de Memphis, situé à près de deux lieues vers le midi. Les ruines y sont méconnaissables; et d'ailleurs le tout est recouvert par une forêt de palmiers, au

milieu de laquelle on rencontre l'immense statue de Sé-
sostris, haute de soixante pieds, mais couchée à plat
ventre dans le sable. Parlerai-je encore de Saccarah, où
l'on arrive ensuite ; de ses pyramides, plus petites que
celles de Gizeh, parmi lesquelles on distingue la grande
pyramide de briques construite par les Hébreux ? Un
spectacle plus curieux est l'intérieur des tombeaux
d'animaux qui se rencontrent dans la plaine en grand
nombre. Il y en a pour les chats, pour les crocodiles et
pour les ibis. On y pénètre fort difficilement, en respirant
la cendre et la poussière, ou se traînant parfois dans des
conduits où l'on ne peut passer qu'à genoux. Puis, on se
trouve au milieu de vastes souterrains où sont entassés par
millions et symétriquement rangés tous ces animaux que
les bons Égyptiens se donnaient la peine d'embaumer et
d'ensevelir ainsi que des hommes. Chaque momie de chat
est entortillée de plusieurs aunes de bandelettes, sur lesquelles, d'un bout à l'autre, sont inscrites en hiéroglyphes, probablement la vie et les vertus de l'animal. Il en
est de même des crocodiles... Quant aux ibis, leurs restes
sont enfermés dans des vases en terre de Thèbes, rangés
également sur une étendue incalculable, comme des pots
de confitures dans une office de campagne.

Je pus remplir facilement la commission que m'avait
donnée le consul ; puis, je me séparai de l'officier prussien, qui continuait sa route vers la Haute-Égypte, et je
revins au Caire, en descendant le Nil dans sa cange.

Je me hâtai d'aller porter au consulat l'ibis obtenu au
prix de tant de fatigues ; mais on m'apprit que, pendant
les trois jours consacrés à mon exploration, notre pauvre
consul avait senti s'aggraver son mal et s'était embarqué
pour Alexandrie.

J'ai appris depuis qu'il était mort en Espagne.

IV. Départ

Je quitte avec regret cette vieille cité du Caire, où j'ai retrouvé les dernières traces du génie arabe, et qui n'a pas menti aux idées que je m'en étais formées d'après les récits et les traditions de l'Orient. Je l'avais vue tant de fois dans les rêves de la jeunesse, qu'il me semblait y avoir séjourné dans je ne sais quel temps; je reconstruisais mon Caire d'autrefois au milieu des quartiers déserts ou des mosquées croulantes! Il me semblait que j'imprimais les pieds dans la trace de mes pas anciens; j'allais, je me disais: En détournant ce mur, en passant cette porte, je verrai telle chose... et la chose était là, ruinée, mais réelle.

N'y pensons plus. Ce Caire-là gît sous la cendre et la poussière; l'esprit et les progrès modernes en ont triomphé comme la mort. Encore quelques mois, et des rues européennes auront coupé à angles droits la vieille ville poudreuse et muette qui croule en paix sur les pauvres fellahs. Ce qui reluit, ce qui brille, ce qui s'accroît, c'est le quartier des Francs, la ville des Italiens, des Provençaux et des Maltais, l'entrepôt futur de l'Inde anglaise. L'Orient d'autrefois achève d'user ses vieux costumes, ses vieux palais, ses vieilles mœurs, mais il est dans son dernier jour; il peut dire comme un de ses sultans: « Le sort a décoché sa flèche: c'est fait de moi, je suis passé! » Ce que le désert protège encore, en l'enfouissant peu à peu dans ses sables, c'est, hors des murs du Caire, la ville des tombeaux, la vallée des califes, qui semble, comme Herculanum, avoir abrité des générations disparues, et dont les palais, les arcades et les colonnes, les marbres précieux, les intérieurs peints et dorés, les enceintes, les dômes et les minarets, multipliés avec folie, n'ont jamais servi qu'à recouvrir des cercueils. Ce culte de la mort est un trait éternel du caractère de l'Égypte; il sert du moins à protéger et à transmettre au monde l'éblouissante histoire de son passé.

V. LA CANGE

I. PRÉPARATIFS DE NAVIGATION

La cange qui m'emportait vers Damiette contenait aussi tout le ménage que j'avais amassé au Caire pendant huit mois de séjour, savoir : l'esclave au teint doré vendue par Abd-el-Kérim ; le coffre vert qui renfermait les effets que ce dernier lui avait laissés ; un autre coffre garni de ceux que j'y avais ajoutés moi-même ; un autre encore contenant mes habits de Franc, dernier *encas* de mauvaise fortune, comme ce vêtement de pâtre qu'un empereur avait conservé pour se rappeler sa condition première [162], puis tous les ustensiles et objets mobiliers dont il avait fallu garnir mon domicile du quartier cophte, lesquels consistaient en gargoulettes et bardaques propres à rafraîchir l'eau, pipes et narghilés, matelas de coton et cages *(cafas)* en bâtons de palmier servant tour à tour de divan, de lit et de table, et qui avaient de plus pour le voyage l'avantage de pouvoir contenir les volatiles divers de la basse-cour et du colombier.

Avant de partir, j'étais allé prendre congé de madame Bonhomme, cette blonde et charmante Providence du voyageur. « Hélas ! disais-je, je ne verrai plus de longtemps que des visages de couleur ; je vais braver la peste qui règne dans le delta d'Égypte, les orages du golfe de Syrie qu'il faudra traverser sur de frêles barques ; sa vue sera pour moi le dernier sourire de la patrie ! »

Madame Bonhomme appartient à ce type de beauté blonde du Midi que Gozzi célébrait dans les Vénitiennes,

que Pétrarque a chanté à l'honneur des femmes de notre
Provence. Il semble que ces gracieuses anomalies doivent
au voisinage des pays alpins *l'or crespelé* de leurs cheveux,
et que leur œil noir se soit embrasé seul aux ardeurs des
grèves de la Méditerranée. La carnation, fine et claire
comme le satin rosé des Flamandes, se colore aux places que
le soleil a touchées d'une vague teinte ambrée qui fait penser
aux treilles d'automne, où le raisin blanc se voile à demi
sous les pampres vermeils. O figures aimées de Titien et de
Giorgione [163], est-ce aux bords du Nil que vous deviez me
laisser encore un regret et un souvenir ? Cependant j'avais
près de moi une autre femme aux cheveux noirs comme
l'ébène, au masque ferme qui semblait taillé dans le marbre
portore, beauté sévère et grave comme les idoles de
l'antique Asie, et dont la grâce même, à la fois servile et
sauvage, rappelait parfois, si l'on peut unir ces deux mots,
la sérieuse gaieté de l'animal captif.

Madame Bonhomme m'avait conduit dans son magasin, encombré d'articles de voyage, et je l'écoutais, en
l'admirant, détailler les mérites de tous ces charmants
ustensiles qui, pour les Anglais, reproduisent au besoin,
dans le désert, tout le confort de la vie fashionable. Elle
m'expliquait avec son léger accent provençal comment
on pouvait établir, au pied d'un palmier ou d'un obélisque, des appartements complets de maîtres et de domestiques, avec mobilier et cuisine, le tout transporté à dos de
chameau ; donner des dîners européens où rien ne manque, ni les ragoûts, ni les primeurs, grâce aux boîtes de
conserves qui, il faut l'avouer, sont souvent de grande
ressource.

« Hélas ! lui dis-je, je suis devenu tout à fait un Bédaouï
(Arabe nomade) ; je mange très bien du dourah cuit sur
une plaque de tôle, des dattes fricassées dans le beurre, de
la pâte d'abricot, des sauterelles fumées... et je sais un
moyen d'obtenir une poule bouillie dans le désert, sans
même se donner le soin de la plumer.

— J'ignorais ce raffinement, dit madame Bonhomme.

— Voici, répondis-je, la recette qui m'a été donnée
par un renégat très industrieux, lequel l'a vu pratiquer
dans l'Hedjaz. On prend une poule...

— Il faut une poule ? dit madame Bonhomme.

— Absolument comme un lièvre pour le civet.

— Et ensuite ?

— Ensuite on allume du feu entre deux pierres ; on se procure de l'eau...

— Voilà déjà bien des choses !

— La nature les fournit. On n'aurait même que de l'eau de mer... ce serait la même chose, et cela épargnerait le sel.

— Et dans quoi mettrez-vous la poule ?

— Ah ! voilà le plus ingénieux. Nous versons de l'eau dans le sable fin du désert... autre ingrédient donné par la nature. Cela produit une argile fine et propre, extrêmement utile à la préparation.

— Vous mangeriez une poule bouillie dans du sable ?

— Je réclame une dernière minute d'attention. Nous formons une boule épaisse de cette argile en ayant soin d'y insérer cette même volaille ou toute autre.

— Ceci devient intéressant.

— Nous mettons la boule de terre sur le feu, et nous la retournons de temps en temps. Quand la croûte s'est suffisamment durcie et a pris partout une bonne couleur, il faut la retirer du feu : la volaille est cuite.

— Et c'est tout ?

— Pas encore : on casse la boule passée à l'état de terre cuite, et les plumes de l'oiseau, prises dans l'argile, se détachent à mesure qu'on le débarrasse des fragments de cette marmite improvisée.

— Mais c'est un régal de sauvage !

— Non, c'est de la poule à l'étuvée simplement. »

Madame Bonhomme vit bien qu'il n'y avait rien à faire avec un voyageur si consommé ; elle remit en place toutes les cuisines de fer-blanc et les tentes, coussins ou lits de caoutchouc estampillés de l'*improved patent* anglaise.

« Cependant, lui dis-je, je voudrais bien trouver chez vous quelque chose qui me soit utile.

— Tenez, dit madame Bonhomme, je suis sûre que vous avez oublié d'acheter un drapeau. Il vous faut un drapeau.

— Mais je ne pars pas pour la guerre !

— Vous allez descendre le Nil... vous avez besoin d'un pavillon tricolore à l'arrière de votre barque pour vous faire respecter des fellahs. »

Et elle me montrait, le long des murs du magasin, une série de pavillons de toutes les marines.

Je tirais déjà vers moi la hampe à pointe dorée d'où se déroulaient nos couleurs, lorsque madame Bonhomme m'arrêta le bras.

« Vous pouvez choisir ; on n'est pas obligé d'indiquer sa nation. Tous *ces messieurs* prennent ordinairement un pavillon anglais ; de cette manière, on a plus de sécurité.

— Oh ! madame, lui dis-je, je ne suis pas de ces messieurs-là.

— Je l'avais bien pensé, me dit-elle avec un sourire. »

J'aime à croire que ce ne seraient pas des gens du monde de Paris qui promèneraient les couleurs anglaises sur ce vieux Nil, où s'est reflété le drapeau de la république. Les légitimistes en pèlerinage vers Jérusalem choisissent, il est vrai, le pavillon de Sardaigne. Cela, par exemple, n'a pas d'inconvénient.

II. UNE FÊTE DE FAMILLE

Nous partons du port de Boulac ; le palais d'un bey mamelouk, devenu aujourd'hui l'école polytechnique, la mosquée blanche qui l'avoisine, les étalages des potiers qui exposent sur la grève ces bardaques de terre poreuse fabriquées à Thèbes qu'apporte la navigation du haut Nil, les chantiers de construction qui bordent encore assez loin la rive droite du fleuve, tout cela disparaît en quelques minutes. Nous courons une bordée vers une île d'alluvion située entre Boulac et Embabeh, dont la rive sablonneuse reçoit bientôt le choc de notre proue ; les deux voiles latines de la cange frissonnent sans prendre le vent :
— *Battal ! battal !* s'écrie le *reïs*, c'est-à-dire : Mauvais ! mauvais ! Il s'agissait probablement du vent. En effet, la vague rougeâtre, frisée par un souffle contraire, nous

jetait au visage son écume, et le remous prenait des teintes ardoisées en peignant les reflets du ciel.

Les hommes descendent à terre pour dégager la cange et la retourner. Alors commence un de ces chants dont les matelots égyptiens accompagnent toutes leurs manœuvres et qui ont invariablement pour refrain *eleyson!* Pendant que cinq ou six gaillards, dépouillés en un instant de leur tunique bleue et qui semblent des statues de bronze florentin, s'évertuent à ce travail, les jambes plongées dans la vase, le *reïs,* assis comme un pacha sur l'avant, fume son narghilé d'un air indifférent. Un quart d'heure après, nous revenons vers Boulac, à demi penchés sur la lame avec la pointe des vergues trempant dans l'eau.

Nous avions gagné à peine deux cents pas sur le cours du fleuve : il fallut retourner la barque, prise cette fois dans les roseaux, pour aller toucher de nouveau à l'île de sable : *Battal! battal!* disait toujours le reïs de temps en temps.

Je reconnaissais à ma droite les jardins des villas riantes qui bordent l'allée de Choubrah ; les sycomores monstrueux qui la forment retentissaient de l'aigre caquetage des corneilles, qu'entrecoupait parfois le cri sinistre des milans.

Du reste, aucun lotus, aucun ibis, pas un trait de la couleur locale d'autrefois ; seulement çà et là de grands buffles plongés dans l'eau et des coqs de Pharaon, sortes de petits faisans aux plumes dorées, voltigeant au-dessus des bois d'orangers et de bananiers des jardins.

J'oubliais l'obélisque d'Héliopolis, qui marque de son doigt de pierre la limite voisine du désert de Syrie et que je regrettais de n'avoir encore vu que de loin. Ce monument ne devait pas quitter notre horizon de la journée, car la navigation de la cange continuait à s'opérer en zig-zag.

Le soir était venu, le disque du soleil descendait derrière la ligne peu mouvementée des montagnes libyques, et tout à coup la nature passait de l'ombre violette du crépuscule à l'obscurité bleuâtre de la nuit. J'aperçus de loin les lumières d'un café, nageant dans leurs flaques d'huile transparente ; l'accord strident du *naz* et du *rebab* accompagnait cette mélodie égyptienne si connue : *Ya teyly! (O nuits!).*

D'autres voix formaient les *répons* du premier vers :
« Ô nuits de joie ! » On chantait le bonheur des amis qui se
rassemblent, l'amour et le désir, flammes divines, éma-
nations radieuses de la *clarté pure* qui n'est qu'au ciel ; on
invoquait *Ahmad,* l'élu, chef des apôtres, et des voix
d'enfants reprenaient en chœur l'antistrophe de cette délicieuse et sensuelle effusion qui appelle la bénédiction du
Seigneur sur les joies nocturnes de la terre.

Je vis bien qu'il s'agissait d'une solennité de famille.
L'étrange gloussement des femmes fellahs succédait au
chœur des enfants, et cela pouvait célébrer une mort aussi
bien qu'un mariage ; car, dans toutes les cérémonies des
Égyptiens, on reconnaît ce mélange d'une joie plaintive
ou d'une plainte entrecoupée de transports joyeux qui
déjà, dans le monde ancien, présidaient à tous les actes de
leur vie.

Le reïs avait fait amarrer notre barque à un pieu planté
dans le sable, et se préparait à descendre. Je lui demandai
si nous ne faisions que nous arrêter dans le village qui
était devant nous. Il répondit que nous devions y passer la
nuit et y rester même le lendemain jusqu'à trois heures,
moment où se lève le vent du sud-ouest (nous étions à
l'époque des moussons).

« J'avais cru, lui dis-je, qu'on ferait marcher la barque
à la corde quand le vent ne serait pas bon.

— Ceci n'est pas, répondit-il, sur notre traité. »

En effet, avant de partir, nous avions fait un écrit
devant le cadi ; mais ces gens y avaient mis évidemment
tout ce qu'ils avaient voulu. Du reste, je ne suis jamais
pressé d'arriver, et cette circonstance, qui aurait fait bon-
dir d'indignation un voyageur anglais, me fournissait
seulement l'occasion de mieux étudier l'antique branche,
si peu frayée, par où le Nil descend du Caire à Damiette.

Le reïs, qui s'attendait à des réclamations violentes,
admira ma sérénité. Le halage des barques est relativement assez coûteux ; car, outre un nombre plus grand de
matelots sur la barque, il exige l'assistance de quelques
hommes de relais échelonnés de village en village.

Une cange contient deux chambres, élégamment peintes et dorées à l'intérieur, avec des fenêtres grillées don-

nant sur le fleuve, et encadrant agréablement le double paysage des rives ; des corbeilles de fleurs, des arabesques compliquées décorent les panneaux ; deux coffres de bois bordent chaque chambre, et permettent, le jour, de s'asseoir les jambes croisées, la nuit, de s'étendre sur des nattes ou sur des coussins. Ordinairement la première chambre sert de divan, la seconde de harem. Le tout se ferme et se cadenasse hermétiquement, sauf le privilège des rats du Nil, dont il faut, quoi qu'on fasse, accepter la société. Les moustiques et autres insectes sont des compagnons moins agréables encore ; mais on évite la nuit leurs baisers perfides au moyen de vastes chemises dont on noue l'ouverture après y être entré comme dans un sac, et qui entourent la tête d'un double voile de gaze sous lequel on respire parfaitement.

Il semblait que nous dussions passer la nuit sur la barque, et je m'y préparais déjà, lorsque le reïs, qui était descendu à terre, vint me trouver avec cérémonie et m'invita à l'accompagner. J'avais quelque scrupule à laisser l'esclave dans la cabine ; mais il me dit lui-même qu'il valait mieux l'emmener avec nous.

III. LE MUTAHIR

En descendant sur la berge, je m'aperçus que nous venions de débarquer simplement à Choubrah. Les jardins du pacha, avec les berceaux de myrte qui en décorent l'entrée, étaient devant nous ; un amas de pauvres maisons bâties en briques de terre crue s'étendait à notre gauche des deux côtés de l'avenue ; le café que j'avais remarqué bordait le fleuve, et la maison voisine était celle du reïs, qui nous pria d'y entrer.

C'était bien la peine, me disais-je, de passer toute la journée sur le Nil ; nous voilà seulement à une lieue du Caire ! J'avais envie d'y retourner passer la soirée et lire les journaux chez madame Bonhomme ; mais le reïs nous avait déjà conduits devant sa maison, et il était clair qu'on y célébrait une fête où il convenait d'assister.

En effet, les chants que nous avions entendus partaient de là; une foule de gens basanés, mélangés de nègres purs, paraissaient se livrer à la joie. Le reïs, dont je n'entendais qu'imparfaitement le dialecte franc assaisonné d'arabe, finit par me faire comprendre que c'était une fête de famille en l'honneur de la circoncision de son fils. Je compris surtout alors pourquoi nous avions fait si peu de chemin.

La cérémonie avait eu lieu la veille à la mosquée, et nous étions seulement au second jour des réjouissances. Les fêtes de famille des plus pauvres Égyptiens sont des fêtes publiques, et l'avenue était pleine de monde : une trentaine d'enfants camarades d'école du jeune circoncis *(mutahir)*, remplissaient une salle basse; les femmes, parentes ou amies de l'épouse du reïs, faisaient cercle dans la pièce du fond, et nous nous arrêtâmes près de cette porte. Le reïs indiqua de loin une place près de sa femme à l'esclave qui me suivait, et celle-ci alla sans hésiter s'asseoir sur le tapis de la *khanoun* (dame), après avoir fait les salutations d'usage.

On se mit à distribuer du café et des pipes, et des Nubiennes commencèrent à danser au son des *tarabouks* (tambours de terre cuite), que plusieurs femmes soutenaient d'une main et frappaient de l'autre. La famille du reïs était trop pauvre sans doute pour avoir des almées blanches; mais les Nubiens dansent pour leur plaisir. Le *loti* ou coryphée faisait les bouffonneries habituelles en guidant les pas de quatre femmes qui se livraient à cette saltarelle éperdue que j'ai décrite, et qui ne varie guère qu'en raison du plus ou moins de feu des exécutants.

Pendant un des intervalles de la musique et de la danse, le reïs m'avait fait prendre place près d'un vieillard qu'il me dit être son père. Ce bonhomme, en apprenant quel était mon pays, m'accueillit avec un juron essentiellement français, que sa prononciation transformait d'une façon comique. C'était tout ce qu'il avait retenu de la langue des vainqueurs de 98. Je lui répondis en criant : « Napoléon ! » Il ne parut pas comprendre. Cela m'étonna; mais je songeai bientôt que ce nom datait seulement de l'empire. « Avez-vous connu Bonaparte ? » lui dis-je en arabe. Il pencha la tête en arrière avec une sorte de rêverie solennelle, et se mit à chanter à pleine gorge :

> *Ya salam, Bounabarteh !*
> Salut à toi ! ô Bonaparte !

Je ne pus m'empêcher de fondre en larmes en écoutant ce vieillard répéter le vieux chant des Égyptiens en l'honneur de celui qu'ils appelaient le sultan Kébir [164]. Je le pressai de le chanter tout entier ; mais sa mémoire n'en avait retenu que peu de vers.

« Tu nous as fait soupirer par ton absence, ô général qui prends le café avec du sucre ! ô général charmant dont les joues sont si agréables, toi dont le glaive a frappé les Turcs ! salut à toi !

« Ô toi dont la chevelure est si belle ! depuis le jour où tu entras au Caire, cette ville a brillé d'une lueur semblable à celle d'une lampe de cristal ; salut à toi ! »

Cependant le reïs, indifférent à ces souvenirs, était allé du côté des enfants, et l'on semblait préparer tout pour une cérémonie nouvelle.

En effet, les enfants ne tardèrent pas à se ranger sur deux lignes, et les autres personnes réunies dans la maison se levèrent ; car il s'agissait de promener dans le village l'enfant qui, la veille déjà, avait été promené au Caire. On amena un cheval richement harnaché, et le petit bonhomme, qui pouvait avoir sept ans, couvert d'habits et d'ornements de femme (le tout emprunté probablement), fut hissé sur la selle, où deux de ses parents le maintenaient de chaque côté. Il était fier comme un empereur, et tenait, selon l'usage, un mouchoir sur sa bouche. Je n'osais le regarder trop attentivement, sachant que les Orientaux craignent en ce cas le *mauvais œil ;* mais je pris garde à tous les détails du cortège, que je n'avais jamais pu si bien distinguer au Caire, où ces processions des *mutahirs* diffèrent à peine de celles des mariages.

Il n'y avait pas à celle-là de bouffons nus, simulant des combats avec des lances et des boucliers ; mais quelques

Nubiens, montés sur des échasses, se poursuivaient avec de longs bâtons : ceci était ~our attirer la foule ; ensuite les musiciens ouvraient la marche ; puis les enfants, vêtus de leurs plus beaux costumes et guidés par cinq ou six faquirs ou santons, qui chantaient des *moals* religieux ; puis l'enfant à cheval, entouré de ses parents, et enfin les femmes de la famille, au milieu desquelles marchaient les danseuses non voilées, qui, à chaque halte, recommençaient leurs trépignements voluptueux. On n'avait oublié ni les porteurs de cassolettes parfumées, ni les enfants qui secouent les *kumkam,* flacons d'eau de rose dont on asperge les spectateurs ; mais le personnage le plus important du cortège était sans nul doute le barbier, tenant en main l'instrument mystérieux (dont le pauvre enfant devait plus tard faire l'épreuve), tandis que son aide agitait au bout d'une lance une sorte d'enseigne chargée des attributs de son métier. Devant le *mutahir* était un de ses camarades, portant, attachée à son col, la *tablette à écrire,* décorée par le maître d'école de chefs-d'œuvre calligraphiques. Derrière le cheval, une femme jetait continuellement du sel pour conjurer les mauvais esprits. La marche était fermée par les femmes gagées, qui servent de pleureuses aux enterrements et qui accompagnent les cérémonies de mariage et de circoncision avec le même *oulouloulou!* dont la tradition se perd dans la plus haute antiquité.

Pendant que le cortège parcourait les rues peu nombreuses du petit village de Choubrah, j'étais resté avec le grand-père du mutahir, ayant eu toutes les peines du monde à empêcher l'esclave de suivre les autres femmes. Il avait fallu employer le *mafisch,* tout-puissant chez les Égyptiens, pour lui interdire ce qu'elle regardait comme un devoir de politesse et de religion. Les nègres préparaient des tables et décoraient la salle de feuillages. Pendant ce temps, je cherchais à tirer du vieillard quelques éclairs de souvenirs en faisant résonner à ses oreilles, avec le peu que je savais d'arabe, les noms glorieux de Kléber et de Menou. Il ne se souvenait que du colonel Barthélemy, l'ancien chef de la police du Caire, qui a laissé de grands souvenirs dans le peuple, à cause de sa

grande taille et du magnifique costume qu'il portait.
Barthélemy a inspiré des chants d'amour dont les femmes
n'ont pas seules gardé la mémoire :

> « Mon *bien-aimé* est coiffé d'un chapeau brodé ; — des nœuds et
> des rosettes ornent sa ceinture.
> « J'ai voulu l'embrasser, il m'a dit : *Aspetta* (attends)! Oh ! qu'il est
> doux son langage italien ! — Dieu garde celui dont les yeux sont des
> yeux de gazelle !
> « Que tu es donc beau, Fart-el-Roumy (Barthélemy), quand tu
> proclames la paix publique avec un firman à la main ! »

IV. LE SIRAFEH

A l'entrée du mutahir, tous les enfants vinrent s'asseoir
quatre par quatre autour des tables rondes où le maître
d'école, le barbier et les santons occupèrent les places
d'honneur. Les autres grandes personnes attendirent la fin
du repas pour y prendre part à leur tour. Les Nubiens
s'assirent devant la porte et reçurent le reste des plats dont
ils distribuèrent encore les derniers reliefs à de pauvres
gens attirés par le bruit de la fête. Ce n'est qu'après avoir
passé par deux ou trois séries d'invités inférieurs que les
os parvenaient à un dernier cercle composé de chiens
errants attirés par l'odeur des viandes. Rien ne se perd
dans ces festins de patriarche, où, si pauvre que soit
l'amphitryon, toute créature vivante peut réclamer sa part
de fête. Il est vrai que les gens aisés ont l'usage de payer
leur écot par de petits présents, ce qui adoucit un peu la
charge que s'imposent, dans ces occasions, les familles
du peuple.

Cependant arrivait, pour le mutahir, l'instant doulou-
reux qui devait clore la fête. On fit lever de nouveau les
enfants, et ils entrèrent seuls dans la salle où se tenaient
les femmes. On chantait : « O toi, sa tante paternelle ! ô
toi, sa tante maternelle ! viens préparer son *sirafeh* ! » A
partir de ce moment, les détails m'ont été donnés par
l'esclave présente à la cérémonie du sirafeh.

Les femmes remirent aux enfants un châle dont quatre d'entre eux tinrent les coins. La tablette à écrire fut placée au milieu, et le principal élève de l'école *(arif)* se mit à psalmodier un chant dont chaque verset était ensuite répété en chœur par les enfants et par les femmes. On priait le Dieu qui sait tout, « qui connaît le pas de la fourmi noire et son travail dans les ténèbres », d'accorder sa bénédiction à cet enfant, qui déjà savait lire et pouvait comprendre le Coran. On remerciait en son nom le père, qui avait payé les leçons du maître, et la mère, qui dès le berceau lui avait enseigné la parole.

> « Dieu m'accorde, disait l'enfant à sa mère, de te voir assise au paradis et saluée par Maryam (Marie), par Zeynab, fille d'Ali, et par Fatime, fille du prophète ! »

Le reste des versets était à la louange des faquirs [165] et du maître d'école, comme ayant expliqué et fait apprendre à l'enfant les divers chapitres du Coran.

D'autres chants moins graves succédaient à ces litanies.

> « O vous, jeunes filles qui nous entourez, disait l'*arif*, je vous recommande aux soins de Dieu lorsque vous peignez vos yeux et que vous vous regardez au miroir !
> « Et vous femmes mariées ici rassemblées, par la vertu du chapitre 37 : *la fécondité*, soyez bénies ! — Mais s'il est ici des femmes qui aient vieilli dans le célibat, qu'elles soient à coups de savate chassées dehors ! »

Pendant cette cérémonie, les garçons promenaient autour de la salle le *sirafeh*, et chaque femme déposait sur la tablette des cadeaux de petite monnaie ; après quoi on versait les pièces dans un mouchoir dont les enfants devaient faire don aux faquirs.

En revenant dans la chambre des hommes, le mutahir fut placé sur un siège élevé. Le barbier et son aide se tinrent debout des deux côtés avec leurs instruments. On plaça devant l'enfant un bassin de cuivre où chacun dut venir déposer son offrande ; après quoi il fut amené par le barbier dans une pièce séparée où l'opération s'accomplit sous les yeux de deux de ses parents, pendant que les symbales résonnaient pour couvrir ses plaintes.

L'assemblée, sans se préoccuper d'avantage de cet incident, passa encore la plus grande partie de la nuit à boire des sorbets, du café et une sorte de bière épaisse *(bouza)*, boisson enivrante, dont les noirs principalement faisaient usage, et qui est sans doute la même qu'Hérodote désigne sous le nom de vin d'orge [166].

V. LA FORÊT DE PIERRE

Je ne savais trop que faire le lendemain matin pour attendre l'heure où le vent devait se lever. Le reïs et tout son monde se livraient au sommeil avec cette insouciance profonde du grand jour qu'ont peine à concevoir les gens du Nord. J'eus l'idée de laisser l'esclave pour toute la journée dans la cange, et d'aller me promener vers Héliopolis, éloigné d'à peine une lieue.

Tout à coup je me souvins d'une promesse que j'avais faite à un brave commissaire de marine qui m'avait prêté sa cabine pendant la traversée de Syra à Alexandrie. « Je ne vous demande qu'une chose, m'avait-il dit, lorsqu'à l'arrivée je lui fis mes remerciements, c'est de ramasser pour moi quelques fragments de la forêt pétrifiée qui se trouve dans le désert, à peu de distance du Caire. Vous les remettrez, en passant à Smyrne, chez madame Carton, rue des Roses. »

Ces sortes de commissions sont sacrées entre voyageurs; la honte d'avoir oublié celle-là me fit résoudre immédiatement cette expédition facile. Du reste, je tenais aussi à voir cette forêt dont je ne m'expliquais pas la structure. Je réveillai l'esclave qui était de très mauvaise humeur, et qui demanda à rester avec la femme du reïs. J'avais l'idée dès lors d'emmener le reïs; une simple réflexion et l'expérience acquise des mœurs du pays me prouvèrent que, dans cette famille honorable, l'innocence de la pauvre Zeynab ne courait aucun danger.

Ayant pris les dispositions nécessaires et averti le reïs qui me fit venir un ânier intelligent, je me dirigeai vers

Héliopolis, laissant à gauche le canal d'Adrien, creusé jadis du Nil à la mer Rouge, et dont le lit desséché devait plus tard tracer notre route au milieu des dunes de sable.

Tous les environs de Choubrah sont admirablement cultivés. Après un bois de sycomores qui s'étend autour des haras, on laisse à gauche une foule de jardins où l'oranger est cultivé dans l'intervalle des dattiers plantés en quinconces ; puis, en traversant une branche du *Calish* ou canal du Caire, on gagne en peu de temps la lisière du désert, qui commence sur la limite des inondations du Nil. Là, s'arrête le damier fertile des plaines, si soigneusement arrosées par les rigoles qui coulent des *saquiès* ou puits à roues ; là commence, avec l'impression de la tristesse et de la mort qui ont vaincu la nature elle-même, cet étrange faubourg de constructions sépulcrales qui ne s'arrête qu'au Mokatam, et qu'on appelle de ce côté la *Vallée des Califes*. C'est là que Touloun et Bibars, Saladin et Malek-Adel [167], et mille autres héros de l'islam, reposent non dans de simples tombes, mais dans de vastes palais brillants encore d'arabesques et de dorures, entremêlés de vastes mosquées. Il semble que les spectres, habitants de ces vastes demeures, aient voulu encore des lieux de prière et d'assemblée, qui, si l'on en croit la tradition, se peuplent à certains jours d'une sorte de fantasmagorie historique.

En nous éloignant de cette triste cité dont l'aspect extérieur produit l'effet d'un brillant quartier du Caire, nous avions gagné la levée d'Héliopolis, construite jadis pour mettre cette ville à l'abri des plus hautes inondations. Toute la plaine qu'on aperçoit au-delà est bosselée de petites collines formées d'amas de décombres. Ce sont principalement les ruines d'un village qui recouvrent là les restes perdus des constructions primitives. Rien n'est resté debout ; pas une pierre antique ne s'élève au-dessus du sol, excepté l'obélisque, autour duquel on a planté un vaste jardin.

L'obélisque forme le centre de quatre allées d'ébéniers qui divisent l'enclos ; des abeilles sauvages ont établi leurs alvéoles dans les anfractuosités de l'une des faces qui, comme on sait, est dégradée. Le jardinier, habitué aux visites des voyageurs, m'offrit des fleurs et des fruits. Je pus m'asseoir et songer un instant aux splendeurs décrites par Strabon [168], aux trois autres obélisques du temple du Soleil, dont deux sont à Rome et dont l'autre a été détruit ; à ces avenues de sphinx en marbre jaune du nombre desquels un seul se voyait encore au siècle dernier ; à cette ville enfin, berceau des sciences, où Hérodote et Platon vinrent se faire initier aux mystères. Héliopolis a d'autres souvenirs encore au point de vue biblique. Ce fut là que Joseph donna ce bel exemple de chasteté que notre époque n'apprécie plus qu'avec un sourire ironique. Aux yeux des Arabes, cette légende a un tout autre caractère : *Joseph* et *Zuleïka* sont les types consacrés de l'amour pur [169], des sens vaincus par le devoir, et triomphant d'une double tentation ; car le maître de Joseph était un des eunuques de Pharaon. Dans la légende originale souvent traitée par les poètes de l'Orient, la tendre Zuleïka n'est point sacrifiée comme dans celle que nous connaissons. Mal jugée d'abord par les femmes de Memphis, elle fut de toutes parts excusée dès que Joseph, sorti de sa prison, eut fait admirer à la cour de Pharaon tout le charme de sa beauté.

Le sentiment d'amour platonique dont les poètes arabes supposent que Joseph fut animé pour Zuleïka, et qui rend certes son sacrifice d'autant plus beau, n'empêcha pas ce patriarche de s'unir plus tard à la fille d'un prêtre d'Héliopolis, nommée Azima. Ce fut un peu plus loin, vers le nord, qu'il établit sa famille à un endroit nommé Gessen, où l'on a cru de nos jours retrouver les restes d'un temple juif bâti par Onias [170].

Je n'ai pas eu le temps de visiter ce berceau de la postérité de Jacob ; mais je ne laisserai pas échapper l'occasion de laver tout un peuple, dont nous avons accepté les traditions patriarcales, d'un acte peu loyal que les philosophes lui ont durement reproché. Je discutais un jour au Caire sur la fuite d'Égypte du peuple de Dieu avec un *humoriste* de Berlin, qui faisait partie comme savant de l'expédition de M. Lepsius :

« Croyez-vous donc, me dit-il, que tant d'honnêtes Hébreux auraient eu l'indélicatesse d'*emprunter* ainsi la vaisselle de gens qui, quoique Égyptiens, avaient été évidemment leurs voisins ou leurs amis?

— Cependant, observai-je, il faut croire cela ou nier l'Écriture.

— Il peut y avoir erreur dans la version ou interpolation dans le texte; mais faites attention à ce que je vais vous dire: les Hébreux ont eu de tout temps le génie de la banque et de l'escompte. Dans cette époque encore naïve, on ne devait guère prêter que sur gages... et persuadez-vous bien que telle était déjà leur industrie principale.

— Mais les historiens les peignent occupés à mouler des briques pour les pyramides (lesquelles, il est vrai, sont en pierre), et la rétribution de ces travaux se faisait en oignons et autres légumes.

— Eh bien! s'ils ont pu amasser quelques oignons, croyez fermement qu'ils ont su les faire valoir et que cela leur en a rapporté beaucoup d'autres.

— Que faudrait-il en conclure?

— Rien autre chose, sinon que l'argenterie qu'ils ont emportée formait probablement le gage exact des prêts qu'ils avaient pu faire dans Memphis. L'Égyptien est négligent; il avait sans doute laissé s'accumuler les intérêts et les frais, et la rente au taux légal...

— De sorte qu'il n'y avait pas même à réclamer un boni?

— J'en suis sûr. Les Hébreux n'ont emporté que ce qui leur était acquis selon toutes les lois de l'équité naturelle et commerciale. Par cet acte, assurément légitime, ils ont fondé dès lors les vrais principes du crédit. Du reste, le Talmud dit en termes précis: «Ils ont pris seulement ce qui était à eux.»

Je donne pour ce qu'il vaut ce paradoxe berlinois. Il me tarde de retrouver à quelques pas d'Héliopolis des souvenirs plus grands de l'histoire biblique. Le jardinier qui veille à la conservation du dernier monument de cette cité illustre, appelée primitivement *Ainschems* ou l'Œil-du-Soleil, m'a donné un de ses fellahs pour me conduire à Matarée. Après quelques minutes de marche dans la poussière, j'ai retrouvé une oasis nouvelle, c'est-à-dire un bois tout entier de sycomores et d'orangers; une source coule à l'entrée de l'enclos, et c'est, dit-on, la seule source d'eau douce que laisse filtrer le terrain nitreux de l'Égypte. Les habitants attribuent cette qualité à une bénédiction divine. Pendant le séjour que la sainte famille fit à Matarée, c'est là, dit-on, que la Vierge venait blanchir le linge de l'Enfant-Dieu. On suppose en outre que cette eau guérit la lèpre. De pauvres femmes qui se tiennent près de la source vous en offrent une tasse moyennant un léger bakchis.

Il reste à voir encore dans le bois le sycomore touffu sous lequel se réfugia la sainte famille, poursuivie par la bande d'un brigand nommé Disma. Celui-ci qui, plus tard, devint le bon larron, finit par découvrir les fugitifs; mais tout à coup la foi toucha son cœur, au point qu'il offrit l'hospitalité à Joseph et à Marie, dans une de ses maisons située sur l'emplacement du vieux Caire, qu'on appelait alors Babylone d'Égypte. Ce Disma, dont les occupations paraissaient lucratives, avait des propriétés partout. On m'avait fait voir déjà, au vieux Caire, dans un couvent cophte, un vieux caveau, voûté en brique, qui passe pour être un reste de l'hospitalière maison de Disma et l'endroit même où couchait la sainte famille.

Ceci appartient à la tradition cophte, mais l'arbre merveilleux de Matarée reçoit les hommages de toutes les communions chrétiennes. Sans penser que ce sycomore remonte à la haute antiquité qu'on suppose, on peut admettre qu'il est le produit des rejetons de l'arbre ancien, et personne ne le visite depuis des siècles sans emporter un fragment du bois ou de l'écorce. Cependant il a toujours des dimensions énormes et semble un baobab de l'Inde; l'immense développement de ses branches et de ses surgeons disparaît sous les *ex-voto,* les chapelets, les légendes, les images saintes, qu'on y vient suspendre ou clouer de toutes parts.

En quittant Matarée, nous ne tardâmes pas à retrouver la trace du canal d'Adrien, qui sert de chemin quelque temps, et où les roues de fer des voitures de Suez laissent des ornières profondes. Le désert est beaucoup moins aride que l'on ne croit; des touffes de plantes balsamiques, des mousses, des lichens et des cactus revêtent presque partout le sol, et de grands rochers garnis de broussailles se dessinent à l'horizon.

La chaîne du Mokatam fuyait à droite vers le sud; le défilé, en se resserrant, ne tarda pas à en masquer la vue, et mon guide m'indiqua du doigt la composition singulière des roches qui dominaient notre chemin : c'étaient des blocs d'huîtres et de coquillages de toute sorte. La mer du déluge, ou peut-être seulement la Méditerranée qui, selon les savants, couvrait autrefois toute cette vallée du Nil, a laissé ces marques incontestables. Que faut-il supposer de plus étrange maintenant? La vallée s'ouvre; un immense horizon s'étend à perte de vue. Plus de traces, plus de chemins; le sol est rayé partout de longues colonnes rugueuses et grisâtres. O prodige! ceci est la forêt pétrifiée.

Quel est le souffle effrayant qui a couché à terre au même instant ces troncs de palmier gigantesques? Pourquoi tous du même côté, avec leurs branches et leurs racines, et pourquoi la végétation s'est-elle glacée et durcie en laissant distincts les fibres du bois et les conduits de la sève? Chaque vertèbre s'est brisée par une sorte de décollement; mais toutes sont restées bout à bout comme les anneaux d'un reptile. Rien n'est plus étonnant au monde. Ce n'est pas une pétrification produite par l'action chimique de la terre; tout est couché à fleur de sol. C'est ainsi que tomba la vengeance des dieux sur les compagnons de Phinée [171]. Serait-ce un terrain quitté par la mer? Mais rien de pareil ne signale l'action ordinaire des eaux. Est-ce un cataclysme subit, un courant des eaux du déluge? Mais comment, dans ce cas, les arbres n'auraient-ils pas surnagé? L'esprit s'y perd; il vaut mieux n'y plus songer!

J'ai quitté enfin cette vallée étrange, et j'ai regagné rapidement Choubrah. Je remarquais à peine les creux de rochers qu'habitent les hyènes et les ossements blanchis de dromadaires qu'a semés abondamment le passage des caravanes; j'emportais dans ma pensée une impression plus grande encore que celle dont on est frappé au premier aspect des pyramides : leurs quarante siècles sont bien petits devant les témoins irrécusables d'un monde primitif soudainement détruit!

VI. Un déjeuner en quarantaine

Nous voilà de nouveau sur le Nil. Jusqu'à Batn-el-Bakarah, le *ventre de la vache,* où commence l'angle inférieur du Delta, je ne faisais que retrouver des rives connues. Les pointes des trois pyramides, teintes de rose le matin et le soir, et que l'on admire si longtemps avant d'arriver au Caire, si longtemps encore après avoir quitté Boulac, disparurent enfin tout à fait de l'horizon. Nous voguions désormais sur la branche orientale du Nil, c'est-à-dire sur le véritable lit du fleuve ; car la branche de Rosette, plus fréquentée des voyageurs d'Europe, n'est qu'une large saignée qui se perd à l'occident.

C'est de la branche de Damiette que partent les principaux canaux deltaïques ; c'est elle aussi qui présente le paysage le plus riche et le plus varié. Ce n'est plus cette rive monotone des autres branches, bordée de quelques palmiers grêles, avec des villages bâtis en briques crues, et çà et là des tombeaux de santons égayés de minarets, des colombiers ornés de renflements bizarres, minces silhouettes panoramiques toujours découpées sur un horizon qui n'a pas de second plan ; la branche, ou, si vous voulez, la *brame* de Damiette, baigne des villes considérables, et traverse partout des campagnes fécondes ; les palmiers sont plus beaux et plus touffus ; les figuiers, les grenadiers et les tamarins présentent partout des nuances infinies de verdure. Les bords du fleuve, aux affluents des nombreux canaux d'irrigation, sont revêtus d'une végétation toute primitive ; du sein des roseaux qui jadis fournissaient le papyrus et des nénuphars variés, parmi lesquels peut-être on retrouverait le lotus pourpré des anciens, on voit s'élancer des milliers d'oiseaux et d'insectes. Tout papillote, étincelle et bruit, sans tenir compte de l'homme, car il ne passe pas là dix Européens par année ; ce qui veut dire que les coups de fusil viennent rarement troubler ces solitudes populeuses. Le cygne sauvage, le pélican, le flamant rose, le héron blanc et la sarcelle se jouent autour des djermes et des canges; mais des vols de colombes, plus facilement effrayées, s'égrènent çà et là en longs chapelets dans l'azur du ciel.

Nous avions laissé à droite Charakhanieh situé sur l'emplacement de l'antique *Cercasorum;* Dagoueh, vieille retraite des brigands du Nil qui suivaient, la nuit, les barques à la nage en cachant leur tête dans la cavité d'une courge creusée; Atrib, qui couvre les ruines d'Atribis, et Methram, ville moderne fort peuplée, dont la mosquée, surmontée d'une tour carrée, fut, dit-on, une église chrétienne avant la conquête arabe.

Sur la rive gauche on retrouve l'emplacement de Busiris sous le nom de Bouzir, mais aucune ruine ne sort de la terre; de l'autre côté du fleuve, Semenhoud, autrefois Sebennitus, fait jaillir du sein de la verdure ses dômes et ses minarets. Les débris d'un temple immense, qui paraît être celui d'Isis, se rencontrent à deux lieues de là. Des têtes de femmes servaient de chapiteau à chaque colonne; la plupart de ces dernières ont servi aux Arabes à fabriquer des meules de moulin [172].

Nous passâmes la nuit devant Mansourah, et je ne pus visiter les fours à poulets célèbres de cette ville, ni la maison de Ben-Lockman où vécut Saint Louis prisonnier. Une mauvaise nouvelle m'attendait à mon réveil; le drapeau jaune de la peste était arboré sur Mansourah, et nous attendait encore à Damiette, de sorte qu'il était impossible de songer à faire des provisions autres que d'animaux vivants. C'était de quoi gâter assurément le plus beau paysage du monde; malheureusement aussi les rives devenaient moins fertiles; l'aspect des rizières inondées, l'odeur malsaine des marécages, dominaient décidément, au-delà de Pharescour, l'impression des dernières beautés de la nature égyptienne. Il fallut attendre jusqu'au soir pour rencontrer enfin le magique spectacle du Nil élargi comme un golfe, des bois de palmiers plus touffus que jamais, de Damiette, enfin, bordant les deux rives de ses maisons italiennes et de ses terrasses de verdure; spectacle qu'on ne peut comparer qu'à celui qu'offre l'entrée du grand canal de Venise, et où de plus les mille aiguilles des mosquées se découpaient dans la brume colorée du soir.

On amarra la cange au quai principal, devant un vaste bâtiment décoré du pavillon de France ; mais il fallait attendre le lendemain pour nous faire reconnaître et obtenir le droit de pénétrer avec notre belle santé dans le sein d'une ville malade. Le drapeau jaune flottait sinistrement sur le bâtiment de la marine, et la consigne était toute dans notre intérêt. Cependant nos provisions étaient épuisées, et cela ne nous annonçait qu'un triste déjeuner pour le lendemain.

Au point du jour toutefois, notre pavillon avait été signalé, ce qui prouvait l'utilité du conseil de madame Bonhomme, et le janissaire du consulat français venait nous offrir ses services. J'avais une lettre pour le consul, et je demandai à le voir lui-même. Après être allé l'avertir, le janissaire vint me prendre et me dit de faire grande attention, afin de ne toucher personne et de ne point être touché pendant la route. Il marchait devant moi avec sa canne à pomme d'argent, et faisait écarter les curieux. Nous montons enfin dans un vaste bâtiment de pierre, fermé de portes énormes, et qui avait la physionomie d'un *okel* ou caravansérail. C'était pourtant la demeure du consul ou plutôt de l'agent consulaire de France qui est en même temps l'un des plus riches négociants en riz de Damiette.

J'entre dans la chancellerie, le janissaire m'indique son maître, et j'allais bonnement lui remettre ma lettre dans la main. « *Aspetta!* » me dit-il d'un air moins gracieux que celui du colonel Barthélemy quand on voulait l'embrasser, et il m'écarte avec un bâton blanc qu'il tenait à la main. Je comprends l'intention, et je présente simplement la lettre. Le consul sort un instant sans rien dire, et revient tenant une paire de pincettes ; il saisit ainsi la lettre, en met un coin sous son pied, déchire très adroitement l'enveloppe avec le bout des pinces, et déploie ensuite la feuille qu'il tient à distance devant ses yeux en s'aidant du même instrument.

Alors sa physionomie se déride un peu, il appelle son chancelier, qui seul parle français, et me fait inviter à déjeuner, mais en me prévenant que ce sera *en quarantaine*. Je ne savais trop ce que pouvait valoir une telle

invitation, mais je pensai d'abord à mes compagnons de
la cange, et je demandai ce que la ville pouvait leur
fournir.

Le consul donna des ordres au janissaire, et je pus
obtenir pour eux du pain, du vin et des poules, seuls
objets de consommation qui soient supposés ne pouvoir
transmettre la peste. La pauvre esclave se désolait dans la
cabine ; je l'en fis sortir pour la présenter au consul.

En me voyant revenir avec elle, ce dernier fronça le
sourcil :

« Est-ce que vous voulez emmener cette femme en
France ? me dit le chancelier.

— Peut-être, si elle y consent et si je le puis ; en
attendant, nous partons pour Beyrouth.

— Vous savez qu'une fois en France elle est libre ?

— Je la regarde comme libre dès à présent.

— Savez-vous aussi que si elle s'ennuie en France,
vous serez obligé de la faire revenir en Égypte à vos frais ?

— Mais j'ignorais cela !

— Vous ferez bien d'y songer. Il vaudrait mieux la
revendre ici.

— Dans une ville où est la peste ? ce serait peu généreux !

— Enfin, c'est votre affaire. »

Il expliqua le tout au consul, qui finit par sourire et qui
voulut présenter l'esclave à sa femme. En attendant, on
nous fit passer dans la salle à manger, dont le centre était
occupé par une grande table ronde. Ici commença une
cérémonie nouvelle.

Le consul m'indiqua un bout de la table où je devais
m'asseoir ; il prit place à l'autre bout avec son chancelier
et un petit garçon, son fils sans doute, qu'il alla chercher
dans la chambre des femmes. Le janissaire se tenait
debout à droite de la table pour bien marquer la sépara-
tion.

Je pensais qu'on inviterait aussi la pauvre Zeynab ;
mais elle s'était assise, les jambes croisées, sur une natte,
avec la plus parfaite indifférence, comme si elle se trouvait encore au bazar. Elle croyait peut-être au fond que je
l'avais amenée là pour la revendre.

Le chancelier prit la parole et me dit que notre consul était un négociant catholique natif de Syrie, et que l'usage n'étant pas, même chez les chrétiens, d'admettre les femmes à table, on allait faire paraître la *khanoun* (maîtresse de la maison) seulement pour me faire honneur.

En effet, la porte s'ouvrit ; une femme d'une trentaine d'année et d'un embonpoint marqué s'avança majestueusement dans la salle, et prit place en face du janissaire sur une chaise haute avec escabeau, adossée au mur. Elle portait sur la tête une immense coiffure conique, drapée d'un cachemire jaune avec des ornements d'or. Ses cheveux nattés et sa poitrine étincelaient de diamants. Elle avait l'air d'une madone, et son teint de lis pâle faisait ressortir l'éclat sombre de ses yeux, dont les paupières et les sourcils étaient peints selon la coutume.

Des domestiques, placés de chaque côté de la salle, nous servaient des mets pareils dans des plats différents, et l'on m'expliqua que ceux de mon côté n'étaient pas en quarantaine, et qu'il n'y avait rien à craindre, si par hasard ils touchaient mes vêtements. Je comprenais difficilement comment, dans une ville pestiférée, il y avait des gens tout à fait isolés de la contagion. J'étais cependant moi-même un exemple de cette singularité.

Le déjeuner fini, la khanoun, qui nous avait regardés silencieusement sans prendre place à notre table, avertie par son mari de la présence de l'esclave amenée par moi, lui adressa la parole, lui fit des questions et ordonna qu'on lui servît à manger. On apporta une petite table ronde pareille à celle du pays, et le service en quarantaine s'effectua pour elle comme pour moi.

Le chancelier voulut bien ensuite m'accompagner pour me faire voir la ville. La magnifique rangée des maisons qui bordent le Nil n'est pour ainsi dire qu'une décoration de théâtre ; tout le reste est poudreux et triste ; la fièvre et la peste semblent transpirer des murailles. Le janissaire marchait devant nous en faisant écarter une foule livide vêtue de haillons bleus. Je ne vis de remarquable que le tombeau d'un santon célèbre, honoré par les marins turcs, une vieille église bâtie par les croisés dans le style byzantin, et une colline aux portes de la ville entièrement formée, dit-on, des ossements de l'armée de Saint Louis.

Je craignais d'être obligé de passer plusieurs jours dans cette ville désolée. Heureusement le janissaire m'apprit le soir même que la bombarde la *Santa-Barbara* allait appareiller au point du jour pour les côtes de Syrie. Le consul voulut bien y retenir mon passage et celui de l'esclave; le soir même, nous quittions Damiette pour aller rejoindre en mer ce bâtiment commandé par un capitaine grec.

VI. LA SANTA-BARBARA

I. Un compagnon

> « Istamboldan ! Ah ! Yélir firman !
> « Yélir, Yélir, Istamboldan [173] ! »

C'était une voix grave et douce, une voix de jeune homme blond ou de jeune fille brune, d'un timbre frais et pénétrant, résonnant comme un chant de cigale altérée à travers la brume poudreuse d'une matinée d'Égypte. J'avais entrouvert, pour l'entendre mieux, une des fenêtres de la cange, dont le grillage doré se découpait, hélas ! sur une côte aride ; nous étions loin déjà des plaines cultivées et des riches palmeraies qui entourent Damiette. Partis de cette ville à l'entrée de la nuit, nous avions atteint en peu de temps le rivage d'Esbeh, qui est l'échelle maritime et l'emplacement primitif de la ville des croisades. Je m'éveillais à peine, étonné de ne plus être bercé par les vagues, et ce chant continuait à résonner par intervalles comme venant d'une personne assise sur la grève, mais cachée par l'élévation des berges. Et la voix reprenait encore avec une douceur mélancolique :

> « Kaïkélir ! Istamboldan !…
> « Yélir, Yélir, Istamboldan ! »

Je comprenais bien que ce chant célébrait Stamboul dans un langage nouveau pour moi, qui n'avait plus les rauques consonances de l'arabe ou du grec, dont mon oreille était fatiguée. Cette voix, c'était l'annonce loin-

taine de nouvelles populations, de nouveaux rivages;
j'entrevoyais déjà, comme en un mirage, la reine du
Bosphore parmi ses eaux bleues et sa sombre verdure, et,
l'avouerai-je? ce contraste avec la nature monotone et
brûlée de l'Égypte m'attirait invinciblement. Quitte à
pleurer les bords du Nil plus tard sous les verts cyprès de
Péra, j'appelais au secours de mes sens amollis par l'été,
l'air vivifiant de l'Asie. Heureusement la présence, sur le
bateau, du janissaire que notre consul avait chargé de
m'accompagner m'assurait d'un départ prochain.

On attendait l'heure favorable pour passer le *boghaz*,
c'est-à-dire la barre formée par les eaux de la mer luttant
contre le cours du fleuve, et une djerme, chargée de riz
qui appartenait au consul, devait nous transporter à bord
de la *Santa-Barbara,* arrêtée à une lieue en mer.

Cependant la voix reprenait:

> « Ah! ah! ah! drommatina!
> « Drommatina dieljédélim!... »

Qu'est-ce que cela peut signifier? me disais-je; cela
doit être du turc, et je demandai au janissaire s'il comprenait. « C'est un dialecte des provinces, répondit-il; je ne
comprends que le turc de Constantinople; quant à la
personne qui chante, ce n'est pas grand'chose de bon: un
pauvre diable sans asile, un *banian!* »

J'ai toujours remarqué avec peine le mépris constant de
l'homme qui remplit des fonctions serviles à l'égard du
pauvre qui cherche fortune ou qui vit dans l'indépendance. Nous étions sortis du bateau et, du haut de la
levée, j'apercevais un jeune homme nonchalamment couché au milieu d'une touffe de roseaux secs. Tourné vers
le soleil naissant qui perçait peu à peu la brume étendue
sur les rizières, il continuait sa chanson, dont je recueil-
lais aisément les paroles ramenées par de nombreux re-
frains:

> « Déyouldoumou! Bourouldoumou!
> « Aly Osman yadjénamdah! »

Il y a dans certaines langues méridionales un charme
syllabique, une grâce d'intonation qui convient aux voix

des femmes et des jeunes gens, et qu'on écouterait volontiers des heures entières sans comprendre. Et puis ce chant langoureux, ces modulations chevrotantes qui rappelaient nos vieilles chansons de campagne, tout cela me charmait avec la puissance du contraste et de l'inattendu ; quelque chose de pastoral et d'amoureusement rêveur jaillissait pour moi de ces mots riches en voyelles et cadencés comme des chants d'oiseaux. C'est peut-être, me disais-je, quelque chant d'un pasteur de Trébizonde ou de la Marmarique. Il me semble entendre des colombes qui roucoulent sur la pointe des ifs ; cela doit se chanter dans des vallons bleuâtres où les eaux douces éclairent de reflets d'argent les sombres rameaux du mélèze, où les roses fleurissent sur des hautes charmilles, où les chèvres se suspendent aux rochers verdoyants comme dans une idylle de Théocrite.

Cependant je m'étais rapproché du jeune homme qui m'aperçut enfin, et, se levant, me salua en disant : « Bonjour, monsieur. »

C'était un beau garçon aux traits circassiens, à l'œil noir, avec un teint blanc et des cheveux blonds coupés de près, mais non pas rasés selon l'usage des Arabes. Une longue robe de soie rayée, puis un pardessus de drap gris, composaient son ajustement, et un simple *tarbouch* de feutre rouge lui servait de coiffure ; seulement la forme plus ample et la houppe mieux fournie de soie bleue que celle des bonnets égyptiens, indiquaient le sujet immédiat d'Abdul-Medjid [174]. Sa ceinture, faite d'un aunage de cachemire à bas prix, portait, au lieu des collections de pistolets et de poignards dont tout homme libre ou tout serviteur gagé se hérisse en général la poitrine, une écritoire de cuivre d'un demi-pied de longueur. Le manche de cet instrument oriental contient l'encre, et le fourreau contient les roseaux qui servent de plumes *(calam)*. De loin, cela peut passer pour un poignard, mais c'est l'insigne pacifique du simple lettré.

Je me sentis tout d'un coup plein de bienveillance pour ce confrère, et j'avais quelque honte de l'attirail guerrier qui, au contraire, dissimulait ma profession. « Est-ce que vous habitez dans ce pays ? dis-je à l'inconnu.

— Non, monsieur, je suis venu avec vous de Damiette.

— Comment, avec moi ?

— Oui, les bateliers m'ont reçu dans la cange et m'ont amené jusqu'ici. J'aurais voulu me présenter à vous, mais vous étiez couché.

— C'est très bien, dis-je, et où allez-vous comme cela ?

— Je vais vous demander la permission de passer aussi sur la djerme, pour gagner le vaisseau où vous allez vous embarquer.

— Je n'y vois pas d'inconvénient, dis-je en me tournant du côté du janissaire ; mais ce dernier me prit à part.

— Je ne vous conseille pas, me dit-il, d'emmener ce garçon. Vous serez obligé de payer son passage, car il n'a rien que son écritoire ; c'est un de ces vagabonds qui écrivent des vers et autres sottises. Il s'est présenté au consul, qui n'en a pas pu tirer autre chose.

— Mon cher, dis-je à l'inconnu, je serais charmé de vous rendre service, mais j'ai à peine ce qu'il me faut pour arriver à Beyrouth et y attendre de l'argent.

— C'est bien, me dit-il, je puis vivre ici quelques jours chez les fellahs. J'attendrai qu'il passe un Anglais. »

Ce mot me laissa un remords. Je m'étais éloigné avec le janissaire, qui me guidait à travers les terres inondées en me faisant suivre un chemin tracé çà et là sur les dunes de sable pour gagner les bords du lac Menzaleh. Le temps qu'il fallait pour charger la djerme des sacs de riz apportés par diverses barques nous laissait tout le loisir nécessaire pour cette expédition.

II. LE LAC MENZALEH

Nous avions dépassé à droite le village d'Esbeh, bâti de briques crues, et où l'on distingue les restes d'une antique mosquée et aussi quelques débris d'arches et de tours appartenant à l'ancienne Damiette, détruite par les Arabes à l'époque de Saint Louis, comme trop exposée aux surprises. La mer baignait jadis les murs de cette ville, et en est maintenant éloignée d'une lieue. C'est l'espace que gagne à peu près la terre d'Égypte tous les six cents ans. Les caravanes qui traversent le désert pour passer en Syrie rencontrent sur divers points des lignes régulières où se voient, de distance en distance, des ruines antiques ensevelies dans le sable, mais dont le vent du désert se plaît quelquefois à faire revivre les contours. Ces spectres de villes dépouillées pour un temps de leur linceul poudreux effrayent l'imagination des Arabes, qui attribuent leur construction aux génies. Les savants de l'Europe retrouvent, en suivant ces traces, une série de cités bâties au bord de la mer sous telle ou telle dynastie de rois pasteurs ou de conquérants thébains. C'est par le calcul de cette retraite des eaux de la mer aussi bien que par celui des diverses couches du Nil empreintes dans le limon, et dont on peut compter les marques en formant des excavations, qu'on est parvenu à faire remonter à quarante mille ans l'antiquité du sol de l'Égypte. Ceci s'arrange mal peut-être avec la Genèse; cependant ces longs siècles consacrés à l'action mutuelle de la terre et des eaux ont pu constituer ce que le livre saint appelle «matière sans forme [175]», l'organisation des êtres étant le seul principe véritable de la création.

Nous avions atteint le bord oriental de la langue de terre où est bâtie Damiette; le sable où nous marchions luisait par places, et il me semblait voir des flaques d'eau congelées dont nos pieds écrasaient la surface vitreuse; c'étaient des couches de sel marin. Un rideau de joncs élancés, de ceux peut-être qui fournissaient autrefois le papyrus, nous cachait encore les bords du lac; nous arrivâmes enfin à un port établi pour les barques des pêcheurs, et de là je crus voir la mer elle-même dans un jour de calme. Seulement des îles lointaines, teintes de rose par le soleil levant, couronnées çà et là de dômes et de minarets, indiquaient un lieu plus paisible, et des barques à voiles latines circulaient par centaines sur la surface unie des eaux.

C'était le lac Menzaleh, l'ancien *Maréotis,* où Tanis ruinée occupe encore l'île principale, et dont Péluse bornait l'extrémité voisine de la Syrie, Péluse, l'ancienne porte de l'Égypte, où passèrent tour à tour Cambyse, Alexandre et Pompée, ce dernier, comme on sait, pour y trouver la mort.

Je regrettais de ne pouvoir parcourir le riant archipel semé dans les eaux du lac et assister à quelqu'une de ces pêches magnifiques qui fournissent des poissons à l'Égypte entière. Des oiseaux d'espèces variées planent sur cette mer intérieure, nagent près des bords ou se réfugient dans le feuillage des sycomores, des cassiers et des tamarins; les ruisseaux et les canaux d'irrigation qui traversent partout les rizières offrent des variétés de végétation marécageuse, où les roseaux, les joncs, le nénuphar et sans doute aussi le *lotus* des anciens émaillent l'eau verdâtre et bruissent du vol d'une quantité d'insectes que poursuivent les oiseaux. Ainsi s'accomplit cet éternel mouvement de la nature primitive où luttent des esprits féconds et meurtriers.

Quand, après avoir traversé la plaine, nous remontâmes sur la jetée, j'entendis de nouveau la voix du jeune homme qui m'avait parlé; il continuait à répéter: « *Yélir, yélir, Istamboldan!* » Je craignais d'avoir eu tort de refuser sa demande, et je voulus rentrer en conversation avec lui en l'interrogeant sur le sens de ce qu'il chantait. « C'est, me dit-il, une chanson qu'on a faite à l'époque du massacre des janissaires [176]. J'ai été bercé avec cette chanson. »

Comment! disais-je en moi-même, ces douces paroles, cet air langoureux renferment des idées de mort et de carnage! ceci nous éloigne un peu de l'églogue.

La chanson voulait dire à peu près:

« Il vient de Stamboul, le firman (celui qui annonçait la destruction des janissaires)! — Un vaisseau l'apporte, — Ali-Osman [177] l'attend; — un vaisseau arrive, — mais le firman ne vient pas; — tout le peuple est dans l'incertitude. — Un second vaisseau arrive; voilà enfin celui qu'attendait Ali-Osman. — Tous les musulmans revêtent leurs habits brodés — et s'en vont se divertir dans la campagne, — car il est certainement arrivé cette fois, le firman! »

À quoi bon vouloir tout approfondir? J'aurais mieux aimé ignorer désormais le sens de ces paroles. Au lieu

d'un chant de pâtre ou du rêve d'un voyageur qui pense à
Stamboul, je n'avais plus dans la mémoire qu'une sotte
chanson politique.

« Je ne demande pas mieux, dis-je tout bas au jeune
homme, que de vous laisser entrer dans la djerme, mais
votre chanson aura peut-être contrarié le janissaire, quoiqu'il ait eu l'air de ne pas la comprendre...

— Lui, un janissaire ? me dit-il. Il n'y en a plus dans
tout l'empire ; les consuls donnent encore ce nom, par
habitude, à leurs *cavas ;* mais lui n'est qu'un Albanais,
comme moi je suis un Arménien. Il m'en veut, parce
qu'étant à Damiette je me suis offert à conduire des
étrangers pour visiter la ville ; à présent, je vais à Beyrouth. »

Je fis comprendre au janissaire que son ressentiment
devenait sans motif. « Demandez-lui, me dit-il, s'il a de
quoi payer son passage sur le vaisseau.

— Le capitaine Nicolas est mon ami », répondit l'Arménien.

Le janissaire secoua la tête, mais il ne fit plus aucune
observation. Le jeune homme se leva lestement, ramassa
un petit paquet qui paraissait à peine sous son bras et nous
suivit. Tout mon bagage avait été déjà transporté sur la
djerme, lourdement chargée. L'esclave javanaise, que le
plaisir de changer de lieu rendait indifférente au souvenir
de l'Égypte, frappait ses mains brunes avec joie en
voyant que nous allions partir et veillait à l'emménage-
ment des cages de poules et de pigeons. La crainte de
manquer de nourriture agit fortement sur ces âmes naïves.
L'état sanitaire de Damiette ne nous avait pas permis de
réunir des provisions plus variées. Le riz ne manquant
pas, du reste, nous étions voués pour toute la traversée au
régime du pilau.

III. LA BOMBARDE

Nous descendîmes le cours du Nil pendant une lieue
encore ; les rives plates et sablonneuses s'élargissaient à

perte de vue, et le *boghaz* qui empêche les vaisseaux
d'arriver jusqu'à Damiette ne présentait plus à cette heure-là qu'une barre presque insensible. Deux forts proté-
gent cette entrée, souvent franchie au Moyen Age, mais
presque toujours fatale aux vaisseaux.

Les voyages sur mer sont aujourd'hui, grâce à la vapeur, tellement dépourvus de danger, que ce n'est pas
sans quelque inquiétude qu'on se hasarde sur un bateau à
voiles. Là renaît la chance fatale qui donne aux poissons
leur revanche de la voracité humaine, ou tout au moins la
perspective d'errer dix ans sur des côtes inhospitalières,
comme les héros de l'Odyssée et de l'Énéide. Or, si
jamais vaisseau primitif et suspect de ces fantaisies sil-
lonna les eaux bleues du golfe syrien, c'est la bombarde
baptisée du nom de *Santa-Barbara,* qui en réalise l'idéal
le plus pur. Du plus loin que j'aperçus cette sombre
carcasse, pareille à un bateau de charbon, élevant sur un
mât unique la longue vergue disposée pour une seule
voile triangulaire, je compris que j'étais mal tombé, et
j'eus l'idée un instant de refuser ce moyen de transport.
Cependant comment faire ? Retourner dans une ville en
proie à la peste pour attendre le passage d'un brick européen (car les bateaux à vapeur ne desservent pas cette
ligne), ce n'était guère moins chanceux. Je regardai mes
compagnons, qui n'avaient l'air ni mécontent ni surpris ;
le janissaire paraissait convaincu d'avoir arrangé les choses pour le mieux ; nulle idée railleuse ne perçait sous le
masque bronzé des rameurs de la djerme ; il semblait donc
que ce navire n'avait rien de ridicule et d'impossible dans
les habitudes du pays. Toutefois cet aspect de galéasse
difforme, de sabot gigantesque enfoncé dans l'eau
jusqu'au bord par le poids des sacs de riz, ne promettait
pas une traversée rapide. Pour peu que les vents nous
fussent contraires, nous risquions d'aller faire connaissance avec la patrie inhospitalière des Lestrigons ou les
rochers *porphyreux* des antiques Phéaciens. O Ulysse !
Télémaque ! Énée ! étais-je destiné à vérifier par moi-
même votre intinéraire fallacieux ?

Cependant la djerme accoste le navire, on nous jette
une échelle de corde traversée de bâtons, et nous voilà

hissés sur le bordage et initiés aux joies de l'intérieur. *Kalimèra* (bonjour), dit le capitaine, vêtu comme ses matelots, mais se faisant reconnaître par ce salut grec, et il se hâte de s'occuper de l'embarquement des marchandises, bien autrement important que le nôtre. Les sacs de riz formaient une montagne sur l'arrière, au-delà de laquelle une petite portion de la dunette était réservée au timonier et au capitaine; il était donc impossible de se promener autrement que sur les sacs, le milieu du vaisseau étant occupé par la chaloupe et les deux côtés encombrés de cages de poules; un seul espace assez étroit existait devant la cuisine, confiée aux soins d'un jeune mousse fort éveillé.

Aussitôt que ce dernier vit l'esclave, il s'écria: *Kokona! kalì! kalì!* (une femme! belle! belle!). Ceci s'écartait de la réserve arabe, qui ne permet pas que l'on paraisse remarquer soit une femme, soit un enfant. Le janissaire était monté avec nous et surveillait le chargement des marchandises qui appartenaient au consul. « Ah çà, lui dis-je, où va-t-on nous loger? vous m'aviez dit qu'on nous donnerait la chambre du capitaine. — Soyez tranquille, répondit-il, on rangera tous ces sacs, et ensuite vous serez très bien. » Sur quoi il nous fit ses adieux et descendit dans la djerme, qui ne tarda pas à s'éloigner.

Nous voilà donc, Dieu sait pour combien de temps, sur un de ces vaisseaux syriens que la moindre tempête brise à la côte comme des coques de noix. Il fallut attendre le vent d'ouest de trois heures pour mettre à la voile. Dans l'intervalle, on s'était occupé du déjeuner. Le capitaine Nicolas avait donné ses ordres, et son pilau cuisait sur l'unique fourneau de la cuisine; notre tour ne devait arriver que plus tard.

Je cherchais cependant où pouvait être cette fameuse chambre du capitaine qui nous avait été promise, et je chargeai l'Arménien de s'en informer auprès de *son ami,* lequel ne paraissait nullement l'avoir reconnu jusque-là. Le capitaine se leva froidement et nous conduisit vers une espèce de soute située sous le tillac de l'avant, où l'on ne pouvait entrer que plié en deux, et dont les parois étaient littéralement couvertes de ces grillons rouges, longs

comme le doigt, que l'on appelle *cancrelats,* et qu'avait
attirés sans doute un chargement précédent de sucre ou de
cassonade. Je reculai avec effroi et fis mine de me
fâcher. « C'est là ma chambre, me fit dire le capitaine ; je
ne vous conseille pas de l'habiter, à moins qu'il ne vienne
à pleuvoir ; mais je vais vous faire voir un endroit beaucoup plus frais et beaucoup plus convenable. »

Alors il me conduisit près de la grande chaloupe main-
tenue par des cordes entre le mât et l'avant, et me fit
regarder dans l'intérieur. « Voilà, dit-il, où vous serez
très bien couché ; vous avez des matelas de coton que
vous étendrez d'un bout à l'autre, et je vais faire disposer
là-dessus des toiles qui formeront une tente ; maintenant,
vous voilà logé commodément et grandement, n'est-ce
pas ? »

J'aurais eu mauvaise grâce à n'en pas convenir ; le
bâtiment étant donné, c'était assurément le local le plus
agréable, par une température d'Afrique, et le plus isolé
qu'on y pût choisir.

IV. ANDARE SUL MARE [178]

Nous partons : nous voyons s'amincir, descendre et
disparaître enfin sous le bleu niveau de la mer cette frange
de sable qui encadre si tristement les splendeurs de la
vieille Égypte : le flamboiement poudreux du désert reste
seul à l'horizon ; les oiseaux du Nil nous accompagnent
quelque temps, puis nous quittent l'un après l'autre,
comme pour aller rejoindre le soleil qui descend vers
Alexandrie. Cependant un astre éclatant gravit peu à peu
l'arc du ciel et jette sur les eaux des reflets enflammés.
C'est l'étoile du soir, c'est Astarté, l'antique déesse de
Syrie ; elle brille d'un éclat incomparable sur ces mers
sacrées qui la reconnaissent toujours.

Sois-nous propice, ô divinité ! qui n'as pas la teinte
blafarde de la lune, mais qui scintilles dans ton éloignement et verses des rayons dorés sur le monde comme un
soleil de la nuit !

Après tout, une fois la première impression surmontée, l'aspect intérieur de la *Santa-Barbara* ne manquait pas de pittoresque. Dès le lendemain nous nous étions acclimatés parfaitement, et les heures coulaient pour nous comme pour l'équipage dans la plus parfaite indifférence de l'avenir. Je crois bien que le bâtiment marchait à la manière de ceux des anciens, toute la journée d'après le soleil, et la nuit d'après les étoiles. Le capitaine me fit voir une boussole, mais elle était toute détraquée. Ce brave homme avait une physionomie à la fois douce et résolue, empreinte en outre d'une naïveté singulière qui me donnait plus de confiance en lui-même qu'en son navire. Toutefois il m'avoua qu'il avait été quelque peu forban, mais seulement à l'époque de l'indépendance hellénique. C'était après m'avoir invité à prendre part à son dîner, qui se composait d'un pilau en pyramide où chacun plongeait à son tour une petite cuiller de bois. Ceci était déjà un progrès sur la façon de manger des Arabes, qui ne se servent que de leurs doigts.

Une bouteille de terre, remplie de vin de Chypre, de celui qu'on appelle vin de Commanderie [179], défraya notre après-dînée, le capitaine, devenu plus expansif, voulut bien, toujours par l'intermédiaire du jeune Arménien, me mettre au courant de ses affaires. M'ayant demandé si je savais lire le latin, il tira d'un étui une grande pancarte de parchemin qui contenait les titres les plus évidents de la moralité de sa bombarde. Il voulait savoir en quels termes était conçu ce document.

Je me mis à lire, et j'appris que « les pères-secrétaires de la terre sainte appelaient la bénédiction de la Vierge et des saints sur le navire, et certifiaient que le capitaine *Alexis,* Grec catholique, natif de Taraboulous (Tripoli de Syrie), avait toujours rempli ses devoirs religieux. »

« On a mis Alexis, me fit observer le capitaine, mais c'est Nicolas qu'on aurait dû mettre ; ils se sont trompés en écrivant. »

Je donnai mon assentiment, songeant en moi-même que, s'il n'avait pas de patente plus officielle, il ferait bien d'éviter les parages européens. Les Turcs se contentent de peu : le cachet rouge et la croix de Jérusa-

lem apposés à ce billet de confession devaient suffire,
moyennant *bakchis*, à satisfaire aux besoins de la légalité
musulmane.

Rien n'est plus gai qu'une après-dînée en mer par un
beau temps : la brise est tiède, le soleil tourne autour de la
voile dont l'ombre fugitive nous oblige à changer de
place de temps en temps ; cette ombre nous quitte enfin,
et projette sur la mer sa fraîcheur inutile. Peut-être serait-il bon de tendre une simple toile pour protéger la
dunette, mais personne n'y songe : le soleil dore nos
fronts comme des fruits mûrs. C'est là que triomphait
surtout la beauté de l'esclave javanaise. Je n'avais pas
songé un instant à lui faire garder son voile, par ce
sentiment tout naturel qu'un Franc possédant une femme
n'avait pas droit de la cacher. L'Arménien s'était assis
près d'elle sur les sacs de riz, pendant que je regardais le
capitaine jouer aux échecs avec le pilote, et il lui dit
plusieurs fois avec un fausset enfantin : *« Ked ya, siti ! »*
ce qui, je pense, signifiait : « Eh bien donc, madame ! »
Elle resta quelque temps sans répondre, avec cette fierté
qui respirait dans son maintien habituel ; puis elle finit par
se tourner vers le jeune homme, et la conversation s'engagea.

De ce moment, je compris combien j'avais perdu à ne
pas prononcer couramment l'arabe. Son front s'éclaircit,
ses lèvres sourirent, et elle s'abandonna bientôt à ce
caquetage ineffable qui, dans tous les pays, est, à ce qu'il
semble, un besoin pour la plus belle portion de l'humanité. J'étais heureux, du reste, de lui avoir procuré ce
plaisir. L'Arménien paraissait très respectueux, et, se
tournant de temps en temps vers moi, lui racontait sans
doute comment je l'avais rencontré et accueilli. Il ne faut
pas appliquer nos idées à ce qui se passe en Orient, et
croire qu'entre homme et femme une conversation de-
vienne tout de suite... criminelle. Il y a dans les caractères beaucoup plus de simplicité que chez nous ; j'étais
persuadé qu'il ne s'agissait là que d'un bavardage dénué
de sens. L'expression des physionomies et l'intelligence
de quelques mots çà et là m'indiquaient suffisamment
l'innocence de ce dialogue ; aussi restai-je comme ab-

sorbé dans l'observation du jeu d'échecs (et quels
échecs!) du capitaine et de son pilote. Je me comparais
mentalement à ces époux aimables qui, dans une soirée,
s'asseyent aux tables de jeu, laissant causer ou danser
sans inquiétude les femmes et les jeunes gens.

Et d'ailleurs, qu'est-ce qu'un pauvre diable d'Arménien qu'on a ramassé dans les roseaux aux bords du Nil
auprès d'un Franc qui vient du Caire et qui y a mené
l'existence d'un *mirliva* (général), d'après l'estime des
drogmans et de tout un quartier? Si, pour une nonne, un
jardinier est un homme, comme on disait en France au
siècle dernier, il ne faut pas croire que le premier venu
soit quelque chose pour une *cadine* musulmane. Il y a
dans les femmes élevées naturellement, comme dans les
oiseaux magnifiques, un certain orgueil qui les défend
tout d'abord contre la séduction vulgaire. Il me semblait,
du reste, qu'en l'abandonnant à sa propre dignité je m'as-
surais la confiance et le dévouement de cette pauvre
esclave, qu'au fond, ainsi que je l'ai déjà dit, je considé-
rais comme libre du moment qu'elle avait quitté la terre
d'Égypte et mis le pied sur un bâtiment chrétien.

Chrétien! est-ce le terme juste? La *Santa-Barbara*
n'avait pour équipage que des matelots turcs; le capitaine
et son mousse représentaient l'Église romaine, l'Arménien une hérésie quelconque, et moi-même... Mais qui
sait ce que peut représenter en Orient un Parisien nourri
d'idées philosophiques, un fils de Voltaire, un impie,
selon l'opinion de ces braves gens [180]? Chaque matin, au
moment où le soleil sortait de la mer, chaque soir, à
l'instant où son disque, envahi par la ligne sombre des
eaux, s'éclipsait en une minute, laissant à l'horizon cette
teinte rosée qui se fond délicieusement dans l'azur, les
matelots se réunissaient sur un seul rang, tournés vers La
Mecque lointaine, et l'un d'eux entonnait l'hymne de la
prière, comme aurait pu faire le grave muezzin du haut
des minarets. Je ne pouvais empêcher l'esclave de se
joindre à cette religieuse effusion si touchante et si solennelle; dès le premier jour, nous nous vîmes ainsi partagés
en communions diverses. Le capitaine, de son côté, faisait des oraisons de temps en temps à une certaine image

clouée au mât, qui pouvait bien être la patronne du
navire, *santa Barbara;* l'Arménien, en se levant, après
s'être lavé la tête et les pieds avec son savon, mâchonnait
des litanies à voix basse; moi seul, incapable de feinte, je
n'exécutais aucune génuflexion régulière, et j'avais
pourtant quelque honte à paraître moins religieux que ces
gens. Il y a chez les Orientaux une tolérance mutuelle
pour les religions diverses, chacun se classant simplement à un degré supérieur dans la hiérarchie spirituelle,
mais admettant que les autres peuvent bien, à la rigueur,
être dignes de lui servir d'escabeau; le simple philosophe
dérange cette combinaison: où le placer? Le Coran lui-
même, qui maudit les idolâtres et les adorateurs du feu et
des étoiles, n'a pas prévu le scepticisme de notre temps.

V. Idylle

Vers le troisième jour de notre traversée, nous eussions
dû apercevoir la côte de Syrie; mais, pendant la matinée,
nous changions à peine de place, et le vent, qui se levait à
trois heures, enflait la voile par bouffées, puis la laissait
peu après retomber le long du mât. Cela paraissait inquiéter peu le capitaine, qui partageait ses loisirs entre
son jeu d'échecs et une sorte de guitare avec laquelle il
accompagnait toujours le même chant. En Orient chacun
a son air favori, et le répète sans se lasser du matin au
soir, jusqu'à ce qu'il en sache un autre plus nouveau.
L'esclave aussi avait appris au Caire je ne sais quelle
chanson de harem dont le refrain revenait toujours sur une
mélopée traînante et soporifique. C'étaient, je m'en souviens, les deux vers suivants:

> « Ya kabibé! sakel nô!...
> « Ya makmouby! ya sidi! »

J'en comprenais bien quelques mots, mais celui de
kabibé manquait à mon vocabulaire. J'en demandai le
sens à l'Arménien, qui me répondit: «Cela veut dire *un*

petit drôle. » Je couchai ce substantif sur mes tablettes avec l'explication, ainsi qu'il convient quand on veut s'instruire.

Le soir, l'Arménien me dit qu'il était fâcheux que le vent ne fût pas meilleur, et que cela l'inquiétait un peu.

« Pourquoi ? lui dis-je. Nous risquons de rester ici deux jours de plus, voilà tout, et décidément nous sommes très bien sur ce vaisseau.

— Ce n'est pas cela, me dit-il, mais c'est que nous pourrions bien manquer d'eau.

— Manquer d'eau !

— Sans doute ; vous n'avez pas d'idée de l'insouciance de ces gens-là. Pour avoir de l'eau, il aurait fallu envoyer une barque jusqu'à Damiette, car celle de l'embouchure du Nil est salée ; et comme la ville était en quarantaine, ils ont craint les formalités... du moins c'est là ce qu'ils disent, mais, au fond, ils n'y auront pas pensé.

— C'est étonnant, dis-je, le capitaine chante comme si notre situation était des plus simples » ; et j'allai avec l'Arménien l'interroger sur ce sujet.

Il se leva, et me fit voir sur le pont les tonnes à eau entièrement vides, sauf l'une d'elles qui pouvait encore contenir cinq ou six bouteilles d'eau ; puis il s'en alla se rasseoir sur la dunette, et, reprenant sa guitare, il recommença son éternelle chanson en berçant sa tête en arrière contre le bordage.

Le lendemain matin, je me réveillai de bonne heure, et je montai sur le gaillard d'avant avec la pensée qu'il était possible d'apercevoir les côtes de la Palestine ; mais j'eus beau nettoyer mon binocle, la ligne extrême de la mer était aussi nette que la lame courbe d'un damas. Il est même probable que nous n'avions guère changé de place depuis la veille. Je redescendis, et me dirigeai vers l'arrière. Tout le monde dormait avec sérénité ; le jeune mousse était seul debout et faisait sa toilette en se lavant abondamment le visage et les mains avec de l'eau qu'il puisait dans notre dernière tonne de liquide potable.

Je ne pus m'empêcher de manifester mon indignation. Je lui dis ou je crus lui faire comprendre que l'eau de la mer était assez bonne pour la toilette d'un *petit drôle* de son espèce, et voulant formuler cette dernière expression, je me servis du terme de *ya kabibé,* que j'avais noté. Le petit garçon me regarda en souriant, et parut peu touché de la réprimande. Je crus avoir mal prononcé, et je n'y pensai plus.

Quelques heures après, dans ce moment de l'après-dînée où le capitaine Nicolas faisait d'ordinaire apporter par le mousse une énorme cruche de vin de Chypre, à laquelle seuls nous étions invités à prendre part, l'Arménien et moi, en qualité de chrétiens, les matelots, par un respect mal compris pour la loi de Mahomet, ne buvant que de l'eau-de-vie d'anis, le capitaine, dis-je, se mit à parler bas à l'oreille de l'Arménien.

« Il veut, me dit ce dernier, vous faire une proposition.

— Qu'il parle.

— Il dit que c'est délicat, et espère que vous ne lui en voudrez pas si cela vous déplaît.

— Pas du tout.

— Eh bien ! il vous demande si vous voulez faire l'échange de votre esclave contre le *ya ouled* (le petit garçon), qui lui appartient aussi. »

Je fus au moment de partir d'un éclat de rire ; mais le sérieux parfait des deux Levantins me déconcerta. Je crus voir là au fond une de ces mauvaises plaisanteries que les Orientaux ne se permettent guère que dans les situations où un Franc pourrait difficilement les en faire repentir. Je le dis à l'Arménien, qui me répondit avec étonnement :

« Mais non, c'est bien sérieusement qu'il parle ; le petit garçon est très blanc et la femme basanée, et, ajouta-t-il avec un air d'appréciation consciencieuse, je vous conseille d'y réfléchir, le petit garçon vaut bien la femme. »

Je ne suis pas habitué à m'étonner facilement : du reste, ce serait peine perdue dans de tels pays. Je me bornai à répondre que ce marché ne me convenait pas. Ensuite, comme je montrais quelque humeur, le capitaine dit à l'Arménien qu'il était fâché de son indiscrétion, mais qu'il avait cru me faire plaisir. Je ne savais trop quelle était son idée, et je crus voir une sorte d'ironie percer dans sa conversation; je le fis donc presser par l'Arménien de s'expliquer nettement sur ce point.

«Eh bien! me dit ce dernier, il prétend que vous avez, ce matin, fait des compliments au *ya ouled;* c'est, du moins, ce que celui-ci a rapporté.

— Moi! m'écriai-je, je l'ai appelé petit drôle parce qu'il se lavait les mains avec notre eau à boire; j'étais furieux contre lui, au contraire.»

L'étonnement de l'Arménien me fit apercevoir qu'il y avait dans cette affaire un de ces absurdes quiproquos philologiques si communs entre les personnes qui savent médiocrement les langues. Le mot *kabibé,* si singulièrement traduit la veille par l'Arménien, avait, au contraire, la signification la plus charmante et la plus amoureuse du monde. Je ne sais pourquoi le mot de *petit drôle* lui avait paru rendre parfaitement cette idée en français.

Nous nous livrâmes à une traduction nouvelle et corrigée du refrain chanté pas l'esclave, et qui, décidément, signifiait à peu près:

«O mon petit chéri, mon bien-aimé, mon frère, mon maître!»

C'est ainsi que commencent presque toutes les chansons d'amour arabes, susceptibles des interprétations les plus diverses, et qui rappellent aux commerçants l'équivoque classique de l'églogue de Corydon [181].

VI. JOURNAL DE BORD

L'humble vérité n'a pas les ressources immenses des combinaisons dramatiques ou romanesques. Je recueille un à un des événements qui n'ont de mérite que par leur simplicité même, et je sais qu'il serait aisé pourtant, fût-ce dans la relation d'une traversée aussi vulgaire que celle du golfe de Syrie, de faire naître des péripéties vraiment dignes d'attention; mais la réalité grimace à côté du mensonge, et il vaut mieux, ce me semble, dire naïvement, comme les anciens navigateurs : « Tel jour, nous n'avons rien vu en mer qu'un morceau de bois qui flottait à l'aventure ; tel autre, qu'un goéland aux ailes grises... » jusqu'au moment trop rare où l'action se réchauffe et se complique d'un canot de sauvages qui viennent apporter des ignames et des cochons de lait rôtis.

Cependant, à défaut de la tempête obligée, un calme plat tout à fait digne de l'océan Pacifique, et le manque d'eau douce sur un navire composé comme l'était le nôtre, pouvaient amener des scènes dignes d'une Odyssée moderne. Le destin m'a ôté cette chance d'intérêt en envoyant ce soir-là un léger zéphyr de l'ouest qui nous fit marcher assez vite.

J'étais, après tout, joyeux de cet incident, et je me faisais répéter par le capitaine l'assurance que, le lendemain matin, nous pourrions apercevoir à l'horizon les cimes bleuâtres du Carmel. Tout à coup des cris d'épouvante partent de la dunette. *« Farqha el bahr ! farqha el bahr ! —* Qu'est-ce donc ? — Une poule à la mer ! »* La circonstance me paraissait peu grave ; cependant l'un des matelots turcs auquel appartenait la poule se désolait de la manière la plus touchante, et ses compagnons le plaignaient très sérieusement. On le retenait pour l'empêcher de se jeter à l'eau, et la poule déjà éloignée faisait des signes de détresse dont on suivait les phases avec émotion. Enfin, le capitaine, après un moment de doute, donna l'ordre qu'on arrêtât le vaisseau.

Pour le coup, je trouvai un peu fort qu'après avoir perdu deux jours on s'arrêtât par un bon vent pour une poule noyée. Je donnai deux piastres au matelot, pensant que c'était là tout le joint de l'affaire, car un Arabe se ferait tuer pour beaucoup moins. Sa figure s'adoucit, mais il calcula sans doute immédiatement qu'il aurait un double avantage à ravoir la poule, et en un clin d'œil il se débarrassa de ses vêtements et se jeta à la mer.

La distance jusqu'où il nagea était prodigieuse. Il fallut attendre une demi-heure avec l'inquiétude de sa situation et de la nuit qui venait ; notre homme nous rejoignit enfin exténué, et on dut le retirer de l'eau, car il n'avait plus la force de grimper le long du bordage.

Une fois en sûreté, cet homme s'occupait plus de sa poule que de lui-même ; il la réchauffait, l'épongeait, et ne fut content qu'en la voyant respirer à l'aise et sautiller sur le pont.

Le bâtiment s'était remis en route. « Le diable soit de la poule ! dis-je à l'Arménien ; nous avons perdu une heure.

— Eh quoi ! vouliez-vous donc qu'il la laissât se noyer ?

— Mais j'en ai aussi des poules, et je lui en aurais donné plusieurs pour celle-là !

— Ce n'est pas la même chose.

— Comment donc ? mais je sacrifierais toutes les poules de la terre pour qu'on ne perdît pas une heure de bon vent, dans un bâtiment où nous risquons demain de mourir de soif.

— Voyez-vous, dit l'Arménien, la poule s'est envolée à sa gauche, au moment où il s'apprêtait à lui couper le cou.

— J'admettrais volontiers, répondis-je, qu'il se fût dévoué comme musulman pour sauver une créature vivante ; mais je sais que le respect des vrais croyants pour les animaux ne va point jusque-là, puisqu'ils les tuent pour leur nourriture.

— Sans doute ils les tuent, mais avec des cérémonies, en prononçant des prières, et encore ne peuvent-ils leur couper la gorge qu'avec un couteau dont le manche soit percé de trois clous et dont la lame soit sans brèche. Si tout à l'heure la poule s'était noyée, le pauvre homme était certain de mourir d'ici à trois jours.

— C'est bien différent », dis-je à l'Arménien.

Ainsi, pour les Orientaux, c'est toujours une chose grave que de tuer un animal. Il n'est permis de le faire que pour sa nourriture expressément, et dans des formes qui rappellent l'antique institution des sacrifices. On sait qu'il y a quelque chose de pareil chez les Israélites : les bouchers sont obligés d'employer des sacrificateurs *(schocket)* qui appartiennent à l'ordre religieux, et ne tuent chaque bête qu'en employant des formules consacrées. Ce préjugé se trouve avec des nuances diverses dans la plupart des religions du Levant. La chasse même n'est tolérée que contre les bêtes féroces et en punition des dégâts causés par elles. La chasse au faucon était pourtant, à l'époque des califes, le divertissement des grands, mais par une sorte d'interprétation qui rejetait sur l'oiseau de proie la responsabilité du sang versé. Au fond, sans adopter les idées de l'Inde, on peut convenir qu'il y a quelque chose de grand dans cette pensée de ne tuer aucun animal sans nécessité. Les formules recommandées pour le cas où on leur ôte la vie, par le besoin de s'en faire une nourriture, ont pour but sans doute d'empêcher que la souffrance ne se prolonge plus d'un instant, ce que les habitudes de la chasse rendent malheureusement impossible.

L'Arménien me raconta à ce sujet que, du temps de Mahmoud, Constantinople était tellement remplie de chiens, que les voitures avaient peine à circuler dans les rues : ne pouvant les détruire, ni comme animaux féroces, ni comme propres à la nourriture, on imagina de les exposer dans des îlots déserts de l'entrée du Bosphore. Il fallut les embarquer par milliers dans des caïques : et au moment où, ignorants de leur sort, ils prirent possession de leurs nouveaux domaines, un iman leur fit un discours, exposant que l'on avait cédé à une nécessité absolue, et que leurs âmes, à l'heure de la mort, ne devaient pas en vouloir aux fidèles croyants ; que, du reste, si la volonté du ciel était qu'ils fussent sauvés, cela arriverait assurément. Il y avait beaucoup de lapins dans ces îles, et les chiens ne réclamèrent pas tout d'abord contre ce raisonnement jésuitique ; mais, quelques jours plus tard, tourmentés par la faim, ils poussèrent de tels gémissements, qu'on les entendait de Constantinople. Les dévots, émus de cette lamentable protestation, adressèrent de graves remontrances au sultan, déjà trop suspect de tendances européennes, de sorte qu'il fallut donner l'ordre de faire revenir les chiens, qui furent, en triomphe, réintégrés dans tous leurs droits civils.

VII. Catastrophe

L'Arménien m'était de quelque ressource dans les ennuis d'une telle traversée; mais je voyais avec plaisir aussi que sa gaieté, son intarissable bavardage, ses narrations, ses remarques, donnaient à la pauvre Zeynab l'occasion, si chère aux femmes de ces pays, d'exprimer ses idées avec cette volubilité de consonnes nasales et gutturales où il m'était si difficile de saisir non pas seulement le sens, mais le son même des paroles.

Avec la magnanimité d'un Européen, je souffrais même sans difficulté que l un ou l'autre des matelots qui pouvait se trouver assis près de nous, sur les sacs de riz, lui adressât quelques mots de conversation. En Orient, les gens du peuple sont généralement familiers, d'abord parce que le sentiment de l'égalité y est établi plus sincèrement que parmi nous, et puis parce qu'une sorte de politesse innée existe dans toutes les classes. Quant à l'éducation, elle est partout la même, très sommaire, mais universelle. C'est ce qui fait que l'homme d'un humble état devient sans transition le favori d'un grand, et monte aux premiers rangs sans y paraître jamais déplacé.

Il y avait parmi nos matelots un certain Turc d'Anatolie, très basané, à la barbe grisonnante, et qui causait avec l'esclave plus souvent et plus longuement que les autres; je l'avais remarqué, et je demandai à l'Arménien ce qu'il pouvait dire; il fit attention à quelques paroles, et me dit : « Ils parlent ensemble de religion. » Cela me parut fort respectable, d'autant que c'était cet homme qui faisait pour les autres, en qualité de *hadji* ou pèlerin revenu de La Mecque, la prière du matin et du soir. Je n'avais pas songé un instant à gêner dans ses pratiques habituelles cette pauvre femme, dont une fantaisie, hélas ! bien peu coûteuse, avait mis le sort dans mes mains. Seulement, au Caire, dans un moment où elle était un peu malade, j'avais essayé de la faire renoncer à l'habitude de tremper dans l'eau froide ses mains et ses pieds, tous les matins et tous les soirs, en faisant ses prières, mais elle faisait peu de cas de mes préceptes d'hygiène, et n'avait consenti qu'à s'abstenir de la teinture de henné, qui, ne durant que cinq à six jours environ, oblige les femmes d'Orient à renouveler souvent une préparation fort disgracieuse pour qui la voit de près. Je ne suis pas ennemi de la teinture des sourcils et des paupières; j'admets encore le carmin appliqué aux joues et aux lèvres; mais à quoi bon colorer en jaune des mains déjà cuivrées, qui, dès lors, passent au safran? Je m'étais montré inflexible sur ce point.

Ses cheveux avaient repoussé sur le front; ils allaient rejoindre des deux côtés les longues tresses mêlées de cordonnets de soie et frémissantes de sequins percés (de faux sequins, hélas!) qui flottent du col aux talons, selon la mode levantine. Le *taktikos* festonné d'or s'inclinait avec grâce sur son oreille gauche, et ses bras portaient enfilés de lourds anneaux de cuivre argentés, grossièrement émaillés de rouge et de bleu, parure tout égyptienne. D'autres encore résonnaient à ses chevilles, malgré la défense du Coran, qui ne veut pas qu'une femme fasse retentir les bijoux qui ornent ses pieds [182].

Je l'admirais ainsi, gracieuse dans sa robe à rayures de soie et drapée du *milayeh* bleu, avec ces airs de statue antique que les femmes d'Orient possèdent, sans le moins du monde s'en douter. L'animation de son geste, une expression inaccoutumée de ses traits, me frappaient par moments, sans m'inspirer d'inquiétude; le matelot qui causait avec elle aurait pu être son grand-père, et il ne semblait pas craindre que ses paroles fussent entendues.

« Savez-vous ce qu'il y a? me dit l'Arménien, qui, un peu plus tard, s'était approché des matelots causant entre eux; ces gens-là disent que la femme qui est avec vous ne vous appartient pas.

— Ils se trompent, lui dis-je; vous pouvez leur apprendre qu'elle m'a été vendue au Caire par Abd-el-Kérim, moyennant cinq bourses. J'ai le reçu dans mon portefeuille. Et d'ailleurs cela ne les regarde pas.

— Ils disent que le marchand n'avait pas le droit de vendre une femme musulmane à un chrétien.

— Leur opinion m'est indifférente, et au Caire on en sait plus qu'eux là-dessus. Tous les Francs y ont des esclaves, soit chrétiens, soit musulmans.

— Mais ce ne sont que des nègres ou des Abyssiniens ; ils ne peuvent avoir d'esclaves de la race blanche.

— Trouvez-vous que cette femme soit blanche ? »

L'Arménien secoua la tête d'un air de doute.

« Écoutez, lui dis-je ; quant à mon droit, je ne puis en douter, ayant pris d'avance les informations nécessaires. Dites maintenant au capitaine qu'il ne convient pas que ses matelots causent avec elle.

— Le capitaine, me dit-il, après avoir parlé à ce dernier, répond que vous auriez pu le lui défendre à elle-même tout d'abord.

— Je ne voulais pas, répliquai-je, la priver du plaisir de parler sa langue, ni l'empêcher de se joindre aux prières ; d'ailleurs, la conformation du bâtiment obligeant tout le monde d'être ensemble, il était difficile d'empêcher l'échange de quelques paroles. »

Le capitaine Nicolas n'avait pas l'air très bien disposé, ce que j'attribuais quelque peu au ressentiment d'avoir vu sa proposition d'échange repoussée. Cependant il fit venir le matelot *hadji,* que j'avais désigné surtout comme malveillant, et lui parla. Quant à moi, je ne voulais rien dire à l'esclave, pour ne pas me donner le rôle odieux d'un maître exigeant.

Le matelot parut répondre d'un air très fier au capitaine, qui me fit dire par l'Arménien de ne plus me préoccuper de cela ; que c'était un homme exalté, une espèce de saint que ses camarades respectaient à cause de sa piété ; que ce qu'il disait n'avait nulle importance d'ailleurs.

Cet homme, en effet, ne parla plus à l'esclave, mais il causait très haut devant elle avec ses camarades, et je comprenais bien qu'il s'agissait de la *muslim* (musulmane) et du *Roumi* (Romain). Il fallait en finir, et je ne voyais aucun moyen d'éviter ce système d'insinuation. Je me décidai à faire venir l'esclave près de nous, et, avec l'aide de l'Arménien, nous eûmes à peu près la conversation suivante :

« Qu'est-ce que t'ont dit ces hommes tout à l'heure ?

— Que j'avais tort, étant *croyante*, de rester avec un infidèle.

— Mais ne savent-ils pas que je t'ai achetée ?

— Ils disent qu'on n'avait pas le droit de me vendre à toi.

— Et penses-tu que cela soit vrai ?

— Dieu le sait !

— Ces hommes se trompent, et tu ne dois plus leur parler.

— Ce sera ainsi. »

Je priai l'Arménien de la distraire un peu et de lui conter des histoires. Ce garçon m'était, après tout, devenu fort utile ; il lui parlait toujours de ce ton flûté et gracieux qu'on emploie pour égayer les enfants, et recommençait invariablement par «*Ked ya, siti ?*... — Eh bien, donc, madame !... qu'est-ce donc ? nous ne rions pas ? Voulez-vous savoir les aventures de la Tête cuite au four ?» Il lui racontait alors une vieille légende de Constantinople, où un tailleur, croyant recevoir un habit de sultan à réparer, emporte chez lui la tête d'un aga qui lui a été remise par erreur, si bien que, ne sachant comment se débarrasser ensuite de ce triste dépôt, il l'envoie au four, dans un vase de terre, chez un pâtissier grec. Ce dernier en gratifie un barbier franc, en la substituant furtivement à sa tête à perruque ; le Franc la coiffe ; puis, s'apercevant de sa méprise, la porte ailleurs ; enfin il en résulte une foule de méprises plus ou moins comiques. Ceci est de la bouffonnerie turque du plus haut goût.

La prière du soir ramenait les cérémonies habituelles. Pour ne scandaliser personne, j'allai me promener sur le tillac de l'avant, épiant le lever des étoiles, et faisant aussi, moi, ma prière, qui est celle des rêveurs et des poètes, c'est-à-dire l'admiration de la nature et l'enthousiasme des souvenirs. Oui, je les admirais dans cet air d'Orient si pur qu'il rapproche les cieux de l'homme, ces astres-dieux, formes diverses et sacrées, que la Divinité a rejetées tour à tour comme les masques de l'éternelle Isis... Uranie, Astarté, Saturne, Jupiter, vous me représentez encore les transformations des humbles croyances de nos aïeux. Ceux qui, par millions, ont sillonné ces mers, prenaient sans doute le rayonnement pour la flamme et le trône pour le dieu ; mais qui n'adorerait dans les astres du ciel les preuves mêmes de l'éternelle puissance, et dans leur marche régulière l'action vigilante d'un esprit caché ?

VIII. LA MENACE

En retournant vers le capitaine, je vis, dans une encoignure au pied de la chaloupe, l'esclave et le vieux matelot *hadji* qui avaient repris leur entretien religieux, malgré ma défense.

Pour cette fois il n'y avait plus rien à ménager ; je tirai violemment l'esclave par le bras, et elle alla tomber, fort mollement il est vrai, sur un sac de riz.

« *Giaour !* » s'écria-t-elle.

J'entendis parfaitement le mot. Il n'y avait pas à faiblir : « *Enté giaour !* » répliquai-je, sans trop savoir si ce dernier mot se disait aussi au féminin. « C'est toi qui es une infidèle ; et lui, ajoutai-je en montrant le *hadji,* est un chien *(kelb).* »

Je ne sais si la colère qui m'agitait était plutôt de me voir mépriser comme chrétien, ou de songer à l'ingratitude de cette femme que j'avais toujours traitée comme une égale. Le *hadji,* s'entendant traiter de chien, avait fait un signe de menace, mais s'était retourné vers ses compagnons avec la lâcheté habituelle des Arabes de basse classe, qui, après tout, n'oseraient seuls attaquer un Franc. Deux ou trois d'entre eux s'avancèrent en proférant des injures, et, machinalement, j'avais saisi un des pistolets de ma ceinture sans songer que ces armes à la crosse étincelante, achetées au Caire pour compléter mon costume, ne sont fatales d'ordinaire qu'à la main qui veut s'en servir. J'avouerai de plus qu'elles n'étaient point chargées.

« Y songez-vous ? me dit l'Arménien en m'arrêtant le

bras. C'est un fou, et pour ces gens-là c'est un saint; laissez-les crier, le capitaine va leur parler. »

L'esclave faisait mine de pleurer, comme si je lui avais fait beaucoup de mal, et ne voulait pas bouger de la place où elle était. Le capitaine arriva, et dit avec son air indifférent : « Que voulez-vous ? ce sont des sauvages ! » et il leur adressa quelques paroles assez mollement. « Ajoutez, dis-je à l'Arménien, qu'arrivé à terre j'irai trouver le pacha, et leur ferai donner des coups de bâton. »

Je crois bien que l'Arménien leur traduisit cela par quelque compliment empreint de modération. Ils ne dirent plus rien, mais je sentais bien que ce silence me laissait une position trop douteuse. Je me souvins fort à propos d'une lettre de recommandation que j'avais dans mon portefeuille pour le pacha d'Acre, et qui m'avait été donnée par mon ami A. R. [183], qui a été quelque temps membre du divan à Constantinople. Je tirai mon portefeuille de ma veste, ce qui excita une inquiétude générale. Le pistolet n'aurait servi qu'à me faire assommer... surtout étant de fabrique arabe ; mais les gens du peuple en Orient croient toujours les Européens quelque peu magiciens et capables de tirer de leur poche, à un moment donné, de quoi détruire toute une armée. On se rassura en voyant que je n'avais extrait du portefeuille qu'une lettre, du reste fort proprement écrite en arabe et adressée à S. E. Méhmed-R***, pacha d'Acre, qui, précédemment, avait longtemps séjourné en France.

Ce qu'il y avait de plus heureux dans mon idée et dans ma situation, c'est que nous nous trouvions justement à la hauteur de Saint-Jean d'Acre, où il fallait relâcher pour prendre de l'eau. La ville n'était pas encore en vue, mais nous ne pouvions manquer, si le vent continuait, d'y arriver le lendemain. Quant à Méhmed-Pacha, par un autre hasard digne de s'appeler providence pour moi et fatalité pour mes adversaires, je l'avais rencontré à Paris dans plusieurs soirées. Il m'avait donné du tabac turc et fait beaucoup d'honnêtetés. La lettre dont je m'étais chargé lui rappelait ce souvenir, de peur que le temps et ses nouvelles grandeurs ne m'eussent effacé de sa mémoire ; mais il devenait clair néanmoins, par la lettre, que j'étais un personnage très puissamment recommandé.

La lecture de ce document produisit l'effet du *quos ego* de Neptune [184]. L'Arménien, après avoir mis la lettre sur sa tête en signe de respect, avait ôté l'enveloppe, qui, comme il est d'usage pour les recommandations, n'était point fermée, et montrait le texte au capitaine à mesure qu'il le lisait. Dès lors les coups de bâton promis n'étaient plus une illusion pour le *hadji* et ses camarades. Ces garnements baissèrent la tête, et le capitaine m'expliqua sa propre conduite par la crainte de heurter leurs idées religieuses, n'étant lui-même qu'un pauvre sujet grec du sultan *(raya),* qui n'avait d'autorité qu'en raison du service : « Quant à la femme, dit-il, si vous êtes l'ami de Méhmed-Pacha, elle est bien à vous : qui oserait lutter contre la faveur des grands ? »

L'esclave n'avait pas bougé ; cependant elle avait fort bien entendu ce qui s'était dit. Elle ne pouvait avoir de doute sur sa position momentanée, car, en pays turc, une protection vaut mieux qu'un droit ; pourtant désormais je tenais à constater le mien aux yeux de tous.

« N'es-tu pas née, lui fis-je dire, dans un pays qui n'appartient pas au sultan des Turcs ?

— Cela est vrai, répondit-elle ; je suis *Hindi* (Indienne).

— Dès lors tu peux être au service d'un Franc comme les Abyssiniennes *(Habesch),* qui sont, ainsi que toi, couleur de cuivre, et qui te valent bien.

— *Aioua* (oui !) dit-elle comme convaincue, *ana memlouk enté :* je suis ton esclave.

— Mais, ajoutai-je, te souviens-tu qu'avant de quitter Le Caire, je t'ai offert d'y rester libre ? Tu m'as dit que tu ne saurais où aller.

— C'est vrai, il valait mieux me revendre.

— Tu m'as donc suivi seulement pour changer de pays, et me quitter ensuite ? Eh bien ! puisque tu es si ingrate, tu demeureras esclave toujours, et tu ne seras pas une cadine, mais une servante. Dès à présent, tu garderas ton voile et tu resteras dans la chambre du capitaine... avec les grillons. Tu ne parleras plus à personne ici. »

Elle prit son voile sans répondre, et s'en alla s'asseoir dans la petite chambre de l'avant.

J'avais peut-être un peu cédé au désir de faire de l'effet sur ces gens tour à tour insolents ou serviles, toujours à la merci d'impressions vives et passagères, et qu'il faut connaître pour comprendre à quel point le despotisme est le gouvernement normal de l'Orient. Le voyageur le plus modeste se voit amené très vite, si une manière de vivre somptueuse ne lui concilie pas tout d'abord le respect, à poser théâtralement et à déployer, dans une foule de cas, des résolutions énergiques, qui, dès lors, se manifestent sans danger. L'Arabe, c'est le chien qui mord si l'on recule, et qui vient lécher la main levée sur lui. En recevant un coup de bâton, il ignore si, au fond, vous n'avez pas le droit de le lui donner. Votre position lui a paru tout d'abord médiocre ; mais faites le fier, et vous devenez tout de suite un grand personnage qui affecte la simplicité. L'Orient ne doute jamais de rien ; tout y est possible : le simple calender peut fort bien être un fils de roi, comme dans les *Mille et Une Nuits*. D'ailleurs, n'y voit-on pas les princes d'Europe voyager en frac noir et en chapeau rond ?

IX. CÔTES DE PALESTINE

J'ai salué avec enivrement l'apparition tant souhaitée de la côte d'Asie. Il y avait si longtemps que je n'avais vu des montagnes ! La fraîcheur brumeuse du paysage, l'éclat si vif des maisons peintes et des kiosques turcs se mirant dans l'eau bleue, les zones diverses des plateaux qui s'étagent si hardiment entre la mer et le ciel, le pic écrasé du Carmel, l'enceinte carrée et la haute coupole de son couvent célèbre illuminées au loin de cette radieuse teinte cerise, qui rappelle toujours la fraîche Aurore des chants d'Homère ; au pied de ces monts, Kaïffa, déjà dépassée, faisant face à Saint-Jean-d'Acre, située à l'autre extrémité de la baie, et devant laquelle notre navire s'était arrêté : c'était un spectacle à la fois plein de grandeur et de grâce. La mer, à peine onduleuse, s'étalant comme l'huile vers la grève où moussait la mince frange de la vague, et luttant de teinte azurée avec l'éther qui vibrait déjà des feux du soleil encore invisible... voilà ce que l'Égypte n'offre jamais avec ses côtes basses et ses horizons souillés de poussière. Le soleil parut enfin ; il découpa nettement devant nous la ville d'Acre s'avançant dans la mer sur son promontoire de sable, avec ses blanches coupoles, ses murs, ses maisons à terrasses, et la tour carrée aux créneaux festonnés, qui fut naguère la demeure du terrible Djezzar-Pacha, contre lequel lutta Napoléon [185].

Nous avions jeté l'ancre à peu de distance du rivage. Il fallait attendre la visite de *la Santé* avant que les barques pussent venir nous approvisionner d'eau fraîche et de fruits. Quant à débarquer, cela nous était interdit, à moins de vouloir nous arrêter dans la ville et y faire quarantaine.

Aussitôt que le bateau de la Santé fut venu constater que nous étions malades, comme arrivant de la côte d'Égypte, il fut permis aux barquettes du port de nous apporter les rafraîchissements attendus, et de recevoir notre argent avec les précautions usitées. Aussi, contre les tonnes d'eau, les melons, les pastèques et les grenades qu'on nous faisait passer, il fallait verser nos ghazis, nos piastres et nos paras dans des bassins d'eau vinaigrée qu'on plaçait à notre portée.

Ainsi ravitaillés, nous avions oublié nos querelles intérieures. Ne pouvant débarquer pour quelques heures, et renonçant à m'arrêter dans la ville, je ne jugeai pas à propos d'envoyer au pacha ma lettrre, qui, du reste, pouvait encore m'être une recommandation sur tout autre point de l'antique côte de Phénicie soumise au pachalik d'Acre. Cette ville, que les anciens appelaient Ako, ou l'*étroite,* que les Arabes nomment Akka, s'est appelée Ptolémaïs jusqu'à l'époque des croisades.

Nous remettons à la voile, et désormais notre voyage est une fête ; nous rasons à un quart de lieue de distance les côtes de la Célé-Syrie, et la mer, toujours claire et bleue, réfléchit comme un lac la gracieuse chaîne de

montagnes qui va du Carmel au Liban. Six lieues plus
haut que Saint-Jean-d'Acre apparaît Sour, autrefois Tyr,
avec la jetée d'Alexandre, unissant à la rive l'îlot où fut
bâtie la ville antique qu'il lui fallut assiéger si longtemps.

Six lieues plus loin, c'est Saïda, l'ancienne Sidon, qui
presse comme un troupeau son amas de blanches maisons
au pied des montagnes habitées par les Druses. Ces bords
célèbres n'ont que peu de ruines à montrer comme souvenirs de la riche Phénicie; mais que peuvent laisser des
villes où a fleuri exclusivement le commerce? Leur
splendeur a passé comme l'ombre et comme la poussière,
et la malédiction des livres bibliques s'est entièrement
réalisée, comme tout ce que rêvent les poètes, comme
tout ce que nie la sagesse des nations!

Cependant, au moment d'atteindre le but, on se lasse
de tout, même de ces beaux rivages et de ces flots azurés.
Voici enfin le promontoire du Raz-Beyrouth et ses roches
grises, dominées au loin par la cime neigeuse du Sannin.
La côte est aride; les moindres détails des rochers tapissés
de mousses rougeâtres apparaissent sous les rayons d'un
soleil ardent. Nous rasons la côte, nous tournons vers le
golfe; aussitôt tout change. Un paysage plein de fraîcheur, d'ombre et de silence, une vue des Alpes prise du
sein d'un lac de Suisse, voilà Beyrouth par un temps
calme. C'est l'Europe et l'Asie se fondant en molles
caresses; c'est, pour tout pèlerin un peu lassé du soleil et
de la poussière, une oasis maritime où l'on retrouve avec
transport, au front des montagnes, cette chose si triste au
nord, si gracieuse et si désirée au midi, des nuages!

O nuages bénis! nuages de ma patrie! j'avais oublié
vos bienfaits! Et le soleil d'Orient vous ajoute encore tant
de charmes! Le matin, vous vous colorez si doucement, à
demi roses, à demi bleuâtres, comme des nuages mythologiques, du sein desquels on s'attend toujours à voir
surgir de riantes divinités; le soir, ce sont des embrase-
ments merveilleux, des voûtes pourprées qui s'écroulent
et se dégradent bientôt en flocons violets, tandis que le
ciel passe des teintes du saphir à celles de l'émeraude,
phénomène si rare dans les pays du Nord.

A mesure que nous avancions, la verdure éclatait de

plus de nuances, et la teinte foncée du sol et des constructions ajoutait encore à la fraîcheur du paysage. La ville, au fond du golfe, semblait noyée dans les feuillages, et au lieu de cet amas fatigant de maisons peintes à la chaux qui constitue la plupart des cités arabes, je croyais voir une réunion de villas charmantes semées sur un espace de deux lieues. Les constructions s'aggloméraient, il est vrai, sur un point marqué d'où s'élançaient des tours rondes et carrées ; mais cela ne paraissait être qu'un quartier du centre signalé par de nombreux pavillons de toutes couleurs.

Toutefois, au lieu de nous rapprocher, comme je le pensais, de l'étroite rade encombrée de petits navires, nous coupâmes en biais le golfe et nous allâmes débarquer sur un îlot entouré de rochers, où quelques bâtisses légères et un drapeau jaune représentaient le séjour de la quarantaine, qui, pour le moment, nous était seul permis.

X. La quarantaine

Le capitaine Nicolas et son équipage étaient devenus très aimables et pleins de procédés à mon égard. Ils faisaient leur quarantaine à bord ; mais une barque, envoyée par la Santé, vint pour transporter les passagers dans l'îlot, qui, à le voir de près, était plutôt une presqu'île. Une anse étroite parmi les rochers, ombragée d'arbres séculaires, aboutissait à l'escalier d'une sorte de cloître dont les voûtes en ogive reposaient sur des piliers de pierre et supportaient un toit de cèdre comme dans les couvents romains. La mer se brisait tout alentour sur les grès tapissés de fucus, et il ne manquait là qu'un chœur de moines et la tempête pour rappeler le premier acte du *Bertram* de Maturin [186].

Il fallut attendre là quelque temps la visite du *nazir,* ou directeur turc, qui voulut bien nous admettre enfin aux jouissances de son domaine. Des bâtiments de forme claustrale succédaient encore au premier, qui, seul ouvert de tous côtés, servait à l'assainissement des marchandises suspectes. Au bout du promontoire, un pavillon isolé, dominant la mer, nous fut indiqué pour demeure ; c'était le local affecté d'ordinaire aux Européens. Les galeries que nous avions laissées à notre droite, contenaient les familles arabes campées pour ainsi dire dans de vastes salles qui servaient indifféremment d'étables et de logements. Là, frémissaient les chevaux captifs, les dromadaires passant entre les barreaux leur cou et leur tête velue ; plus loin, des tribus, accroupies autour du feu de leur cuisine, se retournaient d'un air farouche en nous voyant passer près des portes. Du reste, nous avions le droit de nous promener sur environ deux arpents de terrain semé d'orge et planté de mûriers, et de nous baigner même dans la mer sous la surveillance d'un gardien.

Une fois familiarisé avec ce lieu sauvage et maritime, j'en trouvai le séjour charmant. Il y avait là du repos, de l'ombre et une variété d'aspects à défrayer la plus sublime rêverie. D'un côté, les montagnes sombres du Liban, avec leurs croupes de teintes diverses, émaillées çà et là de blanc par les nombreux villages maronites et druses et les couvents étagés sur un horizon de huit lieues ; de l'autre, en retour de cette chaîne au front neigeux qui se termine au cap Boutroun, tout l'amphithéâtre de Beyrouth, couronné d'un bois de sapins planté par l'émir Fakardin [187] pour arrêter l'invasion des sables du désert. Des tours crénelées, des châteaux, des manoirs percés d'ogives, construits en pierre rougeâtre, donnent à ce pays un aspect féodal et en même temps européen qui rappelle les miniatures des manuscrits chevaleresques du Moyen Age. Les vaisseaux francs à l'ancre dans la rade, et que ne peut contenir le port étroit de Beyrouth, animent encore le tableau.

Cette quarantaine de Beyrouth était donc fort supportable, et nos jours se passaient soit à rêver sous les épais ombrages des sycomores et des figuiers, soit à grimper sur un rocher fort pittoresque qui entourait un bassin naturel où la mer venait briser ses flots adoucis. Ce lieu me faisait penser aux grottes rocailleuses des filles de Nérée. Nous y restions tout le milieu du jour, isolés des autres habitants de la quarantaine, couchés sur les algues vertes ou luttant mollement contre la vague écumeuse. La

nuit, on nous enfermait dans le pavillon, où les moustiques et autres insectes nous faisaient des loisirs moins
doux. Les tuniques fermées à masque de gaze dont j'ai
déjà parlé étaient alors d'un grand secours. Quant à la
cuisine, elle consistait simplement en pain et fromage
salé, fournis par la cantine; il faut y ajouter des œufs et
des poules apportés par les paysans de la montagne; en
outre, tous les matins, on venait tuer devant la porte des
moutons dont la viande nous était vendue à une piastre
(25 centimes) la livre. De plus, le vin de Chypre, à une
demi-piastre environ la bouteille, nous faisait un régal
digne des grandes tables européennes; j'avouerai pourtant qu'on se lasse de ce vin liquoreux à le boire comme
ordinaire, et je préférais le *vin d'or* du Liban, qui a
quelque rapport avec le madère par son goût sec et par sa
force.

Un jour, le capitaine Nicolas vint nous rendre visite
avec deux de ses matelots et son mousse. Nous étions
redevenus très bons amis, et il avait amené le *hadji*, qui
me serra la main avec une grande effusion, craignant
peut-être que je ne me plaignisse de lui une fois libre et
rendu à Beyrouth. Je fus, de mon côté, plein de cordialité. Nous dînâmes ensemble, et le capitaine m'invita à
venir demeurer chez lui, si j'allais à Taraboulous. Après
le dîner, nous nous promenâmes sur le rivage; il me prit à
part, et me fit tourner les yeux vers l'esclave et l'Arménien, qui causaient ensemble, assis plus bas que nous au
bord de la mer. Quelques mots mêlés de franc et de grec
me firent comprendre son idée, et je la repoussai avec une
incrédulité marquée. Il secoua la tête, et peu de temps
après remonta dans sa chaloupe, prenant affectueusement
congé de moi. Le capitaine Nicolas, me disais-je, a toujours sur le cœur mon refus d'échanger l'esclave contre
son mousse. Cependant le soupçon me resta dans l'esprit,
attaquant tout au moins ma vanité.

On comprend bien qu'il était résulté de la scène vio-
lente qui s'était passée sur le bâtiment une sorte de froi-
deur entre l'esclave et moi. Il s'était dit entre nous un de
ces mots *irréparables* dont a parlé l'auteur d'*Adolphe* [188];
l'épithète de *giaour* m'avait blessé profondément. Ainsi,

me disais-je, on n'a pas eu de peine à lui persuader que je n'avais pas de droit sur elle ; de plus, soit conseil, soit réflexion, elle se sent humiliée d'appartenir à un homme d'une race inférieure selon les idées des musulmans. La situation dégradée des populations chrétiennes en Orient rejaillit au fond sur l'Européen lui-même ; on le redoute sur les côtes à cause de cet appareil de puissance que constate le passage des vaisseaux ; mais, dans les pays du centre où cette femme a vécu toujours, le préjugé vit tout entier.

Pourtant j'avais peine à admettre la dissimulation dans cette âme naïve ; le sentiment religieux si prononcé en elle la devait même défendre de cette bassesse. Je ne pouvais, d'un autre côté, me dissimuler les avantages de l'Arménien. Tout jeune encore, et beau de cette beauté asiatique, aux traits fermes et purs, des races nées au berceau du monde, il donnait l'idée d'une fille charmante qui aurait eu la fantaisie d'un déguisement d'homme ; son costume même, à l'exception de la coiffure, n'ôtait qu'à demi cette illusion.

Me voilà comme Arnolphe [189], épiant de vaines apparences avec la conscience d'être doublement ridicule, car je suis de plus *un maître*. J'ai la chance d'être à la fois trompé et volé, et je me répète, comme un jaloux de comédie : Que la garde d'une femme est un pesant fardeau ! Du reste, me disais-je presque aussitôt, cela n'a rien d'étonnant ; il la distrait et l'amuse par ses contes, il lui dit mille gentillesses, tandis que moi, lorsque j'essaye de parler dans sa langue, je dois produire un effet risible, comme un Anglais, un homme du Nord, froid et lourd, relativement à une femme de mon pays. Il y a chez les Levantins une expansion chaleureuse qui doit être séduisante en effet !

De ce moment, l'avouerai-je ? il me sembla remarquer des serrements de mains, des paroles tendres, que ne gênait même pas ma présence. J'y réfléchis quelque temps ; puis je crus devoir prendre une forte résolution.

« Mon cher, dis-je à l'Arménien, qu'est-ce que vous faisiez en Égypte ?

— J'étais secrétaire de Toussoun-Bey [190] ; je traduisais pour lui des journaux et des livres français ; j'écrivais ses lettres aux fonctionnaires turcs. Il est mort tout d'un coup, et l'on m'a congédié, voilà ma position.

— Et maintenant que comptez-vous faire ?

— J'espère entrer au service du pacha de Beyrouth. Je connais son trésorier, qui est de ma nation.

— Et ne songez-vous pas à vous marier ?

— Je n'ai pas d'argent à donner en douaire, et aucune famille ne m'accordera de femme autrement. »

Allons, dis-je en moi-même après un silence, montrons-nous magnanime, faisons deux heureux.

Je me sentais grandi par cette pensée. Ainsi, j'aurais délivré une esclave et créé un mariage honnête. J'étais donc à la fois bienfaiteur et père ! Je pris les mains de l'Arménien, et je lui dis : « Elle vous plaît... épousez-la, elle est à vous ! »

J'aurais voulu avoir le monde entier pour témoin de cette scène émouvante, de ce tableau patriarcal : l'Arménien étonné, confus de cette magnanimité ; l'esclave assise près de nous, encore ignorante du sujet de notre entretien, mais, à ce qu'il semblait, déjà inquiète et rêveuse...

L'Arménien leva les bras au ciel, comme étourdi de ma proposition. « Comment ! lui dis-je, malheureux, tu hésites !... Tu séduis une femme qui est à un autre, tu la détournes de ses devoirs, et ensuite tu ne veux pas t'en charger quand on te la donne ? »

Mais l'Arménien ne comprenait rien à ces reproches. Son étonnement s'exprima par une série de protestations énergiques. Jamais il n'avait eu la moindre idée des choses que je pensais. Il était si malheureux même d'une telle supposition, qu'il se hâta d'en instruire l'esclave et de lui faire donner témoignage de sa sincérité. Apprenant en même temps ce que j'avais dit, elle en parut blessée, et surtout de la supposition qu'elle eût pu faire attention à un simple *raya*, serviteur tantôt des Turcs, tantôt des Francs, une sorte de *yaoudi*.

Ainsi le capitaine Nicolas m'avait induit en toute sorte de suppositions ridicules... On reconnaît bien là l'esprit astucieux des Grecs !

VII. LA MONTAGNE

I. LE PÈRE PLANCHET

Quand nous sortîmes de la quarantaine, je louai pour un mois un logement dans une maison de chrétiens maronites, à une demi-lieue de la ville. La plupart de ces demeures, situées au milieu des jardins, étagées sur toute la côte le long des terrasses plantées de mûriers, ont l'air de petits manoirs féodaux bâtis solidement en pierre brune, avec des ogives et des arceaux. Des escaliers extérieurs conduisent aux différents étages dont chacun a sa terrasse jusqu'à celle qui domine tout l'édifice, et où les familles se réunissent le soir pour jouir de la vue du golfe. Nos yeux rencontraient partout une verdure épaisse et lustrée, où les haies régulières des nopals marquent seules les divisions. Je m'abandonnai les premiers jours aux délices de cette fraîcheur et de cette ombre. Partout la vie et l'aisance autour de nous ; les femmes bien vêtues, belles et sans voiles, allant et venant, presque toujours avec de lourdes cruches qu'elles vont remplir aux citernes et portent gracieusement sur l'épaule. Notre hôtesse, coiffée d'une sorte de cône drapé en cachemire, qui, avec les tresses garnies de sequins de ses longs cheveux, lui donnait l'air d'une reine d'Assyrie, était tout simplement la femme d'un tailleur qui avait sa boutique au bazar de Beyrouth. Ses deux filles et les petits enfants se tenaient au premier étage ; nous occupions le second.

L'esclave s'était vite familiarisée avec cette famille, et, nonchalamment assise sur les nattes, elle se regardait

comme entourée d'inférieurs et se faisait servir, quoi que
je pusse faire pour en empêcher ces pauvres gens. Toutefois je trouvais commode de pouvoir la laisser en sûreté
dans cette maison lorsque j'allais à la ville. J'attendais
des lettres qui n'arrivaient pas, le service de la poste
française se faisant si mal dans ces parages, que les
journaux et les paquets sont toujours en arrière de deux
mois. Ces circonstances m'attristaient beaucoup et me
faisaient faire des rêves sombres. Un matin, je m'éveillai
assez tard, encore à moitié plongé dans les illusions du
songe. Je vis à mon chevet un prêtre assis, qui me
regardait avec une sorte de compassion.

« Comment vous sentez-vous, monsieur ? me dit-il
d'un ton mélancolique.

— Mais, assez bien ; pardon, je m'éveille, et...

— Ne bougez pas ! soyez calme. Recueillez-vous.
Songez que le moment est proche.

— Quel moment ?

— Cette heure suprême, si terrible pour qui n'est pas
en paix avec Dieu !

— Oh ! Oh ! qu'est-ce qu'il y a donc ?

— Vous me voyez prêt à recueillir vos volontés dernières.

— Ah ! pour le coup, m'écriai-je, cela est trop fort ! Et
qui êtes-vous ?

— Je m'appelle le père Planchet.

— Le père Planchet !

— De la compagnie de Jésus.

— Je ne connais pas ces gens-là !

— On est venu me dire au couvent qu'un jeune Américain en péril de mort m'attendait pour faire quelques
legs à la communauté.

— Mais je ne suis pas américain ! il y a erreur ! Et, de
plus, je ne suis pas au lit de mort ; vous le voyez bien ! »

Et je me levai brusquement... un peu avec le besoin de
me convaincre moi-même de ma parfaite santé. Le père
Planchet comprit enfin qu'on l'avait mal renseigné. Il
s'informa dans la maison, et apprit que l'Américain de-
meurait un peu plus loin. Il me salua en riant de sa
méprise, et me promit de venir me voir en repassant,

enchanté qu'il était d'avoir fait ma connaissance, grâce à ce hasard singulier.

Quand il revint, l'esclave était dans la chambre, et je lui appris son histoire. «Comment, me dit-il, vous êtes-vous mis ce poids sur la conscience!... Vous avez dérangé la vie de cette femme, et désormais vous êtes responsable de tout ce qui peut lui arriver. Puisque vous ne pouvez l'emmener en France et que vous ne voulez pas sans doute l'épouser, que deviendra-t-elle?

— Je lui donnerai la liberté; c'est le bien le plus grand que puisse réclamer une créature raisonnable.

— Il valait mieux la laisser où elle était; elle aurait peut-être trouver un bon maître, un mari... Maintenant savez-vous dans quel abîme d'inconduite elle peut tomber, une fois laissée à elle-même? Elle ne sait rien faire, elle ne veut pas servir... Pensez donc à tout cela.»

Je n'y avais jamais en effet songé sérieusement. Je demandai conseil au père Planchet, qui me dit:

«Il n'est pas impossible que je lui trouve une condition et un avenir. Il y a, ajouta-t-il, des dames très pieuses dans la ville qui se chargeraient de son sort.»

Je le prévins de l'extrême dévotion qu'elle avait pour la foi musulmane. Il secoua la tête et se mit à lui parler très longtemps.

Au fond, cette femme avait le sentiment religieux développé plutôt par nature et d'une manière générale que dans le sens d'une croyance spéciale. De plus, l'aspect des populations maronites parmi lesquelles nous vivions, et des couvents dont on entendait sonner les cloches dans la montagne, le passage fréquent des émirs chrétiens et druses, qui venaient à Beyrouth, magnifiquement montés et pourvus d'armes brillantes, avec des suites nombreuses de cavaliers et des noirs portant derrière eux leurs étendards roulés autour des lances: tout cet appareil féodal, qui m'étonnait moi-même comme un tableau des croisades, apprenait à la pauvre esclave qu'il y avait, même en pays turc, de la pompe et de la puissance en dehors du principe musulman.

L'effet extérieur séduit partout les femmes, surtout les femmes ignorantes et simples, et devient souvent la prin-

cipale raison de leurs sympathies ou de leurs convictions.
Lorsque nous nous rendions à Beyrouth, et qu'elle traver-
sait la foule composée de femmes sans voiles, qui portaient sur la tête le *tantour*, corne d'argent ciselée et
dorée qui balance un voile de gaze derrière leur tête, autre
mode conservée du Moyen Age, d'hommes fiers et richement armés, dont pourtant le turban rouge ou bariolé
indiquait des croyances en dehors de l'islamisme, elle
s'écriait : « Que de *giaours!...* » Et cela adoucissait un
peu mon ressentiment d'avoir été injurié avec ce mot.

Il s'agissait pourtant de prendre un parti. Les Maronites, nos hôtes, qui aimaient peu ses manières, et qui la
jugeaient, du reste, au point de vue de l'intolérance
catholique, me disaient : Vendez-la. Ils me proposaient
même d'amener un Turc qui ferait l'affaire. On comprend
quel cas je faisais de ce conseil peu évangélique.

J'allai voir le père Planchet à son couvent, situé presque aux portes de Beyrouth. Il y avait là des classes
d'enfants chrétiens dont il dirigeait l'éducation. Nous
causâmes longtemps de M. de Lamartine [191], qu'il avait
connu et dont il admirait beaucoup les poésies. Il se
plaignit de la peine qu'il avait à obtenir du gouvernement
turc l'autorisation d'agrandir le couvent. Cependant les
constructions interrompues révélaient un plan grandiose,
et un escalier magnifique en marbre de Chypre conduisait
à des étages encore inachevés. Les couvents catholiques
sont très libres dans la montagne ; mais aux portes de
Beyrouth on ne leur permet pas des constructions trop
importantes, et il était même défendu aux jésuites d'avoir
une cloche. Ils y avaient suppléé par un énorme grelot,
qui, modifié de temps en temps, prenait des airs de cloche
peu à peu. Les bâtiments aussi s'agrandissaient presque
insensiblement sous l'œil peu vigilant des Turcs.

« Il faut un peu louvoyer, me disait le père Planchet ;
avec de la patience nous arriverons. »

Il me reparla de l'esclave avec une sincère bienveillance. Pourtant je luttais avec mes propres incertitudes.
Les lettres que j'attendais pouvaient arriver d'un jour à
l'autre et changer mes résolutions. Je craignais que le
père Planchet, se faisant illusion par piété, n'eût en vue

principalement l'honneur pour son couvent d'une conversion musulmane, et qu'après tout le sort de la pauvre fille ne devînt fort triste plus tard.

Un matin, elle entra dans ma chambre en frappant des mains et s'écriant tout effrayée : *Durzi! Durzi! bandouguillah!* (les Druses! les Druses! des coups de fusil!)

En effet, la fusillade retentissait au loin; mais c'était seulement une *fantasia* d'Albanais qui allaient partir pour la montagne. Je m'informai, et j'appris que les Druses avaient brûlé un village appelé Bethmérie, situé à quatre lieues environ. On envoyait des troupes turques, non pas contre eux, mais pour surveiller les mouvements des deux partis luttant encore sur ce point.

J'étais allé à Beyrouth, où j'avais appris ces nouvelles. Je revins très tard, et l'on me dit qu'un émir ou prince chrétien d'un district du Liban était venu loger dans la maison. Apprenant qu'il s'y trouvait aussi un Franc d'Europe, il avait désiré me voir et m'avait attendu longtemps dans ma chambre, où il avait laissé ses armes comme signe de confiance et de fraternité. Le lendemain, le bruit que faisait sa suite m'éveilla de bonne heure; il y avait avec lui six hommes bien armés et de magnifiques chevaux. Nous ne tardâmes pas à faire connaissance, et le prince me proposa d'aller habiter quelques jours chez lui dans la montagne. J'acceptai bien vite une occasion si belle d'étudier les scènes qui s'y passaient et les mœurs de ces populations singulières.

Il fallait, pendant ce temps, placer convenablement l'esclave, que je ne pouvais songer à emmener. On m'indiqua dans Beyrouth une école de jeunes filles dirigée par une dame de Marseille, nommée madame Carlès. C'était la seule où l'on enseignait le français. Madame Carlès était une très bonne femme, qui ne me demanda que trois piastres turques par jour pour l'entretien, la nourriture et l'instruction de l'esclave. Je devais partir pour la montagne trois jours après l'avoir placée dans cette maison; déjà elle s'y était fort bien habituée et était charmée de causer avec les petites filles, que ses idées et ses récits amusaient beaucoup.

Madame Carlès me prit à part et me dit qu'elle ne

désespérait pas d'amener sa conversion. « Tenez, ajoutait-elle avec son accent provençal, voilà, moi, comment je m'y prends. Je lui dis : Vois-tu, ma fille, tous les bons dieux de chaque pays, c'est toujours le bon Dieu. Mahomet est un homme qui avait bien du mérite... mais Jésus-Christ est bien bon aussi ! »

Cette façon tolérante et douce d'opérer une conversion me parut fort acceptable. « Il ne faut la forcer en rien, lui dis-je.

— Soyez tranquille, reprit madame Carlès ; elle m'a déjà promis d'elle-même de venir à la messe avec moi dimanche prochain. »

On comprend que je ne pouvais la laisser en de meilleures mains pour apprendre les principes de la religion chrétienne et le français... de Marseille.

II. Le kief

Beyrouth, à ne considérer que l'espace compris dans ses remparts et sa population intérieure, répondrait mal à l'idée que s'en fait l'Europe, qui reconnaît en elle la capitale du Liban. Il faut tenir compte aussi des quelques centaines de maisons entourées de jardins qui occupent le vaste amphithéâtre dont ce port est le centre, troupeau dispersé que surveille une haute construction carrée, garnie de sentinelles turques, et qu'on appelle la tour de Fakardin. Je demeurais dans une de ces maisons, éparses sur la côte comme les bastides qui entourent Marseille, et, prêt à partir pour visiter la montagne, je n'avais que le temps de me rendre à Beyrouth pour trouver un cheval, un mulet, ou même un chameau. J'aurais encore accepté un de ces beaux ânes à la haute encolure, au pelage zébré, qu'on préfère aux chevaux en Égypte, et qui galopent dans la poussière avec une ardeur infatigable ; mais en Syrie cet animal n'est pas assez robuste pour gravir les chemins pierreux du Liban, et pourtant sa race ne devrait-elle pas être bénie entre toutes pour avoir servi de monture au prophète Balaam et au Messie ?

Je réfléchissais là-dessus en me rendant pédestrement à Beyrouth vers ce moment de la journée où, selon l'expression des Italiens, on ne voit guère vaguer en plein soleil que *gli cani e gli Francesi*. Or, ce dicton m'a toujours paru faux à l'égard des chiens, qui, aux heures de la sieste, savent très bien s'étendre lâchement à l'ombre et ne sont guère pressés de gagner des coups de soleil. Quant au Français, tachez donc de le retenir sur un divan ou sur une natte, pour peu surtout qu'il ait en tête une affaire, un désir, ou même une simple curiosité! Le démon de midi lui pèse rarement sur la poitrine, et ce n'est pas pour lui que l'informe Smarra [192] roule ses prunelles jaunâtres dans sa grosse tête de nain.

Je traversais donc la plaine à cette heure du jour que les méridionaux consacrent à la sieste, et les Turcs au *kief*. Un homme qui erre ainsi, quand tout le monde dort, court grand risque en Orient d'exciter les soupçons qu'on aurait chez nous d'un vagabond nocturne; pourtant les sentinelles de la tour de Fakardin n'eurent pour moi que cette attention compatissante que le soldat qui veille accorde au passant attardé. A partir de cette tour, une plaine assez vaste permet d'embrasser d'un coup d'œil tout le profil oriental de la ville, dont l'enceinte et les tours crénelées se développent jusqu'à la mer. C'est encore la physionomie d'une ville arabe de l'époque des croisades; seulement l'influence européenne se trahit par les mâts nombreux des maisons consulaires, qui, le dimanche et les jours de fête, se pavoisent de drapeaux.

Quant à la domination turque, elle a, comme partout, appliqué là son cachet personnel et bizarre. Le pacha a eu l'idée de faire démolir une portion des murs de la ville où s'adosse le palais de Fakardin, pour y construire un de ces kiosques en bois peint à la mode de Constantinople, que les Turcs préfèrent aux plus sompteux palais de pierre ou de marbre. Veut-on savoir d'ailleurs pourquoi les Turcs n'habitent que des maisons de bois? pourquoi les palais mêmes du sultan, bien qu'ornés de colonnes de marbre, n'ont que des murailles de sapin? C'est que, d'après un préjugé particulier à la race d'Othman, la maison qu'un Turc se fait bâtir ne doit pas durer plus que lui-même ; c'est une tente dressée sur un lieu de passage, un abri momentané, où l'homme ne doit pas tenter de lutter contre le destin en éternisant sa trace, en essayant ce difficile hymen de la terre et de la famille où tendent les peuples chrétiens.

Le palais forme un angle en retour duquel s'ouvre la porte de la ville, avec son passage obscur et frais où l'on se refait un peu de l'ardeur du soleil réverbéré par le sable de la plaine qu'on vient de traverser. Une belle fontaine de pierre ombragée par un sycomore magnifique, les dômes gris d'une mosquée et ses minarets gracieux, une maison de bains toute neuve et de construction moresque, voilà ce qui s'offre aux regards en entrant dans Beyrouth, comme la promesse d'un séjour paisible et riant. Plus loin, cependant, les murailles s'élèvent et prennent une physionomie sombre et claustrale.

Mais pourquoi ne pas entrer au bain pendant ces heures de chaleur intense et morne que je passerais tristement à parcourir les rues désertes ? J'y pensais, quand l'aspect d'un rideau bleu tendu devant la porte m'apprit que c'était l'heure où l'on ne recevait dans le bain que des femmes. Les hommes n'ont pour eux que le matin et le soir... et malheur sans doute à qui *s'oublierait* sous une estrade ou sous un matelas à l'heure où un sexe succède à l'autre ! Franchement un Européen seul serait capable d'une telle idée, qui confondrait l'esprit d'un musulman.

Je n'étais jamais entré dans Beyrouth à cette heure indue, et je m'y trouvais comme cet homme des *Mille et Une Nuits* pénétrant dans une ville des mages dont le peuple est changé en pierre [193]. Tout dormait encore profondément ; les sentinelles sous la porte, sur la place les âniers qui attendaient les dames, endormies aussi probablement dans les hautes galeries du bain ; les marchands de dattes et de pastèques établis près de la fontaine, le *cafedji* dans sa boutique avec tous ses consommateurs, le *hamal* ou portefaix la tête appuyée sur son fardeau, le chamelier près de sa bête accroupie, et de grands diables d'Albanais formant corps de garde devant le sérail du pacha : tout cela dormait du sommeil de l'innocence, laissant la ville à l'abandon.

C'est à une heure pareille et pendant un sommeil semblable que trois cents Druses s'emparèrent un jour de Damas. Il leur avait suffi d'entrer séparément, de se mêler à la foule des campagnards qui le matin remplit les bazars et les places, puis ils avaient feint de s'endormir comme les autres ; mais leurs groupes, habilement distribués, s'emparèrent dans le même instant des principaux postes, pendant que la troupe principale pillait les riches bazars et y mettait le feu. Les habitants, réveillés en sursaut, croyaient avoir affaire à une armée et se barricadaient dans leurs maisons ; les soldats en faisaient autant dans leurs casernes, si bien qu'au bout d'une heure les trois cents cavaliers regagnaient, chargés de butin, leurs retraites inattaquables du Liban.

Voilà ce qu'une ville risque à dormir en plein jour. Cependant à Beyrouth la colonie européenne ne se livre pas tout entière aux douceurs de la sieste. En marchant vers la droite, je distinguai bientôt un certain mouvement dans une rue ouverte sur la place ; une odeur pénétrante de friture révélait le voisinage d'une *trattoria,* et l'enseigne du célèbre Battista ne tarda pas à attirer mes yeux. Je connaissais trop les hôtels destinés, en Orient, aux voyageurs d'Europe pour avoir songé un instant à profiter de l'hospitalité du seigneur Battista, l'unique aubergiste franc de Beyrouth. Les Anglais ont gâté partout ces établissements, plus modestes d'ordinaire dans leur tenue que dans leurs prix. Je pensai dans ce moment-là qu'il n'y aurait pas d'inconvénient à profiter de la table d'hôte, si l'on m'y voulait bien admettre. A tout hasard, je montai.

III. LA TABLE D'HÔTE

Au premier étage, je me vis sur une terrasse encaissée dans les bâtiments et dominée par les fenêtres intérieures. Un vaste *tendido* blanc et rouge protégeait une longue table servie à l'européenne, et dont presque toutes les chaises étaient renversées, pour marquer des places encore inoccupées. Sur la porte d'un cabinet situé au fond et de plain-pied avec la terrasse, je lus ces mots : « *Qui si paga 60 piastres per giorno.* » (Ici l'on paye 60 piastres par jour.)

Quelques Anglais fumaient des cigares dans cette salle en attendant le coup de cloche. Bientôt deux femmes descendirent, et l'on se mit à table. Auprès de moi se trouvait un Anglais d'apparence grave, qui se faisait servir par un jeune homme à figure cuivrée portant un costume de basin blanc et des boucles d'oreilles d'argent. Je pensai que c'était quelque nabab qui avait à son service un Indien. Ce personnage ne tarda pas à m'adresser la parole, ce qui me surprit un peu, les Anglais ne parlant jamais qu'aux gens qui leur ont été présentés ; mais celui-ci était dans une position particulière : c'était un missionnaire de la société évangélique de Londres, chargé de faire en tout pays des conversions anglaises, et forcé de dépouiller le *cant* en mainte occasion pour attirer les âmes dans ses filets. Il arrivait justement de la montagne, et je fus charmé de pouvoir tirer de lui quelques renseignements avant d'y pénétrer moi-même. Je lui demandai des nouvelles de l'alerte qui venait d'émouvoir les environs de Beyrouth.

« Ce n'est rien, me dit-il, l'affaire est manquée.

— Quelle affaire ?

— Cette lutte des Maronites et des Druses dans les villages mixtes.

— Vous venez donc, lui dis-je, du pays où l'on se battait ces jours-ci ?

— Oh ! oui, je suis allé pacifier... pacifier tout dans le canton de Bekfaya, parce que l'Angleterre a beaucoup d'amis dans la montagne.

— Ce sont les Druses qui sont les amis de l'Angleterre ?

— Oh ! oui. Ces pauvres gens sont bien malheureux ; on les tue, on les brûle, en éventre leurs femmes, on détruit leurs arbres, leurs moissons.

— Pardon ; mais nous nous figurons en France que ce sont eux, au contraire, qui oppriment les chrétiens !

— O Dieu ! non, les pauvres gens ! Ce sont de malheureux cultivateurs qui ne pensent à rien de mal; mais vous avez vos capucins, vos jésuites, vos lazaristes qui allument la guerre, qui excitent contre eux les Maronites, beaucoup plus nombreux; les Druses se défendent comme ils peuvent, et, sans l'Angleterre, ils seraient déjà écrasés. L'Angleterre est toujours pour le plus faible, pour celui qui souffre...

— Oui, dis-je, c'est une grande nation... Ainsi, vous êtes parvenu à *pacifier* les troubles qui ont eu lieu ces jours-ci?

— Oh! certainement. Nous étions là plusieurs Anglais; nous avons dit aux Druses que l'Angleterre ne les abandonnerait pas, qu'on leur ferait rendre justice. Ils ont mis le feu au village, et puis ils sont revenus chez eux tranquillement. Ils ont accepté plus de trois cents Bibles, et nous avons converti beaucoup de ces braves gens!

— Je ne comprends pas, fis-je observer au révérend, comment on peut se convertir à la foi anglicane, car enfin, pour cela, il faudrait devenir anglais.

— Oh! non... Vous appartenez à la société évangélique, vous êtes protégé par l'Angleterre; quant à devenir anglais, vous ne pouvez pas.

— Et quel est le chef de la religion?

— Oh! c'est sa gracieuse majesté, c'est notre reine d'Angleterre.

— Mais c'est une charmante papesse, et je vous jure qu'il y aurait de quoi me décider moi-même.

— Oh! vous autres Français, vous plaisantez toujours... vous n'êtes pas de bons amis de l'Angleterre.

— Cependant, dis-je en me rappelant tout à coup un épisode de ma première jeunesse, il y a eu un de vos missionnaires, qui, à Paris, avait entrepris de me convertir; j'ai conservé même la Bible qu'il m'a donnée, mais j'en suis encore à comprendre comment on peut faire d'un Français un anglican.

— Pourtant il y en a beaucoup parmi vous... et si vous avez reçu, étant enfant, la parole de vérité, alors elle pourra bien mûrir en vous plus tard. »

Je n'essayai pas de détromper le révérend, car on devient fort tolérant en voyage, surtout lorsqu'on n'est

guidé que par la curiosité et le désir d'observer les
mœurs; mais je compris que la circonstance d'avoir
connu autrefois un missionnaire anglais me donnait quelque titre à la confiance de mon voisin de table.

Les deux dames anglaises que j'avais remarquées se
trouvaient placées à gauche de mon révérend, et j'appris
bientôt que l'une était sa femme, et l'autre sa belle-sœur.
Un missionnaire anglais ne voyage jamais sans sa famille. Celui-ci paraissait mener grand train et occupait
l'appartement principal de l'hôtel. Quand nous nous fûmes levés de table, il entra chez lui un instant, et revint
bientôt tenant une sorte d'album qu'il me fit voir avec
triomphe. « Tenez, me dit-il, voici le détail des abjura-
tions que j'ai obtenues dans ma dernière tournée en faveur de notre sainte religion. »

Une foule de déclarations, de signatures et de cachets
arabes couvraient en effet les pages du livre. Je remarquai
que ce registre était tenu en partie double; chaque verso
donnait la liste des présents et sommes reçus par les
néophytes anglicans. Quelques-uns n'avaient reçu qu'un
fusil, un cachemire, ou des parures pour leurs femmes. Je
demandai au révérend si la société évangélique lui donnait une prime par chaque conversion. Il ne fit aucune
difficulté de me l'avouer; il lui semblait naturel, ainsi
qu'à moi du reste, que des voyages coûteux et pleins de
dangers fussent largement rétribués. Je compris encore,
dans les détails qu'il ajouta, quelle supériorité la richesse
des agents anglais leur donne en Orient sur ceux des
autres nations.

Nous avions pris place sur un divan dans le cabinet de
conversation, et le domestique bronzé du révérend s'était
agenouillé devant lui pour allumer son narghilé. Je demandai si ce jeune homme n'était pas un Indien; mais
c'était un Parsis des environs de Bagdad, une des plus
éclatantes conversions du révérend, qu'il ramenait en
Angleterre comme échantillon de ses travaux.

En attendant, le Parsis lui servait de domestique autant
que de disciple; il brossait sans doute ses habits avec
ferveur et vernissait ses bottes avec componction. Je le
plaignais un peu en moi-même d'avoir abandonné le culte

d'Oromaze pour le modeste emploi de jockey évangélique. J'espérais être présenté aux dames, qui s'étaient retirées dans l'appartement; mais le révérend garda sur ce point seul toute la réserve anglaise. Pendant que nous causions encore, un bruit de musique militaire retentit fortement à nos oreilles. «Il y a, me dit l'Anglais, une réception chez le pacha. C'est une députation des cheiks maronites qui viennent lui faire leurs doléances. Ce sont des gens qui se plaignent toujours; mais le pacha a l'oreille dure.

— On peut bien reconnaître cela à sa musique, dis-je; je n'ai jamais entendu un pareil vacarme.

— C'est pourtant votre chant national qu'on exécute; c'est *La Marseillaise*.

— Je ne m'en serais guère douté.

— Je le sais, moi, parce que j'entends cela tous les matins et tous les soirs, et que l'on m'a appris qu'ils croyaient exécuter cet air.»

Avec plus d'attention je parvins en effet à distinguer quelques notes perdues dans une foule d'agréments particuliers à la musique turque.

La ville paraissait décidément s'être réveillée, la brise maritime de trois heures agitait doucement les toiles tendues sur la terrasse de l'hôtel. Je saluai le révérend en le remerciant des façons polies qu'il avait montrées à mon égard, et qui ne sont rares chez les Anglais qu'à cause du préjugé social qui les met en garde contre tout inconnu. Il me semble qu'il y a là sinon une preuve d'égoïsme, au moins un manque de générosité.

Je fus étonné de n'avoir à payer en sortant de l'hôtel que dix piastres (2 francs 50 centimes) pour la table d'hôte. Le signor Battista me prit à part et me fit un reproche amical de n'être pas venu demeurer dans son hôtel. Je lui montrai la pancarte annonçant qu'on n'y était admis que moyennant soixante piastres, ce qui portait la dépense à dix-huit cents piastres par mois. *«Ah! corpo di me!* s'écria-t-il. *Questo è per gli Inglesi che hanno molto moneta, e che sono tutti eretici!... ma, per gli Francesi, e altri Romani, è soltanto cinque franchi!»* (Ceci est pour les Anglais, qui ont beaucoup d'argent et qui sont tous hérétiques ; mais pour les Français et les autres Romains, c'est seulement cinq francs.)

C'est bien différent ! pensai-je, et je m'applaudis d'autant plus de ne pas appartenir à la religion anglicane, puisqu'on rencontrait chez les hôteliers de Syrie des sentiments si catholiques et si romains.

IV. LE PALAIS DU PACHA

Le seigneur Battista mit le comble à ses bons procédés en me promettant de me trouver un cheval pour le lendemain matin. Tranquillisé de ce côté, je n'avais plus qu'à me promener dans la ville, et je commençai par traverser la place pour aller voir ce qui se passait au château du pacha. Il y avait là une grande foule au milieu de laquelle les cheiks maronites s'avançaient deux par deux comme un cortège suppliant, dont la tête avait pénétré déjà dans la cour du palais. Leurs amples turbans rouges ou bigarrés, leurs *machlahs* et leurs cafetans tramés d'or ou d'argent, leurs armes brillantes, tout ce luxe d'extérieur qui, dans les autres pays d'Orient, est le partage de la seule race turque, donnait à cette procession un aspect fort imposant du reste. Je parvins à m'introduire à leur suite dans le palais, où la musique continuait à transfigurer *La Marseillaise* à grand renfort de fifres, de triangles et de cymbales.

La cour est formée par l'enceinte même du vieux palais de Fakardin. On y distingue encore les traces du style de la Renaissance, que ce prince druse affectionnait depuis son voyage en Europe. Il ne faut pas s'étonner d'entendre citer partout dans ce pays le nom de Fakardin, qui se prononce en arabe Fakr-el-Din : c'est le héros du Liban ; c'est aussi le premier souverain d'Asie qui ait daigné visiter nos climats du Nord. Il fut accueilli à la cour des Médicis comme la révélation d'une chose inouïe alors, c'est-à-dire qu'il existât au pays des Sarrasins un peuple dévoué à l'Europe, soit par religion, soit par sympathie.

Fakardin passa à Florence pour un philosophe, héritier des sciences grecques du Bas-Empire, conservées à travers les traductions arabes, qui ont sauvé tant de livres précieux et nous ont transmis leurs bienfaits ; en France, on voulut voir en lui un descendant de quelques vieux croisés réfugiés dans le Liban à l'époque de Saint Louis ; on chercha dans le nom même du peuple druse un rapport d'allitération qui conduisit à le faire descendre d'un certain comte de Dreux. Fakardin accepta toutes ces suppositions avec le laisser aller prudent et rusé des Levantins ; il avait besoin de l'Europe pour lutter contre le sultan.

Il passa à Florence pour chrétien ; il le devint peut-être, comme nous avons vu faire de notre temps à l'émir Béchir, dont la famille a succédé à celle de Fakardin dans la souveraineté du Liban ; mais c'était un Druse toujours, c'est-à-dire le représentant d'une religion singulière, qui, formée des débris de toutes les croyances antérieures, permet à ses fidèles d'accepter momentanément toutes les formes possibles de culte, comme faisaient jadis les initiés égyptiens. Au fond, la religion druse n'est qu'une sorte de franc-maçonnerie, pour parler selon les idées modernes.

Fakardin représenta quelque temps l'idéal que nous nous formons d'Hiram [194], l'antique roi du Liban, l'ami de Salomon, le héros des associations mystiques. Maître de toutes les côtes de l'ancienne Phénicie et de la Palestine, il tenta de constituer la Syrie entière en un royaume indépendant ; l'appui qu'il attendait des rois de l'Europe lui manqua pour réaliser ce dessein. Maintenant son souvenir est resté pour le Liban un idéal de gloire et de puissance ; les débris de ses constructions, ruinées par la guerre plus que par le temps, rivalisent avec les antiques travaux des Romains. L'art italien, qu'il avait appelé à la décoration de ses palais et de ses villes, a semé çà et là des ornements, des statues et des colonnades, que les musulmans, rentrés en vainqueurs, se sont hâtés de détruire, étonnés d'avoir vu renaître tout à coup ces arts païens dont leurs conquêtes avaient fait litière depuis longtemps.

C'est donc à la place même où ces frêles merveilles ont

existé trop peu d'années, où le souffle de la Rennaissance avait de loin ressemé quelques germes de l'antiquité grecque et romaine, que s'élève le kiosque de charpente qu'a fait construire le pacha. Le cortège des Maronites s'était rangé sous les fenêtres en attendant le bon plaisir de ce gouverneur. Du reste, on ne tarda pas à les introduire.

Lorsqu'on ouvrit le vestibule, j'aperçus, parmi les secrétaires et officiers qui stationnaient dans la salle, l'Arménien qui avait été mon compagnon de traversée sur la *Santa-Barbara*. Il était vêtu de neuf, portait à sa ceinture une écritoire d'argent, et tenait à la main des parchemins et des brochures. Il ne faut pas s'étonner, dans le pays des contes arabes, de retrouver un pauvre diable qu'on a perdu de vue en bonne position à la cour. Mon Arménien me reconnut tout d'abord, et parut charmé de me voir. Il portait le costume de la réforme [195] en qualité d'employé turc, et s'exprimait déjà avec une certaine dignité.

«Je suis heureux, lui dis-je, de vous voir dans une situation convenable; vous me faites l'effet d'un homme en place, et je regrette de n'avoir rien à solliciter.

— Mon Dieu! me dit-il, je n'ai pas encore beaucoup de crédit, mais je suis entièrement à votre service.»

Nous causions ainsi derrière une colonne du vestibule pendant que le cortège des cheiks se rendait à la salle d'audience du pacha.

«Et que faites-vous là? dis-je à l'Arménien.

— On m'emploie comme traducteur. Le pacha m'a demandé hier une version turque de la brochure que voici.»

Je jetai un coup d'œil sur cette brochure, imprimée à Paris; c'était un rapport de M. Crémieux touchant l'affaire des Juifs de Damas. L'Europe a oublié ce triste épisode, qui a rapport au meurtre du père Thomas, dont on avait accusé les juifs [196]. Le pacha sentait le besoin de s'éclairer sur cette affaire, terminée depuis cinq ans. C'est là de la conscience, assurément.

L'Arménien était chargé en outre de traduire *L'Esprit des lois* de Montesquieu et un manuel de la garde nationale parisienne. Il trouvait ce dernier ouvrage très difficile, et me pria de l'aider pour certaines expressions qu'il n'entendait pas. L'idée du pacha était de créer une garde nationale à Beyrouth, comme du reste il en existe une maintenant au Caire et dans bien d'autres villes de l'Orient. Quant à *L'Esprit des lois,* je pense qu'on avait choisi cet ouvrage sur le titre, pensant peut-être qu'il contenait des règlements de police applicables à tous les pays. L'Arménien en avait déjà traduit une partie, et trouvait l'ouvrage agréable et d'un style aisé, qui ne perdait que bien peu sans doute à la traduction.

Je lui demandai s'il pouvait me faire voir la réception chez le pacha des cheiks maronites; mais personne n'y était admis sans montrer un sauf-conduit qui avait été donné à chacun d'eux, seulement à l'effet de se présenter au pacha, car on sait que les cheiks maronites ou druses n'ont pas le droit de pénétrer dans Beyrouth. Leurs vassaux y entrent sans difficultés, mais il y a pour eux-mêmes des peines sévères, si, par hasard, on les rencontre dans l'intérieur de la ville. Les Turcs craignent leur influence sur la population ou les rixes que pourrait amener dans les rues la rencontre de ces chefs toujours armés, accompagnés d'une suite nombreuse et prêts à lutter sans cesse pour des questions de préséance. Il faut dire aussi que cette loi n'est observée rigoureusement que dans les moments de troubles.

Du reste, l'Arménien m'apprit que l'audience du pacha se bornait à recevoir les cheiks, qu'il invitait à s'asseoir sur des divans autour de la salle; que là des esclaves leur apportaient à chacun un chibouk et leur servaient ensuite du café, après quoi le pacha écoutait leurs doléances, et leur répondait invariablement que leurs adversaires étaient venus déjà lui faire des plaintes identiques; qu'il réfléchirait mûrement pour voir de quel côté était la justice, et qu'on pouvait tout espérer du gouvernement paternel de Sa Hautesse, devant qui toutes les religions et toutes les races de l'empire auront toujours des droits égaux. En fait de procédés diplomatiques, les Turcs sont au niveau de l'Europe pour le moins.

Il faut reconnaître d'ailleurs que le rôle des pachas n'est pas facile dans ce pays. On sait quelle est la diver-

sité des races qui habitent la longue chaîne du Liban et du
Carmel, et qui dominent de là comme d'un fort tout le
reste de la Syrie. Les Maronites reconnaissent l'autorité
spirituelle du pape, ce qui les met sous la protection de la
France et de l'Autriche; les Grecs-unis, plus nombreux,
mais moins influents, parce qu'ils se trouvent en général
répandus dans le plat pays, sont soutenus par la Russie;
les Druses, les Ansariés et les Métualis [197], qui appartiennent à des croyances ou à des sectes que repousse
l'orthodoxie musulmane, offrent à l'Angleterre un moyen
d'action que les autres puissances lui abandonnent trop
généreusement.

V. LES BAZARS — LE PORT

Je sortis de la cour du palais, traversant une foule
compacte, qui toutefois ne semblait attirée que par la
curiosité. En pénétrant dans les rues sombres que forment
les hautes maisons de Beyrouth, bâties toutes comme des
forteresses, et que relient çà et là des passages voûtés, je
retrouvai le mouvement, suspendu pendant les heures de
la sieste; les montagnards encombraient l'immense bazar
qui occupe les quartiers du centre, et qui se divise par
ordre de denrées et de marchandises. La présence des
femmes dans quelques boutiques est une particularité
remarquable pour l'Orient, et qu'explique la rareté, dans
cette population, de la race musulmane.

Rien n'est plus amusant à parcourir que ces longues
allées d'étalages protégés par des tentures de diverses
couleurs, qui n'empêchent pas quelques rayons de soleil
de se jouer sur les fruits et sur la verdure aux teintes
éclatantes, ou d'aller plus loin faire scintiller les broderies
des riches vêtements suspendus aux portes des fripiers.
J'avais grande envie d'ajouter à mon costume un détail de
parure spécialement syrienne, et qui consiste à se draper
le front et les tempes d'un mouchoir de soie rayé d'or,
qu'on appelle *caffiéh*, et qu'on fait tenir sur la tête en
l'entourant d'une corde de crin tordu; l'utilité de cet

ajustement est de préserver les oreilles et le col des courants d'air, si dangereux dans un pays de montagnes. On m'en vendit un fort brillant pour quarante piastres, et, l'ayant essayé chez un barbier, je me trouvai la mine d'un roi d'Orient.

Ces mouchoirs se font à Damas ; quelques-uns viennent de Brousse, quelques-uns aussi de Lyon. De longs cordons de soie avec des nœuds et des houppes se répandent avec grâce sur le dos et sur les épaules, et satisfont cette coquetterie de l'homme, si naturelle dans les pays où l'on peut encore revêtir de beaux costumes. Ceci peut sembler puéril ; pourtant il me semble que la dignité de l'extérieur rejaillit sur les pensées et sur les actes de la vie ; il s'y joint encore, en Orient, une certaine assurance mâle, qui tient à l'usage de porter des armes à la ceinture : on sent qu'on doit être en toute occasion respectable et respecté ; aussi la brusquerie et les querelles sont-elles rares, parce que chacun sait bien qu'à la moindre insulte il peut y avoir du sang de versé.

Jamais je n'ai vu de si beaux enfants que ceux qui couraient et jouaient dans la plus belle allée du bazar. Des jeunes filles sveltes et rieuses se pressaient autour des élégantes fontaines de marbre ornées à la moresque, et s'en éloignaient tour à tour en portant sur leur tête de grands vases de forme antique. On distingue dans ce pays beaucoup de chevelures rousses, dont la teinte, plus foncée que chez nous, a quelque chose de la pourpre ou du cramoisi. Cette couleur est tellement une beauté en Syrie, que beaucoup de femmes teignent leurs cheveux blonds ou noirs avec le *henné*, qui partout ailleurs ne sert qu'à rougir la plante des pieds, les ongles et la paume des mains.

Il y avait encore aux diverses places où se croisent les allées, des vendeurs de glaces et de sorbets, composant à mesure ces breuvages avec la neige recueillie au sommet du Sannin. Un brillant café, fréquenté principalement par les militaires, fournit aussi, au point central du bazar, des boissons glacées et parfumées. Je m'y arrêtai quelque temps, ne pouvant me lasser du mouvement de cette foule active, qui réunissait sur un seul point tous les costumes si variés de la montagne. Il y a, du reste, quelque chose de comique à voir s'agiter dans les discussions d'achat et de vente les cornes d'orfèvrerie *(tantours)*, hautes de plus d'un pied, que les femmes druses et maronites portent sur la tête et qui balancent sur leur figure un long voile qu'elles y ramènent à volonté. La position de cet ornement leur donne l'air de ces fabuleuses licornes qui servent de support à l'écusson d'Angleterre. Leur costume extérieur est uniformément blanc ou noir.

La principale mosquée de la ville, qui donne sur l'une des rues du bazar, est une ancienne église des croisades où l'on voit encore le tombeau d'un chevalier breton. En sortant de ce quartier pour se rendre vers le port, on descend une large rue, consacrée au commerce franc. Là, Marseille lutte assez heureusement avec le commerce de Londres. A droite est le quartier des Grecs, rempli de cafés et de cabarets, où le goût de cette nation pour les arts se manifeste par une multitude de gravures en bois coloriés, qui égayent les murs avec les principales scènes de la vie de Napoléon et de la révolution de 1830. Pour contempler à loisir ce musée, je demandai une bouteille de vin de Chypre, qu'on m'apporta bientôt à l'endroit où j'étais assis, en me recommandant de la tenir cachée à l'ombre de la table. Il ne faut pas donner aux musulmans qui passent le scandale de voir que l'on boit du vin. Toutefois l'*aqua vitæ*, qui est de l'anisette, se consomme ostensiblement.

Le quartier grec communique avec le port par une rue qu'habitent les banquiers et les changeurs. De hautes murailles de pierre, à peine percées de quelques fenêtres ou baies grillées, entourent et cachent des cours et des intérieurs construits dans le style vénitien; c'est un reste de la splendeur que Beyrouth a due pendant longtemps au gouvernement des émirs druses et à ses relations de commerce avec l'Europe. Les consulats sont pour la plupart établis dans ce quartier, que je traversai rapidement. J'avais hâte d'arriver au port et de m'abandonner entièrement à l'impression du splendide spectacle qui m'y attendait.

O nature ! beauté, grâce ineffable des cités d'Orient bâties aux bords des mers, tableaux chatoyants de la vie, spectacle des plus belles races humaines, des costumes, des barques, des vaisseaux se croisant sur des flots d'azur, comment peindre l'impression que vous causez à tout rêveur, et qui n'est pourtant que la réalité d'un sentiment prévu ? On a déjà lu cela dans les livres. On l'a admiré dans les tableaux, surtout dans ces vieilles peintures italiennes qui se rapportent à l'époque de la puissance maritime des Vénitiens et des Génois ; mais ce qui surprend aujourd'hui, c'est de le trouver encore si pareil à l'idée qu'on s'en est formée. On coudoie avec surprise cette foule bigarrée, qui semble dater de deux siècles, comme si l'esprit remontait les âges, comme si le passé splendide des temps écoulés s'était reformé pour un instant. Suis-je bien le fils d'un pays grave, d'un siècle en habit noir et qui semble porter le deuil de ceux qui l'ont précédé ? Me voilà transformé moi-même, observant et posant à la fois, figure découpée d'une marine de Joseph Vernet.

J'ai pris place dans un café établi sur une estrade que soutiennent comme des pilotis des tronçons de colonnes enfoncées dans la grève. A travers les fentes des planches on voit le flot verdâtre qui bat la rive sous nos pieds. Des matelots de tous pays, des montagnards, des Bédouins au vêtement blanc, des Maltais et quelques Grecs à mine de forban fument et causent autour de moi ; deux ou trois jeunes *cafedjis* servent et renouvellent çà et là les *fines-janes* pleines d'un moka écumant, dans leurs enveloppes de filigrane doré ; le soleil, qui descend vers les monts de Chypre, à peine cachés par la ligne extrême des flots, allume çà et là ces pittoresques broderies qui brillent encore sur les plus pauvres haillons ; il découpe, à droite du quai, l'ombre immense du château maritime qui protège le port, amas de tours groupées sur des rocs, dont le bombardement anglais de 1840 a troué et déchiqueté les murailles [198]. Ce n'est plus qu'un débris qui se soutient par sa masse et qui atteste l'iniquité d'un ravage inutile. A gauche, une jetée s'avance dans la mer, soutenant les bâtiments blancs de la douane ; comme le quai même, elle est formée presque entièrement des débris de colonnes de l'ancienne Béryte ou de la cité romaine de Julia Félix [199].

Beyrouth retrouvera-t-elle les splendeurs qui trois fois l'ont faite reine du Liban? Aujourd'hui, c'est sa situation au pied de monts verdoyants, au milieu de jardins et de plaines fertiles, au fond d'un golfe gracieux que l'Europe emplit continuellement de ses vaisseaux, c'est le commerce de Damas et le rendez-vous central des populations industrieuses de la montagne, qui font encore la puissance et l'avenir de Beyrouth. Je ne connais rien de plus animé, de plus vivant que ce port, ni qui réalise mieux l'ancienne idée que se fait l'Europe de ces *Échelles du Levant,* où se passaient des romans ou des comédies. Ne rêve-t-on pas des aventures et des mystères à la vue de ces hautes maisons, de ces fenêtres grillées où l'on voit s'allumer souvent l'œil curieux des jeunes filles. Qui oserait pénétrer dans ces forteresses du pouvoir marital et paternel, ou plutôt qui n'aurait la tentation de l'oser? Mais, hélas! les aventures, ici, sont plus rares qu'au Caire; la population est sérieuse autant qu'affairée; la tenue des femmes annonce le travail et l'aisance. Quelque chose de biblique et d'austère résulte de l'impression générale du tableau : cette mer encaissée dans les hauts promontoires, ces grandes lignes de paysage qui se développent sur les divers plans des montagnes, ces tours à créneaux, ces constructions ogivales, portent l'esprit à la méditation, à la rêverie.

Pour voir s'agrandir encore ce beau spectacle, j'avais quitté le café et je me dirigeais vers la promenade du Raz-Beyrouth, située à gauche de la ville. Les feux rougeâtres du couchant teignaient de reflets charmants la chaîne de montagnes qui descend vers Sidon; tout le bord de la mer forme à droite des découpures de rochers, et çà et là des bassins naturels qu'a remplis le flot dans les jours d'orage; des femmes et des jeunes filles y plongeaient leurs pieds en faisant baigner de petits enfants. Il y a beaucoup de ces bassins qui semblent des restes de bains antiques dont le fond est pavé de marbre. A gauche, près d'une petite mosquée qui domine un cimetière turc, on voit quelques énormes colonnes de granit rouge cou-

chées à terre; est-ce là, comme on le dit, que fut le cirque
d'Hérode-Agrippa?

VI. LE TOMBEAU DU SANTON

Je cherchais en moi-même à résoudre cette question,
quand j'entendis des chants et des bruits d'instruments
dans un ravin qui borde les murailles de la ville. Il me
sembla que c'était peut-être un mariage, car le caractère
des chants était joyeux; mais je vis bientôt paraître un
groupe de musulmans agitant des drapeaux, puis d'autres
qui portaient sur leurs épaules un corps couché sur une
sorte de litière; quelques femmes suivaient en poussant
des cris, puis une foule d'hommes encore avec des drapeaux et des branches d'arbre.

Ils s'arrêtèrent tous dans le cimetière et déposèrent à
terre le corps entièrement couvert de fleurs; le voisinage
de la mer donnait de la grandeur à cette scène et même à
l'impression des chants bizarres qu'ils entonnaient d'une
voix traînante. La foule des promeneurs s'était réunie sur
ce point et contemplait avec respect cette cérémonie. Un
négociant italien près duquel j'étais me dit que ce n'était
pas là un enterrement ordinaire, et que le défunt était un
santon qui vivait depuis longtemps à Beyrouth, où les
Francs le regardaient comme un fou, et les musulmans
comme un saint. Sa résidence avait été, dans les derniers
temps, une grotte située sous une terrasse dans un des
jardins de la ville; c'était là qu'il vivait tout nu, avec des
airs de bête fauve, et qu'on venait le consulter de toutes
parts.

De temps en temps il faisait une tournée dans la ville et
prenait tout ce qui était à sa convenance dans les boutiques des marchands arabes. Dans ce cas, ces derniers
sont pleins de reconnaissance, et pensent que cela leur
portera bonheur; mais les Européens n'étant pas de cet
avis, après quelques visites de cette pratique singulière,
ils s'étaient plaints au pacha et avaient obtenu qu'on ne

laissât plus sortir le santon de son jardin. Les Turcs, peu nombreux à Beyrouth, ne s'étaient pas opposés à cette mesure et se bornaient à entretenir le santon de provisions et de présents. Maintenant, le personnage étant mort, le peuple se livrait à la joie, attendu qu'on ne pleure pas un saint turc comme les mortels ordinaires. La certitude qu'après bien des macérations il a enfin conquis la béatitude éternelle, fait qu'on regarde cet événement comme heureux, et qu'on le célèbre au bruit des instruments ; autrefois il y avait même en pareil cas des danses, des chants d'almées et des banquets publics.

Cependant l'on avait ouvert la porte d'une petite construction carrée avec dôme destinée à être le tombeau du santon, et les derviches, placés au milieu de la foule, avaient repris le corps sur leurs épaules. Au moment d'entrer, ils semblèrent repoussés par une force inconnue, et tombèrent presque à la renverse. Il y eut un cri de stupéfaction dans l'assemblée. Ils se retournèrent vers la foule avec colère et prétendirent que les *pleureuses* qui suivaient le corps et les chanteurs d'hymnes avaient interrompu un instant leurs chants et leurs cris. On recommença avec plus d'ensemble ; mais, au moment de franchir la porte, le même obstacle se renouvela. Des vieillards élevèrent alors la voix. C'est, dirent-ils, un caprice du vénérable santon, il ne veut pas entrer les pieds en avant dans le tombeau. On retourna le corps, les chants reprirent de nouveau ; autre caprice, autre chute des derviches qui portaient le cercueil.

On se consulta. « C'est peut-être, dirent quelques croyants, que le saint ne trouve pas cette tombe digne de lui, il faudra lui en construire une plus belle.

— Non, non, dirent quelques Turcs, il ne faut pas non plus obéir à toutes ses idées, le saint homme a toujours été d'une humeur inégale. Tâchons toujours de le faire entrer ; une fois qu'il sera dedans, peut-être s'y plaira-t-il ; autrement il sera toujours temps de le mettre ailleurs.

— Comment faire ? dirent les derviches.

— Eh bien ! il faut tourner rapidement pour l'étourdir un peu, et puis, sans lui donner le temps de se reconnaître, vous le pousserez dans l'ouverture. »

Ce conseil réunit tous les suffrages ; les chants retentirent avec une nouvelle ardeur, et les derviches, prenant le cercueil par les deux bouts, le firent tourner pendant quelques minutes ; puis, par un mouvement subit, ils se précipitèrent vers la porte, et cette fois avec un plein succès. Le peuple attendait avec anxiété le résultat de cette manœuvre hardie ; on craignit un instant que les derviches ne fussent victimes de leur audace et que les murs ne s'écroulassent sur eux ; mais ils ne tardèrent pas à sortir en triomphe, annonçant qu'après quelques difficultés le saint s'était tenu tranquille : sur quoi la foule poussa des cris de joie et se dispersa, soit dans la campagne, soit dans les deux cafés qui dominent la côte du Raz-Beyrouth.

C'était le second miracle turc que j'eusse été admis à voir (on se souvient de celui de la Dhossa, où le chérif de La Mecque passe à cheval sur un chemin pavé par les corps des croyants) ; mais ici le spectacle de ce mort capricieux, qui s'agitait dans les bras des porteurs et refusait d'entrer dans son tombeau, me remit en mémoire un passage de Lucien, qui attribue les mêmes fantaisies à une statue de bronze de l'Apollon syrien [200]. C'était dans un temple situé à l'est du Liban, et dont les prêtres, une fois par année, allaient, selon l'usage, laver leurs idoles dans un lac sacré. Apollon se refusait toujours longtemps à cette cérémonie... il n'aimait pas l'eau, sans doute en qualité de prince des feux célestes, et s'agitait visiblement sur les épaules des porteurs, qu'il renversait à plusieurs reprises.

Selon Lucien, cette manœuvre tenait à une certaine habileté gymnastique des prêtres ; mais faut-il avoir pleine confiance en cette assertion du Voltaire de l'Antiquité ? Pour moi, j'ai toujours été plus disposé à tout croire qu'à tout nier, et la Bible admettant les prodiges attribués à l'Apollon syrien, lequel n'est autre que Baal, je ne vois pas pourquoi cette puissance accordée aux génies rebelles et aux esprits de Python n'aurait pas produit de tels effets ; je ne vois pas non plus pourquoi l'âme immortelle d'un pauvre santon n'exercerait pas une action magnétique sur les croyants convaincus de sa sainteté.

Et d'ailleurs, qui oserait faire du scepticisme au pied du Liban? Ce rivage n'est-il pas le berceau même de toutes les croyances du monde? Interrogez le premier montagnard qui passe : il vous dira que c'est sur ce point de la terre qu'eurent lieu les scènes primitives de la Bible; il vous conduira à l'endroit où fumèrent les premiers sacrifices; il vous montrera le rocher taché du sang d'Abel; plus loin existait la ville d'Enochia, bâtie par les géants, et dont on distingue encore les traces; ailleurs c'est le tombeau de Chanaan, fils de Cham. Placez-vous au point de vue de l'antiquité grecque, et vous verrez aussi descendre de ces monts tout le riant cortège des divinités dont la Grèce accepta et transforma le culte, propagé par les émigrations phéniciennes. Ces bois et ces montagnes ont retenti des cris de Vénus pleurant Adonis, et c'était dans ces grottes mystérieuses, où quelques sectes idolâtres célèbrent encore des orgies nocturnes, qu'on allait prier et pleurer sur l'image de la victime, pâle idole de marbre ou d'ivoire aux blessures saignantes, autour de laquelle les femmes éplorées imitaient les cris plaintifs de la déesse. Les chrétiens de Syrie ont des solennités pareilles dans la nuit du vendredi saint : une mère en pleurs tient la place de l'amante, mais l'imitation plastique n'est pas moins saisissante; on a conservé les formes de la fête décrite si poétiquement dans l'idylle de Théocrite [201].

Croyez aussi que bien des traditions primitives n'ont fait que se transformer ou se renouveler dans les cultes nouveaux. Je ne sais trop si notre Église tient beaucoup à la légende de Siméon Stylite [202], et je pense bien que l'on peut, sans irrévérence, trouver exagéré le système de mortification de ce saint; mais Lucien nous apprend encore que certains dévots de l'Antiquité se tenaient debout plusieurs jours sur de hautes colonnes de pierre que Bacchus avait élevées, à peu de distance de Beyrouth, en l'honneur de Priape et de Junon [203].

Mais débarrassons-nous de ce bagage de souvenirs antiques et de rêveries religieuses où conduisent si invinciblement l'aspect des lieux et le mélange de ces populations, qui résument peut-être en elles toutes les croyances et toutes les superstitions de la terre. Moïse, Orphée,

Zoroastre, Jésus, Mahomet, et jusqu'au Bouddha indien, ont ici des disciples plus ou moins nombreux... Ne croirait-on pas que tout cela doit animer la ville, l'emplir de cérémonies et de fêtes, et en faire une sorte d'Alexandrie de l'époque romaine ? Mais non, tout est calme et morne aujourd'hui sous l'influence des idées modernes. C'est dans la montagne que nous retrouverons sans doute ces mœurs pittoresques, ces étranges contrastes que tant d'auteurs ont indiqués, et que si peu ont été à même d'observer.

LEXIQUE
DES MOTS ÉTRANGERS OU RARES

Le plus souvent, Nerval traduit les mots étrangers qu'il cite. Ne figurent dans ce lexique que les termes non traduits, ou traduits une seule fois et repris plus tard sans explication. Les mots définis dans les dictionnaires usuels de la langue française n'ont pas été retenus.

Abbah : manteau de laine ample et long, ouvert sur le devant, sans manches.

Aigledon : forme populaire pour édredon. (GR)

Akkal : homme saint, sage, savant.

Aleikoum al salam : que la paix soit avec toi.

Anclabre : table servant aux sacrifices chez les Romains *(anclabris mensa).* (GR)

Apios : plante à fleurs odorantes disposées en grappe *(apios tuberosa).* (GR)

Araba : voiture, char.

Ardeb : contenance de 270 à 280 litres.

Arif : intelligent, habile.

Babylonian : d'architecture grandiose et massive.

Baïram : fête du jeûne suivant le Ramadan.

Banian : pauvre bougre.

Barbarin : domestique ordinaire, en général noir.

Bardaque : vase de terre séchée au soleil. (GR)

Benich : large manteau, porté par-dessus les autres vêtements.

Besestain : grand bâtiment voûté, dans un bazar, où sont entreposées les marchandises de prix. (GR)

Borghot : masque allongé porté par les femmes.

Bostangi : jardinier.

Cachef : gouverneur de province, institué par les Turcs.

Cadi : juge musulman remplissant des fonctions civiles et religieuses.

Cadine : dame.

Cafedji : voir *Kahwedji.*

Cajute : cahute, cabine.

Calender : derviche mendiant.

Cant : afféterie, hypocrisie.

Cardina : divinités qui protègent la porte, le seuil, les gonds. (GR)

Casin : établissement public de divertissement. (GR)

Cavas (ou *cavasse*) : huissier attaché à une institution ou une personnalité officielle.

Chibouk : pipe à long tuyau.

Cinnor : lyre de forme triangulaire. (GR)

Cohel : fard noir pour les paupières.

Conversation : casino. (GR)

Dive : voir note 102.

Djerme : barque.

Dourah : maïs.

Effendi : monsieur, homme de distinction.

Féredjé : large manteau à collet tombant sous lequel les femmes dissimulent leur visage et leur parure. (GR)

Figuier de Pharaon : espèce de sycomore. (GR)

Fine-jane : petite tasse.

Firman : édit ou décret du souverain musulman.

Frengui : Européen.

Gastoffe : auberge.

Ghawasie : danseuse.

Giaour : infidèle.

Habbarah : ample manteau noir couvrant tout le corps.

Hadji : musulman ayant fait le pèlerinage de La Mecque.

Hamal : portefaix.

Hanoum : dame principale d'une maison.

Improper : inconvenant.

Improved patent : brevet perfectionné.

Jellab : marchand d'esclaves. (GR)

Kabibé : chéri, bien-aimé.

Kachef : adjoint d'un bey, dans les armées turques et égyptiennes. (GR)

Kaddosch : sacré.

Kahwedji : domestique préparant le café.

Kaïmakan : lieutenant, gouverneur, sous-préfet.

Kasiasker : chef religieux exerçant les fonctions de juge.

Khanoun : voir *Hanoum.*

Kief : sieste, repos et, dans l'expérience du hachischin, phase de calme et de béatitude.

Kislar-aga : chef des eunuques. (GR)

Koulkas : colocase, dont la racine farineuse est comestible. (GR)

Kyaya : ministre d'un petit prince. (GR)

Lailet-ul-id : la nuit de la fête.

Lattaquié : tabac de Lattaquié (Syrie). (GR)

Ligure : opale. (GR)

Locanda : auberge. (GR)

Machallah! : avec la permission de Dieu.

Machlah : manteau de poil de chameau couvrant tout le corps.

Mafish : non, pas du tout.

Mahdi : imam attendu à la fin des temps par certaines sectes musulmanes.

Mandille : mouchoir ou foulard de soie.

Milayeh : drap, voile noir dont s'enveloppe entièrement la femme.

Moal : poème strophique chanté.

Mollah : docteur en théologie islamique.

Moudhir : gouverneur, administrateur.

Moukre : loueur de chevaux, de mulets ou transporteur de marchandises.

Moultezim : particulier percevant les droits de la terre acquittés par les fellahs. (GR)

Muchir : officier de haut rang. (GR)

Munasihi : qui donne des conseils.

Muslim : musulman.

Naz (pour *naï*): flûte.

Nazir: haut fonctionnaire, directeur de certains grands services. (GR)

Nedji: cheval d'Arabie centrale *(Nedj)*, réputé parmi les meilleurs. (GR)

Nichan: décoration instituée par Mahmoud II.

Ocque: en Égypte, l'ocque valait environ 1 kg 250. (GR)

Okel: citadelle, refuge.

Oualem: chanteuses et danseuses (almées).

Parazonium: courte épée suspendue par un baudrier. (GR)

Patito: soupirant.

Pentacle: figure magique, en forme d'étoile à cinq branches, symbole de perfection ou de puissance occulte sur les éléments.

Péri: génie, fée.

Physizoé: qui donne la vie, nourricière, féconde.

Pic: longueur variant de 66 à 70 cm. (GR)

Polos: nimbe ou croissant constellé qui servait de couronne à certaines divinités. (GR)

Raya(h): sujet non musulman du gouvernement turc. (GR)

Rebab: vielle monocorde ou double-corde.

Reïs: capitaine, officier.

Rosolio: liqueur parfumée aux pétales de rose. (GR)

Saba-el-kher: bonjour.

Saïs: éclaireur, messager.

Sirafeh: offrande de pièces de monnaie.

Surmeh: poudre noire pour teindre les paupières. (GR)

Taktikos: chapeau de paille.

Talari: écu d'Autriche *(Thaler)*, valant environ 5 francs. (GR)

Talé bouckra: viens demain.

Tantour: coiffure de femme en forme de cône, genre de hennin.

Tayeb: bien, c'est bon.

Téké: couvent des derviches.

Tendido: rideau.

Uléma: docteur de la loi, théologien musulman.

Wauxhall: lieu public où se donnent des bals, des concerts.

Yalek: robe à manches longues et larges.

Yamak: apprenti assistant ou petit voile laissant paraître les yeux.

Yaoudi: juif.

Yavour: voir *Giaour*.

Zebeck: soldat venu d'Asie Mineure. (GR)

NOTES

L'excellente édition du *Voyage en Orient* par Gilbert Rouger, Ed. Richelieu, Imprimerie nationale de France, 1950, 4 vol. (aujourd'hui épuisée) comporte de nombreuses notes. Celles que j'emprunte, parfois en abrégeant, sont marquées (GR).

1. En 1849, dans *La Silhouette*, cette introduction est dédiée à « Timothée O'Neddy », pseudonyme de Théophile Dondey. Voir F. Dumont, *Nerval et les Bousingots*, Paris, La Table Ronde, 1958.

2. Lorsqu'il quitte Paris à la fin de 1842, Nerval se dirige en fait vers Marseille, d'où il s'embarquera le 1er janvier 1843 pour Malte puis Alexandrie. L'itinéraire raconté dans *Vers l'Orient* correspond à un voyage antérieur à Vienne, par la Suisse, l'Allemagne et l'Autriche, en 1839-1840 (chap. i-x) ; à des lectures sur Cythère, qu'il n'a fait que voir du bateau (chap. xii-xviii) et à une escale à Syra (chap. xix-xxi), sur la route d'Égypte.

3. Nerval énumère les différentes étapes de son voyage Paris-Vienne (31 octobre-19 novembre 1839) dans une lettre à son père (19 nov. 1839). Pour la correspondance, voir *Œuvres*, Pléiade, vol. 1.

4. Compagnies de diligences. Lenteur du voyage, parcours labyrinthiques, rencontres capricieuses sont des thèmes fréquents chez Nerval (voir *Les Nuits d'Octobre*, *Angélique*).

5. Il s'agit du Buridan de *La Tour de Nesle*, drame en cinq actes de Dumas et Gaillardet, 1832. (GR)

6. *Le Misanthrope*, IV, 4. (GR)

7. *Ruy Blas*, III, 4. (GR)

8. Le Français J.-Gabriel Eynard (1776-1863) se réfugia à Genève en 1793, puis s'enrichit en Italie. Il revint se fixer en Suisse, fut un fervent philhellène et apporta aux Grecs l'appui de sa propagande et de ses deniers. (GR)

9. On parlait français à Lausanne, alors comme aujourd'hui. Peut-être les commissionnaires parlaient-ils un dialecte vaudois ? (GR)

10. Roman de Walter Scott (1814), où les armes de la famille de Bradwardine sont supportées par deux ours rampants. (GR)

11. *Mémoires*, chap. II, 19, « Berne... », très atténué par Nerval. (GR)

12. David Strauss, l'auteur de la *Vie de Jésus*, avait été nommé en 1839 professeur de dogmatique et d'histoire de l'Église à l'Université de Zurich. Mais cette nomination suscita des protestations si vives qu'il ne put prendre possession de sa chaire. (GR)

13. Le peintre P.-L.-C. Cicéri (1782-1868) était surtout connu comme décorateur de théâtre. Nerval fait allusion aux décors de *La Juive* (Scribe et Halévy, 1835) qui représentent Constance au XVe siècle. (GR)

14. Les Zaehringen, anciens seigneurs de l'Allemagne du Sud et fondateurs de plusieurs villes suisses.

15. Duché de Bade, Bavière, Wurtemberg, Autriche, Suisse.

16. L'Anglais malade qui boit du champagne revient à plusieurs reprises chez Nerval : même épisode dans une lettre à Renduel (6 nov. 1834), mais l'aventure se passe à Marseille ; variante *infra*, chap. XI et dans une lettre à son père (8 janv. 1843). On retrouve le couple d'une Anglaise et de son mari malade, mais sans champagne, dans *Octavie*.

17. Quoique traducteur des deux *Faust*, Nerval n'a jamais su très bien l'allemand. Il le parlait, et le lisait aussi, avec difficulté. De Vienne, il écrira à son père : « Je ne sais pas encore autant l'allemand que l'on croit (...) la prononciation me crée des difficultés très grandes » (26 nov. 1839).

18. Étrange itinéraire : Meersburg est en face de Constance, tandis que Saint-Gall, qui n'est d'ailleurs pas sur le lac, est à l'autre extrémité.

19. Allusion probable aux premiers vers du *Corsaire* : « Sur les eaux riantes de la mer d'azur, où nos pensées sont sans limites et nos âmes libres comme elles, (...) contemplez notre empire et voyez notre patrie ; ce sont là nos États, et aucune borne ne leur est imposée. » (GR)

20. Rien de tel dans les *Souffrances du jeune Werther*. (GR)

21. Parmi ces trois auteurs du XVIIe siècle, d'Assoucy n'a pas écrit de voyage fantastique. Le Pays a laissé des *Lettres de l'autre monde* et c'est Cyrano qui, dans la première partie de *L'Autre monde*, « Les États et Empires de la Lune », raconte que la monnaie, là-haut, consiste en vers (éd. Garnier, p. 49).

22. Pseudonyme de Folengo (1491-1544), qui raconte les aventures burlesques et les voyages fantastiques de son héros Baldus. (GR)

23. Nerval semble confondre l'ouvrage du Père Bougeant, *Voyage merveilleux du prince Fanférédin dans la Romancie*, qui peint un pays dont tous les habitants, d'Amadis à Guzman d'Alfarache, sont des héros de romans, et la *Description de l'île de Portraiture et de la ville des Portraits*, ouvrage attribué à Charles Sorel : dans l'île de Portraiture,

tous les gens travaillent à peindre ou sont marchands de tableaux. (GR.)
A propos de l'attraction exercée sur Nerval par la Judith de Caravage et
les femmes de Rubens, voir G. Poulet, « Nerval, Gautier et la Blonde
aux yeux noirs », dans *Trois essais de mythologie romantique*. Paris,
Corti, 1966. Selon J. Richer, le « Magicien » attribué à Dürer est sans
doute le *Docteur Faust* de Rembrandt, reproduit en frontispice dans
l'éd. de 1836 de la traduction de Faust par Nerval.

24. Louis Ier de Bavière, poète, protecteur des peintres et fondateur
de la Pinacothèque de Munich.

25. Le peintre français Abel de Pujol (1785-1861) fut élève de
David. Il a décoré plusieurs églises parisiennes et peint les grisailles de
la Bourse. Il s'était fait une spécialité de la peinture en trompe-l'œil.
(GR)

26. Allusion probable à *L'Ambassadrice* de Scribe et Auber (1836),
dont le premier acte se passe à Munich. (GR)

27. Débuta à l'Opéra-Comique en 1812 ; à partir de 1835, elle se
cantonna dans les rôles de duègnes et obtint, dans cet emploi, de vifs
succès. (GR)

28. Julius Schnorr (1794-1872) peignit des sujets tirés de l'histoire
nationale allemande. — Peter Cornelius (1783-1867) fut chargé par
Louis de Bavière des grands travaux artistiques dans la ville de Munich.
(GR)

29. Sculpteur danois néo-classique (1770-1844), fameux de son
vivant. (GR)

30. Léo de Klenze (1784-1864) dessina, pour le roi de Bavière, les
plans de nombreux monuments publics munichois (Glyptothèque, Pro-
pylées, Odéon, Pinacothèque). (GR)

31. Nerval est à Vienne du 19 novembre 1839 au 1er mars 1840.
Son séjour a été raconté, en plusieurs versions, d'abord dans les journaux, entre 1840 et 1850, puis en prélude au *Voyage en Orient* et
transposé enfin, sur un ton beaucoup plus tragique, dans *Pandora*.
Quelles que soient les différences, les deux récits témoignent de l'importance que revêtent pour Nerval ses souvenirs de Vienne. Voir les éd.
critiques de *Pandora* par J. Guillaume (1968) et J. Senelier (1975) et
l'article de H. Bonnet, « Vienne dans l'imagination nervalienne », dans
RHLF 72 (1972).

32. Même début que *Sylvie*. Or, justement, Gérard n'en sortira pas.
Comme Munich était une ville-musée, Vienne est une ville-théâtre.

33. *Don Juan*, II, 164. (GR)

34. Ou Katty, comme plus bas et dans *Pandora*.

35. L'actrice allemande Charlotte Birch-Pfeiffer (1800-1868) a
composé une centaine de drames du genre larmoyant. (GR)

36. Dans ses *Memorie inutili*, l'auteur dramatique vénitien Carlo
Gozzi (1722-1806) parle bien de ses amours avec une « giovine, ch'era

una biondina, grassotta…». (GR) Sur ce type féminin cher à Gautier et Nerval, voir l'étude de G. Poulet citée n. 23. Voir aussi p. 298.

37. Opéra en trois actes de Donizetti (Venise, 1836; Paris, 1843). (GR)

38. Célèbre dompteur américain, il connut un énorme succès à Paris, en 1839. (GR)

39. « Pour s'en faire une idée en France, il faudrait réunir la pantomime de Debureau aux vaudevilles les plus excentriques du théâtre des Variétés (…) L'esprit logique et régulier du bourgeois parisien ne supporterait pas la liberté folle et la gaieté humoristique de ces compositions » (Nerval, article de *L'Artiste*, 8 mars 1840).

40. L'exclamation est dans *Les Aventures de la nuit de la Saint-Sylvestre*. Elle figure également dans *Pandora*, dont l'histoire, qui se déroule aussi un 31 décembre, accuse, autant ou plus qu'ici, l'influence déterminante de Hoffmann.

41. Autre référence au même conte de Hoffmann : le héros rencontre, dans un cabaret, Erasme Spikher, qui a perdu son reflet, et Peter Schlemihl (prélevé chez Chamisso), qui a perdu son ombre.

42. La première de ces tavernes est évoquée par Heine, dans un poème, *Le Port*, traduit par Nerval; la seconde est le lieu d'une scène du premier *Faust*. (GR)

43. Faubourg de Vienne, voisin de Schoenbrunn. (GR)

44. De même que le barbet noir de Faust se transforme en Méphistophélès, de même, dans *Le Diable amoureux* de Cazotte, le chameau est une incarnation de Belzébuth (*Romanciers du XVIIIe siècle*, Pléiade, vol. 2, p. 319).

45. Si Nerval fréquente assidûment les théâtres de Vienne, c'est sans doute qu'il est en quête de sujets de pièces — son gagne-pain principal.

46. On mesure mieux, dans *Pandora*, la portée affective de données apparemment indifférentes, comme le *Stock-im-Eisen* et le portrait de l'archiduchesse Sophie.

47. Plusieurs indices, dans la correspondance de Nerval pendant son séjour à Vienne, montrent qu'il était chargé d'une mission de renseignement pour le ministère de l'Intérieur, particulièrement sur la presse allemande et autrichienne. La surveillance dont il fait l'objet n'étonne donc pas.

48. « Ligue de la vertu », société secrète. La pièce de *Léo Burckart* et *Lorely* témoignent de l'intérêt que porte Nerval aux sociétés secrètes allemandes.

49. Comte Joseph Sedlinsky. Dans une scène à peu près équivalente racontée dans *Angélique* (chap. I), le représentant de la censure est nommé M. Pilat. Sur ces deux hommes, voir lettre du 10 janvier 1840 à Jacques Mallac.

50. Il s'agit du dramaturge Franz Grillparzer (1791-1872), directeur des Archives du ministère des Finances à Vienne de 1833 à 1856. (GR)

51. Dans son *Art poétique,* Boileau satirise les descriptions d'archi-
tecture dans l'*Alaric* de Georges de Scudéry (et non de sa sœur) :
Ce ne sont que festons, ce ne sont qu'astragales.
Je saute vingt feuillets pour en trouver la fin,
Et je me sauve à peine au travers du jardin. (I, 56-58). (GR)

52. La Courtille, au village de Belleville, était un quartier de guinguettes et de bals publics. (GR)

53. Citation de *La Tour de Nesle* de Dumas et Gaillardet. (GR)
L'acteur Pierre Bocage, devenu directeur de l'Odéon, eut de nombreux
contacts avec Nerval (voir Correspondance).

54. Ce salon correspond probablement à celui de l'ambassade de
France (également évoqué dans *Pandora*) ; Nerval y fut accueilli par
l'ambassadeur Saint-Aulaire, qui, comme lui, avait traduit *Faust ;* c'est
là qu'il rencontra la pianiste Marie Pleyel, qui devait jouer, dans sa vie
affective, un rôle considérable (voir *Aurélia* I, 1 et 2). Il y a aussi côtoyé
Liszt, alors de passage à Vienne. Sur ce milieu et ces rencontres, voir
les éd. critiques de *Pandora* citées n. 31.

55. Le greffier Heerbrand, dans *Le Pot d'or.*

56. Dans *Ma Patrie,* qu'on trouve dans le choix de *Poésies allemandes* publié par Nerval en 1830. (GR)

57. La traversée de Trieste à Cérigo (ou Cythère), puis de Cérigo à
Syra est fictive ; elle sert de joint entre deux voyages bien distincts :
celui de Vienne (1839-1840) et celui d'Égypte (1843).

58. Nerval a rédigé, en collaboration, le livret d'un opéra-comique,
Les Monténégrins, «Épisode de l'Empire, drame lyrique militaire en
trois actes» (1849). Voir *Œuvres complémentaires* III, Paris, Minard,
1965.

59. Mme de Staël, *Corinne,* XV, 9. (GR)

60. Béranger, poète et chansonnier. (GR)

61. On notera à quel point l'approche de la Grèce est topique : après
« l'Aurore aux doigts de rose », voici la naissance de Vénus et le voyage
à Cythère, lieux communs iconographiques et poétiques (voir *Sylvie,*
chap. IV).

62. La seule escale de Nerval en Grèce a été Syra. Il ne s'est jamais
arrêté à Cérigo. G. Rouger a montré que son information est essentiellement livresque : elle repose en majeure partie, pour les chapitres 15 à
18, sur le *Voyage de Dimo et Nicolo Stephanopoli en Grèce (...),*
attribué à A. Serieys (an VIII) et sur les *Lettres sur la Morée* de
A.-L. Castellan (1808).

63. Nerval précise dans *Isis* (chap. IV) : «Cette éternelle Nature, que
Lucrèce, le matérialiste, invoquait lui-même sous le nom de Vénus
Céleste, a été préférablement nommée Cybèle par Julien, Uranie ou
Cérès par Plotin, Proclus et Porphyre ; Apulée, lui donnant tous ces
noms, l'appelle plus volontiers Isis ; c'est le nom qui, pour lui, résume
tous les autres ; c'est l'identité primitive de cette reine du ciel, aux

attributs divers, au masque changeant!» Les chapitres qui suivent sur Vénus nous situent donc au centre de la religion antique selon Nerval, et au cœur de sa mythologie personnelle.

64. *Hypnerotomachia Poliphili*, c'est-à-dire «combat d'amour en rêve», œuvre d'un dominicain vénitien, Francesco Colonna (1449-1527), publiée en 1499 chez le fameux imprimeur Alde Manuce. Plusieurs traductions et adaptations françaises sous le titre: *Le Songe de Poliphile*. Ce récit d'un voyage rêvé au pays de l'Amour, saturé de scènes allégoriques et culminant dans une initiation aux mystères de Vénus, a exercé sur Nerval une attraction durable. Avant le voyage en Orient, il pensait déjà écrire un drame sur la passion de F. Colonna, pour être joué par Jenny Colon (paronymie soulignée dans le titre du sonnet *A J.-Y. Colonna*). «J'avais entrepris de fixer dans une action poétique les amours du peintre Colonna pour la belle Laura, que ses parents firent religieuse, et qu'il aima jusqu'à la mort. Quelque chose dans ce sujet se rapportait à mes préoccupations constantes» (*Sylvie*, chap. XIII). Un nouveau projet, en 1853 — un livret d'opéra tiré de *Poliphile* pour être joué sur la musique de *La Flûte enchantée* — n'aboutira pas non plus.

65. Le chap. XIII suivait de près quelques pages du premier livre du *Songe*, sur le voyage initiatique, et rêvé, à Cythère. Le chap. XIV reprend, lui, le livre II, beaucoup plus court et d'allure biographique. Telle est aussi l'orientation du *Franciscus Colonna* de Nodier, qui vient alors de paraître, en octobre 1843, dans le *Bulletin de l'ami des arts*, et dont Nerval, qui publie ce chapitre pour la première fois le 11 août 1844, a pu avoir connaissance.

66. Léonore est l'héroïne de *Fidelio* de Beethoven, et Bianca Capello celle d'un opéra de Buzzi (1842). (GR)

67. Mêmes parallèles syncrétistes dans le chap. IV d'*Isis*.

68. «Elle m'appartenait bien plus dans sa mort que dans sa vie» (*Aurélia* I, 7). Pour Nerval aussi, l'amour ne se consomme que dans le rêve ou dans la mort. On notera, dans le même sens, l'accent placé plus bas (chap. XVIII) sur la Vénus souterraine et nocturne, associée aux enfers.

69. Ce gibet sur l'île d'Amour, Baudelaire le reprendra — en s'inspirant directement de ce texte — dans un poème des *Fleurs du mal, Un voyage à Cythère*, dont le manuscrit porte: «Dédié à Gérard de Nerval». En réponse à Baudelaire, Hugo à son tour ranimera le même motif dans *Cérigo (Les Contemplations)*.

70. «Au moment où je suis entré tout palpitant dans Athènes, ses moindres débris me paraissaient sacrés (...) J'ai rempli d'abord les poches de mon habit, ensuite de ma veste, de morceaux de marbre sculptés» (Lettre de l'abbé Delille à Mme de Vaines, dans *Correspondance littéraire*, par Grimm..., 1813, III, p. 152). (GR)

71. Pausanias, *Itinéraire*, III, 23. (GR)

72. La patrie de Ménélas était Sparte, dont Cérigo était une colonie.

73. Ausone, *Épigrammes*, 42 et 43. (GR)

74. Pausanias, *Itinéraire*, III, 15. (GR)

75. Dans une version antérieure, Nerval précise : « Chacun des grands dieux avait trois corps et était adoré sous les trois formes du ciel, de la terre et des enfers » (*L'Artiste*, 11 août 1844).

76. La Vierge. C'est une préoccupation constante chez Nerval d'opérer la synthèse des religions et particulièrement la fusion des déesses antiques avec Marie, comme figure universelle de la Mère céleste. Voir surtout *Isis* et les derniers chapitres d'*Aurélia*.

77. « L'éternel féminin nous attire vers le ciel » *(Second Faust)*. (GR)

78. Citation un peu fantaisiste de l'*Hymne orphique* 52 : *Parfum d'Aphrodite*. (GR)

79. Souvenir de la ballade du *Moine gris* (*Don Juan*, XVI, 38-41). De nombreux voyageurs, dont Lamartine, évoquent la figure pittoresque de l'ermite du cap Saint-Ange. (GR)

80. C'est ici que le récit touche, pour la première fois, à l'itinéraire réel de Nerval vers l'Orient, puisque son bateau a bien relâché à Syra, entre Malte et Alexandrie.

81. *Le Jardin des racines grecques* (1657), manuel d'étymologie grecque du grammairien janséniste Claude Lancelot.

82. Lucien, *Dialogue des morts*, XXII. (GR)

83. *L'Ile des Pirates*, ballet-pantomime en quatre actes, avec musique de Gide, Carlini, Rossini et Beethoven, représenté à l'Opéra en 1835. — *Le Dernier Jour de Missolonghi*, drame d'Ozaneaux, avec chœurs de Hérold, représenté à l'Odéon en 1828. (GR)

84. Allusion au roman archéologique de l'abbé Barthélemy, *Voyage du jeune Anacharsis en Grèce* (1788). (GR)

85. *Les Voyages de Gulliver*, 3e partie. (GR)

86. Plutarque, *Sur la disparition des oracles*, 419 B-D.

87. Ancien officier de l'Empire, il se mit au service du gouvernement insurrectionnel de la Grèce en 1823 et, en 1827, défendit héroïquement l'Acropole d'Athènes contre les Turcs. (GR)

88. Edward Dodwell, *A classical and topographical Tour through Greece* (1819). On ignore dans quel autre livre Nerval a trouvé ce passage. (GR)

89. Comme déjà dans le chap. XIV, Nerval exprime aussi dans *Les Chimères* son attachement aux dieux de la Grèce antique et, contre l'intolérance chrétienne, son espoir de les voir renaître.

90. Voir n. 81.

91. L'auteur de *Marcos Botzaris* n'est pas Alexandre Soutzo, mais son frère Panagiotis. (GR)

92. Moustaï, pacha de Scodra (Scutari d'Albanie). (GR)

93. Canal conduisant les eaux du Nil à Alexandrie. (GR)

94. Parmi les différentes sources utilisées pour ces pages sur l'Égypte, G. Rouger a montré l'importance d'une étude alors toute récente : William Lane, *An Account of the Manners and Customs of the Modern Egyptians, written in Egypt during the years 1833, 34 and 35*, Londres, 2 vol. Je ne relèverai pas tous les emprunts de Nerval, particulièrement importants dans les chapitres suivants des *Femmes du Caire* : I, 1-2; II, 3; II, 6; II, 11; III, 7-8; V, 2-3-4; VII, 6.

95. Isis. Même expression, plus sceptique et angoissée, dans *Isis* (chap. III) : « Levant ton voile sacré, déesse de Saïs ! le plus hardi de tes adeptes s'est-il donc trouvé face à face avec l'image de la Mort ? » On notera que l'Égypte est placée, d'emblée, sous le signe du mystère et de l'initiation.

96. Gérard entre dans Le Caire comme dans un rêve. Expérience proche de celle d'*Aurélia* : « Ici a commencé pour moi ce que j'appellerai l'épanchement du songe dans la vie réelle » (I, 3).

97. Louis-François Cassas (1756-1827), *Voyage pittoresque de la Syrie, de la Phœnicie, de la Palestine et de la Basse-Égypte* (1799). (GR) Nerval prend en fait de nombreux détails dans les *Modern Egyptians* de W. Lane, I, 6 (voir n. 94).

98. Jean-Baptiste Belzoni, ingénieur et archéologue (1778-1823). On cherche en vain cette anecdote dans ses *Voyages en Égypte et en Nubie*. (GR)

99. Sur Caraguez, voir, *infra, Les Nuits du Ramazan*, II, 3.

100. La correspondance montre que Nerval a eu, pendant son voyage, de gros soucis d'argent et devait limiter au plus près la dépense.

101. Se dit d'un évêque dont le titre est purement honorifique et ne donne droit à aucune juridiction.

102. Selon une autre source fréquemment utilisée par Nerval, un dive est une « créature qui n'est ni homme, ni ange, ni diable ; c'est un génie, un démon, comme les Grecs l'entendent, et un géant qui n'est pas de l'espèce des hommes » (D'Herbelot, *Bibliothèque orientale*, 1697). Voir aussi n. 26*. (GR)

103. Intuition fondamentale, qu'approfondira *Aurélia* : « Le Rêve est une seconde vie » (I, 1).

104. Ancêtre de la photographie, le daguerréotype est, selon *Les Nuits d'Octobre* (chap. VIII), un « instrument de patience qui s'adresse aux esprits fatigués, et qui, détruisant les illusions, oppose à chaque figure le miroir de la vérité ».

105. Prosper Marilhat (1811-1847) rapporta plusieurs toiles d'un séjour en Égypte (1831-1833). (GR)

106. *CXXXII^e nuit*. (GR)

107. « Kennst du das Land, wo die Zitronen blühn… ? » : chanson de Mignon dans *Les Années d'apprentissage de Wilhelm Meister*.

108. Sans doute les Wahabites, soumis par Ibrahim en 1818. Voir n. 72*.

109. La sultane Roxelane, d'origine italienne ou russe, fut la favorite du sultan Soliman II le Magnifique.

110. Dans une lettre à son père du 18 mars 1843, Nerval nomme ce personnage comme l'ingénieur Linant de Bellefonds, entrepreneur de nombreux travaux pour Méhémet-Ali. (GR)

111. Médecin marseillais (1796-1868), il passa au service de Méhémet-Ali comme chirurgien en chef de l'armée. Il fonda l'école de médecine du Caire et publia en 1840 un *Aperçu général sur l'Égypte* auquel Nerval a fait quelques emprunts. Voir plus bas chap. II, 5, et lettre à son père du 2 mai 1843. (GR)

112. Rabelais, *Tiers Livre*, chap. IX.

113. Le symbole du soleil noir vient à la fois de la gravure *Melancholia* de Dürer, du *Songe* (ou *Discours du Christ mort*) de Jean-Paul et, plus directement sans doute, de l'iconographie alchimique. On le retrouve dans *Aurélia* (II, 4), *El Desdichado* (v. 4) et, sous une forme différente, dans *Le Christ aux Oliviers* (II, 9-10 et III, 6). Sur la fortune littéraire de ce symbole, voir l'article d'H. Tuzet, dans *Revue des Sciences humaines*, oct.-déc. 1957. — Quant à la gravure de Dürer, emblème du tempérament mélancolique et saturnien, elle fascinait Nerval, qui l'évoque également dans *Aurélia* I, 2.

114. L'Égypte comme pays de la mélancolie et de la mort : Nerval y insiste en évoquant « l'Osiris souterrain », dans sa phase occulte de germination, et Typhon, dieu malfaisant et stérile, pôle négatif de la religion égyptienne, opposé aux pouvoirs salvateurs d'Isis. Voir aussi p. 95, t. II.

115. Le *cestos* (et non ceston) de Vénus était la ceinture où avait été brodée la peinture des joies et des peines de l'amour (*Iliade*, XIV, 214). (GR)

116. Sur Clot-Bey, voir n. 111. Émile Lubbert (1794-1859) quitta la France à la suite de déboires administratifs et financiers à la tête de l'Opéra-Comique. Méhémet-Ali en fit un directeur des Beaux-Arts et de l'Instruction publique. (GR) Quant au consul, Nerval le nomme dans la lettre à son père du 18 mars 1843 : c'est Gauttier d'Arc, « un homme connu de toute l'Europe savante, un diplomate et un érudit, ce qui se voit rarement ensemble » (p. 151, t. II).

117. En exil dans son château de Coppet, Mme de Staël disait : « Il n'y a pas pour moi de ruisseau qui vaille celui de la rue du Bac. » (GR)

118. Vin de Chypre. (GR)

119. Auteur du livre déjà cité n. 94, *An Account of the Manners...*, source principale de Nerval sur les mœurs égyptiennes.

120. Benoît de Maillet (1656-1738), fut pendant seize ans consul au Caire, puis devint « visiteur général des Échelles du Levant ». Il a laissé

une *Description de l'Égypte* et l'*Idée du gouvernement ancien et moderne de l'Égypte*. (GR)

121. Rôle d'entremetteur dans *Troylus et Cressida* de Shakespeare. (GR)

122. Vaudeville en un acte de Scribe, Dupin et Varner (1824). (GR)

123. Air de *La Caravane du Caire,* opéra de Grétry, livret de Morel de Chédeville et du comte de Provence (Louis XVIII) (1784). Saint-Phar est le héros de cet opéra. (GR)

124. La révolte du Caire, vite réprimée, du 21 octobre 1798. (GR)

125. Puits sacré dans l'enceinte du temple de La Mecque et dont l'eau passe pour avoir des propriétés miraculeuses.

126. Abou-Zeyd est le héros d'un cycle de romans où sont retracées les aventures héroïques des Beni-Hilâl qui, chassés d'Arabie par les Fatimites, envahirent au XIᵉ siècle l'Afrique du Nord. (GR)

127. Voir n. 99.

128. «Ces fillettes sont cousues.» L'infibulation est, aujourd'hui encore, largement pratiquée.

129. Prêtre Jean : figure polymorphe de la légende médiévale, roi chrétien situé d'abord en Mongolie, puis en Éthiopie. Candace : nom générique des reines d'Éthiopie, issues, selon la tradition, des amours de Salomon et de la Reine de Saba.

130. Nerval était accompagné pendant son voyage d'un ami, Joseph de Fonfrède, dont il ne parle jamais (sauf dans sa correspondance) et dont nous ne savons à peu près rien. C'est lui qui a acheté une esclave (voir lettre du 2 mai 1843 à Gautier).

131. Ainsi dans Pierre Vattier, *L'Histoire mahométane ou les Quarante-neuf chalifes du Macine* (1657) (voir n. 31*), largement exploitée dans le *Carnet de notes du Voyage en Orient* (Pléiade).

132. Dans la légende de Hakem racontée plus loin, le calife s'écrie : «Je suis Dieu moi-même ! le seul, le vrai, l'unique Dieu, dont les autres ne sont que les ombres» (p. 72, t. II). Ici déjà, on constate que c'est la «théomanie», la démesure prométhéenne qui, en Hakem, fascinent Nerval.

133. Les nombreuses sources utilisées dans le *Voyage en Orient* et citées dans le *Carnet* témoignent que Nerval a beaucoup lu pendant son séjour au Caire. «Je n'ai voulu, du reste, voir chaque lieu qu'après m'en être suffisamment rendu compte par les livres et les mémoires» (Lettre à son père, 18 mars 1843). Il était inscrit au cabinet de lecture de Mme Bonhomme (voir p. 252) et trouvait également des livres à la *Société égyptienne.*

134. Flaubert qui, dans son *Voyage en Orient,* parle beaucoup de ses exploits amoureux, s'arrêta évidemment à Esné, haut-lieu de son pèlerinage en Égypte.

135. Si Laïs et Rhodope sont de fameuses courtisanes antiques,

Aspasie était connue à Athènes pour sa beauté, son esprit et sa culture (voir *L'Imagier de Harlem*).

136. Deux personnages de la comédie italienne repris par Molière, Mascarille dans *L'Étourdi, Le Dépit amoureux* et *Les Précieuses ridicules*; Sbrigani dans *Monsieur de Pourceaugnac*.

137. Voir n. 33.

138. Volney, *L'Alfabet européen appliqué aux langues asiatiques* (1819). Son *Voyage en Égypte et en Syrie pendant les années 83-85* (1787) a été beaucoup lu au XIXe siècle et était connu de Nerval (voir n. 4* et 11*).

139. « Je me couche dans une habbarah ! » (GR)

140. Lieu commun nervalien : voir *Sylvie* (chap. I), *Corilla* et l'introduction des *Filles du feu*.

141. Sterne, *Voyage sentimental : Paris : le pouls, le mari ; les gants* (GR)

142. Circassienne achetée par le comte de Ferriol, ambassadeur de France à Constantinople, Mlle Aïssé (1693-1733) fut élevée à Paris et brilla dans les salons de la Régence. Ses lettres à sa confidente ont été imprimées une vingtaine de fois depuis 1787. (GR)

143. Tentative du sultan Mahmoud II (1785-1839) d'importer dans les pays turcs les idées, les mœurs, les organismes de l'Europe occidentale. (GR)

144. Antar, poète et guerrier (début du VIe siècle), devenu héros légendaire, fut célébré dans le *Roman d'Antar*. Sur Abou-Zeyd, voir n. 126.

145. Le Dr Perron, médecin et orientaliste (1798-1876), dirigea l'École de médecine du Caire avec Clot-Bey puis devint inspecteur des écoles en Algérie. Il est l'auteur de plusieurs études sur l'Orient, particulièrement deux articles sur la Reine de Saba, dont Nerval, pense J. Richer, a dû avoir connaissance. Voir les lettres à son père des 14 février, 18 mars, ? avril et 2 mai 1843. — Après avoir séjourné en Égypte, l'orientaliste Fulgence Fresnel (1795-1855) devint consul à Djeddah, port de La Mecque. Il fut l'un des premiers à déchiffrer les inscriptions himyarites. (GR)

146. Ibrahim-Pacha (1789-1848), fils de Méhémet-Ali, vice-roi d'Égypte.

147. C'est là que le calife Hakem, plus loin, a son palais. Autre description des jardins de Roddah dans une lettre à Gautier (2 mai 1843), pour lui suggérer un décor d'opéra.

148. Colonne servant à mesurer les crues du Nil. *El miqyas*, en arabe, signifie « la mesure ».

149. « J'ai vu les pyramides, et je n'en ai point été émerveillé. J'aime mieux les fours à poulets, dont l'invention est, dit-on, aussi ancienne que les pyramides » (*Troisième diatribe de l'abbé Bazin*, dans *La De-*

fense de mon oncle, éd. Beuchot, vol. 43, 1831, p. 394). Faits de briques séchées au soleil, chauffés avec de la paille, ces fours servaient de couveuses artificielles. (GR)

150. Comme souvent, Nerval place dans la bouche d'un intermédiaire une information prélevée presque textuellement dans l'une de ses sources : ici, l'ouvrage traduit par P. Vattier, *L'Égypte de Murtadi, fils du Gaphiphe* (1666). Voir J. Richer, *Nerval et les doctrines ésotériques*.

151. « Il est impossible de comprendre les romans ou poèmes de l'Orient sans se persuader qu'il a existé avant Adam une longue série de populations singulières dont le dernier roi a été Gian ben Gian. Adam représente, pour les Orientaux, une simple race nouvelle (...) » (Variante, Pléiade, p. 1377). Selon d'Herbelot (cité par J. Richer), Gianben-Gian est le nom d'un « monarque des Péri ou Fées qui ont gouverné le monde pendant deux mille ans, après lesquels Eblis fut envoyé de Dieu pour les chasser et confiner dans une partie du monde la plus reculée, à cause de leur rébellion ». Sur les Préadamites, voir n. 26* et 117*.

152. Ibrahim-Pacha (voir n. 146) dirigea l'expédition de Morée, où il essuya la défaite de Navarin (1827).

153. « *Afriet* ou *Ifriet* est une espèce de méduse ou de lamie, que les Arabes estiment être le plus cruel monstre qui se trouve dans le genre des génies ou démons qui combattaient autrefois contre leurs héros fabuleux » (D'Herbelot, *Bibliothèque orientale*). Voir aussi *Aurélia* I, 8. (GR)

154. Crédeville : type populaire de voleur et contrebandier, « qui a la déplorable habitude de signer son nom sur toutes les murailles de France et de Paris » (*Crédeville ou le Serment du gabelou*, vaudeville de Leuven et Dumanoir, 1832). — Bouginier reste inconnu. (GR)

155. Bien accueilli par Méhémet-Ali, l'égyptologue K.-R. Lepsius, accompagné de savants et d'érudits anglais et allemands, séjourna en Égypte de 1842 à 1846.

156. J. Richer (*Nerval et les doctrines ésotériques*) et G. Rouger (éd. critique, Introduction) ont montré d'après quelles sources Nerval fait des pyramides le siège d'initiations. Il utilise surtout le fameux roman archéologique de l'abbé Terrasson, *Sethos* (1731).

157. Interprétation maçonnique des initiations antiques, *La Flûte enchantée* exerce sur Nerval une forte attraction (voir n. 64). On mesure ici la part d'intuition et de spéculation qu'il apporte à sa description des pyramides, aussi peu « archéologique » que possible. L'idée de ranimer des ruines par un spectacle apparaît également dans *Isis*, chap. I.

158. Sur les mages et les ancêtres retirés dans des hypogées pour y cultiver les secrets primitifs, voir plus bas la légende d'Adoniram (chap. VI et VII) et *Aurélia* I, 8.

159. Le mythe de Pygmalion, autre thème récurrent chez Nerval.

160. Ces spéculations sur l'origine égyptienne de la Révélation bi-

blique remontent à la Renaissance et sont devenues des lieux communs de toute une tradition ésotérique. Rien de plus nervalien, cependant, que cette recherche d'un foyer commun à toutes les croyances et cette réduction du message biblique à un avatar de l'histoire des religions.

161. Allusion à la doctrine syncrétiste de la *prisca theologia* : l'Hermès Trismégiste des Égyptiens, Moïse, Orphée, Pythagore et quelques autres prêtres antiques auraient reçu une révélation parallèle et leurs mystères enseigneraient une vérité unique et universelle.

162. La Fontaine, *Le Berger et le roi* (*Fables* X, 9). (GR)

163. Voir n. 36.

164. Le *Grand* Sultan. (GR)

165. J. Richer remarque que Nerval confond fakirs et faquis (maîtres d'école).

166. Hérodote, II, 77. (GR)

167. Touloun, fondateur de la brève dynastie de Toûloûnides, devint gouverneur de l'Égypte en 872 et s'empara de la Syrie en 877; Bibars fut, au XIIIᵉ siècle, le quatrième sultan de la dynastie des Mamelouks Baharytes; Saladin (1137-1193), sultan d'Égypte et de Syrie, fut le héros musulman de la troisième croisade; Mélik El-Adhel est son frère. (GR)

168. *Géographie*, XVII. (GR)

169. Le Coran, dans la sourate 12, *Joseph*, rapporte bien l'amour de Zuleïka pour Joseph, la noblesse morale de celui-ci et l'excuse que trouve celle-là dans la beauté du jeune homme. Mais l'idée d'un « amour platonique » et le mariage avec Azima relèvent des commentaires et de la légende. Comme souvent, Nerval suit ici d'Herbelot, *Bibliothèque orientale*.

170. Au IIᵉ siècle avant J.-C., le pontife juif Onias IV se retira en Égypte auprès du roi Ptolémée Philométor; il construisit, au nord d'Héliopolis, une « réduction » du temple de Jérusalem. (GR)

171. Phinée tenta d'enlever Andromède le jour de ses noces avec Persée; mais celui-ci lui présenta la tête de Méduse et il fut pétrifié avec ses compagnons. (GR)

172. Après avoir suivi de près, pour la fête de la circoncision, William Lane, Nerval emprunte ces détails géographiques et archéologiques aux *Lettres sur l'Égypte* de Savary, le traducteur du Coran. (GR)

173. La chanson turque citée dans ce chapitre est traduite p. 326.

174. Sultan de Turquie de 1839 à 1861.

175. *Genèse* I, 2.

176. La puissante milice des janissaires fut exterminée par le sultan Mahmoud II le 12 juin 1826. (GR)

177. Osman Pacha, amiral turc (1785-1860).

178. Souvenir d'Hoffmann : « Ah senza amare, Andare sul mare... »,
dans *Doge et Dogaresse*.

179. Voir n. 118.

180. Nerval déplore souvent l'incertitude de son éducation religieuse : voir *Sylvie*, chap. 1 et *Aurélia* II, 1 et 4.

181. Virgile, *Bucoliques*, 2 : « Formosum pastor Corydon ardebat
Alexim... »

182. Coran XXIV, 31. (GR)

183. Alphonse Royer (1803-1875), après avoir séjourné quelques
années en Turquie, se consacra surtout au théâtre, comme auteur et
comme directeur de l'Odéon, puis de l'Opéra. (GR)

184. Phrase inachevée, exprimant la menace, que Virgile (*Énéide*, I,
135) place dans la bouche de Neptune. (GR)

185. Le Bosniaque Ahmed (1775-1804), surnommé Djezzar (le
Boucher), ancien mamelouk devenu pacha d'Acre, défendit en 1799 la
ville contre Napoléon, avec l'aide de l'amiral anglais Sidney Smith et de
l'émigré français Phélippeaux. (GR)

186. *Bertram ou le Château de Saint-Aldobrand* (1816), tragédie
« sombre » de l'Irlandais Ch.-R. Maturin, fut, en 1821, adaptée par
Taylor et Nodier et représentée au Panorama-Dramatique. (GR)

187. L'émir druse Fakhr Ed Dîn (1595-1634) réussit à se créer au
Liban un royaume presque indépendant. Il fut vaincu par les Turcs et
étranglé à Constantinople sur les ordres d'Amurat. Sur ses contacts avec
l'Europe, voir p. 370-371. (GR)

188. Benjamin Constant, *Adolphe*, IV. (GR)

189. Voir Molière, *L'École des femmes*.

190. Second fils de Méhémet-Ali. (GR)

191. Lamartine séjourna à Beyrouth en 1832-1833.

192. Smarra est le démon du cauchemar dans le conte de Nodier,
Smarra, ou les Démons de la nuit (1821).

193. C'est une femme, Zobéide, qui, de la 63e à la 66e des *Nuits*,
raconte comment elle a visité une ville de mages, dont tous les habitants, sauf un, ont été pétrifiés.

194. Roi de Tyr. Les livres des *Rois* et des *Chroniques* racontent
qu'il fournit à David et Salomon les matériaux et les ouvriers nécessaires à la construction de leurs palais et du temple de Jérusalem. Il est cité
plus bas comme protecteur d'Adoniram : p. 318, t. II.

195. Voir n. 143.

196. En 1840, Adolphe Crémieux, vice-président du consistoire des
Israélites de France, se fit l'avocat de plusieurs Juifs de Damas accusés
d'avoir commis un meurtre rituel : après avoir égorgé le père Thomas et
son domestique, ils avaient, disait-on, recueilli dans des bouteilles le
sang de leurs victimes, afin de le mêler au pain azyme. (GR)

197. Deux sectes de Musulmans chiites, retirées la première dans les montagnes du Liban, la seconde dans la région de Tyr et de Saïda. Les Chiites, essentiellement regroupés en Perse, reconnaissent comme seuls califes légaux Ali, l'époux de Fatima, et ses descendants, à l'exclusion des autres descendants de Mahomet, reconnus par les Sunnites, ou Musulmans orthodoxes.

198. Tombée un temps au pouvoir de Méhémet-Ali (1831), Beyrouth fut bombardée et reprise par la flotte anglaise en 1840. (GR)

199. Béryte est le nom de la vieille ville phénicienne ; à l'époque romaine, prise par Agrippa, la ville reçut le nom de la fille de l'empereur. (GR)

200. Nerval renvoie, en l'altérant, à un passage du traité attribué à Lucien, *La Déesse de Syrie*, où l'Apollon d'Hiérapolis imprime certains mouvements à ses prêtres pour rendre ses oracles. (GR)

201. *Idylles*, XV, 100 sqq.

202. Vénéré près d'Alep, il passa vingt-sept ans dans une cellule placée sur le sommet d'une colonne. (GR)

203. Colonnes phalliques, dans le temple d'Hiérapolis, élevées par Bacchus en l'honneur de Junon.

TABLE DES MATIÈRES

XVII. Théologie ....
XVIII. Les îles de Vénus ....
XIX. La pêche ....
XX. Santorin ....
XXI. ....

Chronologie   5
Introduction   13
Bibliographie   43
Note sur le texte   49

VOYAGE EN ORIENT

INTRODUCTION : VERS L'ORIENT

I. Route de Genève   55
II. L'attaché d'ambassade   60
III. Paysages suisses   64
IV. Le lac de Constance   70
V. Un jour à Munich   76
VI. Les amours de Vienne   84
VII. Suite du journal   91
VIII. Suite du journal   96
IX. Suite du journal   102
X. Suite du journal   111
XI. L'Adriatique   115
XII. L'archipel   118
XIII. La messe de Vénus   120
XIV. Le songe de Polyphile   122
XV. San-Nicolo   126
XVI. Aplunori   128

XVII. Palæocastro 131
XVIII. Les trois Vénus 133
XIX. Les Cyclades 135
XX. Saint-Georges 138
XXI. Les moulins de Syra 142

LES FEMMES DU CAIRE

I. LES MARIAGES COPHTES

I. Le masque et le voile 149
II. Une noce aux flambeaux 153
III. Le drogman Abdallah 159
IV. Inconvénients du célibat 164
V. Le Mousky 169
VI. Une aventure au besestain 173
VII. Une maison dangereuse 178
VIII. Le wékil 182
IX. Le jardin de Rosette 187

II. LES ESCLAVES

I. Un lever de soleil 193
II. Monsieur Jean 196
III. Les khowals 199
IV. La khanoun 202
V. Visite au consul de France 204
VI. Les derviches 210
VII. Contrariétés domestiques 213
VIII. L'okel des Jellab 216
IX. Le théâtre du Caire 221
X. La boutique du barbier 223
XI. La caravane de La Mecque 225
XII. Abd-el-Kérim 232
XIII. La Javanaise 234

III. LE HAREM

I. Le passé et l'avenir 239
II. La vie intime à l'époque du khamsin ... 242
III. Soins du ménage 245

IV. Premières leçons d'arabe 249
V. L'aimable interprète 252
VI. L'île de Roddah 255
VII. Le harem du vice-roi 265
VIII. Les mystères du harem............. 268
IX. La leçon de français 271
X. Choubrah........................ 274
XI. Les Afrites 277

IV. LES PYRAMIDES

I. L'ascension 281
II. La plate-forme 284
III. Les épreuves 290
IV. Départ 296

V. LA CANGE

I. Préparatifs de navigation 297
II. Une fête de famille............... 300
III. Le mutahir...................... 303
IV. Le sirafeh 307
V. La forêt de pierre 309
VI. Un déjeuner en quarantaine 315

VI. LA SANTA-BARBARA

I. Un compagnon 321
II. Le lac Menzaleh 324
III. La bombarde 327
IV. Andare sul mare 330
V. Idylle 334
VI. Journal de bord 337
VII. Catastrophe 341
VIII. La menace...................... 345
IX. Côtes de Palestine................ 348
X. La quarantaine 351

VII. LA MONTAGNE

I. Le père Planchet 357
II. Le kief......................... 362
III. La table d'hôte 365

    IV. Le palais du pacha   370
     V. Les bazars. — Le port   374
    VI. Le tombeau du Santon   379

Lexique des mots étrangers ou rares   385
Notes   391

TITRES RÉCEMMENT PARUS

AGÉE
La Veillée du matin (508)

AMADO (JORGE)
Mar morto (388)

ARIOSTE
Roland furieux. Textes choisis et présentés par Italo CALVINO (380)

ASTURIAS
Monsieur le Président (455)

BALZAC
La Vieille Fille. Le Cabinet des Antiques (481). Ferragus. La Fille aux yeux d'or (458). Les Chouans (459). La Duchesse de Langeais (457)

BARRÈS
Le Jardin de Bérénice (494)

BAUDELAIRE
Le Spleen de Paris. La Fanfarlo (478).

BRONTË (EMILY)
Hurlevent-des-Monts (Wuthering Heights) (411)

CARROLL (LEWIS)
Tout Alice (523)

CARRINGTON
Le Cornet acoustique (397)

CHEDID
Nefertiti (516)

* * *

Code civil (Le). Textes antérieurs et version actuelle. Éd. J. Veil (318)

CONSTANT
De l'Esprit de conquête et de l'Usurpation (456)

DAUDET
Contes du Lundi (308)

DÉCLARATIONS DES DROITS DE L'HOMME

DESCARTES
Méditations métaphysiques (328). Correspondance avec Élisabeth et autres lettres (513)

DICTIONNAIRE ANGLAIS-FRANÇAIS/FRANÇAIS-ANGLAIS OXFORD (485)

DICKENS
David Copperfield 1 (310) - 2 (311) L'Encyclopédie 1 (426) - 2 (448)

* * *

La Farce de Maître Pierre Pathelin (texte original et traduction en français moderne) (462)

* * *

Farces du Moyen Âge (412)

FAULKNER
Monnaie de singe (450)

FLAUBERT
L'Éducation sentimentale (432). Trois Contes (452). Madame Bovary (464)

* * *

La Genèse (traduction de *La Bible de Jérusalem*) (473)

FROMENTIN
Dominique (479)

GENEVOIX
La Dernière Harde (519)

HARDY
A la lumière des étoiles (447)

HAWTHORNE
La Lettre écarlate (382)

HOBBES
Le Citoyen (De Cive) (385)

HÖLDERLIN
Hymnes-Élégies (352)

HUGO
Les Burgraves (437). L'Art d'être grand-père (438)

HUME
Enquête sur l'entendement humain (343)

JAMES
Les Deux Visages (442)

KADARÉ
Le Pont aux trois arches (425)

KAFKA
Le Procès (400). Le Château (428). Amerika ou le Disparu (501). La Métamorphose. Description d'un combat (510)

LABÉ (LOUISE)
Œuvres complètes : Sonnets. Élégies. Débat de Folie et d'Amour (413)

LA BOÉTIE
Discours de la servitude volontaire (394)

LAGERKVIST
Âmes masquées. La Noce (424)

* * *

Lettres portugaises. Lettres d'une Péruvienne et autres romans d'amour par lettres (379)

LOCKE
Traité du gouvernement civil (408)

LOTI
Le Roman d'un enfant (509)

* * *

Le Mahabharata 1 (433). 2 (434)

MANN
Mario et le magicien (403)

MAUPASSANT
Le Horla et autres contes d'angoisse (409). Apparition et autres contes d'angoisse (417)

MAURIAC
Un adolescent d'autrefois (387). L'Agneau (431)

MORAND
Hécate et ses chiens (410). New York (498)

MORAVIA
Nouvelles romaines (389). Agostino (396) Le Conformiste (415). L'Ennui (451). Le Mépris (525)

MORE (THOMAS)
L'Utopie (460)

MUSSET
Lorenzaccio, On ne badine pas avec l'amour et autres pièces (486)

NIETZSCHE
Le Crépuscule des idoles (421). Seconde considération intempestive (483)

PASCAL
De l'Esprit géométrique. Écrits sur la grâce et autres textes (436)

PLATON
Lettres (466). Gorgias (465). Euthydème (492). Phèdre (488). Ion (529)

PROUST
Du côté de chez Swann (475). A l'ombre des jeunes filles en fleurs (T1 : 468, T2 : 469). Le Côté de Guermantes (T1 : 470, T2 : 471). Sodome et Gomorrhe (T1 : 476, T2 : 477). La Prisonnière (376). La Fugitive (446). Le Temps retrouvé (449)

RADIGUET
Le Bal du comte d'Orgel (406). Le Diable au corps (444)

RUTEBEUF
Le Miracle de Théophile (texte original et traduction en français moderne) (467)

SAINT PAUL
L'Épître aux Romains. L'Épître aux Galates (traduction de *La Bible de Jérusalem*) (472)

SCIASCIA
Les Poignardeurs. La Disparition de Majorana (427). Le Jour de la chouette (461)

SEGALEN
Le Fils du Ciel (377)

TCHEKHOV
La Cerisaie (482)

TOCQUEVILLE
De la Démocratie en Amérique 1 (353) - 2 (354). L'Ancien Régime et la Révolution (500)

TOLSTOÏ
Anna Karénine (495 et 496)

VESAAS
Palais de glace (423)

VILLIERS DE L'ISLE-ADAM
Contes cruels (340). Claire Lenoir et autres récits insolites (401)

WHARTON
La Récompense d'une mère (454). Le Temps de l'innocence (474)

WELTY
L'homme pétrifié (507)

WOOLF (Virginia)
La Traversée des apparences (435)

GF GRAND-FORMAT

CHATEAUBRIAND
Mémoires d'Outre-Tombe. Préface de Julien Gracq (4 vol.)

FORT
Ballades françaises

GRIMM
Les Contes (2 vol.)

GUTH
Histoire de la littérature française (2 vol.)

HUGO
Poèmes choisis et présentés par Jean Gaudon

LAS CASES
Le Mémorial de Sainte-Hélène (2 vol.)

MAURIAC
Mémoires intérieurs et Nouveaux Mémoires intérieurs

Vous trouverez chez votre libraire le catalogue complet de notre collection.

GF — TEXTE INTÉGRAL — GF

9582-X-1989. — Imp. Bussière, St-Amand (Cher).
N° d'édition 12282. — 2e trimestre 1980. — Printed in France.